LITMANEN 10

Jari Litmanen

LITMANEN 10

Vertaald door Anton Havelaar

voetbal international

2016

Utrecht-Amsterdam

Published by arrangement with Bonnier Rights Finland, Helsinki

Eerste druk april 2016
Tweede druk april 2016
Derde druk mei 2016
Vierde druk mei 2016
Vijfde druk mei 2016
Oorspronkelijke titel *Litmanen 10*
Oorspronkelijke uitgever Tammi Publishers/Bonnier Books Finland Ltd, Helsinki
Omslagontwerp Tammi/Studio Jan de Boer
Omslagfoto's © Jaanis Kerkis (voorplat); © Hollandse Hoogte (achterplat)
Vormgeving binnenwerk Adriaan de Jonge
Druk Ten Brink, Meppel
ISBN 978 90 6797 121 8
NUR 491

Inhoud

Voorwoord

'Wanneer stop je met voetballen?' Dat werd me regelmatig gevraagd toen ik van Ajax terugkeerde naar FC Lahti in de zomer van 2004. Ik vind die vraag een beetje vreemd.

Ik kan me het moment niet herinneren waarop ik heb besloten om te gaan voetballen. Het is al zo lang als ik me kan herinneren een onderdeel geweest van mijn leven. Ik heb ook nooit het besluit genomen om te gaan lopen, hardlopen, enzovoort. Zulke beslissingen neem je niet, ze dienen zich vanzelf aan. Waarom zou je dan moeten besluiten wanneer je ermee stopt? Ik heb altijd gehouden van de Braziliaanse kijk op voetbal. In Brazilië word je geboren, groei je op en leef je met de bal. Sommigen gaan daarna naar het buitenland als profvoetballer. Als ze weer naar huis terugkeren, spelen ze daar verder op een niveau dat bij ze past. Misschien eerst in de nationale competitie, daarna lekker met hun vrienden in een park of op het strand.

Er zijn voorbeelden genoeg. Rivaldo, die een jaar jonger is dan ik, en in 1999 werd gekozen tot Wereldvoetballer van het Jaar, speelt samen met zijn zoon in de tweede Braziliaanse divisie. In december 2014 speelde ik een demonstratiewedstrijd in een team met Cafú, die twee keer wereldkampioen is geworden met Brazilië. Op dat moment speelde of trainde hij, op zijn vierenveertigste, drie of vier keer per week op een niveau dat hij bij zichzelf vond passen.

De professionele loopbaan van Cafú is voorbij, maar hij geniet nog altijd van voetballen. Sporten hoeft niet in competitieverband.

Ik sta er net zo tegenover. Stoppen wil ik niet; ik wil lekker doorgaan op mijn eigen manier. Nog steeds train en speel ik, maar niet meer in een profcompetitie. Ik wil fysiek in vorm blijven, dan voel ik me ook geestelijk beter. Voetbal is mijn manier van leven, een deel van mij. Het geeft me plezier en een goed gevoel.

Ik ben vergroeid met voetbal, en voetbal is met mij vergroeid. Dat is goed te zien als je terugkijkt op mijn leven.

1

Alles begon in Lahti en Hollola

Ik ben geboren in Lahti. Daar kon je alle mogelijke sporten beoefenen. Zomer- en wintersporten, zowel individueel als in teamverband; alles was er. Lahti was, en is nog altijd, een sportstad. Er wordt aan atletiek gedaan, er is voetbal, ijshockey, basketbal, volleybal en honkbal. De stad is natuurlijk ook bekend vanwege het skiën, en de wedstrijden op de skischans van Salpausselkä behoren tot de Finse klassiekers. In zo'n omgeving kun je je bijna niet aan sport onttrekken.

In mijn familie hoorde sport bij het dagelijks leven. Mijn vader Olavi, of 'Mane', voetbalde. Mijn moeder Liisa ook een poosje. Mijn vier jaar jongere zusje Sini koos voor basketbal. Thuis ben ik nooit gepusht om aan sport te gaan doen; toch denken sommige mensen dat mijn vader me in de richting van het profvoetbal heeft geduwd. Hij voetbalde tenslotte in de hoogste Finse divisie en heeft zelfs een paar interlands gespeeld.

Zelf denk ik dat sport gewoon vanzelfsprekend was als je in Lahti woonde. Als kind ging ik mee naar de wedstrijden en trainingen van mijn ouders. Kleedkamers en bussen waren vertrouwde omgevingen voor me. De wereld waarin ik opgroeide, had gewoon een gunstig sportklimaat.

Mijn jeugd was die van een normaal kind in een arbeidersgezin. Thuis hadden we geen dure spullen maar er was ook nergens gebrek aan. Mijn vroegste jeugd bracht ik door in Liipola. Dat was een aan het begin van de jaren '70 haastig opgetrokken flatwijk waar veel jonge gezinnen met kinderen woonden. In de loop der jaren zijn veel voetballers en ijshockeyers uit Liipola voortgekomen, bijvoorbeeld Janne Laukanen en Pasi Nurmela, die allebei in de NHL terechtkwamen. Wat voetballers betreft, kwamen behalve ik, Ismo Lius, Jari Rinne en Petri Pasanen uit Liipola.

Op mijn zesde verhuisden we naar een eigen huis in Hollola, zo'n tien kilometer van het centrum van Lahti. Doordat ik in een flat was opgegroeid, was ik eraan gewend dat er altijd leeftijdgenoten waren en ook oudere kinderen. Overal werd gespeeld en gesport.

Toen we voor de eerste keer naar ons nieuwe plekje gingen kijken, leek de reis erheen eindeloos lang te duren. Eerst reden we over een asfaltweg, daarna sloegen we een zandweg in. Vervolgens kwam er een nog kleiner weggetje waar de auto werd geparkeerd. In de ogen van een klein jongetje waren we in het grote niets beland. Daarvandaan liepen we nog een stukje totdat mijn vader en moeder zeiden dat daar ons nieuwe huis zou worden gebouwd.

Mijn eerste reactie was dat ik niet naar dat bos wilde verhuizen. Ik bleef in ons oude huis wonen. Maar toen ze begonnen met bouwen en er vlakbij ook andere huizen verrezen, bleek de wijk Tiilikangas een bijzonder prettige plek om te wonen. Er waren veel kinderen en er werd aan dezelfde sporten en spelletjes gedaan als in Liipola.

Mijn beste vriendin Nina, die boven ons woonde en met wie ik vaak speelde, bleef echter in Liipola achter. Nina heeft wel eens beweerd dat ze met me wilde trouwen maar daar kwam ze later van terug. Ik ging voetballen, net als mijn vader, en dan zou ik te vaak van huis zijn. Een verstandig kind, die Nina; en we waren nog geen zes jaar oud...

Het huis van de familie Kautonen, drieënhalve minuut fietsen bij ons vandaan, werd een tweede thuis voor me. Ze waren goede vrienden van ons. Timo of 'Tilli' Kautonen was een jeugdvriend van mijn vader. Ze hadden als kind in dezelfde wijk gewoond en samen van alles uitgehaald. Ze voetbalden allebei bij Reipas Lahti en hadden ook samen geijshockeyd. Toen ze ook nog tegelijk kinderen kregen, was het heel logisch om veel samen te doen. Ik ben van dezelfde leeftijd als Tommi Kautonen en we zaten op school in dezelfde klas. Tommi's broer Turo was een paar jaar ouder dan wij. Met hem speelde ik altijd samen bij de junioren, in het elftal waarvan mijn vader trainer was. Met de broers heb ik heel veel meegemaakt, zowel met hen samen als afzonderlijk. Ze zijn allebei ook voetballer geworden. Omdat onze vaders in de hoogste Finse divisie speelden, is het voetbal ons met de paplepel ingegoten. Op wedstrijddagen gingen we op de fiets naar de kleedkamers van Reipas Lahti. Het sportpark van Lahti werd bekend terrein voor ons, want Mane en Tilli kwamen meestal als laatsten uit de kleedkamer. We raakten eraan gewend dat we moesten wachten tot we naar huis konden. We hadden onze worstenbroodjes en ijsjes al lang op als de heren eindelijk kwamen. Later zou blijken dat Tommi, Turo en ik om een of andere vreemde reden ook altijd degenen waren die als laatsten de kleedkamer verlieten. We deden altijd rustig aan, we hadden geen haast.

Er is nooit over gepraat waarom we daar bleven hangen. Misschien is een wedstrijd zo intensief dat het fijn is om tot rust te komen door met je teamgenoten te kletsen en rustig te douchen. Misschien dachten onze vaders er net zo over.

Ik doe in de kleedkamer dus graag rustig aan, maar er waren ook medespelers die direct na de wedstrijd onder de douche sprongen en al op weg naar huis waren als ik nog niet eens mijn voetbalshirtje uit had getrokken. Toen ik aan het eind van de jaren '80 voor het eerst in de landelijke competitie speelde, had ik nog geen rijbewijs. Mijn vader bracht me toen vaak thuis na de wedstrijd. Soms merkte hij dan op dat ik best iets vlugger uit die kleedkamer kon komen. Ik kon dan mooi zeggen dat ik vaak genoeg op hem had zitten wachten buiten een kleedkamer. Goed voorbeeld doet goed volgen.

School, onze familieachtergrond en het voetbal had ik gemeen met de jongens van Kautonen, maar we deden samen ook aan andere sporten.

We hielden rond de jaarwisseling bijvoorbeeld onze eigen kampioenschappen skispringen. Eerst keken we op tv naar de wedstrijden uit Midden-Europa. Daarna namen we onze ski's mee naar een heuveltje in de buurt van de Kautonens. Zowel Finse (Törmänen, Ylianttila, Kokkonen) als buitenlandse (Innauer, Weißflog) topspringers speelden ook op ons heuveltje een rol. Ik was meestal Jari Puikkonen, de Finse wereldkampioen uit Lahti. Waarschijnlijk alleen vanwege onze gemeenschappelijke voornaam. Mijn vader had trouwens in zijn jonge jaren wel aan skispringen gedaan, dus misschien zat die hobby me ook wel in het bloed. Toch heb ik zelf nooit op een echte skischans gestaan. Ook tijdens de Olympische Spelen of tijdens de wereldkampioenschappen hielden we onze eigen wedstrijden. Langlaufen hoorde daar ook altijd bij. Het tennistoernooi van Wimbledon was ook altijd een van de verplichte nummers. We keken naar de wedstrijden op televisie en daarna fungeerde het asfaltweggetje bij Kautonen als onze tennisbaan. Met krijt trokken we de achterlijnen en een paar vriendjes hielden een touw vast dat het net moest voorstellen. Daar tennisten we dan als John McEnroe, Jimmy Connors of Björn Borg; afhankelijk van wie er in de finale stonden. Ook Ivan Lendl speelde regelmatig mee, maar dat kwam doordat een van de houten rackets van de Kautonens van het model Lendl was. We keken naar alle sporten en gingen ze dan nadoen. Ik weet nog goed hoe we na speerwerpwedstrijden een dun boompje hebben omgehakt en van zijn takken ontdaan. Daarna gewoon een streep in het zand en gooien die speer!

Op school was mijn lievelingsvak natuurlijk gym. Daar deden we aan allerlei soorten sport en ook na schooltijd zaten we nooit stil.

Het was heel natuurlijk om zo gevarieerd bezig te zijn. Mijn vader speelde tot zijn achttiende naast voetbal ook ijshockey. Als veertien-, vijftienjarige deed hij aan skispringen. Mijn moeder had geschaatst, gevoetbald en aan atletiek gedaan. Sporten was overal heel algemeen en normaal in het Finland van de jaren '70, maar in Lahti deed men er een schepje bovenop. Zowel wat betreft zomer- als wintersporten.

Nestbal (Fins honkbal) was in de jaren '50 sport nummer één in Lahti, maar vanaf de jaren '60 kreeg voetbal een stevige positie in het sportleven van de stad. In de jaren '60 en '70 was de volleybalclub Kimmo uit Lahti heel succesvol. Basketbal werd steeds populairder, eerst de vrouwen in de jaren '80 en daarna de mannen in de jaren '90. 's Winters werd er veel geijshockeyd. Lahti is natuurlijk bekend vanwege het skispringen; de springschansen vormen het duidelijkste oriëntatiepunt van de stad. Hoewel het landschap in de omgeving heel geschikt is om te langlaufen, komen er vreemd genoeg weinig bekende langlaufers uit Lahti. Als je nadenkt over de jaren '70 is het eigenlijk niet zo gek dat we er veel sportieve hobby's op nahielden. Destijds was er in huis nogal weinig te beleven. Computers bestonden nog niet en op televisie kon je slechts naar twee zenders kijken. Er waren nauwelijks kinderprogramma's – *Pikku Kakkonen* was eigenlijk het enige. Thuis keek ik alleen naar het songfestival, muziekprogramma's, ijshockey en voetbal, Olympische Spelen, het Izvestia-ijshockeytoernooi, skispringen, Wimbledon en op zaterdag naar de Premier League. Destijds wist je precies de vaste dagen en tijden van alle tv-programma's. Verder waren we altijd met onze vriendjes buiten. Altijd hadden we wel iets te doen. Onze jeugd en kindertijd bestonden uit spelen en sporten. Voetballen zat me als het ware in het bloed, maar ijshockey was aanvankelijk net zo belangrijk. Ik voetbalde bij Reipas Lahti en ijshockeyde bij Kiekkoreipas. Tot mijn veertiende hield ik het vol om beide sporten te beoefenen maar uiteindelijk besefte ik dat ik een keuze zou moeten maken. Ik was gek op het

Ook buiten het voetbal een actief sporter

Jari Litmanen is zowel in Finland als daarbuiten bekend vanwege zijn prachtige carrière als voetballer. Toch heeft hij in zijn jeugd diverse andere sporten beoefend. Litmanen woonde met zijn familie in de wijk Tiilikangas in Hollola. Zijn jeugdvriend Tommi Kautonen, diens oudere broer Tommi en Mika Törnvall woonden vlakbij. Het viertal vormde een hechte vriendenclub, die het hele jaar door intensief met sport bezig was. In de zomer was voetbal nummer één, maar ze beoefenden ook allerlei minder voor de hand liggende balsporten. 'We waren altijd met allerlei sporten bezig. We keken er eerst naar op tv en dan probeerden we om net zoiets te gaan doen in onze eigen omgeving. 's Winters keken we naar skispringen en skiën uit Midden-Europa, 's zomers naar Wimbledon en atletiek en 's winters speelden we ijshockey,' somt Tommi Kautonen op.
De vier gebruikten hun fantasie. Ze gebruikten de grote en kleine sparrenbomen op Tiilikangas als poortjes bij de slalom, de lijnen van een tennisbaan werden met krijt op het asfalt getekend en ze gebruikten een zandbak bij het verspringen.
'Het gekke was dat we bij teamsporten altijd dezelfde samenstelling aanhielden. Het was altijd Jari en ik tegen Turo en Mika. Het idee was dat wij altijd wilden winnen van die twee jaar oudere jongens en dat zij niet wilden verliezen van de jonkies,' aldus Tommi.
Om welke sport het ook ging, ze maakten er altijd een wedstrijd van. Als er om een of andere reden iemand van het clubje niet was, gingen ze meestal voetballen of ijshockeyen – afhankelijk van het jaargetijde. Een van de jongens stond dan in het doel en de andere twee speelden tegen elkaar. 'Jari moest heel vaak keepen en ik speelde dan tegen Turo,' vertelt Kautonen. 'Wat voor sport we ook deden, iedereen wilde altijd winnen.'

De vriendenclub werd ook bij het voetbal geïnspireerd door de televisie. Toen de Premier League werd uitgezonden door Yle TV2, wilden onze sportfanaten ook invloeden van de Britse eilanden opnemen in hun lievelingssport.
'We regelden een Mitre Multiplexbal via het eerste elftal van Reipas, want in Engeland voetbalden ze daar ook mee. Op natte en koude avonden smeerden we die van tevoren in de "kleedkamer" in met vet, zodat binnen een bijpassende geur hing,' herinnert Kautonen zich.
Kautonen is er zeker van dat het beoefenen van al die verschillende sporten goed was voor hun voetbalkwaliteiten. Slecht was het in elk geval niet, want zowel beide broers als Litmanen bereikten de hoogste divisie van het Finse voetbal.
'Onze eigen trainingen waren zo intens en goed dat ik – als 10- tot 12-jarige – wel eens een officiële training oversloeg. Ik vond dat beter!' voegt Kautonen er lachend aan toe.

ijshockeyspelletje. Als ik geen voetballer was geworden, zou mijn beroep waarschijnlijk ijshockeyer zijn geweest.

Toch lag vooral voetbal me na aan het hart. Toen ik uiteindelijk moest kiezen, was het duidelijk dat ik zou stoppen met ijshockey. Toch moest ik huilen toen ik het door de telefoon aan mijn trainer vertelde.

Tegenwoordig sta ik bijna nooit meer op schaatsen. Heel soms doe ik mee met mijn kinderen, Caro en Bruno, en een paar keer per jaar word ik gevraagd om aan een wedstrijdje mee te doen. Hoewel ik amper toekom aan ijshockeyen, en er zelfs bijna niet meer naar kijk, pasten in mijn kindertijd de twee sporten goed bij elkaar. Een voor de winter en een voor de zomer.

Soms was het heel lastig om de speel- en trainingsschema's met elkaar te combineren. Het was 's ochtends een heel gedoe om zowel mijn tas voor het voetbal als voor het ijshockey klaar te maken. Eerst naar school, dan van school naar huis en daarna met de bus naar de stad met mijn voetbaltas over de ene schouder en mijn hockeytas over de andere. Beide trainingen direct na elkaar en vervolgens weer de bus in naar huis, hoewel mijn vader me soms ophaalde. Het was een geweldige tijd. Ik denk dat mijn passie en totale overgave aan het sporten in die tijd zijn ontstaan. Ik geloof niet dat ik ooit één enkele training heb overgeslagen omdat ik geen zin had. Integendeel. De ondergrens voor de ijshockeytraining buiten was -20 graden Celsius. Ik weet nog dat ik tegen de thermometer blies om tegen een trainingsmaatje te kunnen beweren dat het 'maar' -19,5 was. Warm genoeg om de training op buitenijs door te laten gaan dus. Midden in onze wijk lag een veldje waar alle kinderen graag kwamen. Daar werd 's zomers en 's winters vaak gespeeld en je kon er iedereen ontmoeten. Er woonden interessante mensen in de buurt. Onder anderen de toen heel bekende komieken Eppu en Krisse Salminen, de acteur Oskari Katajisto en de bekende broers Koiranen.

Reipas Lahti en andere favorieten

Ik kan dus met recht beweren dat sport, en vooral voetbal, vanaf mijn geboorte een vanzelfsprekend deel van mijn leven uitmaakte. Datzelfde gold voor de sportclub Reipas Lahti. Mijn vader voetbalde tientallen jaren bij Reipas en won er een keer het landskampioenschap en vijf keer de beker. Als kleuter was ik een poosje de mascotte van het Reipas-vrouwenvoetbalteam. Mijn moeder was daar meteen gaan voetballen toen het team werd opgericht aan het begin van de jaren '70. Als kind zag ik overal om me heen de oranje-zwarte clubkleuren. Ook bij de Kautanens, want vader Tilli speelde bij mijn vader in het elftal. Ook Matti Sandberg, de peetvader van mijn zusje, voetbalde bij Reipas. Pas toen ik er zelf ging voetballen, besefte ik dat er ook andere verenigingen in Lahti waren.

We keken in de jaren '70 vaak naar wedstrijden uit de Premier League, en Liverpool werd mijn favoriete club. Ik herinner me nog goed het elftal uit 1976-1977 met als sterspeler Kevin Keegan, de nummer 7 van The Reds, met zijn lange krullen en Patrick-schoenen. In datzelfde elftal speelden onder anderen John Toshack en Phil Neal. Ray Clemence stond onder de lat en verder was ook Phil Thompson erbij, de latere assistent-trainer van Liverpool.

Na het winnen van de Europacup in 1977 – de toenmalige Champions League – maakte Keegan de transfer naar HSV Hamburg. Liverpool kocht als vervanger een nieuwe nummer 7: Kenny Dalglish van Celtic. Hij werd de nieuwe held voor mij en veel andere Liverpoolfans.

In Finland volgde ik naast de wedstrijden van Reipas natuurlijk ook de interlands. Met mijn vader was ik bij diverse wedstrijden in het Olympisch Stadion van Helsinki. Ik herinner me nog levendig Atik Ismail, een van mijn favoriete Finse voetballers. Eens maakte hij een salto om een doelpunt te vieren (in een wedstrijd tegen Griekenland, of misschien Hongarije), en dat moesten wij in onze eigen training natuurlijk ook gaan proberen.

Het wereldkampioenschap van 1978 maakte een onuitwisbare indruk op me. De grote held van het toernooi was natuurlijk topscorer Mario Kempes. In hetzelfde elftal speelden ook Daniel Passarella, Osvaldo Ardiles, Leopoldo Luque, Alberto Tarantini, doelman Ubaldo Fillol met nummer 5 enzovoort. Er was een 17-jarige speler op het laatste moment buiten de selectie gelaten. Een jaar later, in 1979, zou jong Argentinië wereldkampioen worden aan de hand van deze kleine, jonge jongen.

In die tijd, 1979-1980, ging ik bij mijn eerste officiële elftal spelen, de F/E-junioren van Reipas Lahti. Daar was ik een paar jaar jonger dan de andere spelers. Op een of ander toernooi begon de oudere broer van een van mijn medespelers bijnamen voor ons te verzinnen. Iemand werd Kempes, iemand anders Ardiles en een derde Keegan.

Ik was de kleinste, donkerste en jongste van het elftal en liep overal tussendoor te rennen. Waarschijnlijk kreeg ik daarom de naam Diego.

Ik was teleurgesteld dat ik de naam kreeg van 'een of andere' Maradona. Natuurlijk was ik liever een topspeler geweest zoals Kempes, Ardiles of Keegan. Op school, toen we voor het eerst Engelse les kregen, en iedereen voor zichzelf een Engelse naam mocht bedenken, was ik Kevin.

De naam Diego Maradona zat me zo dwars dat ik ging uitzoeken wie die Maradona eigenlijk was. Al snel kreeg ik in de gaten dat er op zijn minst van dit wonderkind werd verwacht dat hij tot beste speler zou worden gekozen op het WK van 1982. Vlak voor dat WK werd hij voor een recordbedrag gekocht door FC Barcelona.

Hoewel ik nog altijd supporter bleef van Reipas Lahti, evenals van Kevin Keegan, ondanks zijn transfer naar HSV, en Kenny Dalglish, was er nu dus nog een belangrijke speler wiens carrière ik volgde. Ik verwonderde me erover hoe iemand zo ver boven al die andere goede spelers kon uitsteken. Ik heb dus niet zelf bedacht dat ik fan zou worden van Maradona; hij werd me eigenlijk min of meer opgedrongen – maar dat vind ik best.

Mijn eigen carrière kwam in die tijd al aardig op gang. Mijn loopbaan bij Reipas begon, naar ik me meen te herinneren, in die eerste herfst op een F-juniorentoernooi, voor de Saimaa-cup in Lappeenranta. In de winter schoof het team door naar de E-junioren en ik schoof mee, hoewel ik jonger was dan mijn teamgenoten.

Mijn eerste wedstrijd

Mijn officiële debuut had ik eigenlijk al eerder gemaakt, in de zomer van 1979.

Arto Järvinen, die bij ons in de buurt woonde, stond in het doel bij de club van Salpakangas. Salpakangas was de grootste wijk van Hollola; er waren winkels, scholen en zelfs een bibliotheek. Het was zomervakantie en ik ging met Arto mee om naar een wedstrijd kijken. Ter plekke bleek dat ze niet genoeg spelers hadden. Ze hadden minstens één extra jongen nodig.

Arto stelde voor dat ik zou meedoen. De trainer twijfelde of zo'n klein kereltje wel zou voldoen, maar Arto verzekerde hem dat het wel zou lukken.

Ik ging dus met de anderen mee naar de kleedkamer, die op een bouwkeet leek, en kreeg een shirt met nummer 3. De trainer ging toen op volgorde van de rugnummers onze namen en geboortedata opschrijven. Algauw was ik aan de beurt. Ik vertelde dat mijn naam Jari Litmanen was en dat ik was geboren op 20 februari 1971.

De trainer zei zuchtend dat dit toch echt niet kon. De andere jongens waren geboren in 1964 en 1965. Zij waren C-junioren en ik ging net voor het eerst naar school. Mijn shirt reikte tot aan mijn knieën en de mouwen waren 20 centimeter te lang.

Toch mocht ik meedoen. De wedstrijd werd gespeeld op het gravelveld achter de school: Salpakangas tegen de Stars uit Lahti. We speelden met een man minder maar we wonnen toch met 5-2. Ik stond op rechts en zorgde voor twee assists. Dat was mijn debuut in een officiële wedstrijd.

Na de wedstrijd vroeg de trainer of ik vaker mee wilde doen. Thuis vroeg ik aan mijn vader of het mocht. Als ik graag wilde, had hij er niets op tegen.

Met de bus gingen we naar mijn eerste uitwedstrijd. Wat duurde de reis van Hollola naar Mäntsälä lang! Op de plaats van bestemming zag alles er geweldig uit – er was zelfs een tribune voor wel honderd mensen. We stonden met 1-0 achter en ik zat op de bank. Een paar minuten voor tijd mocht ik invallen op links. We maakten gelijk en ik juichte mee met de anderen. De sfeer in de kleedkamer en in de bus was geweldig! Dat vond ik tenminste.

Thuis vertelde ik over de fantastische wedstrijd en dat we hadden gelijkgespeeld. Mijn vader vroeg hoelang ik had meegedaan. Ik zei dat ik zeker twee minuten had meegespeeld, hoewel ik de bal niet had aangeraakt. Maar dat gaf niets; het was toch geweldig!

In 1979 speelde ik drie of vier wedstrijden voor Salpakangas. Die horen tot mijn mooiste herinneringen. Het gravelveld van Ursa achter het ziekenhuis van Lahti was legendarisch. Daar kon je zowel 's zomers als 's winters spelen en trainen omdat het werd geploegd en er zand op werd gestrooid. Het lag op een zonnige plek, daarom was het in de lente een van de eerste plekken waar de sneeuw smolt.

Op dat veld werden in het voorjaar de eerste oefenwedstrijden van de mannen gespeeld. Daar ging ik kijken naar de spelers van het eerste elftal van Reipas. Het was een geweldig gevoel toen ik daar zelf mocht spelen met de C-junioren van Salpakangas tegen de Stars.

We zaten met zijn drieën op de reservebank. De wedstrijd was waarschijnlijk een beetje saai want een van de jongens stelde voor om een stukje te gaan lopen. Er stonden een paar oude houten huizen in de buurt en algauw waren we appels aan het jatten in een van de tuinen. Na een poosje keerden we met onze zakken vol terug naar de bank. De rest van de wedstrijd zaten we appels te eten. Ik geloof dat het 1-1 werd.

Eenmaal thuis vroeg mijn vader weer hoe het was gegaan. Ik vertelde enigszins teleurgesteld over het gelijkspel en dat ik niet had gespeeld. Een dag later kwam mijn vader de trainer tegen en vroeg hem naar de wedstrijd. Hij kreeg te horen dat hij me niet had durven opstellen omdat ik dan tegenover een verdediger was komen te staan die niet alleen veel groter was, maar ook nog naar drank rook. Over appels werd niet gerept.

Mijn loopbaan bij Salpakangas duurde slechts een paar wedstrijden, maar die vormden in elk geval mijn eerste ervaringen met echte wedstrijden. In de herfst ging ik bij de F-junioren van Reipas voetballen.

Het leven in Tiilikangas

Ik had het voetballen natuurlijk al lang daarvoor ontdekt. Toen ik zes was, had ik al gemeld dat ik naar een voetbalschool wilde. Die werden door Reipas georganiseerd op diverse velden in de omgeving van Lahti. Het dichtstbijzijnde was het veld van de Kärpänenschool, zo'n zeven kilometer bij ons vandaan. Ik fietste erheen samen met Maki, de zoon van de verzorger van het eerste van Reipas. Op die school verdiende ik in 1977 een medaille door met mijn team te winnen van de F-jes van Benfica.

Tegenwoordig lijkt het nogal straf om een zesjarige zo ver zelfstandig te laten fietsen, maar toen was dat heel gewoon. Het leven was trouwens sowieso nogal anders dan tegenwoordig. Onze school was drie kilometer bij ons vandaan, en daar gingen we ook op de fiets naartoe. Als het te hard vroor, gingen we lopen en soms op ski's. Het was volkomen normaal dat je op eigen kracht naar school wist te komen. Als je dan 's avonds nog een training had, dan trainde je. Als er geen training was, bedacht je zelf iets: sport of iets anders.

In Tiilikangas gebeurden geen rare dingen. Er was wel eens gedonder in de buurt van Salpakangas, maar in mijn buurt konden we onze jeugd in alle rust doorbrengen. Als we in Liipola waren blijven wonen, wat ik als kind het liefst had gewild, zou dat heel anders zijn geweest. Over die plek heb ik later de wildste geruchten gehoord.

Toen ik naar school moest, zou de meest voor de hand liggende keuze de streekschool van Salpakangas zijn. Turo, de oudste van de broers Kautonen, ging echter naar de onderbouw van de plattelandsschool in Hälvälä, een klein gebouwtje tussen de velden. Daar ging ik ook heen, samen met Tommi. In de eerste twee jaren werden we, met nog een paar kinderen uit de buurt, door hun moeder gebracht en gehaald in haar Volkswagen Kever. Het zal haar niet zijn meegevallen om steeds met 5 tot 7 jongetjes in dat autootje te zitten. Voor ons was het in elk geval altijd heel leuk.

Belangrijke mensen in mijn leven

Mijn ouders

Mijn vader Olavi Litmanen is zelf voetballer geweest en was ook mijn trainer in mijn juniorentijd. Vaak trainden we samen, ook in de weekeinden en vakanties. Hij fungeerde als mijn voorbeeld, gaf goede adviezen en maakte duidelijk dat je serieus moet trainen. Van mijn moeder Liisa Litmanen leerde ik andere elementaire vaardigheden: eten klaarmaken, afwassen, de was doen en schoonmaken. Aan die dingen heb ik nooit een hekel gehad. Al vroeg heb ik begrepen dat ze tot de elementaire zaken van het leven behoren.

Mijn grootouders

Tijdens mijn loopbaan heb ik heel wat tegenslag te verduren gekregen, zoals talloze blessures. Mijn grootvader is gewond geraakt tijdens de oorlog; hij werd ter hoogte van zijn longen geraakt door granaatscherven. Hij was altijd gauw moe maar deed toch glimlachend 's morgens, 's middags en 's avonds zijn oefeningen. Als ik aan zijn taaiheid en positivisme denk, lijken mijn blessures een kleinigheid; in elk geval niet onoverkomelijk. Van allebei mijn grootouders leerde ik de kleine dingen in het leven te waarderen en tevreden te zijn met wat je hebt.

Simo Syrjävaara

Simo Syrjävaara nam me op mijn veertiende mee naar een interland. Hij begeleidde me onder andere op mijn eerste schreden in het internationale voetbal. Hij was zowel medespeler als tegenstander van mijn vader geweest en kende mij al toen ik nog in de kinderwagen lag. Met hem had ik een speciale band.

Hannu Hämäläinen

Hannu Hämäläinen nam me op mijn vijftiende vanaf de B-junioren rechtstreeks mee naar de eerste selectie van Reipas en leerde me de betekenis van hard werken. Hij was brandweerman. We deden altijd krachttraining in de herfst en aan het begin van de winter in de brandweerkazerne, voor zover zijn werktijden en zijn eigen programma dat toelieten.

Harri Kampman

Van Harri leerde ik om nog professioneler te trainen. Hij voegde kwaliteit en kwantiteit toe aan de training. Hij was een eerzuchtige en stimulerende trainer, die op dat moment uitstekend paste bij de fase waarin ik me bevond. We hadden allebei de wens en de mogelijkheden om veel in het voetbal te investeren. Harri speelde een belangrijke rol voordat ik naar het buitenland vertrok en was in de jaren '90 ook bij veel zaken buiten het voetbal belangrijk voor me.

Louis van Gaal

Louis van Gaal is de beste trainer die ik ooit heb gehad. Hij had vertrouwen in me en vond dat ik veel mogelijkheden had. Natuurlijk was in Finland de basis gelegd voor mij als voetballer, maar de laatste 15 tot 20 procent die nodig was om de internationale top te halen, leerde ik van hem, zijn team en de spelersgroep. Ik had wel talent, maar door Van Gaals trainingen en speelwijzen en door de hele spelersgroep van Ajax werd ik klaargestoomd voor het topvoetbal.

Heikki Marttinen

Heikki Marttinen was heel belangrijk voor me bij het regelen van allerlei zaken op de achtergrond. Hij zorgde voor alles wat met contracten te maken had en gaf vaderlijke adviezen; niet alleen op zakelijk terrein maar ook op andere gebieden. Heikki was een wereldburger met veel levenservaring. Hij overleed onverwachts in 2010, en dat was een groot verlies voor me. Ik ben heel dankbaar dat ik twintig jaar lang in de buurt van zo'n prachtmens heb mogen leven.

Erkki Litmanen
Een eervolle vermelding voor mijn peetoom Erkki Litmanen, de broer van mijn vader, die me op talrijke manieren heeft geholpen.

Paavo Leiramo en Jari-Pekka Keurulainen
Masseur Paavo Leiramo ken ik al sinds halverwege de jaren '80 uit de tijd van Reipas Lahti en de Finse jeugdelftallen. Later heeft hij me zowel behandeld in de A-selectie van Finland als in Amsterdam en Barcelona. Paavo heeft tijdens een behandeling nooit op de klok gekeken. Jari-Pekka Keurulainen heeft de afgelopen 15 jaar een sleutelpositie ingenomen in alles wat met revalidatie te maken had. Hij heeft altijd alles gedaan om me weer in vorm te krijgen.

Ontelbare trainers
Hierbij denk ik bijvoorbeeld aan Turo Flink, die mij in 1988 op mijn zeventiende opstelde in het eerste van Reipas Lahti naast Markus Törnvall. Dat was het jaar van mijn doorbraak bij de senioren. Of aan bondscoach Jukka Vakkila, die me op mijn achttiende selecteerde voor het nationale elftal. Een jaar later was ik daar basisspeler en Voetballer van het Jaar in Finland.

Mijn gezin
Mijn vrouw en kinderen. Het gezin is de basis van alles.

Er waren maar zes groepen op de school in Hälvälä, en iedereen kende elkaar. Het was een fijne school. Uit die tijd herinner ik me onder anderen de acteur Ville Haapasalo, die een jaar jonger is dan ik. Hij speelde ook ijshockey bij Kiekkoreipas zodat we elkaar ook regelmatig zagen in de ijshal.

Mijn kindertijd was heel beschermd in die rustige buurt en op die prettige school. Toch waren we niet altijd even braaf. Toen ik een jaar of tien was, heb ik bijvoorbeeld wel eens stiekem gerookt. Als mijn ouders niet thuis waren, ging ik soms met de broers Kautonen en mijn jongere zusje Sini naar de garage om te roken. We maakten mijn zusje duidelijk dat ze dat aan niemand mocht vertellen. Toch werden we gesnapt en dat draaide uit op een zeer pittige preek van mijn moeder. We kwamen al snel tot de conclusie dat ik niet zou gaan roken – het smaakte trouwens toch al vies.

Een andere keer, jaren later, gebeurde er weer iets waarover ik mijn zusje bezwoer haar mond te houden. Sini beloofde het en vertelde toen dat ze ook over het roken nooit iets had verteld. Wij moesten lachen en zeiden dat ze dat best mocht vertellen want we waren jaren geleden al betrapt. In elk geval werd me duidelijk dat ik mijn zusje kon vertrouwen.

Sini heeft het niet altijd makkelijk gehad. Ook zij ging voetballen bij de voetbalschool van Reipas. Helaas was er geen meisjeselftal voor haar leeftijdsgroep. Om toch te kunnen spelen, zou ze lid moeten worden van de rivaliserende club Kuusysi. Het viel niet mee voor de dochter in ons gezin toen ook buitenstaanders zich daarmee gingen bemoeien. Men vond dat er grenzen waren die je niet kon passeren. Kuusysi was zo'n grens. Dat was hard voor een kind van tien dat gewoon wilde voetballen. Alles werd besproken zonder stemverheffing, met een glimlach, maar voor een kind was het moeilijk te begrijpen.

Jorma Salonen, een medespeler van mijn vader bij Reipas, vroeg of

Sini geen zin had om te gaan basketballen. Hij had een relatie met de beste Finse basketbalster aller tijden, Lea Hakala, en zij trainde in die tijd een meidenteam. Sini zou dan minder vaak gaan voetballen. Gelukkig hield mijn zusje van basketbal en heeft ze het nog heel lang gedaan. Diezelfde Jorma Salonen vertelde mijn vader eens, toen hij een wedstrijd had gezien, dat Sini goed had gespeeld en op één na alle punten van het team had gescoord. En dat zonder egoïstisch te zijn.

Het begin van mijn sportcarrière

In mijn jeugd was sport iets vanzelfsprekends voor alle kinderen. Het was voor mij dan ook heel gewoon om veel aan sport te doen. De situatie veranderde op mijn veertiende, toen ik in het voorjaar stopte met ijshockey en in de zomer systematisch in mijn eigen tijd ging trainen voor het voetbal. In de herfst werd die training voortgezet in de grote sporthal van Lahti.

Het voetbalseizoen stopte ergens in september en de hal ging open in november. Het was echt heerlijk om die goed verlichte warme hal binnen te stappen terwijl het buiten koud en donker was. Je kon daar trainen met lichte sportkleding aan en normale voetbalschoenen aan je voeten.

Ik ging er regelmatig na schooltijd in mijn eentje naartoe. Ik herinner me dat ik om een uur of twee uit school kwam, een paar boterhammen meenam en iets te drinken, en om drie uur bij de hal uit de bus stapte. Meestal was er niemand, het was er stil. Na verloop van tijd gingen een paar anderen er ook trainen, bijvoorbeeld Tommi Kautonen en een klein jongetje met de naam Joonas Kolkka.

Vaak was ik vanaf drie uur tot wel een uur of negen in de hal. Thuis liet ik een berichtje achter dat ik in de hal was – er waren nog geen mobieltjes. Soms kwam mijn vader om een uur of vijf, zes even langs om te vragen of ik al mee naar huis wilde. Meestal wilde ik dan nog eventjes blijven. Mijn vader wachtte dan terwijl hij de krant las. Tegen zevenen vroeg hij hetzelfde. Om negen uur ging de hal dicht en mijn vader zei dat we nu echt moesten vertrekken – ik moest immers de volgende ochtend weer naar school en hij om zeven uur naar zijn werk. Later kwam mijn vader niet meer zo vroeg naar de hal. Hij wist dat ik voor negenen toch niet mee wilde. Dat was dus op dagen waarop er geen groepstraining was. Mijn vader was immers ook mijn trainer bij de junioren.

Pas vanaf halfvijf werd een indeling gemaakt. De eerste anderhalf uur was de hele vloer beschikbaar. Ik hield ballen hoog, oefende schijnbewegingen en schoten of gaf voorzetten tegen de muur. Als de training van Reipas begon, vroeg ik of ik mocht meedoen. Als het de beurt was aan Kuusysi, vroeg ik aan hun trainer of ik ergens in een hoekje voor mezelf mocht trainen. Ik zorgde er wel voor dat ik geen training verstoorde en nooit heeft een trainer van Kuusysi me weerhouden om mijn gang te gaan. Lahti was zo'n kleine stad dat iedereen in voetbalkringen elkaar kende.

Wel heeft een bepaalde conciërge diverse keren beweerd dat ik uit Hollola kwam en dat de hal bedoeld was voor mensen uit Lahti. Ook de beheerder heeft wel eens geweigerd om de lichten aan te laten doen. Ik gaf niet op. Op een gegeven moment had ik een briefje van Reipas waarin duidelijk stond dat ik een junior van Reipas was en het recht had om in de hal te trainen.

De conciërges kwamen uit verschillende sportclubs. Een van hen was Aimo Pihkola, een verzorger van Reipas. De conciërge van Kuusysi was Keijo Voutilainen, een oud-medespeler en trainer van mijn vader en de toenmalige trainer van het eerste van Kuusysi. Hij zag mijn enthousiasme en liet me met plezier de hal binnen. Kennelijk heeft hij ook de rest van het personeel van de hal gevraagd om mij mijn gang te laten gaan. Op een paar incidentjes na heb ik er dus rustig kunnen trainen.

In de sporthal ontmoette ik ook andere voetballers. Ik herinner me nog hoe de tienjarige Joonas Kolkka steeds vaker op zijn fiets naar de hal kwam. Toen hij er ook na schooltijd begon te komen, deden we wel eens samen oefeningen. Joonas is drie jaar jonger dan ik, ik kende hem van Reipas en uit de jeugd van de ijshockeyclub.

Ook Tommi Kautonen ging soms mee naar de sporthal, maar in mijn eentje had ik het er ook prima naar mijn zin. Ik dacht aan verhalen over Maradona, die al zijn vrije tijd doorbracht met een bal en naar verluidt sliep met een bal als knuffel. Zelf durfde ik geen bal mee naar bed te nemen. Dat zou mijn moeder zeker niet goed vinden. In het zomerhuis bij mijn opa en oma deed ik dat wel eens, nadat ik hem goed had schoongemaakt en mijn oma om toestemming had gevraagd. Toen ik haar het verhaal over Maradona had verteld, vond oma dat helemaal niet vreemd.

Vaak wordt beweerd dat ik een product ben van die nieuwe sporthal, maar ik voetbalde al voordat de hal klaar was in 1981. Toen was ik negen jaar oud. Daarvoor stond op dezelfde plek een airdome zonder vaste vloer. Bovendien konden we er als junioren maar een tot twee keer per week terecht. De rest van de tijd trainden we in gymzalen van scholen en buiten. Zelfs met de selectie van Reipas trainden we 's winters buiten op besneeuwde velden. We bevestigden stukken autoband onder onze schoenen om meer grip te hebben. In februari-maart was de hal bovendien wekenlang dicht in verband met wedstrijden en beurzen.

Ik wist in elk geval de sporthal wel te waarderen. Op andere plekken in Finland werden pas veel later dergelijke hallen gebouwd. De goede trainingsmogelijkheden in Lahti werden in de jaren '80 ook zichtbaar in de successen. De goede sporthal gaf ons een flinke voorsprong. Economische factoren speelden destijds veel minder een rol dan tegenwoordig. Spelers konden toen alleen al met goede omstandigheden naar Lahti worden gelokt. Er waren ook goede mogelijkheden om school en sport te combineren.

Het lijkt allemaal lang geleden, maar tijdens mijn eerste seizoen als basisspeler in 1988 deed zowel Reipas als Kuusysi mee om de prijzen voor de Finse beker. Uiteindelijk zaten de twee clubs uit Lahti bij de laatste vier. Wij werden vierde en Kuusysi eindigde als tweede. Vijftien jaar geleden zijn de clubs gefuseerd. Dat heeft twee derde plaatsen opgeleverd.

Voetbal en ijshockey

Als ik nadenk over mijn voorbeelden, merk ik dat het altijd spelers met stijl zijn geweest. Liverpool was een aanvallende, stijlvolle ploeg. Keegan, Dalglish en Maradona waren zeer balvaardige en stijlvolle spelers. Hen bewonderde ik.

Bij het ijshockey was Rusland bij mij veruit favoriet. De Russen speelden prachtig ijshockey, ze konden geweldig schaatsen en passen. Eerst vormden Harlamov-Petrov-Mihailov de trojka waar ik veel van leerde. Daarna kwam misschien het beste team dat ooit heeft bestaan: de verdedigers Fetisov-Kasatonov en het aanvallende trio Makarov-Larionov-Krutov. Natuurlijk was ook het succes in Edmonton van mijn naamgenoot Jari Kurri heel belangrijk. Qua spel hadden we weinig gemeen: ik was links en Kurri rechts; hij was rechtshandig en ik linkshandig. Toch 'was' ik tijdens de training soms Jari Kurri, net zoals ik bij het skispringen Jari Puikkonen was.

Niemand in ons team durfde Wayne Gretzky te zijn; die was ver boven iedereen en alles verheven. Misschien dat Marko Jantunen de enige van ons was die een heel klein beetje in de buurt kwam. Hij was een fenomenale, elegante schaatser en zeer vaardig met de puck. We hadden trouwens sowieso een sterke generatie bij Kiekkoreipas. Vijf spelers kwamen in de junior league terecht, en ik zou nummer zes zijn geweest als ik niet was gestopt. Behalve Jantunen hebben ook Erik Kakko en mijn medeaanvaller Toni Koivunen een groot aantal officiële wedstrijden gespeeld in Finland en erbuiten. Ook Niko Marttila had een lange loopbaan.

'Jari raakte de stick kwijt in de hoek. Hij gaf toen een mooie assist met zijn schaats waaruit we wisten te scoren'

Jari Litmanen was ook een zeer enthousiaste ijshockeyjunior. Toni Koivunen, die onder andere achthonderd wedstrijden in de hoogste divisie heeft gehockeyd, speelde bij Kiekkoreipas in hetzelfde team als Jari. Hun gemeenschappelijke loopbaan werd beëindigd toen Litmanen zich vooral op het voetbal ging concentreren.
Koivunen, die nu in Lahti een zaak in ijshockey-artikelen heeft: 'Hij was toen al een vrolijke gast en grappenmaker. Je kon hem er goed bij hebben. Er waren er meer die naast ijshockey ook aan voetbal deden, zelf heb ik ook gevoetbald tot de B-junioren. Hij is gestopt toen wij naar de C-junioren gingen. We zaten niet op dezelfde school maar soms logeerden we wel bij elkaar. Over de keuze voor ijshockey of voetbal hebben we het nooit gehad.'
Het spelinzicht van Litmanen was ook duidelijk bij het ijshockey. 'We waren halverwege de jaren '80 op een toernooi in Västerås. Jari verloor zijn stick ergens in de hoek. Hij kon eigenlijk niets meer doen. Hij gaf toen een mooie assist met zijn schaats waaruit we wisten te scoren,' vertelt Koivunen.
Er is nog steeds een videoband beschikbaar waarop dat doelpunt te zien is.
Ook buiten de baan was Litmanen een vrolijke gast.
'Mijn vader, die als onze trainer fungeerde, had een snor en lange bakkebaarden. Ik geloof dat het op datzelfde toernooi in Västerås was dat hij beloofde alles af te zullen laten scheren als we het toernooi wonnen. Jari was de eerste die het scheermes ter hand nam.'
In zijn jeugd was Litmanen net zo gek op de puck als op de bal. Tegenwoordig moet je voor kinderen van alles bedenken, maar toen waren ze voortdurend zelf bezig.

'We hadden ontzettend veel plezier in het sporten. De grens van min 18 graden was voor ons niet zo relevant. Gewoon je muts verder over je oren en doorgaan! Hij was net zo gek op het spelletje als wij allemaal,' aldus Koivunen. 'Er was wel eens discussie over een meer of minder gebogen blad. Hij speelt trouwens nog steeds met een blad met een flinke curve; misschien dateert dat uit die tijd.

We hadden een uitstekende trainer met wie ik het heel goed kon vinden; Markku Koivunen, de vader van Toni. Hij had wedstrijden gespeeld in de hoogste divisie totdat hij een blessure opliep, aan zijn knie voor zover ik me kan herinneren. Markku had prima opvattingen: diegenen die een zomersport beoefenden, hoefden 's zomers niet te komen trainen. Ik hoefde dus pas weer op te draven als het wedstrijdseizoen begon.

De jongens uit onze groep die het verst kwamen in de sport, waren degenen die 's zomers voetbalden en 's winters aan ijshockey deden. Bij Reipas speelde ik samen met Kakko, Koivunen en Marttila. Jantunen zat bij Kuusysi.

Aan de conditietrainingen buiten de baan deed ik niet zo vaak mee. Er was een keer een looptraining in het sportcentrum van Lahti. Volgens mij was ik toen aanvoerder van het team. De trainer beval ons om een halfuur hard te lopen. Wij vonden het maar saai om alleen hard te lopen op een bospad dus gingen we indiaantje spelen. Wiens idee dat was, weet ik niet meer maar ik denk dat ik er ook wel de hand in had, samen met Markko Jantunen. We verdeelden ons in twee groepjes aan weerskanten van het parcours en als er andere lopers langskwamen, sprongen we van achter de rotsen en bomen tevoorschijn onder het uitstoten van indianengehuil. We hadden enorm veel lol.

Op een gegeven moment vonden we dat we wel genoeg hadden

gerend en gingen we terug. Aan de gezichten van onze trainers was te zien dat niet alles in orde was. We waren muisstil toen ze ons vroegen wie dit had bedacht. Het werd al snel duidelijk dat voorbijgangers een boekje over ons spelletje hadden opengedaan. Daarna heb ik niet vaak meer aan dergelijke trainingen meegedaan...

Wij hadden trouwens geluk. In de groep die een jaar ouder was, met onder anderen Janne Laukkanen, werden jongens die niet naar de conditietraining kwamen, weggestuurd. Veel jongens moesten stoppen met voetballen om naar die conditietrainingen te kunnen gaan. Toch zijn behalve Laukkanen geen andere spelers uit die leeftijdsgroep voortgekomen.

's Winters ging ik zo vaak mogelijk naar voetbaltraining. Op een bepaald moment voetbalde ik tegelijkertijd in drie leeftijdscategorieën en daarnaast speelde ik in een ijshockeyteam. Ik was voortdurend aan het trainen. Dat gaf een flinke belasting. Op mijn twaalfde, dertiende en veertiende moest ik in de winter een maand lang volledig rust houden vanwege overbelasting van een knie. Dat heeft zelfs een eigen naam: de ziekte van Osgood-Schlatter, een veelvoorkomende blessure bij opgroeiende kinderen of mensen die veel aan sport doen.

Ik was een opgroeiend kind, en de regels met betrekking tot het trainen waren vrij streng. Dat was een doorslaggevende reden om me tot één sport te beperken. Toen ik was gestopt met ijshockey, heb ik die blessure nooit meer gehad. Blijkbaar werd de overbelasting veroorzaakt door de twee sporten samen. Na die tijd werd het aantal voetbaltrainingen flink opgevoerd.

Het verhaal van de 'glazen enkel'

Later hingen mijn blessures vooral samen met mijn 'glazen enkel'. Zeker negen van de tien blessures hielden direct of indirect verband met die enkel. Of het nu ging om mijn achillespees, kuit, dijbeenspier, lies of rug...

De eerste keer dat ik mijn rechterenkel blesseerde, was tijdens de Helsinki Cup in 1982. Ik speelde toen in een elftal met jongens van mijn leeftijd. Doordat ik werd getackeld, verdraaide ik mijn enkel. Ik weet nog hoe ik op de achterbank in de auto van mijn vader terugreisde van Helsinki naar Lahti, met mijn been omhoog en een ijszak op mijn enkel.

In 1984 moest ik voor het eerst een aantal wedstrijden missen vanwege een blessure. Het was de laatste schooldag voor de zomervakantie en 's avonds was de finale van de Europacup tussen AS Roma en Liverpool in het Olympisch Stadion van Rome. Na schooltijd moesten we naar Vääksy voor een wedstrijd tegen Kanavan Pallo. Dat waren meestal van die 10-0-wedstrijden.

Mijn vader was toen onze trainer. Hij zei tegen mij en mijn medespeler Mika Päärilä dat we het vandaag bij wijze van uitzondering zo zouden doen dat een van ons voor de rust in de spits zou staan en de ander na rust. We mochten zelf bepalen wie zou beginnen. Meestal speelde ik centraal op het middenveld en Mika was onze eerste spits. Hij maakte de meeste goals. We besloten dat hij zou starten en ik na de rust in het veld zou komen.

In de rust was de wedstrijd al beslist. Ik kwam in de tweede helft het veld in en rende naar voren. De medespeler naar wie ik bij de aftrap de bal had gespeeld, ging naar voren maar verloor de bal. Ik probeerde hem op te pikken maar een grote jongen walste over me heen en ik verdraaide mijn enkel. Mijn vader bracht me na de wedstrijd naar de eerste hulp in het ziekenhuis. Daar werd de enkel in het gips gezet. Er was niets gebroken maar ik moest een maand rust houden.

Sinds die tijd is mijn rechterenkel eigenlijk nooit meer helemaal de oude geweest. De enkelbanden werden losser en later traden vaker verrekkingen op.

Gelukkig won Liverpool na strafschoppen wel de Europacup.

Natuurlijk had ik niet het geduld om de hele maand stil te zitten. Met mijn voet in het gips deed ik mee aan spelletjes in de buurt van het huis en bij trainingen van ons elftal fungeerde ik als keeper. Volgens mij mocht ik van de dokter wel licht trainen.

De volgende zware blessure was in de winter van 1988 tijdens een oefenwedstrijd in de grote sporthal van Lahti. Ik werd getackeld op het moment dat ik wilde schieten en kwam voorover op de grond terecht. Ik brak mijn arm en zat zes weken aan de kant.

In de herfst van 1990 waren we ons aan het voorbereiden op de kwartfinale van de play-offs tegen Kuopio die op een zondag zouden beginnen. Op de vrijdag voor de wedstrijd werd ik tijdens de training getackeld door Tommi Kautonen. Ik verzwikte mijn rechterenkel en die zwol op. Weer gingen we naar het ziekenhuis van Lahti. De orthopeed bewoog de enkel heen en weer en zei dat ik er beslist aan moest worden geopereerd; misschien niet meteen, maar dan toch zeker later. Onze clubarts Eino Kokko zei angstig dat het nu beslist niet kon, want we hadden een belangrijke wedstrijd voor de boeg.

De artsen besloten dat een operatie nog niet nodig was. Clubarts Kokko bracht me naar huis en deed alles om me zo goed mogelijk te verzorgen: hij legde een kussen onder mijn voet en bracht zwachtels met loodwater aan. De volgende ochtend was de zwelling minder geworden maar er was geen sprake van dat ik zou kunnen spelen. Die zondag volgde ik de wedstrijd via de radio. We haalden een prima gelijkspel, hoewel Reipas volgens de commentator het beste van het spel had.

Het weekend daarna was ik weer van de partij. Ik had conditietraining gedaan op een hometrainer en een beetje gejogd. Met de bal had ik pas de dag ervoor licht kunnen trainen. Ik speelde mee in de return tegen Kuopio en we plaatsten ons voor de halve finale.

De halve finale speelden we tegen HJK, en we speelden goed. Vlak voor tijd stonden we met 2-1 voor maar toch won HJK met 3-2 door een laat doelpunt van Pasi Rautiainen. De return vond plaats in Lahti. We kwamen voor met 1-0 en we hadden prima mogelijkheden voor een tweede doelpunt. Plotseling kreeg ik kramp in mijn rechterkuit. Heel vreemd – ik had geen idee wat er aan de hand was. Ik hinkte min of meer naar het einde van de wedstrijd. Die voet voelde niet goed. We verloren uiteindelijk weer en zouden later om de derde plek spelen tegen MP.

In de wedstrijd om het brons stonden we in de rust met 1-0 achter en onze doelman Vesa Vuorinen werd gewisseld. We besloten om onze rug te rechten en op de aanval te gaan spelen maar in plaats daarvan scoorde MP een paar keer. Mijn kuit begon weer te verkrampen en ik ging van het veld omdat ik niet meer kon lopen. We verloren de wedstrijd uiteindelijk met 0-6.

Sinds die tijd kwam deze blessure regelmatig terug; altijd op dezelfde manier. Mijn rechterenkel zit een beetje 'op slot' en beweegt niet volledig vrij. Dan krijg ik kramp in mijn kuit of in een andere spier, meestal volkomen onverwachts. Zelf denk ik dat de blessures die ik in mijn carrière heb opgelopen voor het grootste deel hun oorsprong vinden in dit enkelprobleem. De banden van mijn rechterenkel zijn bijna weggesleten, en daarom heeft de enkel te weinig steun.

School en voetbal

In de onderbouw was het leuk en het liep heel goed op school. Je leerde allerlei interessante dingen. Toen ik naar de bovenbouw ging, werd het lastiger. Zowel het aantal trainingen voor voetbal als voor ijshockey nam toe. Ook dat was een reden om later een van beide te laten schieten. Ik spijbelde niet, maar het was erg vermoeiend. Bijna elke dag ging ik meteen na schooltijd trainen voor een van beide sporten of allebei. In de zevende klas werden mijn resultaten direct slechter. Nadat ik was gestopt met ijshockey, ging het in de achtste klas wat beter maar de cijfers uit de onderbouw heb ik nooit meer gehaald.

Als 6-jarige zes kilometer op de fiets naar de training

Jari's vader, Olavi 'Mane' Litmanen, vertelt dat Jari's enthousiasme voor sport al op zijn derde bleek.
'Zelf dacht ik er in die tijd juist aan om te stoppen met voetballen. We waren destijds amateurs en het zou een opluchting zijn als ik niet meer na elke werkdag hoefde te trainen. Ik heb hem het sporten dus zeker niet opgedrongen. Maar toen Jari op zijn derde schaatsen kreeg als kerstcadeautje, was er geen houden aan. Hij zat na werktijd altijd volledig aangekleed te wachten zodat ik met hem kon gaan schaatsen.'
Op zijn zesde wilde Jari bij een echte voetbalclub spelen. Zijn vader zocht een voormalige medespeler op, Matti Kylmänen, die toen de jeugd trainde bij Reipas Lahti. Na een 'test' werd Jari meteen toegelaten.
Matti maakte duidelijk dat Jari niet bij de G-tjes kon blijven want niemand daar kreeg hem van de bal. Jari kwam dus bij de E-pupillen terecht, tussen jongens die 2 tot 3 jaar ouder waren. Zijn doorzettingsvermogen bleek meteen in het eerste seizoen.
Het veld van Teerinkangas lag 6 tot 7 kilometer van zijn huis vandaan en Jari fietste daar altijd heen, samen met een iets oudere teamgenoot. In het seizoen erna kon hij meerijden met de moeder van de broers Kautonen.
Op zijn negende zat het team zonder trainer. Een andere oud-medespeler van Olavi Litmanen, voormalig aanvoerder van het Finse elftal Olli Heinonen, haalde Jari's vader toen over om die plek in te nemen. 'Ik bedacht dat als ik die elf kilometer toch heen en weer moest rijden en daar op een hoop sneeuw moest gaan staan wachten, ik net zo goed een beetje kon meedoen met die jongens, dan bleef ik in elk geval warm... Vanaf Hollola had ik zeven jongens aan boord. Ik had

een grote auto, maar tegenwoordig zou ik een bekeuring krijgen omdat er niet genoeg autogordels in zaten,' lacht Mane.
Vader Mane zou het jeugdelftal van Jari vijf seizoenen begeleiden, totdat de jongen op zijn vijftiende bij de beloften terechtkwam. Daarvoor, op zijn veertiende, was Jari gestopt met ijshockey. In die sport had hij ook de potentie om bij de landelijke top terecht te komen.
'Zelf heb ik ook geijshockeyd bij de A-junioren dus natuurlijk kende ik de lokale mensen uit dat wereldje. Ik heb heel vaak moeten horen dat Jari juist had moeten stoppen met voetballen. Maar het was helemaal Jari's eigen besluit.'
De leeftijdsgroep die in 1971 was geboren, herbergde duidelijk veel talent – er kwamen bekende hockeyers uit voort zoals Marko Jantunen, Toni Koivunen, Erik Kakko en Niko Marttila.
Af en toe was het wel lastig om beide sporten te combineren. 'Hoewel de sporthal en de ijshal van Lahti slechts 200 meter van elkaar verwijderd lagen, moest ik hem soms toch met de auto van de ene plek naar de andere brengen; zo strak was alles gepland,' zegt Olavi Litmanen lachend.
Het lijkt erop dat Jari Litmanen nooit zal stoppen met voetballen. Ook daarin is hij een zoon van zijn vader. In de zomer van 2015 werd in Helsinki een voetbaltoernooi georganiseerd voor 70-jarigen. Daaraan zou ook Mane Litmanen hebben meegedaan als de oud-international niet had moeten afzeggen om gezondheidsredenen.
'Ilves uit Tampere nodigde me uit om mee te doen, maar deze keer durfde ik het niet aan. Ilves won het toernooi en werd dus kampioen van Finland!'

Toch was het altijd wel duidelijk dat het vrij goed ging en dat ik zou gaan studeren. Ik had besloten om serieus werk te maken van voetbal maar ik wilde ook een goed rapport zodat ik een aan sport gerelateerde opleiding zou kunnen gaan doen. Op de middelbare school Salpausselkä in Lahti kon je een richting kiezen met twee uur sport per dag. Daar maakte je kennis met allerlei takken van sport. Daar heb ik bijvoorbeeld kennisgemaakt met golfen (de leraar was voormalig olympisch kampioen skispringen Veikko Kankkonen), kegelen en zelfs surfen, dat we leerden van een zekere Jari Puikkonen – daarna heb ik amper meer gesurft, maar interessant was het wel.

De overgang van de onderbouw naar de zesde klas zorgde ervoor dat mijn plannen duidelijker werden. Ik begreep dat ik mijn aandacht op school moest richten als ik de mogelijkheid open wilde houden om te gaan studeren; ook na een eventuele sportcarrière. Ik zag mijn toekomst zo voor me: eerst naar de middelbare school, dan dienstplicht op de sportschool van Lahti en vervolgens serieus werk maken van een loopbaan als voetballer, met een transfer naar het buitenland als uiteindelijk doel.

Het was me altijd al duidelijk dat er ook een leven is na het voetbal en dat je op elk moment door blessures tot stoppen kunt worden gedwongen. Vergeet niet dat er in de jaren '70 en '80 in Finland nog geen profvoetballers waren. Je moest er dus een beroep naast kiezen. Een aantal voetballers vertrok naar Zweden, waar ze wel wat geld konden verdienen voor een woning of een auto. Een enkele uitzondering lukte het ook om in de competitie van Nederland of België terecht te komen, bijvoorbeeld Mika Lipponen, Kari Ukkonen, Kari Laukkanen en Marko Myyry. Ook in Duitsland kwamen een paar spelers terecht, zoals Pasi Rautiainen en Ari Hjelm. Het uitgangspunt was echter dat niemand daarheen vertrok, maar dat ze er min of meer toevallig terechtkwamen. Je moest dus zorgen voor een opleiding en een beroepskeuze.

De middelbare school betekende voor mij dat de deur naar een vervolgopleiding openbleef. Ik was niets bijzonders van plan, maar als de situatie zich had voorgedaan, zou ik zeker iets in de sport zijn gaan doen. Maar een duidelijk plan had ik niet.

In het voetbal maakte ik voortdurend progressie. Vooral nadat ik was gestopt met ijshockey ging ik vaker doelbewust en systematisch trainen. Al snel merkte ik dat de kwaliteit van mijn training in orde was want ik werd steeds beter.

Mijn eerste jeugdinterland speelde ik in 1986. In die wedstrijd versloegen we Denemarken met 1-0. Het ging goed in dat nationale elftal en ik werd basisspeler. Het was een goede lichting en we hadden succes. We speelden 2-2 tegen Zweden. Na de wedstrijd hoorden we dat de Zweedse middenvelder Per Zetterberg naar de academie van de Belgische club Anderlecht vertrok. Onze trainer Simo Syrjävaara vroeg toen aan mij en Yrjö Happonen of zo'n academie ook niet iets voor ons zou zijn. Yrjö keek naar mij, maar ik zei dat ik eerst naar de middelbare school ging en daarna in dienst. Yrjö wist daarna niet meer wat hij zeggen moest en dat was dat. Zetterberg ging wel en hij heeft jarenlang bij Anderlecht en in het Zweedse nationale elftal gespeeld.

We hadden dus een goede lichting spelers in het Finse jeugdelftal. We deden het goed in het kampioenschap van de noordelijke landen en streden met Noorwegen om een plaats bij het EK. De Noren gingen uiteindelijk door omdat ze één uitdoelpunt meer gescoord hadden: we wonnen uit met 2-1 en verloren thuis met 2-3. We hadden het niet echt als een thuiswedstrijd beleefd want we speelden op de Åland-eilanden. Ik heb niets tegen de Åland-eilanden, integendeel, ik heb het daar altijd uitstekend naar mijn zin, maar toch voelde het alsof we onze thuiswedstrijd in het buitenland speelden omdat iedereen er Zweeds sprak.

Veel van die jongens kwamen terecht in de Finse competitie op verschillende niveaus. Behalve ikzelf haalde uit die groep ook Jukka Ruhanen het Finse elftal.

In 1988 wonnen we als 17-jarigen een toernooi met Denemarken, Noorwegen en Polen. Er waren twee jongere spelers bij: Jokke Kangaskorpi en Mika Waldén. Ze hebben allebei een lange carrière gehad in de hoogste divisie. Jokke speelde later ook een aantal interlands in de A-selectie.

We speelden verschillende keren tegen Zweden, en achteraf is het leuk om ons onze tegenstanders nog eens voor de geest te halen. Naast Zetterberg speelde ook Joachim Björklund – die later in Italië, Schotland, Engeland en Spanje heeft gevoetbald – in het Zweedse jeugdelftal. Toen hij bij Valencia speelde, heb ik wel tegenover hem gestaan in het shirt van Barcelona. Toen ik in Liverpool voetbalde, speelde hij bij Sunderland. Patrick Andersson op zijn beurt heeft met Bayern de Champions League gewonnen. Met hem heb ik een poosje samengespeeld bij Malmö. Ook Henrik 'Henke' Larsson is geboren in 1971, maar pas aan het eind van het jaar, daarom zat hij niet in dezelfde jeugdgroep.

Het was leuk om te zien hoe Andersson, Björklund, Larsson en Håkan Mild met Zweden in 1994 de derde plaats bereikten op het WK. Ik had heel vaak tegen ze gespeeld. Met Ajax wonnen we bijvoorbeeld meestal van Feyenoord toen Larsson daar nog speelde. Ik denk dat Henkes eerste interland die tegen Finland was in 1993. Zweden won toen in het Råsundastadion met 3-2.

Die jeugdinterlands overtuigden me ervan dat ik op de goede weg was. Op dat niveau lukten me dezelfde dingen als in andere wedstrijden. In de herfst van 1986 speelde ik ook mijn eerste interland bij de A-junioren; mijn tegenstanders waren 3 tot 4 jaar ouder dan ik. In datzelfde jaar in november mocht ik gaan meetrainen met de beloften van Reipas Lahti. De ploeg was net gepromoveerd naar de hoogste divisie.

2

De mannenwereld in

Eind februari 1987 werd ik 16 en begin april deed ik mee aan de openingswedstrijd van het seizoen in en tegen Kuopio. Ik speelde onder anderen tegen Olli Rissanen. Hij was een van de beste spitsen aller tijden uit de Finse competitie en had samen met mijn vader in het Finse elftal gespeeld. Ook Atik Ismail, Pekka Vepsäläinen en Jarmo Kaivonurmi waren van de partij. Het was gek om te voetballen tegen kerels die nog tegen mijn eigen vader hadden gespeeld.

Mijn vader speelde in 1978 zijn laatste competitiewedstrijd, maar in 1987 voetbalde hij, op 42-jarige leeftijd, nog in de derde divisie met het tweede elftal van Reipas. Tegen hem heb ik nooit gespeeld, maar toen, in 1987, gebruikten we soms dezelfde schoenen. In 1987 had hij Adidas World Cups die speciaal voor het WK waren ontwikkeld. Mijn vader leende me die schoenen af en toe.

Het waren geweldige tijden voor een jonge jongen. In de competitie kwam ik tegenover levende legenden te staan zoals Rissanen of Jyrki Nieminen. In het Finse elftal ontmoette ik mensen als Aki Lahtinen en Atik Ismail, die in Engeland speelden. Als klein jongetje had ik de salto's van Ismail nog geprobeerd na te doen! Ik was net 16 geworden en stond nu tussen dezelfde spelers van wie ik de verrichtingen vanaf de tribune, op de tv en in kranten had gevolgd. Mijn enthousiasme en zelfvertrouwen kregen een enorme boost.

Vooral in de zomer van 1987 begon ik me al een profvoetballer te voelen. Ik had vakantie van school en ik trainde elke dag van negen uur tot een of twee uur 's middags alleen of met een klein groepje op het veld. Dan ging ik naar huis om te eten en deed ik soms een dutje. 's Middags trainde ik dan soms nog bij ons eigen huis en 's avonds was er groepstraining. Twee tot drie trainingen per dag dus, zeker aan het begin van de week. Tegen het eind van de week deed ik het iets rustiger aan. Op zaterdag had ik dan een wedstrijd met de A-junioren of op zondag met het eerste.

Ik trainde destijds drie tot zes uur per dag. Op een schooldag kostte het me soms moeite om vroeg wakker te worden, maar als ik ging trainen werd ik altijd uit mezelf wakker. 's Avonds ging ik ook graag op tijd naar bed als ik wist dat ik de volgende ochtend meteen zou gaan trainen. Het was één groot feest.

Ik had altijd zin om te trainen. Ik herinner me nog heel goed mijn eerste periode als basisspeler in de Finse competitie. Die viel samen met een EK. Dan trainde ik eerst 's morgens alleen, daarna om halfvijf met de groep. Als ik dan 's avonds de wedstrijd van die dag op tv had gezien, ging ik om halfelf nog een keer trainen – want ik kreeg ontzettend veel energie van zo'n EK-wedstrijd. In die tijd logeerde ik bij mijn opa en oma en vanuit hun huis kon ik het sportveld van de Kivimaaschool zien liggen. Het was aangelegd voor de Olympische Spelen van 1952. Mijn klasgenoot Kai Pälsynaho woonde vlakbij. Met hem samen ging ik dan op dat veld op doel schieten. Ik speelde toen al in de Finse competitie maar ik had toch energie over.

Mijn eerste contract

Mijn zomerbaantje bestond in die tijd uit voetballen. Mijn moeder had gezegd dat ik geen werk hoefde te zoeken zolang ik nog thuis woonde. Ze gaf me het geld dat ik nodig had. Dat was een geweldige steun in de rug, waar ik haar nog altijd dankbaar voor ben.

In mijn eerste seizoen kreeg ik al fietsgeld en onkostenvergoeding, hoewel mijn vader me meestal met de auto bracht of me geld gaf voor de bus. Toch mocht ik van mijn vader de vergoedingen zelf houden. Ik weet nog dat ik in het eerste seizoen 4600 mark verdiende, ongeveer 1400 euro. Mijn schoolvrienden verdienden ongeveer evenveel met hun vakantiebaantjes.

De situatie was ideaal. Als speler bij de beloften kreeg ik alle voetbalspullen van de club. Thuis kreeg ik mijn eten en alles wat ik verder nodig had. En dan kreeg ik geld zodat ik kon leven als de profvoetballer die ik graag wilde worden. Het was heerlijk om geld te verdienen door datgene te doen wat ik dolgraag wilde doen. Ik merkte daarnaast dat ik me als speler voortdurend ontwikkelde.

Aan het begin van het volgende seizoen, in 1988, werd ik samen met mijn vader door de voorzitter van de club uitgenodigd voor contractbesprekingen. Hij schetste in ruim een halfuur de situatie bij de club en de toekomstplannen. Hij zag in mij een van de grootste talenten van Reipas en een toekomstige basisspeler. Ik vond het fantastisch klinken. Mijn vader zat naast me. Af en toe keek ik naar hem. Zijn blikken verraadden niets. Toen de voorzitter was uitgepraat en vroeg of we een overeenkomst konden aangaan, nam mijn vader het woord.

Hij zei dat hij al vanaf de jaren '50 lid was van deze club en nog nooit iets had getekend. Een handdruk was altijd genoeg geweest en je werd op je woord vertrouwd. Ook mijn zoon hoeft geen contract, en ook geen geld, voegde hij eraan toe. Hij zit nu drie jaar op de middelbare school en gaat daarna naar de sportopleiding in Lahti. Ik kan beloven dat hij in elk geval gedurende die tijd voor deze club speelt.

Ik verstijfde in mijn stoel. Ik had me al zitten afvragen dat als ik in het afgelopen seizoen al 4600 mark kreeg, hoeveel ze dan wel zouden kunnen bieden als ze me voor het nieuwe seizoen een contract aanboden. Ik keek met open mond naar mijn vader en vroeg me af of hij het echt meende. Hij meende het. Hij bezegelde de afspraak met een handdruk en we gingen naar huis.

Ik kon geen woord uitbrengen. Dit was dus het resultaat van de onderhandelingen: geen contract, geen geld en ik blijf de komende jaren voor de club spelen. Natuurlijk wilde ik graag bij Reipas blijven, en ik had niet voor voetbal gekozen vanwege het geld. Toch was het heel stil tijdens de autorit naar huis.

Al voordat het seizoen begon, bleek ik deel uit te maken van de selectie. In het toernooi om de Lahti Cup, ter voorbereiding op het nieuwe seizoen, had ik al speeltijd gekregen. Ook in diverse oefenwedstrijden mocht ik meedoen. Samen met Markus Törnvall had ik een aanvallende rol op het middenveld en achter ons speelde de verdediger Jarmo Saastamoinen. Törnvall was overgenomen van Kuusysi. Hij was onze enige international en had beslist het hoogste salaris. Naast hem speelde een jongen met een contract dat bestond uit een handdruk. De club zag wel in dat die situatie niet kon voortduren en uiteindelijk kreeg ik wel een soort contract. Als ik werd opgesteld, zou ik veel meer geld krijgen dan in het jaar ervoor. In het contract waren afspraken vastgelegd over onkosten en premies voor winstpartijen en gelijke spelen.

In dat seizoen speelde ik uiteindelijk op één na alle wedstrijden (tijdens die ene wedstrijd was ik voor een jeugdinterland in Nederland) en we werden vierde in de competitie. Ik ervoer tegelijkertijd dat ik met voetballen een aardig centje kon bijverdienen. Het ging nog steeds niet om tonnen, maar voor een middelbare scholier was het veel meer dan met een normaal bijbaantje te verdienen viel.

Toen ik in 1988 aan het eind van het seizoen werd gekozen in het All Stars-team van de competitie, ging ik voor het eerst nadenken over voetballer als echt beroep. Ik was opgegroeid met een vader die elke ochtend om halfzeven naar de fabriek ging en om halfvier terugkwam. Voor mij was het heel normaal dat je pas 's middags ging voetballen, na het werk. Dat had mijn vader ook altijd gedaan. Hij kreeg in zijn tijd als voetballer ook wel eens een premie, maar echt geld verdienen deed je met echt werk. Met voetbal kon je wat extra's verdienen voor luxe zaken zoals een tuingrill of een schommel.

Wedstrijdschoenen

Later lette ik goed op welke schoenen ik aantrok, maar als jochie trok ik van alles aan. Ik weet nog dat ik Adidas-schoenen met gele strepen kreeg van de Kerstman met de naam Brasil.
Mijn vader droeg naast Adidas ook wel eens Puma, net als Pelé, Maradona, Kempes en Dalglish. Ik had er dus geen moeite mee om op Puma's te voetballen. Kevin Keegan had Patricks en de New Balance-schoenen die Bryan Robson gebruikte, probeerde ik natuurlijk ook.
Toen ik op mijn vijftiende bij de beloften van Reipas kwam, speelde ik op Adidas, aanvankelijk op Copa Mundials oftewel World Cups.

Als arbeidersgezin kenden we geen luxe. In mijn jeugd zijn we één keer naar het buitenland op vakantie geweest; naar Las Palmas, op mijn derde. De volgende reis naar het buitenland was op mijn vijftiende naar Denemarken, voor een jeugdinterland. Ik weet nog goed dat ik naast Yrjö Happonen in het vliegtuig zat en dat we ons afvroegen hoe het zou voelen om de lucht in te gaan. Tegenwoordig is het nogal anders. Toen mijn jongste zoon Bruno drie weken oud was, gingen we drie weken naar Spanje. Hij was met zes weken dus al drie keer langer in het buitenland geweest dan ik op mijn vijftiende.

Mijn liefde voor het voetbal heeft nooit met geld samengehangen. Ook had ik niet het idee om er mijn beroep van te maken. Het vuur kwam heel ergens anders vandaan. Mijn vader was mijn voorbeeld. Hij klaagde nooit dat hij eerst een lange dag moest werken voordat hij kon gaan spelen of trainen. Hij heeft ook nooit geklaagd dat hij me altijd naar trainingen moest brengen of als mijn jeugdtrainer moest fungeren. Toch was het vaak zwaar voor hem om werk en voetbal te combineren.

In 1974 speelde Finland in het Olympisch Stadion van Helsinki tegen Nederland, dat net de finale van het WK van Duitsland had verloren. Er speelde een groep wereldsterren in dat elftal, onder wie Johan Cruijff. Mijn vader zat in de Finse selectie. Op de ochtend voor die interland had hij gewoon gewerkt en even een dutje gedaan op de bank. Toen hij wakker werd had hij echter uitgeroepen: 'Nee hè, toch niet die interland!' Het was hem een beetje te zwaar geworden: werk, trainingen, wedstrijden en dan thuis nog een driejarige zoon. Het maakte hem even niets meer uit dat hij een ontmoeting had met een van de beste teams ter wereld en tegenover Johan Cruijff zelf zou komen te staan!

Hoewel ik het dus nooit voor het geld heb gedaan, zei ik op mijn achttiende tegen mijn vader dat ik de volgende contractbespreking zonder hem zou doen. Vlak bij ons woonde een oud-medespeler van mijn vader, die in het bestuur van Reipas zat. Ik reed met hem mee naar de stad voor een afspraak met de voorzitter. Met zijn drieën bespraken we mijn nieuwe contract, dat weer een verbetering was ten opzichte van het vorige. De resultaten van het elftal waren in 1989 wel minder dan in het jaar ervoor, zodat ik misschien toch minder heb verdiend. Het contract was nog altijd gebaseerd op premies. Toch had ik sterk het gevoel dat ik zelf invloed had op mijn carrière. Ik trainde, speelde en onderhandelde over mijn contract. Ik merkte dat ik me ontwikkelde.

Toen ik een jaar of dertien, veertien was, had mijn moeder beloofd om mijn rijbewijs voor me te betalen als ik zou gaan studeren. Ik regelde het uiteindelijk zo dat de club die verplichting overnam en een auto voor me kocht. Het was heel fijn om mijn moeder niet aan haar belofte te hoeven herinneren. Het was ook fijn dat we door het feit dat ik voetbalde, een tweede auto kregen; geen overbodige luxe met drie chauffeurs die een auto nodig hadden. Het voetbal begon dus voor heel concrete veranderingen in mijn leven te zorgen.

Trainen om prof te worden

Voor een achttienjarige was de situatie ideaal. Ik woonde nog thuis, waar ik te eten kreeg en een eigen kamer had. Voor mijn natje en droogje werd dus volledig gezorgd en ik hoefde nergens geld aan uit te geven. Daarnaast zorgde de club voor een auto en mijn rijbewijs.

Mijn sportkleding waste ik thuis in de wasmachine. Mijn moeder had me geleerd hoe ik daarmee om moest gaan want ik beschouwde dat als een basisvaardigheid die ik als profvoetballer nodig zou hebben. Ze had me ook geleerd hoe ik zelf mijn gescheurde voetbalkleren kon herstellen op de naaimachine. Daarnaast leerde ze me simpele maaltijden klaar te maken, af te wassen en andere karweitjes in de keuken te doen. Beetje bij beetje begon ik een profcarrière als een reële mogelijkheid te beschouwen en ik wilde in staat zijn om voor mezelf te zorgen als ik echt voetballer zou worden.

Ook talen vond ik belangrijk voor een voetballer. Hoewel ik vanwege mijn drukke schema geen tijd had om op school meer talen te leren dan Engels en Zweeds, stond ik positief tegenover taalonderwijs. Dat betekende niet dat ik er hoge cijfers voor haalde. Ik leerde wel mijn woordjes maar grammatica kon me gestolen worden. Ik ben nooit zo van de theorie geweest... Mijn proefwerken zaten altijd vol fouten.

Pas tijdens mijn vervolgstudie begon ik door te krijgen dat je voor het leren van vreemde talen wel je best moet doen. Mijn leraar had van tevoren gewaarschuwd dat er veel te verbeteren viel als ik een voldoende wilde halen voor het schriftelijk Engels. Na de proefexamens had onze leraar, die een fors postuur had en de bijnaam 'Kleine Olli' droeg, eraan getwijfeld of het voor mij wel zin had om aan het examen mee te doen.

Toen hij vervolgens de voorlopige resultaten van het examen bekendmaakte, zei hij dat alles volgens de verwachtingen was verlopen. De goede leerlingen hadden het goed gedaan en de zwakke leerlingen slecht. Er was één uitzondering: Litmanen. Hij had nooit verwacht dat ik zou slagen. Mijn cijfer was het laagste van allemaal maar toch was ik geslaagd!

Ik denk dat ik ook op school voordeel had van het voetballen, in die zin dat ik me op belangrijke momenten goed kon concentreren en alles kon geven. Voor examens was ik nooit zenuwachtig. Ik bereidde me zo goed mogelijk voor en focuste me op een examen als op een belangrijke wedstrijd.

Diezelfde Kleine Olli was trouwens degene die me de bijnaam Litti gaf. In het laatste jaar van de middelbare school was ik regelmatig afwezig in verband met interlands. Er was een keer een stukje van een wedstrijd op tv te zien geweest en ook ik was even voorbijgekomen. Toen ik de volgende ochtend op school kwam en Kleine Olli de presentielijst naliep, zei hij: 'Kijk, ook Litti is weer terug van zijn wereldreis. Heel goed gegaan, die wedstrijd!' Daarna ging hij verder met de rest van de namen.

Voor die tijd was ik altijd gewoon Jari geweest. Toen ik een jaar later bij HJK ging voetballen, waren er meer Jari's in de groep. Mijn teamgenoten vroegen of ik een bijnaam had, anders zouden zij er wel een bedenken. Toen dacht ik aan de naam Litti, die Kleine Olli me had gegeven. Bovendien werd Pierre Littbarski, uit het Duitse kampioenselftal, ook Litti genoemd. Hij was een handige speler met kromme benen en geweldige schijnbewegingen, dus die bijnaam vond ik wel bij me passen.

Het feit dat de Brit Mike Belfield bij Reipas speelde, hielp me bij mijn Engels. We speelden drie jaar lang samen en communiceerden vaak tijdens trainingen of wedstrijden. Soms gaf Belfield me een compliment over mijn Engels. Hij dacht dat ik er op school wel goede cijfers voor zou halen. Mijn Finse medespelers, die wel beter wisten, moesten daar hartelijk om lachen.

Toen ik later in Nederland ging voetballen, sprak ik daar aanvankelijk Engels. De Nederlanders vonden dat ik 'perfect English' sprak. Ik was blij met het compliment en ik had Kleine Olli wel willen laten weten wat ze daar van mijn Engels vonden.

Tijdens mijn vervolgopleiding was ik zo vaak afwezig dat mijn matige resultaten geen verbazing wekten. Ik speelde op mijn achttiende zowel jeugdinterlands als interlands met de A-selectie. Er waren veel wedstrijden. In mijn eerste jaar was ik zeker honderd uur afwezig.

Toen ik net was toegelaten, ging ik al voor het schooljaar met de rector praten. Er kwamen twee interlands tegen Zweden aan waardoor ik de eerste week al vrij moest vragen. De rector moest een beetje lachen dat ik al afwezig zou zijn voordat ik één les had bijgewoond. Gelukkig had hij gehoord dat ik een talentvolle voetballer was en het verlof werd geregeld.

Na een paar maanden waarschuwden mijn mentor en de leraar Zweeds voor de eerste keer dat ik in dit tempo mijn diploma nooit zou halen. De competitie was toen aan de gang en ik speelde ook interlands zodat ik vaak afwezig zou zijn en ik me ook niet zo geweldig op school kon concentreren. Maar ik was niet voor de flauwekul naar die school gegaan, ook al lag de nadruk op het voetbal. Ik dacht toen dat als iemand al na een paar maanden meent te moeten denken dat ik niet in staat ben om te slagen, dat al genoeg reden is om het tegendeel te bewijzen. Toch twijfelde ik zelf ook wel eens. In het tweede jaar verdubbelde mijn hoeveelheid afwezige uren tot tweehonderd. Bij wiskunde kon ik het niet meer volgen toen de cijfers plaatsmaakten voor letters. Ik heb dan ook heel weinig tijd besteed aan wiskunde.

Mijn derde jaar aan het Lukio duurde van half augustus tot begin februari. In die periode wist ik al driehonderd uren afwezigheid te verzamelen. Ik durf rustig te beweren dat als het Lukio nog een jaar had geduurd, dat ik dan nooit zou zijn geslaagd. Hoe vaker ik afwezig was, hoe moeilijker de stof werd. Het was mijn redding dat het derde jaar in februari eindigde en dat ik toen nog ruim een maand had voor de examens.

Het was duidelijk dat ik niet nog langer naar school kon of wilde. Ik moest me dus volledig op mijn examens storten. Ik was naar het Lukio gegaan om het einddiploma te halen. Nu moest ik dat doel verwezenlijken. Toen ik me weer de twijfelende woorden van mijn mentor herinnerde, besloot ik dat het mijn eer te na was om op te geven. Ik moest en zou slagen, en dat gebeurde ook.

Een paar jaar later werd die school een echte sportersopleiding. Het werd toen mogelijk om er vier jaar over te doen in plaats van de drie jaar uit mijn tijd. Het betekende dat de lesuren plaatsvonden tussen tien uur en twee uur. Je kon dan 's morgens rustig trainen en 's middags eten en rusten voor de avondtraining. Eigenlijk heb ik in de praktijk ook zo'n schema aangehouden. Het verschil was dat er toen ook voor tien uur en na tweeën werd lesgegeven. Alleen was ik daar dan meestal niet bij...

Nu durf ik ook wel te bekennen dat er schooldagen waren waarop ik 's morgens om zeven uur naar de sporthal ging, waar ik tot negen uur trainde. Het gebeurde wel eens dat ik het niet kon opbrengen om naar school te gaan en in plaats daarvan naar huis ging om uit te rusten. Het kwam ook wel voor dat ik te laat op school kwam en dan maar weer terugging naar de sporthal. Ik had gemerkt dat ik beter trainde als ik goed uitgerust en gefocust was. Op de dagen dat ik niet naar school ging, was de training dus meestal het best.

Mijn problemen op school kwamen natuurlijk ook voort uit het feit dat het Finse voetbalseizoen in oktober eindigt zodat ik de eerste maanden van het schooljaar met mijn gedachten elders was. Tijdens de les zat ik vaak naar buiten te kijken en na te denken over de vorige wedstrijd en over wat er in de volgende wedstrijd zou gaan gebeuren. Vaak schrok ik op als de docent met de aanwijsstok op het bureau tikte en een vraag herhaalde die ik nog niet had gehoord. Het was al mooi als ik wist waar de les over ging.

Vanwege het voetbal mocht ik vaak de gymlessen overslaan. Als we bijvoorbeeld gingen voetballen, hoefde ik niet mee te doen. Het was immers niet erg zinvol om eerst een tijd op school te voetballen en dan te gaan trainen voor een competitiewedstrijd. De gymleraar, voormalig skispringer Kalevi Järvinen, was de favoriete leraar van de jongens. Hij snapte wel dat ik op een hoog niveau aan sport deed en zag veel door de vingers.

Natuurlijk was ik graag bij zijn lessen. Vooral in de herfst en winter deed ik graag mee met sporten zoals basketbal, volleybal of zaalhockey. Als de competitie aan de gang was, concentreerde ik me meer op mijn eigen sport.

Het leven verandert

Mijn doelgerichtheid in de sport zorgde ook voor veranderingen bij andere zaken. Ik geloof niet dat ik dingen heb gemist door me zo op voetbal te concentreren. Tot mijn veertiende leidde ik volgens mij een volkomen normaal leven. Natuurlijk trainde en speelde ik in verhouding vaker dan de meeste kinderen maar verder had ik niet het idee dat ik anders was. Ik deed dezelfde dingen als anderen om me heen.

Het was een grote verandering toen ik op mijn vijftiende in de selectie van Reipas terechtkwam. Ik merkte dat ik thuisbleef als mijn vrienden op vrijdagavond de stad in gingen. Ik had de hele week zo hard getraind dat ik rust nodig had. We moesten ook vaak op zaterdagochtend trainen. Dan was er in de lente, herfst en zomer nog een competitiewedstrijd op zondag, dus op zaterdagavond thuisblijven sprak natuurlijk vanzelf.

Hoewel ik nooit het gevoel had iets te missen, zag mijn leven er vanaf mijn vijftiende heel anders uit dan dat van mijn leeftijdgenoten. Mijn leven stond in het teken van trainen en wedstrijden spelen met mannen. Ik zette een enorme stap vanuit de wereld van een jonge jongen de mannenwereld in. Op het veld werd van mij hetzelfde verwacht als van mijn volwassen medespelers. Het enige verschil

10 trainers

Olavi Litmanen
Mijn vader Olavi was mijn jeugdtrainer. Hij was een voorbeeld voor me en leerde me veel.

Simo Syrjävaara
Simo hielp me bij mijn eerste stappen naar het buitenland.

Hannu Hämäläinen
Hannu zette een vijftienjarige jongen tussen de mannen. Hij liet zien dat je hard moet werken.

Turo Flink
Turo vertrouwde me als voetballer en liet me naast Markus Törnvall spelen.

Harri Kampman
Harri gaf steun en enthousiasmeerde. Zijn aanpak was hard en vakkundig, doelgericht en van hoge kwaliteit.

Jukka Vakkila
Jukka haalde me op mijn achttiende van de jeugdselectie naar de A-selectie van het Finse elftal.

Louis van Gaal
Louis is de beste trainer uit mijn loopbaan. Hij is veeleisend en eerlijk. Hij zag allerlei details die invloed hadden op het verloop en het resultaat van een wedstrijd.

Morten Olsen
Morten is een fijn persoon. Hij legde als trainer de nadruk op je goede kanten. Morten maakte mij reserveaanvoerder bij Ajax, dat was een grote eer voor een buitenlandse speler. Hij was de ideale opvolger na de succesjaren onder Louis van Gaal. Het resultaat was twee oppermachtige landskampioenschappen na elkaar.

Richard Møller Nielsen
Met die prachtkerel heb ik heel fijn samengewerkt. Richard wist het maximale uit de groep te halen.

Roy Hodgson
Geweldige vakman. We vertrouwden sterk op elkaar in het Finse elftal.

was dat het leven voor mijn achttiende buiten het veld anders was. Ik kon bijvoorbeeld niet autorijden, mocht niet drinken en verhalen over het leger en dergelijke waren voor mij onbekende zaken.

Toen ik me ontwikkelde en beter ging spelen, moest ik als basisspeler functioneren op het niveau van een man. Er werd niet gevraagd of ik zestien, zeventien of vierentwintig jaar oud was. Dat eiste ik ook van mezelf. Ik wilde voetballen en daar goed in worden. Daar moest ik me op richten, en het zou niet helpen als ik in het weekend de stad in ging. Ik zou er alleen maar extra moe van worden.

Mijn vrienden hebben nooit moeilijk gedaan over mijn keuze. Vrienden maak je doorgaans op de plekken waar je bent. De vrienden die ik in Lahti had, kende ik voornamelijk van voetbal of ijshockey. Zij snapten het wel. Af en toe had ik wel het gevoel dat ik niet echt ergens bij hoorde. Vrienden uit mijn kindertijd en van school deden hun eigen dingen. Met de mannen van de club had ik wel eens een sauna-avond maar als de anderen daarna naar het café gingen, nam ik om elf uur de laatste bus naar huis.

Ik herinner me de eerste sauna-avond nog goed. Ik was vijftien of zestien jaar. Ik verliet de sauna toen de anderen de stad in gingen. Natuurlijk miste ik de laatste bus. Ik holde met mijn sporttas over mijn schouder over de berm van de weg de tien kilometer naar huis. Dat duurde ruim een uur en ik was pas rond één uur 's nachts thuis. 's Morgens vroeg mijn vader waar ik geweest was. Ik probeerde uit te leggen dat ik na de sauna-avond naar huis was gelopen, maar mijn vader kon dat moeilijk geloven. Hij belde de trainer. Die vertelde hem dat die jongen werkelijk met zijn sporttas over zijn schouder was weggehold. Dat gaf niets, het was immers een prima training!

Het bewees wel dat ik nog niet echt bij de volwassenen hoorde, terwijl ik toch bij de selectie zat. Tegelijkertijd hoorde ik ook niet helemaal thuis in de wereld van mijn leeftijdgenoten. Soms vond ik mezelf een raar geval, een beetje losgezongen van de werkelijkheid. Toch sprak ik er tegelijkertijd openlijk over dat ik profvoetballer wilde worden. Dat vond men maar vreemd.

In de onderbouw op school schreef ik eens een opstel over voetballer als mijn droomberoep. De juf beschouwde het als haar plicht om mij apart te nemen en me te vertellen dat je in Finland niet zomaar prof kon worden. Het was niet zinvol om me daarop te richten, ik kon me maar beter serieus op school richten. Ik knikte braaf maar intussen was ik toch van plan om profvoetballer te worden.

De juf had wel een punt: ik begreep dat je op school je best moet doen. Toch had ik altijd zin en tijd om te voetballen. Ik trainde voor schooltijd en na schooltijd, in de vakanties en in de weekenden. Altijd als het maar kon. Uit mijn eerste seizoen in de Finse competitie herinner ik me het volgende voorval. Het was in de winter.

Mijn vader vroeg op vrijdagavond of ik zin had om de volgende ochtend samen te gaan trainen in de sporthal. Ik vond het natuurlijk prima. Mijn vader zei dat de hal om zeven uur openging en dat hij me om kwart over zes zou wekken. We hadden dan tijd om koffie te drinken en een paar boterhammen te eten voordat we vertrokken. Om zeven uur kwamen we de lege hal binnen en we hadden al een uur samen getraind toen er beetje bij beetje anderen binnen kwamen druppelen. Ik zag dat er een training zou zijn van dienstplichtige militairen. Er waren een paar spelers bij uit onze selectie die aan de sportschool in Lahti studeerden, ik zag dus diverse bekenden. Later arriveerden ook Mika-Matti Paatelainen en Marko Myyry uit de selectie van het Finse elftal. Een aantal van mijn makkers leek min of meer tegen hun zin naar de training gesleept. Ik groette de bekenden van Reipas. Marko Myyry herkende me en vroeg of ik na de training naar school moest. Ik vertelde hem dat het zaterdag was en dat ik voor mezelf trainde. Myyry was nogal verbaasd dat ik op een vrije zaterdag zo vroeg bezig was. Ik was verbaasd dat je in het leger blijkbaar niet meer wist welke dag het was.

Lessen van mijn vader

Voor mij was het natuurlijk een groot voordeel dat mijn vader in de Finse competitie had gevoetbald en dat hij vaak met me mee ging trainen. Hij zag mijn enthousiasme en wilde graag tijd aan me besteden. Als ik er geen zin in zou hebben gehad, zou hem dat waarschijnlijk weinig hebben kunnen schelen. Dan zouden we gewoon niet hebben getraind.

Mijn vader trainde graag in de ochtend. Hij was gewend om vroeg op te staan voor zijn werk. 's Ochtends konden we samen rustig trainen en ik kreeg veel waardevolle aanwijzingen van hem. Als je in het weekeinde vroeg trainde, kon je bovendien de rest van de dag nog allerlei andere dingen doen.

Thuis is er nooit druk op me uitgeoefend om te gaan trainen. Mijn vader heeft later juist wel eens gezegd dat ik eerder moest worden afgeremd en dat hij me bijna met geweld uit de sporthal moest trekken om naar huis te gaan. Vaak lukte dat alleen maar als de hal 's avonds gesloten werd. Bij ijshockey, in de winter, ging het net zo. Vaak kwam hij naar het ijs om te zeggen dat de lichten bijna uitgingen en dat ik de volgende dag naar school moest. Ik had er gewoon zoveel plezier in dat ik nooit wilde stoppen.

Nadat ik was gestopt met ijshockey, dachten veel mensen dat mijn vader me in de richting van het voetbal heeft geduwd. Dat is onzin. Het was volledig mijn eigen keuze.

Natuurlijk hebben we erover gepraat. Ook mijn vader had ooit keuzes moeten maken: skispringen en ijshockey waren afgevallen. Hij was van mening dat als je succes wilt hebben, je je op één discipline moet concentreren. Je kunt niet de top halen in alle sporten tegelijk. Er komt een moment dat ze elkaar in de weg gaan zitten. Toch was de manier waarop ik ermee omging helemaal mijn eigen beslissing. Ik bleef erover nadenken. Toen ik uiteindelijk mijn trainer belde om te vertellen dat ik stopte met ijshockey, had ik dat niet eerst met mijn vader overlegd.

Mijn vader was op verschillende fronten een voorbeeld voor me. Alleen al het feit dat hij elke ochtend om halfzeven naar zijn werk ging, beïnvloedde mij enorm. Hij had naast die fulltimebaan in de hoogste divisie gevoetbald en speelde nu, op 42-jarige leeftijd, nog altijd in de derde divisie. Daarnaast trainde hij juniorenteams en toch had hij nog tijd over om samen met mij te gaan trainen. Mijn vader was een voorbeeld voor me en hij leerde me dat als je succes wilt hebben – of het nu gaat om een studie of om voetbal – je daarin moet investeren.

Hij was mijn trainer tot aan de B-junioren. Toen ging ik naar de beloften bij Reipas. Hij stopte toen met het trainerschap. Naast hem had ik ook andere trainers. Juha Suni was bijvoorbeeld jarenlang mijn trainer en Harri Kampman trainde mij een aantal jaren samen met een groep leeftijdgenoten terwijl ik onder mijn vader trainde en speelde met jongens die ouder waren.

Het was heerlijk om te trainen met mijn vader. Hij speelde mee en deed dingen voor. Hij bracht het gevoel over dat je op trainingen alles serieus moet aanpakken. Hij was zelf voetballer geweest en ik denk dat ik daar heel veel baat bij heb gehad. Hij kon concrete voorbeelden geven van hoe je iets moest aanpakken. Hij heeft wel eens gezegd dat hij juniorentrainer wilde blijven totdat hij als speler niet meer met ze mee kon komen.

Nieuwe trainers

Ik heb veel goede trainers gehad die zelf op niveau hadden gevoetbald. In het Finse jeugdelftal introduceerde Simo Syrjävaara een internationale aanpak. Hij was oud-international. Syrjävaara haalde me naar de elftallen die Finland internationaal vertegenwoordigden. In het begin voetbalde ik daar met leeftijdgenoten en later nam Simo me mee naar de oudere groep.

Syrjävaara begeleidde me bij mijn eerste stappen in het internationale voetbal. Hij kon heel boeiend vertellen over het verleden en hij kende mij al vanaf mijn geboorte. Ik had een buitengewone band met hem. Ik herinner me nog veel uitspraken van hem zoals: 'De bloem gaat open, de bloem gaat dicht.' Oftewel, bij een aanval maak je het spel breed en als de tegenstander de bal verovert, trek je je terug en probeer je de ruimtes klein te maken. Hij verzekerde ons ook dat onze buitenlandse tegenstanders gewoon dezelfde pap eten als wij.

Simo had echt grip op de jeugd. We bekeken eens een video van een wedstrijd waarin Yrjö Happonen en ik volgens hem elkaar te vaak de bal toespeelden. Hij maakte er een grap van over de bus uit Savo in het verkeer van Lahti, maar de strekking was duidelijk: we moesten anderen ook de bal gunnen. Voetbal is een teamsport.

Bij de beloften van Reipas was Hannu Hämäläinen mijn trainer. Ook hij had samen met mijn vader gevoetbald, evenals assistent-trainer en elftalbegeleider Matti Sandberg, die ook een vriend van mijn ouders was. Ze waren geestverwanten, en dat hielp mij om me aan te passen aan de hogere eisen van mijn nieuwe omgeving. Bij hen voelde je voortdurend dat ze vaak in hetzelfde schuitje hadden gezeten als de spelers die ze nu trainden.

Ook Harri Kampman had samen met mijn vader gevoetbald. Mijn vader had hem altijd openlijk gestimuleerd om trainer te worden. Hij had hem specifiek gevraagd om naar Reipas te komen als tweede trainer voor mijn leeftijdsgroep. Ook de volgende trainer van de beloften bij Reipas, Turo Flink, was een voormalig medespeler van mijn vader.

In mijn vaders voetsporen

Tot mijn twintigste hadden al mijn trainers een link met mijn vader. Dat zorgde ook voor extra druk. Mijn vader kwam uit de eigen jeugd van Reipas en was basisspeler geweest tijdens de topjaren van de club in de jaren '60 en '70. Hij had diverse keren de Finse beker gewonnen, was landskampioen geweest en had interlands gespeeld. Thuis keek ik wel eens naar krantenknipsels, foto's en oude voetbalshirts en droomde er dan van om zelf ooit interlands te spelen en prijzen te winnen met de beloften van Reipas.

Zelf had mijn vader het nooit over prijzen die hij had gewonnen of over wat hij had bereikt. Hij trainde gewoon in zijn oude interlandshirt, dat dan te drogen hing tussen de rest van de was. Voor een jonge jongen hing daar een duidelijk doel om naar te streven. Aan de andere kant hoorde ik op mijn tiende ook mensen zeggen dat mijn vader een geweldige voetballer was geweest aan wie ik nooit zou kunnen tippen.

Maar hij was zowel fysiek als mentaal mijn steun en toeverlaat. Hij gaf geen bevelen en dwong nooit maar gaf me de mogelijkheden om te doen wat ik graag wilde. Het was een buitengewoon gevoel toen ik in 1989 mijn eerste interland speelde in Trinidad: ik was international, net als mijn vader. Toen ik in 1992 de Finse beker won, weliswaar niet in het shirt van Reipas maar dat van MyPa, was ik bekerwinnaar, net als mijn vader.

Zijn prestaties vormden voor mij een prima uitdaging. Ze gaven me iets om me op te richten. Tegelijkertijd kreeg ik daardoor het gevoel dat het mogelijk is om succes te hebben. Als het mijn vader was gelukt, zou het voor mij toch ook mogelijk moeten zijn?

Ik heb wel eens aan mijn vader gevraagd waarom hij bijvoorbeeld geen shirt van de Sovjet-Unie had, iets wat ze bij de Kautonens wel hadden. Mijn vader antwoordde dat als ik een shirt wilde ruilen, dat ik dan zelf maar in het nationale elftal moest zien te komen. Hem had het nooit zo geïnteresseerd. Daar moest ik aan denken toen ik voor de eerste keer als international met iemand van shirt ruilde: nu heb ik dat ook eens meegemaakt.

Pas na diverse interlands ruilde ik daadwerkelijk een keer van shirt. Onze verzorger was 'opperverzorger' Gunnar Yliharju, die al begin jaren '70 verzorger was geweest toen mijn vader nog in het nationale elftal speelde. Hij liep er nog steeds rond toen mijn interlandloopbaan eindigde; niet meer bij het eerste, maar overal waar hij nodig was. Gunnar hanteerde de regel dat je niet van shirt mocht ruilen na een oefenwedstrijd en ook niet na een verlies of gelijkspel. Hij wilde niet dat er rugnummers zouden ontbreken. Leuke regel! In die tijd wonnen we niet zo vaak. Ik kon voor het eerst een shirt ruilen na de wedstrijd tegen Malta in 1991.

Het ging natuurlijk niet altijd volgens de regels. In april 1992 speelden we in Brazilië een goede wedstrijd tegen het gastland. Ik kreeg een paar goede mogelijkheden maar Bebeto scoorde twee keer en Brazilië won met 3-1. Ons enige doelpunt werd gemaakt door Jari Vanhala voor 35.000 toeschouwers.

Er speelden veel beroemde voetballers in het Braziliaanse elftal, zoals Júnior, die in 1982 en 1986 op het WK voetbalde, en daarnaast ook Bebeto. Na de wedstrijd begon deze laatste tegen me te praten in

‘Een kleine, tengere en donkerharige jongen strooide met prachtige passes’

Simo Syrjävaara was trainer van Jari Litmanen bij het Finse jeugdelftal in de jaren ’80. Hun eerste ontmoeting was echter al een paar maanden na de geboorte van Litmanen. ‘Ik zat bij de vader van Jari in het elftal. In de lente van 1971 nam zijn moeder hem mee naar het sportpark. Hij was toen een paar maanden oud. Toen heb ik dat kereltje ter grootte van een stokbrood eventjes vastgehouden. Ik hield zijn hoofd met dat zwarte haar in mijn linkerhand en zijn tenen in mijn rechter,’ herinnert Syrjävaara zich.
Toen Syrjävaara trainer was, ontdekte hij de voetballer Litmanen in de legendarische sporthal van Lahti aan het begin van de jaren ’80. ‘Het was tijdens een wedstrijd van de D- of C-junioren van Reipas Lahti. Op het middenveld strooide een kleine, tengere en donkerharige jongen met prachtige passes. Hij viel me onmiddellijk op.’
Zijn eerste jeugdinterland speelde Litmanen, met Syrjävaara als trainer, in Denemarken op een toernooi van de noordelijke landen in een elftal van vijftienjarigen.
‘Ik dacht lang na of ik Jari mee zou durven nemen. Ik was bang dat hij zich zou blesseren. Hij was zo klein en tenger, zijn kuiten waren niet dikker dan mijn polsen. Tijdens het trainingskamp in Pajulahti werd ik ’s nachts wakker en realiseerde me dat ik hem gewoon moest meenemen omdat hij zo goed was. Hoewel de vermoeidheid er op dat toernooi wel in sloop vanwege zijn zwakke fysiek, heb ik er geen spijt van gehad. In de openingswedstrijd tegen Denemarken in Nyborg liet Jari samen met Yrjö Happonen de bal snel rondgaan op het middenveld en we wonnen de wedstrijd,’ weet Syrjävaara nog.
Litmanen debuteerde al op zijn zestiende op het hoogste niveau met Reipas Lahti.

'Bij elke thuiswedstrijd zat ik op de tribune en noteerde onder andere de voorzetten, schoten, kopballen en balbehandelingen van Jari. Hij belde wel eens na een wedstrijd om te vragen hoe ik vond dat het was gegaan.' Ze spraken elkaar minder vaak toen Litmanen naar het buitenland was vertrokken, maar ze hielden wel contact.
'Hij kwam ons in zijn Ajax-tijd eens een goede kerst wensen. De hond van mijn dochter was Edwin genoemd, naar Edwin van der Sar, de doelman van Ajax. Jari beloofde dat hij hem de groeten zou doen van zijn dubbelganger in Finland. Sindsdien komen we elkaar wel eens tegen in Lahti. De laatste keer was toen Jari's standbeeld werd onthuld op het sportpark,' aldus Syrjävaara.

het Portugees. Ik begreep er geen woord van maar uit zijn gebaren maakte ik op dat hij met mij van shirt wilde ruilen. Ik keek om me heen en wist niet goed wat ik moest doen. We hadden allebei nummer zeven. Voordat ik het besefte, had ik een Braziliaans shirt in mijn handen en Bebeto een Fins. Er zwermden tientallen fotografen en verslaggevers om ons heen. Ik liep naar de kleedkamer waar ik Gunnar tegen het lijf liep. Gelardeerd met een aantal welgekozen scheldwoorden siste hij tegen me dat nu de opeenvolging van de shirtnummers was verknoeid! De hele serie moest worden vernieuwd en de spelers moesten dat betalen. Ik stond daar een beetje dom met dat Braziliaanse shirt in mijn handen en probeerde hem uit te leggen dat niet ik, maar Bebeto de ruil had gepleegd. Gunnar luisterde niet en bleef maar doorgaan over de gebroken reeks. De rest van de spelers keek verwonderd toe. Toen ze snapten dat ze nieuwe shirts moesten betalen, was niet iedereen daar blij mee, en enkelen renden naar de kleedkamer van de Brazilianen om hun shirt te redden.

Die shirts kostten ongeveer 250 mark en iedereen moest dat betalen vanwege mij. Daar voelde ik me wel schuldig over. Dat dure Braziliaanse shirt heb ik nog steeds.

Twee jaar later werd Bebeto samen met medespits Romário wereldkampioen op het WK in de Verenigde Staten. Toen kon ik glimlachend tegen mezelf zeggen dat ik een shirt van hem had. En dat hij degene was die met me wilde ruilen. Samen met Romário had ik een keer een oefenwedstrijd gespeeld toen ik bij PSV trainde. Het was een heerlijk gevoel om naar een finale te kijken waarin de aanvallers bekenden van me waren.

Het eerste elftal en de opbouw van een carrière

In het eerste van Reipas ging ik serieuzer en regelmatiger trainen. Ik moest gaan nadenken over de toekomst. Mijn medespelers waren ouder en daardoor ging ik vooruitkijken. Ze hadden hun eigen leven, voor een deel met een vriendin of een vrouw en sommige hadden kinderen. Ze reden auto, terwijl ik natuurlijk nog niet eens een rijbewijs had. Het was allemaal nieuw voor me. Voor die tijd zat ik meer in de belevingswereld van een kind dan in die van een jongere, laat staan van een volwassene.

Ook in het voetbal werd meer van me gevergd dan voorheen. De trainingen waren zowel fysiek als mentaal zwaarder. Ik begon te snappen dat ik een vijftienjarige scholier was, op school vergelijkbaar met zijn medeleerlingen, maar met een heel ander leven na schooltijd.

Ik vond mezelf niet bijzonder maar ik had wel een heel ander leven dan mijn leeftijdgenoten. Heel langzaam begon ik te beseffen dat mijn leven een heel andere wending nam dan dat van mijn vrienden. Iedereen had natuurlijk zijn eigen doel. Sommigen wilden gaan studeren, anderen snel aan het werk, en ik had het streven om voetballer te worden. Voor mij was school iets voor naast het voetbal; voor anderen was school juist de hoofdzaak en sporten iets om erbij te doen.

Tot mijn veertiende had ik aan ijshockey en voetbal gedaan in verschillende teams, en aan al die teams hield ik tientallen vrienden over. Ik had ook vrienden uit de buurt en op school. Plotseling kromp dat aantal tot een klein kringetje en mijn doen en laten beperkte zich hoofdzakelijk tot trainen en wedstrijden spelen. Hoewel er nog een paar andere spelers bij waren die net van de junioren kwamen, was de verandering groot. Soms vroeg ik me af waar iedereen gebleven was.

Toch voelde het niet als een opoffering. Ik was altijd gek geweest op voetbal en nu deed ik weinig anders meer. Als kind had ik ervan gedroomd om in het buitenland te spelen en nu was dat echt een belangrijk doel geworden. Dromen zijn vaak nogal vaag, maar als ze binnen je bereik lijken te komen, ga je nadenken over hoe je ze kunt verwezenlijken.

Ik begon na te denken over het trainen en de wedstrijden, keek hoe goede spelers zich gedroegen. Ik keek niet meer naar wedstrijden om te zien wie er won maar ik begon op andere dingen te letten. Prachtige goals of schitterende voorzetten waren niet voldoende meer. Ik begon te onderzoeken hoe ze tot stand kwamen. Als ik een goede speler zag, begon ik erop te letten welke kwaliteiten hij had. Waarom was hij zo goed? Ik ging de details van het voetbal bestuderen en tegelijkertijd nadenken over hoe ik mijn eigen kwaliteiten kon inzetten voor het team.

Hoewel ik door dit alles weinig tijd had voor andere dingen die bij het leven van een jongeman hoorden, voelde het niet als een offer. Mijn toekomst lag nu eenmaal in het voetbal. Het was mijn eigen keuze. Anderen waren met school of iets anders bezig.

De veranderingen in mijn leven werden nog verder gekruid doordat ik me anders ging voelen. Niet dat ik het interessant vond om bijzonder te zijn maar er was wel iets met me aan de hand. Ik had al gehoord dat er hier en daar 'kenners' waren die rechtstreeks of via via aangaven dat mijn handelwijze een beetje vreemd was – in Finland kon je geen profvoetballer worden. Je moest je best doen op school, een beroep kiezen en niet dromen over een loopbaan als voetballer.

Ook mijn vader kreeg wel eens iets te horen over mijn doen en laten. Hij heeft het er nooit rechtstreeks met me over gehad maar tussen de regels door heb ik wel kunnen opmaken dat hij dingen opving in de trant van: 'Zou Jari niet beter kunnen stoppen met luchtkastelen bouwen en zich richten op belangrijkere zaken?' Van dat voetbal zou immers toch niets terechtkomen? Mijn vader zag echter wel dat het me ernst was en liet me mijn eigen keuzes maken.

Hoe verder mijn carrière zich ontwikkelde, hoe meer er gekletst werd. Als mijn vader bijvoorbeeld naar een wedstrijd ging kijken tussen Reipas en HJK of een jeugdinterland bezocht, waren er altijd kenners op de tribune: 'Die jongen van Litmanen is veel te traag, te zwak, passt niet snel genoeg...' enzovoort. Dergelijke commentaren bevestigden bij mij alleen maar de gedachte dat ik dit voor mezelf deed. Het kon me niet schelen wat anderen ervan vonden; ik ging er hooguit nog beter door trainen.

Mijn positie wordt sterker

In mijn eerste seizoen in het eerste elftal, in 1987, speelde ik negen wedstrijden. De competitie bestond destijds uit tweeëntwintig wedstrijden. Aan het begin van het seizoen, in de lente, zat ik in de basis en in de herfst ook. Daartussen, in de zomer, deed ik een tijd mee met de A-junioren. Ik trainde wel altijd mee met het eerste.

Het was een bijzonder leerzame zomer. In de lente had ik een paar wedstrijden op het hoogste niveau meegedaan en ik had gemerkt dat ik technisch goed kon meekomen maar dat er wel veel punten waren waaraan ik nog moest werken. Terug bij de junioren besefte ik dat mijn sterke kanten zowel bij de mannen als bij de junioren goed uit de verf kwamen. In mijn zwakkere kanten was ik goed genoeg bij de junioren maar bij de mannen kwam ik mezelf daarin tegen, bijvoorbeeld wat betreft de fysieke kant. Dat was een belangrijk inzicht. Ik leerde dat ik me moest richten op datgene wat ontwikkeld moest worden.

Dat bleek ook in het volgende seizoen: ik speelde praktisch alle wedstrijden. Dat was een enorme stap in één jaar tijd, zeker gezien mijn natuurlijke fysieke groei op mijn zestiende en zeventiende. Hoewel ik het grootste deel van mijn loopbaan een prima postuur had – 1,82 meter en 82 tot 83 kilo – was ik in mijn juniorentijd klein van stuk. Tijdens mijn eerste seizoen in het eerste elftal was ik 1,63 meter en woog ik 63 kilo. Toen ik rond mijn twintigste was uitgegroeid, was ik dus 20 cm langer geworden en 20 kilo zwaarder.

Bij mijn entree in de hoogste divisie was ik daar fysiek eigenlijk nog niet klaar voor. Al tijdens het eerste seizoen werd ik steviger vanwege mijn natuurlijke groei en door de trainingen in de herfst en winter. Ook geestelijk groeide ik. Reipas Lahti bood me een prettige omgeving. Ik kende er iedereen en de sfeer was warm. Ik kon me rustig ontwikkelen en de mensen kregen steeds meer vertrouwen in mij.

Bij mijn fysieke training gebruikte ik geen fitnessapparatuur maar de nadruk van de oefeningen lag op mijn eigen lichaam. De training was vooral op beweging gebaseerd, hardlopen en coördinatie, met gebruik van het eigen lichaam. In de herfst en winter lag de nadruk op individuele training onder begeleiding. Mijn eerste trainer bij het eerste elftal, Hannu Hämäläinen, werkte bij de brandweer. Met hem deed ik een of twee keer per week een fysieke training.

Ik vind dat de fysieke training van jonge mensen zo individueel mogelijk moet worden benaderd, want iedereen is anders. Mijn individuele programma heeft me in elk geval heel goed geholpen.

Aan het eind van het seizoen 1988, toen ik het hele seizoen had meegedraaid, merkte ik dat ik geen jongen meer was, maar een jonge man. Echt oud voelde ik me niet, maar ik realiseerde me wel dat mijn leven heel anders was dan dat van mijn leeftijdgenoten. Terwijl zij 's zomers in het weekend uitgingen, had ik op zondag een competitiewedstrijd. In de winter trainde ik hard. Ik had rust nodig. Als ik vaak uit was gegaan en alcohol had gedronken, zou me dat kostbare trainingstijd en hersteltijd hebben gekost. Om de gevolgen van een avondje feestvieren kwijt te raken, had ik wel een week nodig. Voor mij zijn een regelmatig slaap- en rustpatroon altijd heel belangrijk geweest.

Later in mijn leven ben ik uitgenodigd voor allerlei avondjes, maar meestal bedankte ik daarvoor. Mensen vroegen zich ook vaak af waarom ik zo vroeg wegging als ik ergens was. Het ging mij er natuurlijk gewoon om dat ik buiten mijn werk niet te veel energie mocht verspillen. Om fit te zijn had ik rust nodig, zowel fysiek als geestelijk.

Voor een voetballer kan ook het reizen verrassend vermoeiend zijn. Het kost tijd om van een reis te herstellen, iets wat niet altijd wordt begrepen. Ook in Finland maakt reizen deel uit van het leven als voetballer. Toen ik in de competitie ging meedraaien, was Lahti qua ligging een goede plek. Naar andere speelsteden was de reis niet al te lang. Kuusysi zat in dezelfde plaats, naar Helsinki, Mikkeli, Tampere en Valkeakoski was het een paar uur rijden. Naar Oulu, Kemi en Rovaniemi gingen we meestal per vliegtuig vanaf Helsinki en terug met de trein. We zijn ook wel eens met de bus naar Oulu geweest. Daarnaast speelden diverse clubs van de westkust regelmatig een seizoen in de hoogste divisie. Door mijn transfer naar HJK-Helsinki werden de reizen gelukkig niet langer. Ik zat toen in Lahti in dienst en kon van daaruit meestal makkelijk een bus nemen. Mijn volgende club, Myllykoski, lag wel meer afgelegen, maar daar heb ik slechts een halfjaar gespeeld.

Ook bij de junioren wordt in Finland al flink gereisd, maar bij mij duurde die fase niet zo lang. In 1987 speelde ik een stuk of tien A-juniorenwedstrijden terwijl ik nog de leeftijd had van een B-junior. Toen ik officieel de leeftijd had van een A-junior – van 1988 tot 1990 – speelde ik maar drie wedstrijden bij de A-junioren. Dat waren de laatste drie wedstrijden van 1989; we werden toen kampioen van Finland.

Van jongs af aan een leider

Yrjö Happonen heeft jarenlang met Jari Litmanen samen gespeeld bij Jong Finland. De twee, die in 1992 samen ook voor Myllykosken Pallo voetbalden in de competitie, waren altijd kamergenoten.
Happonen herinnert zich dat Litmanen al heel vroeg uitermate doelgericht was. Volgens hem was het al heel vroeg duidelijk dat hij een prachtige carrière in het buitenland voor zich had.
'Hij was toen al heel consciëntieus en hard aan het trainen. Zijn doelgerichtheid viel toen al op. Alles stond ik het teken van zijn ontwikkeling en van een gang naar het buitenland.'
Litmanens geweldige motivatie om te trainen stak ook Happonen aan. Hij was destijds een van de belangrijkste spelers van Jong Finland en speelde 210 wedstrijden in de hoogste divisie waarin hij twintig keer scoorde.
'Toen ik Jari voor de eerste keer ontmoette, zag ik dat hij ongelooflijk goed was. Ik besefte toen dat ik harder moest gaan trainen,' vertelt Yrjö.
Happonen droeg de aanvoerdersband in Jong Finland. Hij benadrukt dat Litmanen in de A-selectie al veel eerder aanvoerder had kunnen zijn.
'Het lijdt geen twijfel dat hij er klaar voor was. Ik was aanvoerder in de tijd van trainer Simo Syrjävaara. Het was volkomen duidelijk dat Jari die band een keer zou dragen, maar er werd destijds niet zoveel aandacht aan besteed.'

In die tijd trainden A-junioren minder vaak dan tegenwoordig. Nu zijn er verschillende scholen met de nadruk op voetbal, academies en werkweken waar regelmatig 's ochtends wordt getraind. Er is niet veel tijd voor eigen, afzonderlijke trainingen. Zelf heb ik ervaren dat vooral het trainen in mijn eigen tijd heel belangrijk is geweest. Ik kon me daarin concentreren op die dingen die ik zelf belangrijk vond – zowel voor wat betreft mijn sterke als mijn zwakke kanten. Het was ook geestelijk een test voor me. Niemand dwong me om te gaan trainen, ik mocht zelf beslissen of ik ging trainen en hoelang.

In mijn loopbaan ben ik altijd gedreven door enthousiasme en een sterke wil. De basis van goede en voldoende trainingen van voor mijn twintigste heeft me vooruit geholpen en geholpen bij aanpassingen aan nieuwe eisen. Eerst kwam ik bij jeugdelftallen voortdurend terecht tussen oudere jongens en uiteindelijk als achttienjarige in het nationale elftal. Je moest altijd klaar zijn voor de volgende stap.

Altijd heb ik tegen oudere tegenstanders gespeeld. Ik moest voortdurend manieren vinden om beter te worden. Destijds mochten er in het nationale elftal onder 21 drie spelers meedoen die ouder waren. Onze oudere spelers in de wedstrijd tegen Nederland, in Heerenveen in 1989, waren Esa Pekonen en Ismo Lius. Voor die tijd had ik bewonderend naar ze gekeken als ze speelden in het eerste van Kuusysi. Pekonen was een jaar of tien ouder dan ik en al een ervaren speler van A-interlands. Lius was zes jaar ouder en diverse keren topscorer van Finland geweest.

De duidelijkste tekenen van mijn volwassenheid waren een rijbewijs, dienstplicht en toegang tot de kroeg. Daarover had ik voordien nooit kunnen meepraten. Pas toen ik zelf achttien was geworden, kon ik ervaren waar mijn medespelers het altijd over hadden gehad. Maar zo bijzonder was het toen allemaal niet meer.

Naar de nationale top

Mijn ontwikkeling verliep zoals ik had gehoopt. Hoewel ik had gehoord dat ik te langzaam en te zwak was, en bovendien te traag was met passen, had ik geloofd dat ik de dingen goed had aangepakt. In elk geval had ik tot op zekere hoogte gelijk gehad want ik had tussen mijn zestiende en negentiende vrij veel bereikt: ik had regelmatig in de hoogste divisie gespeeld en was bij alle leeftijdsgroepen geselecteerd voor de nationale elftallen. In 1990 werd ik gekozen tot Voetballer van het Jaar in Finland. Dat alles wees erop dat ik toch iets goed moest hebben gedaan.

Mijn voortdurende ontwikkeling zorgde er ook voor dat ik me niet meer afvroeg óf ik profvoetballer zou worden, maar wannéér dat zou gebeuren. Vanaf mijn vijftiende was er al over gepraat, en nu kreeg ik de eerste concrete aanbiedingen. Er kwamen mensen naar mijn wedstrijden kijken; na een poosje ook van buitenlandse clubs.

Ik moest heel goed nadenken over wat ik wilde. Er werd ook naar huis gebeld. Mijn moeder sprak geen Engels, maar ze had een briefje gekregen met zo'n soort tekst: '*Ai dount spiik inglish, teik kontakt wit Harri Kampman, hiir is namber...*' Kampman was toen, in 1990, trainer van Reipas. Hij kon zijn opvattingen heel goed verwoorden en was een geweldige hulp bij deze gesprekken. Wij deelden onze passie voor voetbal en de persoonlijke ontwikkeling daarin.

Natuurlijk waren diverse ervaren spelers een voorbeeld voor me in de vier jaar dat ik voor Reipas voetbalde. Onder hen waren Arto Uimonen en Mike Belfield. Met name Markus Törnvall was een van de belangrijkste voetballers uit mijn loopbaan. Hij was een speler die op een uitzonderlijke manier dacht. Op het veld zag hij dingen die anderen niet zagen. Zijn techniek was ook heel anders dan in die tijd gebruikelijk was.

Törnvall was een buitengewoon intelligente speler. Hij had interlands gespeeld en verschillende keren de beker en het landskampioenschap gewonnen. In Lahti was hij een legende geworden. We woonden in dezelfde buurt en hadden op dezelfde school gezeten; zij het op verschillende momenten. Zijn verrichtingen op het veld volgde ik heel nauwgezet. Aanvankelijk speelde hij bij Kuusysi, maar dat kon mij niet schelen, hoewel er in Lahti al heel lang een broeder-

Een volwassen slokje

Hoe serieus je als sporter ook bent, er zullen er weinig zijn die nooit eens alcohol hebben geproefd. Hoewel Jari Litmanen bekendstond om zijn regelmatige en gezonde leefstijl, heeft ook hij als tiener wel eens de invloed van alcohol ondervonden.

Litmanens jeugdvriend en teamgenoot Tommi Kautonen herinnert zich de eerste keer dat het tweetal experimenteerde met alcohol. Ze waren een jaar of zestien en het was tijdens de Salpausselkä langlauf-wedstrijden in Lahti.

'De sporthal stond er toen al en er was een concert aan de gang in verband met de wedstrijden; een soort tienerdisco. Daar lukte het ons om een of andere fles te bemachtigen.'

Het tweetal had de sporthal uitgekozen om eens alcohol uit te proberen. De plek was voor hen allebei bekend en vertrouwd. Ze hadden er vaak getraind.

'Voor mij was het in elk geval de eerste keer, en blijkbaar ben ik er nooit meer van afgekomen,' lacht Kautonen.

Ondanks alles verliep de avond zonder problemen, er gebeurden geen vervelende dingen, hoewel de jongens een slokje van de mannenwereld proefden.

twist bestond tussen supporters van Kuusysi en Reipas. Reipas was in de jaren '60 en '70 landskampioen geweest, maar in de jaren '80 was Kuusysi de grotere club. Ik was lid van Reipas, maar ik was toch fan van Törnvall, Lius en Pekonen van Kuusysi. Ze kwamen immers uit dezelfde stad en zelfs uit mijn buurt!

Voor mij betekende het nogal wat toen Törnvall in 1988 overstapte van Kuusysi naar Reipas. Hij speelde op dezelfde positie als ik, aanvallende middenvelder, en het was een genot om met hem samen te voetballen. We spraken vrij weinig af over het spel, maar op het veld wisten we elkaar heel makkelijk te vinden. Jarmo Saastamoinen, een grote, sterke en snelle voetballer, speelde achter ons. Hij was een geweldige verdediger, die elk elftal zich zou wensen. We speelden in een aanvallende stijl met veel creativiteit. Het was een goed jaar voor ons, en minder voor onze tegenstanders doordat we op het middenveld twee aanvallende spelers naast elkaar hadden staan. In die tijd stonden er meestal één meer aanvallende en één meer verdedigende man op het middenveld. Onze tegenstanders hadden er vaak moeite mee om zich in te stellen op twee zulke aanvallende middenvelders. Met Saastamoinen achter ons was ons middenveld goed in evenwicht.

Ik kon lekker groeien en me ontwikkelen met Törnvall naast me. Als international was vooral hij verantwoordelijk voor het spel. Ik was de belofte die hem moest steunen. Ik kon de kunst van Törnvall afkijken maar ik denk dat ik voor hem ook wel van nut was. Basistechniek kan iedereen leren, maar van hem leerde ik 'speltechniek', oftewel het gebruiken van mijn verstand in allerlei verschillende situaties.

De periode samen met Törnvall duurde slechts een jaar want hij vertrok naar Zweden, waar hij onder andere landskampioen werd met Norrköping. Ik had veel van hem geleerd en na zijn vertrek kreeg ik een belangrijkere rol in het elftal. Toch had ik graag langer met hem samengespeeld. Het was echt genieten!

Bij Reipas heb ik ook bijna drie jaar gevoetbald met een idool uit mijn kinderjaren: Pertti Jantunen. Hij had begin jaren '70 nog met mijn vader gevoetbald bij dezelfde club. Aan het eind van de jaren '70 was hij de eerste Fin die in de Spaanse competitie uitkwam. Hij speelde voor Málaga. Ook was hij de eerste in de Engelse competitie; daar voetbalde hij bij Bristol City. Daarnaast had hij ook in Zweden gespeeld.

Van Jantunen leerde ik om een zekere mate van routine en duide-

Oude meester herinnert zich nieuwkomer

Pertti Jantunen, die zeven jaar in het buitenland speelde en de eerste Fin was in zowel de Spaanse als de Engelse competitie, besloot om zijn carrière af te sluiten bij Reipas Lahti. Dat was de club waar hij ooit was begonnen. Hij speelde er samen met Jari Litmanen van 1987 tot 1989. 'Ik was zoveel ouder dan Jari dat onze omgang zich beperkte tot de trainingen en de wedstrijden,' vertelt Jantunen, die negentien jaar ouder is dan Litmanen. Jantunen, zelf ook een trainingsbeest, herinnert zich dat de jonge Litmanen fanatiek trainde, voetbalde en zichzelf ontwikkelde. 'Jari ging altijd tot het uiterste. Hij kon bijvoorbeeld zo ver gaan met stretchen dat hij zichzelf ermee blesseerde. Jari stretchte zowel voor als na de training, iets wat met de kennis van nu niet heel verstandig is. Hij heeft eens na een training zijn vermoeide spieren zodanig opgerekt dat hij een spier in zijn dijbeen verrekte. Dat leverde hem natuurlijk een poosje gedwongen rust op,' vertelt Jantunen.

lijkheid in mijn spel te leggen: de bal in beweging brengen en zelf goed bewegen. Toen ik zag hoe iemand die in Spanje en Engeland had gevoetbald, en interlands had gespeeld, zekerheid en duidelijkheid in zijn spel legde, besefte ik dat daar ergens de kern van het spel verborgen lag. Daarnaast was zijn werkhouding altijd dik in orde.

Jantunen legde er vaak de nadruk op dat je niet te snel naar het buitenland moet vertrekken maar eerst voor een goede basis dient te zorgen: 'Je komt echt wel in het buitenland terecht maar zet er geen haast achter.' Zijn mening bevestigde mijn eigen opvattingen en mijn toekomstplannen. In Finland kon ik goed trainen en ik had geen haast om te vertrekken zolang ik me goed ontwikkelde. Bij Reipas ging ik elk jaar vooruit en ik kreeg er steeds meer verantwoordelijkheid.

In Finland leefde ik in een groep met professionele voetballers en ging tegelijkertijd naar school. School was eigenlijk een beetje plan B. Je kunt altijd geblesseerd raken en dan zou ik andere opties moeten kunnen benutten. Ik wilde in elk geval het toelatingsexamen voor een vervolgstudie hebben gehaald. Verder wilde ik mijn dienstplicht vervullen, zodat die niet voortdurend boven mijn hoofd zou blijven hangen. Ik had meegemaakt dat Pasi Rautiainen halverwege zijn loopbaan als voetballer – hij speelde in Duitsland – terug moest komen om in dienst te gaan. Zoiets kan niet goed zijn voor je carrière. Ik had besloten om mijn school af te maken en dan meteen een jaar het leger in te gaan.

Buitenlandse contacten

Hoewel ik had besloten om mijn carrière rustig op te bouwen, waren mijn gedachten toch wel eens bij de toekomst en dacht ik na over zaken die later van nut konden zijn. Ik maakte bijvoorbeeld kennismakingsreisjes naar andere clubs in Europa. Ik bezocht clubs op verschillende niveaus en in verschillende landen. Zo kon ik zien hoe het voetbal er daar uitzag: het Nederlandse voetbal was heel anders dan het Engelse en het Spaanse weer anders dan het Zwitserse.

Op televisie volgde ik het internationale voetbal zo goed mogelijk, hoewel er op Finse zenders niet zoveel te zien was. Gelukkig had ik een klasgenoot die via de satelliet naar Sky-Sport kon kijken, dat een à twee keer per week samenvattingen uitzond van wedstrijden uit de Italiaanse, Spaanse en Nederlandse competitie. Bij de Kautonens hadden ze een videorecorder. Ik ging daar op een gegeven moment zo vaak naartoe, dat mijn vader zich begon af te vragen waar we eigenlijk naar keken. Toen ik het hem vertelde, duurde het niet lang voordat wij ook een videorecorder in huis hadden. Vermoedelijk dacht hij dat ik dan vaker thuis zou zijn, maar zelf vond hij het ook geen straf om naar die samenvattingen te kijken.

'We praatten niet over vrouwen maar over voetbal'

Jari Litmanen noemt Markus Törnvall als iemand die veel invloed heeft gehad op zijn loopbaan. Toch speelden ze maar één seizoen samen in hetzelfde elftal: in 1988 bij Reipas Lahti.
'Jari was toen een jaar of zestien, zeventien en reed met mij mee naar de trainingen omdat we vlak bij elkaar woonden. Hij was heel leergierig en hij onderwierp me altijd meteen aan een ondervraging als hij was ingestapt. We hadden het nooit over vrouwen maar altijd over voetbal. Jari wilde weten wat ik in een wedstrijd deed in allerlei verschillende situaties,' weet Törnvall zich te herinneren.
Litmanen speelde al heel jong met zijn verstand.
'Hij was heel bescheiden, gaf simpele passes, bewoog veel, liet de bal snel rondgaan en liet overbodige trucjes achterwege. Jari was als voetballer aanmerkelijk volwassener dan zijn leeftijdgenoten.'
In het eerdergenoemde seizoen leerde Törnvall de jonge Litmanen veel.
'We wonnen met 6-0 van Ilves Tampere. Litmanen en Kinnunen hadden allebei al twee keer gescoord toen we een strafschop kregen. Ik zag de oogjes van Litmanen glimmen bij de gedachte aan een derde goal. Toch pakte ik de bal want ik was aangewezen als penaltynemer. Ik vertelde hem dat je zoiets moest verdienen. Hij heeft het er nooit meer over gehad. Vader Litmanen heeft het incidentje wel een paar keer genoemd om de lieve vrede tussen ons allemaal een beetje te bewaren. Ik denk wel dat Jari er inmiddels overheen is,' grinnikt Törnvall.
Na het seizoen 1988 hebben de twee elkaar in elk geval nog wel een paar keer ontmoet.
'Het leeftijdsverschil tussen ons is dermate groot dat we niet in hetzelfde kringetje verkeren. Het is ons goed gelukt om elkaar te ontwijken. De laatste keer dat ik hem zag, was in de sporthal van Pajulahti in 2011,' zegt Törnvall.

In die tijd kreeg ik al het vermoeden dat het Nederlandse voetbal bij me zou kunnen passen. PSV won in 1988 de Europacup en in diezelfde zomer werd Nederland Europees kampioen. Bovendien speelden Gullit, Rijkaard en Van Basten bij de beste club ter wereld: AC Milan. Ik leerde het Nederlandse voetbal ook ter plekke kennen toen ik in de winter van 1991 twee weken bij PSV trainde. Ook bij Roda JC was ik een paar dagen te gast in de herfst van 1990, voordat ik in dienst ging. Roda wilde me een contract aanbieden. Ze hadden echter al het maximumaantal buitenlanders in dienst, zodat ze me vervolgens zouden uitlenen aan het Belgische KRC Genk. Er waren verschillen tussen het Nederlandse en Belgische voetbal, maar ook België leek een goede mogelijkheid.

Als ik niet in de zomer van 1992 naar Ajax was gegaan, was het Belgische Lokeren een mogelijk alternatief geweest. Mijn maten uit het Finse elftal Marko Myyry en Tommi Paavola speelden daar en zij deden me vaak de groeten van hun trainer. Hij bleek altijd te vragen hoe die Litmanen had gespeeld. Er kwam ook een goede aanbieding. Ze waren echt in me geïnteresseerd. Achteraf kan ik vaststellen dat het heel goed is gelopen: vier jaar bij Reipas, daarna in dienst en een seizoen bij HJK, ten slotte een 'extra' seizoen bij MyPa, waarna ik op mijn eenentwintigste naar het buitenland ging.

Destijds zag het transferplaatje er heel anders uit dan tegenwoordig. In Finland waren er geen scouts. Belangstelling van buitenlandse clubs ontstond voornamelijk op basis van een goed gespeelde interland. De belangstelling van Roda JC werd bijvoorbeeld gewekt in 1990 toen ik mijn eerste kwalificatiewedstrijd tegen Portugal had gespeeld in het Olympisch Stadion. Nederland was een mogelijke volgende tegenstander en daarom zat assistent-bondscoach Dick Advocaat op de tribune. Hij gaf Roda de tip dat er een jonge, veelbelovende middenvelder voor Finland speelde. Dat heeft hij me in elk geval later verteld.

Advocaat is onder andere trainer geweest van PSV, het Nederlands elftal, Zuid-Korea, België, Rusland, Glasgow Rangers, Zenit Sint-Petersburg en Borussia Mönchengladbach. In zijn Schotse tijd informeerde hij of ik voor Glasgow Rangers zou willen spelen.

In zijn tijd speelden de Finnen Antti Niemi en Jonatan Johansson daar. Zij hebben me verteld dat Advocaat de beste trainer uit hun loopbaan was. Hij bracht Johansson een heel nieuwe kijk op wedstrijden en trainen bij. Dat zijn interessante verbanden als je terugkijkt.

In 1988, in het seizoen van mijn doorbraak, maakte ik voor het eerst kennis met een buitenlandse club. Op zeventienjarige leeftijd was ik toen te gast in Malmö. Een zekere Roy Hodgson was daar trainer. Hij nodigde me uit om voor het jeugdelftal van Malmö FF te komen spelen. Ze hadden daar een goede academie. Hun topspeler was bijvoorbeeld Hasse Borg, die er technisch directeur was toen ik daar vijftien jaar later speelde. Het was een sterke groep. In de week waarin ik te gast was, bekerde Malmö door in de UEFA-cup ten koste van Inter Milan.

In het Malmö van toen speelden toekomstige winnaars van het WK-brons in 1994, bijvoorbeeld Martin Dahl, die later naar Mönchengladbach en AS Roma ging, Jonas Thern (AC Roma en Glasgow Rangers) en Stefan Schwartz (Benfica, Fiorentina en Arsenal). Ik heb tegen hen allemaal wel een keer gevoetbald. In het juniorenelftal zat Patrik Andersson, die later in het shirt van Bayern München de Champions League zou winnen. We hebben veel later een poosje samen in hetzelfde elftal bij Malmö gespeeld totdat in 2005 zijn carrière eindigde als gevolg van een knieblessure.

Hoewel ik in Malmö maar een paar keer meetrainde, gaf die week me veel om aan te werken. De ambiance, het succes van de club en de trainingen van Roy maakten veel indruk op me. Er was een duidelijk verschil tussen het Finse en het Zweedse voetbal. Ik had net het seizoen van mijn doorbraak beleefd, maar na dat bezoek begreep ik dat ik nog maar net begonnen was.

Keepers

Olli Huttunen is een doelman die heel vaak de bal uit het net heeft mogen halen na een doelpunt van Jari. Jari scoorde bij elkaar tien keer in zijn doel tijdens veertien beker- en competitiewedstrijden tussen 1987 en 1992. Huttunen was tijdelijk trainer van het Finse elftal tijdens Jari's laatste interland tegen San Marino op 17 november 2010. Op de tweede plaats staat doelman Ed de Goey van aartsrivaal Feyenoord (8). Ronald Waterreus (Roda en PSV) moest zes keer vissen na een doelpunt van Jari.

Die trainingsweek was ook succesvol omdat Petri Jakkonen, ook van Reipas Lahti, er samen met mij op proef was. Hij bleef er zelfs en tekende een contract bij Malmö, hoewel hij al snel daarna naar Helsingborg verkaste.

De reis was georganiseerd door Pentti Hietanen uit Hämeenlinna, die zowel Zweeds als Engels sprak, en trainer Hannu Hämäläinen van Reipas die zowel Petri als mij individueel had getraind. Hetzelfde tweetal regelde later mijn kennismakingsreis naar Göteborg in de herfst van 1989.

Roy Hodgson wilde in 1988 al dat ik naar Malmö zou komen; in eerste instantie als jeugdspeler. Het was een aantrekkelijk idee. Naar Scandinavische begrippen was Malmö FF een grote club. Ruim tien jaar eerder, in 1979, had Malmö zelfs in de finale van de Europacup gestaan tegen Nottingham Forest. Het voetbal stond er op een hoger niveau dan in Finland. Ik dacht er een poosje over na maar besloot toch om me aan mijn oorspronkelijke plan te houden. Het was de eerste uitnodiging om ergens te komen spelen. Daarna zijn er nog heel veel gevolgd.

In 1988 beleefde ik dus mijn doorbraak in Finland, maar ik moest nog veel leren. In oktober van het volgende jaar speelde ik mijn eerste A-interland. Dat betekende nogal wat voor me. Mijn vader had in de jaren '70 vijf interlands gespeeld. Nu had ik dat op mijn achttiende al bijna geëvenaard.

Mijn eerste twee interlands speelde ik op Trinidad en Tobago. Bij de eerste kwam ik vijftien minuten voor het eindsignaal in het veld. We wonnen met 1-0, en het doelpunt werd gescoord door Ismo Lius, die ik in Lahti al had bewonderd. Het was een eer voor me om met hem te mogen voetballen in een interlandwedstrijd. Hoewel hij op dat moment maar zes jaar ouder was dan ik, had hij al heel veel bereikt: hij had diverse keren de beker en interlands gewonnen en was een paar keer landskampioen en topscorer geweest. In Lahti was hij een grote naam en in Finland een van onze gevaarlijkste spitsen. Behalve hij speelden ook Jarmo Saastamoinen en Jari Rinne uit Lahti in het nationale elftal. Het was ook geweldig om te spelen met de legendarische doelman Olli Huttunen. Later zou hij bondscoach zijn tijdens de laatste interland uit mijn loopbaan.

Het ging mij om veel meer dan alleen mijn eerste interland. Doordat ik werd geselecteerd, ging ik opnieuw aan de slag om mezelf beter te maken. Daarnaast werd ik in mijn opvatting gesterkt dat ik de juiste weg had gekozen. Ik ontwikkelde me voortdurend en ook mijn carrière vertoonde een stijgende lijn.

In het voorjaar van 1988 had ik mijn eerste interland in het nationale team onder 21 gespeeld, waarin ik een aantal jaren jonger was dan mijn medespelers. Een jaar later, in de herfst van 1989, maakte ik de overstap naar de A-selectie. Dat was weer een flinke stap. In de herfst van 1990 werd ik gekozen tot Voetballer van het Jaar in Finland. Er gebeurde dus heel veel in drie jaar tijd. Terugkijkend kun je stellen dat ik heel snel van een jongen een man werd.

In het najaar van 1990 hoorde ik weer van Roy Hodgson. Hij was trainer geworden van Xamax Neuchâtel in Zwitserland en was nog steeds in me geïnteresseerd. Eerst kwam hij naar Lahti om een wedstrijd van ons te zien en daarna trainde ik in november-december twee weken in Neuchâtel. Ik was zeer onder de indruk. Het contract lag ook al klaar; het hoefde alleen nog maar getekend te worden. Het probleem was alleen dat het in het Frans was opgesteld en ik er niets van begreep. Het werd daarom in het Fins vertaald. Dat duurde een paar weken. Het tweede probleem was het leger: uitstellen en profvoetballer worden? Uiteindelijk besloot ik toch om het niet te doen en weer moest ik Roy teleurstellen. In de zomer van 1991 ging ik nog een keer in Zwitserland op bezoek, aan het begin van het seizoen daar, en vertelde dat ik nog steeds in militaire dienst was. Roy begreep mijn beweegredenen. Onze verstandhouding bleef prima.

Een paar weken later werd Hodgson trainer van het Zwitserse nationale elftal. In het slechtste geval zou een contract bij Neuchâtel voor mij dan hebben betekend dat er een nieuwe trainer was gekomen die met andere spelers wilde werken – iets wat later bijvoorbeeld in Barcelona is gebeurd.

Ik werd volwassen door mijn bestaan als profvoetballer. Ik moest steeds over belangrijke vragen nadenken: ga ik in dienst of ga ik in het buitenland voetballen? In welk buitenland? Het waren moeilijke vragen, en ik was degene die er een antwoord op moest geven. Ik heb later vaak in vergelijkbare situaties gezeten. Welke kant gaat mijn leven op? Het zijn niet zomaar beslissingen; ze hebben grote gevolgen waarmee je zult moeten leven.

Meestal ben ik vrij rustig en geduldig omgegaan met belangrijke zaken. Gelukkig had ik goede mensen om me heen die me hielpen. Mijn ouders bijvoorbeeld, mijn peetvader Erkki Kalevi Litmanen, mijn zaakwaarnemer en raadgever Heikki Marttinen en daarnaast Harri Kampman, en al zijn vrouwen, die een belangrijke rol speelden bij mijn ontwikkeling en mijn vertrek naar het buitenland.

In mijn omgeving was er niemand die haast probeerde te zetten achter mijn vertrek naar het buitenland. Ik kon rustig over de verschillende opties nadenken en mijn eigen tijdpad opstellen. Het had heel anders kunnen lopen als de mensen om me heen druk zouden hebben uitgeoefend of in paniek zouden zijn geraakt. De enige die vragen stelde bij mijn beslissing om een buitenlands avontuur uit te stellen vanwege school en dienstplicht was Harri Kampman, mijn trainer bij Reipas in 1990 en MyPa in 1992. Hij dacht dat ik later ook wel kon studeren en die dienstplicht zou ook wel goed komen. Zelf had hij eerst een lerarenopleiding gevolgd en was pas daarna in dienst gegaan. Op zich prima uitgangspunten die ik ook meenam in mijn overwegingen.

Ik had gezien hoe Pasi Rautiainen na jarenlang profvoetballer te zijn geweest, naar Finland terug moest keren om zijn dienstplicht te vervullen. In zo'n situatie wilde ik niet terechtkomen. Doorleren voor mijn toelatingsexamen voor een vervolgstudie leek verstandig. Ik had, behalve voetballer natuurlijk, geen idee wat ik zou willen worden en ik wilde de mogelijkheid openhouden om te gaan studeren. Bovendien stak ik belangrijke dingen op. Mijn leraren Zweeds en Engels zullen me vast niet geloven, maar ik legde daar een goede basis voor het leven in het buitenland; ook al was dat aan mijn cijfers niet af te lezen...

Verder ben ik altijd meer iemand van de praktijk geweest dan van de theorie. Natuurkunde, bijvoorbeeld, was een vak waarvan ik het nut voor mijn leven niet zo inzag. Formules en wetten gingen het ene oor in en het andere uit. Vreemde talen kon ik gebruiken bij wedstrijden in het buitenland. Ik snap heel goed dat mijn leraren Zweeds en Engels niet zo erg tevreden waren en weinig vertrouwen hadden in mijn resultaten, want praktijk en theorie zijn twee verschillende zaken. Toch haalde ik mijn examen in het voorjaar van 1990 en in de herfst ging ik in dienst. Ik deed dat allemaal tegelijk met mijn leeftijdsgenoten, al waren er voor mij als voetballer allerlei mogelijkheden om mijn plannen te wijzigen.

Na het seizoen 1990 werd ik gekozen tot Voetballer van het Jaar door zowel de spelers als de bond. Toen kwamen de aanbiedingen uit het buitenland. Er waren goede mogelijkheden bij, zowel sportief gezien als financieel. Als ik toen op een van die mogelijkheden was ingegaan, zou ik naar Finse begrippen goede zaken hebben gedaan. Over het feit dat ik uiteindelijk bij grotere clubs terechtkwam, zoals Ajax, Barcelona en Liverpool, ben ik nu natuurlijk meer dan tevreden.

3

Het leger en andere veranderingen

Hoewel er dus mogelijkheden waren om prof te worden, besloot ik om in de herfst van 1990 mijn dienstplicht te vervullen. Het jaar aan de sportschool van het Hämeregiment werd de eerste terugslag in mijn ontwikkeling. Zo voelde het althans. Ik was gewend om regelmatiger en beter te trainen. Ook was ik gewend om meer te rusten en te slapen dan nu mogelijk was. De situatie ergerde me. Voor een deel is het ook de bedoeling van het leger, zo maken ze een kerel van je...

Doordat ik in het leger niet voldoende kon uitrusten was ik voortdurend moe. In de barakken was het altijd onrustig. 's Morgens om zes uur opstaan was voor mij geen probleem. Daar was ik aan gewend doordat ik vaak trainde voor schooltijd. Ook in het leger had ik direct na het opstaan willen trainen om daarna te doen wat ik moest doen. Ik kreeg nog meer waardering voor spelers die nog na werktijd moesten trainen. Mijn conditie was niet zo goed als die had kunnen zijn. Natuurlijk wen je wel overal aan.

Ook was ik gewend aan een korte reis naar de trainingen. Thuis was het hooguit tien kilometer van Hollola naar Lahti. Dat duurde 15 tot 30 minuten. In de bus kon ik dan een beetje huiswerk maken. Op de fiets ging het ook snel. Maar in mijn diensttijd voetbalde ik bij HJK. Daarom moest ik, terwijl ik al moe was, ruim een uur met de auto naar Helsinki voor een training. Dat maakte alles nog vermoeiender.

Na een van de trainingen viel ik voor het eerst van mijn leven heel even achter het stuur in slaap. Het gebeurde halverwege Helsinki en Lahti. Ik schrok op toen ik half op de baan van het tegemoetkomende verkeer zat. Mijn hart ging flink tekeer en ik stopte op de parkeerplaats van het eerstvolgende benzinestation. Ik zette de motor af en bleef een kwartier door de voorruit naar buiten zitten staren. Toen ik tot rust was gekomen, besloot ik om even mijn ogen dicht te doen. Ruim een uur later werd ik wakker, waarna ik nog een halfuur moest rijden naar de kazerne. Het was een leerzame ervaring. Ook nu nog vermijd ik lange autoritten, zeker als ik moe ben.

Het kwam dus door de algemene situatie en door vermoeidheid. Mijn toestand kan ik beslist niet het leger verwijten. Als ik bijvoorbeeld in Lahti was blijven voetballen, zou ik in plaats van de drie uren die het kostte om heen en weer naar Helsinki te reizen, binnen tien minuten op de training zijn geweest. Al die extra tijd had ik kunnen benutten om beter uit te rusten. Het was mijn eigen keuze. En daar gaat het om bij het maken van keuzes: zelf verantwoordelijkheid nemen.

In de sporthal van Lahti was ik gewend aan goede trainingsomstandigheden in de winter. In Helsinki trainden we in verschillende hallen met een zachte zandbodem. 's Zomers was het voetbalveld van Reipas een van de mooiste van het land; in Helsinki leerde ik omgaan met de hobbelvelden van Töölö. Soms speelden we op het vlakkere gras van Siltamäki. Alles bij elkaar was het stukken minder dan datgene waar ik aan gewend was geweest. Tegenwoordig zijn de accommodaties van HJK veel beter; iets wat je van de eerste club van Finland ook zou mogen verwachten.

Mijn eigen situatie was dus niet optimaal, maar dat gold ook voor HJK. Het was de tijd waarin, naast allerlei andere problemen, de economische crisis begon. Mijn jaar in het leger was lastig maar ik leerde er wel van. Naast geestelijke en lichamelijke vermoeidheid kreeg ik ook te kampen met allergieën. Ik lag zelfs een aantal weken in het legerziekenhuis. In diezelfde tijd stierf ook nog eens een neef, die ik goed kende, bij een motorongeluk. Het was mijn plan geweest om in de herfst van 1991 naar het buitenland te vertrekken, na mijn diensttijd en na het voetbalseizoen. Maar na alles wat ik hiervoor heb beschreven, was ik zo moe dat ik het een jaar heb uitgesteld.

Ik had niet goed getraind, voelde me minder fit dan vroeger maar in de wedstrijden ging het best goed met me. Het was natuurlijk zowel voor HJK als voor mijzelf wel een enorme teleurstelling dat we in de competitie slechts vijfde werden. Twee wedstrijden voor het einde gingen we nog voor de eerste plaats. We verloren toen thuis met 4-0 van MP zodat we geen kampioen meer konden worden. In de laatste wedstrijd, in Lahti tegen Kuusysi, ging het alleen nog om de eer. Nou, die verloren we met 2-0 en we konden het kampioensfeest vanaf een afstand gadeslaan. Een vreemd gevoel. In 1990 was HJK nog kampioen geworden. De basis bestond uit de voetballers die kampioen waren geworden, daarnaast was de beste Finse spits uit de Zweedse competitie aangetrokken, Ismo Luis, en de Voetballer van het Jaar, een zekere Jari Litmanen, die 16 goals maakte. Het resultaat: de vijfde plaats!

We hadden wel veel pech in de loop van dat seizoen. Zelf stond ik een tijdje aan de kant en een aantal van de belangrijkste spelers was lang geblesseerd. Pasi Rautiainen had een achillespeesblessure en Petri Tiainen een knieblessure. Jari Europaeus en Sami Ylä-Jussila raakten in dezelfde wedstrijd aan het eind van de zomer aan hun enkel geblesseerd, enzovoort. Achteraf bekeken is het wel grappig dat in de media van Helsinki geluiden hadden geklonken over de onmogelijkheid om Rautiainen, Tiainen, Ylä-Jussila en Litmanen samen in één elftal te laten spelen. Uiteindelijk liep het zo dat verhuurde topspelers werden teruggehaald, een jeugdspeler ingepast en een topper uit een lagere divisie aangetrokken om de plekken op het middenveld in te vullen die voor ons waren bedoeld.

In 1990 en 1992 werd Klubi uit Tampere kampioen, hoewel in beide jaren Kuusysi met een goed elftal lang meestreed om de eerste plek. Ik was precies bij de club gekomen in een zwakker seizoen tussen twee kampioenschappen. Het was een zwaar jaar, en ik was absoluut niet tevreden.

Elf maanden dienstplicht bij de sportopleiding was een goede oplossing voor sporters, vooral voor individuele sporters. Ook voor mij leek het goed om die route te volgen. Voordat ik in dienst ging, had ik een gesprek met commandant Kyllönen van de sportopleiding. We spraken openlijk over mijn mogelijkheden om naar het buitenland te gaan. Ik heb hem rechtstreeks gevraagd of er rekening kon worden gehouden met mijn positie. Het alternatief was dat ik meteen naar het buitenland zou vertrekken. Kyllönen zegde mij alle steun toe. Er kwam een programma waarin mijn sportloopbaan centraal stond. Hij zou dat programma steunen.

We maakten een individuele planning. Harri Kampman was daar intensief bij betrokken. Daarnaast kregen we hulp van de trainers van het nationale elftal Jukka Vakkila en Pekka Luhtanen. Volgens dat plan zou ik ook twee weken trainen bij PSV in Eindhoven. Het was een heerlijke ervaring. Mijn trainer daar was sir Bobby Robson. Ik trainde zowel bij de junioren als bij de senioren. Daarnaast waren er twee wedstrijden. In de tweede speelde PSV tegen KV Mechelen. Tegen het einde van de wedstrijd kwam ik in het veld naast onder anderen Romário, Gerald Vanenburg, Gheorghe Popescu, Hans van Breukelen, Eric Gerets, Berry van Aerle, Jan Heintze enzovoort. Er stonden dus een toekomstig wereldkampioen, Europese kampioenen van 1988 en Europacup-winnaars naast me in de ploeg.

Het plan bracht me ook naar Leeds. Dat was een goede ploeg die in 1992 kampioen van Engeland werd met onder anderen Éric Cantona, Gordon Strachan, Lee Chapman, Gary Speed, David Batty en als aanvoerder de schitterende Gary McAllister, die later mijn teamgenoot zou worden bij Liverpool. Hodgson wilde me naar Zwitserland halen in november 1990 en we dachten na over de mogelijkheid om een contract te tekenen in december, maar bij HJK te blijven spelen totdat in juli het volgende Zwitserse voetbalseizoen begon. Zo zou ik mijn diensttijd bijna helemaal kunnen uitdienen voor mijn transfer. Naast mijn buitenlandse bezoeken waren er trainingskampen van het nationale elftal, interlandwedstrijden en natuurlijk het trainings- en wedstrijdprogramma van HJK. Het programma was wel vol maar zag er goed uit.

In de praktijk werd het heel zwaar. In Finland reed ik voortdurend heen en weer tussen Lahti en Helsinki voor trainingen en wedstrijden. Daarnaast was het fysiek en geestelijk zwaar om te trainen bij buitenlandse clubs. Het niveau was hoger, ik leerde veel nieuwe dingen en ik was voortdurend onrustig. Steeds was ik een beetje een buitenstaander. Ik had geen contract en was slechts op bezoek. De namen van mijn medespelers kende ik niet altijd; we spraken ook niet altijd een gemeenschappelijke taal; hoewel sommigen Engels met me spraken. Als ik dan terug weer 'thuis' was in het leger, zou ik wel een paar dagen hebben willen bijkomen maar dan kreeg ik mijn 'geïntensiveerde' legeropleiding. Het werd allemaal een beetje te veel, al kan ik het leger daar niet de schuld van geven. Dienstplicht hoort er nu eenmaal bij. Het gaat hier over verplichtingen waar ik voor honderd procent achter sta.

Ik kwam niet terug in de kazerne van vakantie, maar van een sportmissie. Een paar dagen rust zou dan eigenlijk nodig zijn maar het hoofd van mijn eenheid moest natuurlijk zorgen dat ik alle verplichtingen nakwam die dienstplichtige soldaten nu eenmaal hebben.

De vermoeienissen stapelden zich op: mijn eigen dingen, het nationale elftal, de club en dan nog het leger – alles bij elkaar een enorme berg. Tijdens mijn diensttijd kwam ik nooit toe aan mijn eigen individuele voetbaltrainingen. Er zaten 18 voetballers in onze eenheid, maar ik was de enige die ook in het nationale elftal speelde.

Toen de Finse competitie begon, ging ik me meer concentreren op HJK. Mijn andere bezigheden kwamen op een lager pitje te staan. Toen merkte ik dat ik vaak de enige aanwezige voetballer was van onze eenheid. De anderen hadden hun militaire taken al uitgevoerd in de herfst, winter of lente en konden nu aan hun verplichtingen voldoen door te trainen of wedstrijden te spelen.

Er waren natuurlijk allerlei onvermijdelijke verplichtingen. We hadden bijvoorbeeld bij HJK altijd een voorbereidende training voor de wedstrijddag. Het was belangrijk om daaraan mee te doen. Ik speelde op een sleutelpositie en was belangrijk bij hoekschoppen, vrije trappen en penalty's. Toch trok het leger vaak een streep door die trainingen. Toen ik een keer aan de commandant ging vragen waarom ik niet mocht gaan trainen, was het antwoord dat ik de dag ervoor nog had getraind. Ik probeerde uit te leggen dat het hier om een belangrijke training ging maar ik kreeg te horen dat ik die belangrijke training dan maar moest houden op de sintelbaan van de sportopleiding! De commandant had vroeger aan atletiek gedaan en zag onvoldoende verschil tussen individuele sporten en teamsporten. Op een sintelbaan heb ik weinig voorzetten gegeven of doelpunten gescoord in mijn carrière. Vaak moest ik mijn trainer Jyrki Nieminen of Jari-Pekka Keurulainen bellen dat ik geen vrij kreeg om te trainen. Dat zorgde voor veel stress want ik vond dat dit niet de manier was waarop het moest gaan.

Met HJK had ik afgesproken dat ik een woning tot mijn beschikking had in Helsinki. Het was de bedoeling dat ik ergens kon uitrusten tussen het leger en trainingen in. In het leger werd gegeten om twaalf uur en de trainingen begonnen om drie uur. Mijn idee was dat ik direct na het eten naar Helsinki zou kunnen rijden om een uur of halféén. Dan kon ik in mijn woning heel even rusten van twee tot halfdrie. Het alternatief was vanaf halféén een uur rusten op mijn brits in de kazerne voordat ik vertrok. Dan zou ik tijd hebben om tot rust te komen en me te concentreren. De middagdienst in het leger begon om één uur, dus daar zou ik sowieso niet aan kunnen deelnemen. Toch werd de tijd waarop ik weg mocht naar twee uur 's middags verschoven. Ik probeerde ertegen in te brengen dat ik niet om drie uur kon trainen als ik zo laat vertrok. Toen werd gevraagd wat voor auto ik had. Toen ik antwoordde dat ik een Volvo 343 had, zeiden ze dat ik daarmee best binnen een uur in Helsinki kon zijn.

We speelden eens een competitiewedstrijd in Oulu, ruim 500 kilometer van Lahti vandaan. Ik vroeg vrij vanaf negen uur. Dat werd verschoven naar tien uur met als argument dat ik met mijn eigen auto naar Oulu kon rijden omdat de wedstrijd pas om halfzeven zou beginnen. Nadat ik navraag had gedaan, mocht ik toch om negen uur weg zodat ik naar Helsinki kon rijden en om elf uur met de ploeg per vliegtuig naar Oulu vertrok. Daar was ik uiteindelijk wel blij mee.

Ik was altijd gewend om me goed voor te bereiden op trainingen en wedstrijden. In die tijd had ik het gevoel dat ik mijn taken voor het leger haastig verrichtte, me haastig voorbereidde op de reis naar Helsinki en dan ook nog haastig trainde. Het was een grote warboel.

Ik snap best dat het leger op een bepaalde manier functioneert. Dat begreep ik toen ook wel maar toch zat het me dwars. Waarom zou ik niet bijvoorbeeld twee dagen achter elkaar op tijd naar Helsinki kunnen vertrekken en dan de derde dag de hele dag in de kazerne blijven om alles te doen wat ik had overgeslagen? Dan had ik me goed kunnen voorbereiden op zowel mijn legertaken als op de trainingen. Ik zou dan voor alles voldoende tijd hebben gehad.

De sportopleiding van het leger was goed voor individuele sporters want die konden hun trainingsschema aanpassen aan het rooster van hun dienstplicht. Ik voelde me ook een soort individuele sporter in de periode waarin ik geen wedstrijden had. Daarna moest ik me aanpassen aan het groepsgebeuren. Het schema van trainingen en wedstrijden was niet speciaal voor mij opgesteld. De bond maakte het wedstrijdschema en de trainers voegden daar hun trainingen aan toe. Gelukkig vertrouwde trainer Jyrki Nieminen me en zag hij mijn potentie. Hij gaf me alle ruimte en zag van alles door de vingers. Het had ook heel anders kunnen lopen. Dat heb ik later in mijn loopbaan wel gemerkt.

Rugnummers

10

Met dat nummer heb ik bij zeven verschillende clubs gespeeld: Reipas, Ajax, Barcelona, Malmö FF, Lahti, HJK en in het nationale elftal.

7

Bij drie verschillende clubs droeg ik nummer 7: HJK, MyPa en aanvankelijk in het nationale elftal. Bij HJK was nummer 10 al gereserveerd – dat droeg Jouko Vuorela. Bij MyPa was dat Mauri Keskitalo.

28

Bij Hansa Rostock was dat mijn rugnummer. De reden voor de keuze van dit nummer was de som 2 + 8 = 10.

20

Hiermee speelde ik twee keer bij Ajax. Het idee erachter was twee keer bij Ajax is 2 x 10 = 20. Steven Pienaar speelde met nummer 10.

37

Dat was mijn nummer bij Liverpool. 3 + 7 = 10 was het sommetje dat erachter zat. Michael Owen droeg nummer 10.

23

Mijn nummer aan het begin bij Malmö. Dat was toen het enige nummer dat beschikbaar was. Nummer 10 was natuurlijk ook bezet.

17

Mijn rugnummer bij de junioren en later bij Reipas. Het bevat allebei mijn 'eigen' nummers 7 en 10.

Vooral tijdens het wedstrijdseizoen wordt bij de training meer nadruk gelegd op kwaliteit dan op kwantiteit. Het is dan belangrijk om zowel fysiek als geestelijk aanwezig te zijn in de groep. Nu moest ik om twee uur bij de kazerne vertrekken en de maximumsnelheid geweld aandoen. Zelfs dan was ik nog te laat. Soms was ik een paar minuten voor drie ter plekke maar meestal was ik vijf minuten te laat. Ook met die paar minuten voor drieën was ik niet tevreden. Mijn medespelers stonden dan al op het veld te wachten totdat ik me had omgekleed. Ik ergerde me kapot en voelde dat het leger voor mij eerder een last was dan een burgerplicht die je eervol moest vervullen.

Al jong had ik begrepen dat plichten bij het leven horen, en ik wilde mijn verantwoordelijkheid voor het leger dragen als het mijn beurt was. Ik geloofde van tevoren echt dat het zou lukken om mijn dienstplicht en het voetbal te combineren. Deels was dat ook zo, maar deels ook niet, en dat ging zowel ten koste van mijn dienstplicht als van het voetbal.

Voor mij is het altijd tegennatuurlijk geweest om dingen half te doen. Je doet iets goed of je doet het niet. Het was helaas heel zwaar en een te grote uitdaging om twee heren te dienen. Toch wil ik alle mensen uit mijn tijd in het leger bedanken. Ik was zelf degene die in mijn enthousiasme alles in één jaar wilde proppen. Er zijn tegenover niemand gemengde gevoelens blijven hangen. Integendeel; ik heb geprobeerd er zelf iets van te leren.

Weg bij Reipas

Aanvankelijk was het plan om tijdens mijn dienstplicht nog bij Reipas te voetballen. Dat zou perfect zijn geweest. In de zomer van 1990 zag het er nog naar uit dat het zo zou gaan. Een paar weken na afloop van het vorige seizoen bleek echter dat het anders zou lopen.

Trainer Harri Kampman wilde een vaste kern van spelers bij elkaar houden en er werd ook over versterkingen gepraat. Yrjö Happonen bijvoorbeeld, die ik kende van jeugdinterlands, zou naar de sportopleiding van het leger in Lahti komen. Het was altijd fijn geweest om met hem te voetballen. Hij was de beste van onze leeftijdsgroep. Ik bewonderde zijn techniek. Er was al met hem gesproken over een transfer naar Reipas. Er was ook een nieuwe aanvaller gecontracteerd, Ari Kumpuniemi, die bekendstond als een makkelijk scorende spits. Hij zou dezelfde sportopleiding bij het leger gaan doen. Met hem had ik jeugdinterlands gespeeld. Nog een interessante naam was Marcus Gayle. Hij had bij Wimbledon gevoetbald en wilde in Finland wedstrijdervaring opdoen. Hij hield van onze speelstijl en beschouwde Reipas als een goed alternatief als het bij Wimbledon niet liep zoals hij wilde. Nou, het liep wel zoals hij wilde en hij speelde ook bij veel andere clubs in de Engelse divisies.

Alles zag er goed uit. De jonge ploeg had een goed seizoen achter de rug; we hadden meegedaan om de derde plaats. In het komende seizoen zouden we een jaar langer samen hebben getraind en nog beter kunnen zijn. Ter vergelijking: MP, dat ons had verslagen in de wedstrijd om de derde plaats, werd dat volgende seizoen tweede. Maar plotseling maakte Reipas toen bekend dat er geen geld was om ook maar één nieuwe speler aan te trekken. Het geld was op, de crisis stond voor de deur en diverse geldschieters trokken zich terug. Het was zelfs zo erg dat een aantal contracten met basisspelers niet kon worden verlengd. Dat zette mij ook aan het denken.

Het budget van onze club was een van de kleinste uit de competitie en we hadden geen dure spelers. Diegenen die het meeste geld kostten, kregen alleen een auto- en een woonkostenvergoeding. Ze hadden een volledige baan of een deeltijdbaan en kregen een kleine vergoeding voor een wedstrijd. Voor zover ik het heb begrepen, was er maar één echte prof, Mike Belfield, een van de beste aanvallers uit de competitie. Hij was ook betrokken bij de zomerse voetbalschool.

Ik begon na te denken over welke kant het met het elftal en de club op ging. Mij was een nieuw contract beloofd, zelfs een verbetering ten opzichte van het vorige. Er werd ook gezegd dat ze hoopten dat ik het jaar daarop naar het buitenland zou vertrekken; hetgeen de club heel wat zou opleveren. Ze zouden echter niet in staat zijn om het elftal op te bouwen waarvan eerder sprake was geweest.

Dat maakte de sporter in mij wakker, en ik ging de zaken nog eens op een rijtje zetten. Ik had vier jaar in het eerste van Reipas gevoetbald, zat in het nationale elftal en ik was tot beste speler van het jaar gekozen. Wilde ik blijven hangen bij een club zonder geld die geen successen kon behalen? Als er met de huidige basisspelers geen contracten konden worden afgesloten, met wie zou ik dan spelen in het volgende seizoen? Nu hadden we een goede jonge ploeg!

Toen ik er een tijdje over had nagedacht, besloot ik om niet bij Reipas te blijven. Ik was in de eerste plaats een sporter die successen wilde halen en vooruitgang boeken. Van de club eiste ik dat het elftal zou kunnen groeien. Daarnaast zette ik mijn vraagtekens bij de wens van de club om me een jaar later naar het buitenland te laten vertrekken tegen een flinke transfersom. Het zou zo kunnen zijn dat als we geen succes hadden, ik helemaal nergens heen zou kunnen. Ik was in het nationale elftal terechtgekomen omdat we met Reipas goed trainden en voetbalden. Als de training minder goed zou worden en de resultaten achteruit zouden gaan, zou dat ook invloed hebben op mijn uitverkiezing voor het Finse elftal. Ik besloot dat het tijd was om weg te gaan.

Achteraf begrijp ik de handelwijze van Reipas heel goed. In 1991 was Reipas een van de armste clubs uit de hoogste Finse divisie. Zowel de spelers als het bestuur functioneerden op amateurniveau. Het werd het laatste seizoen in de hoogste divisie van deze club met zijn rijke traditie, die ook nog zijn honderdjarige bestaan vierde. In het shirt van HJK maakte ik in het Olympisch Stadion een hattrick in de wedstrijd tegen Reipas die we met 8-3 wonnen. Een dag eerder was de bruiloft geweest van Mika Sandberg, het petekind van mijn ouders en speler van Reipas. Veel spelers van de club waren daar aanwezig geweest en ik was er ook. Het was heel gezellig, zoals altijd met die oude vriendenclub. Toen ik naar huis ging om te rusten voor de wedstrijd van de volgende dag, was de sfeer geweldig. Ik had best willen blijven maar dat kon niet, ook al ging het om een feest van een vriend die ik al sinds mijn geboorte kende. De volgende dag in het Olympisch Stadion waren er veel vermoeide Reipasspelers...

In 1990 had de trainer van landskampioen HJK, Martti Kuusela, belangstelling voor me getoond. Ook nummer twee Kuusysi was geïnteresseerd, althans hun trainer Antti Muurinen. Hetzelfde gold voor RoPS, een van Finlands topclubs die derde was geworden. Ik zette alles eens goed op een rijtje.

Hoe zou RoPS in het plaatje passen als ik in Lahti mijn dienstplicht vervulde? Ik zou dan altijd eerst een uur naar Helsinki moeten rijden en dan naar Rovaniemi vliegen – daar hoefde ik verder niet over na te denken.

MP was een goede club – derde in 1990 en tweede in 1991 –, uit sportief oogpunt leek dat een goede optie. Als ik daar ging spelen, moest ik echter een paar uur rijden naar Mikkeli voor trainingen en wedstrijden. Zeker in de herfst en winter zou dat een onmogelijke opgave worden, in de sneeuw en in het donker. Dat risico was te groot.

Alleen HJK en Kuusysi bleven nog over. Ik woog de voor- en nadelen tegen elkaar af en besloot om met beide clubs te gaan praten.

De toenmalige voorzitter van Kuusysi maakte Harri Kampman, die voor mij de onderhandelingen voerde, min of meer het volgende duidelijk: Jari is een goede voetballer maar we hebben er meer van dat niveau in ons elftal. Ook zonder hem hebben we een succesvolle ploeg en we hebben hem dus niet echt nodig. (Wat dat betreft had hij gelijk: Kuusysi werd landskampioen in 1982, 1984, 1986, 1989 en 1991, inderdaad zonder mij.) Maar hij lijkt van plan om spoedig naar het buitenland te vertrekken, dus we zijn wel geïnteresseerd in de transfersom die we dan kunnen vangen.

Voor mij was het duidelijk dat we uitgepraat waren. Het contract verscheurde ik meteen. Ik dacht bij mezelf dat als ik tot Voetballer van het Jaar werd verkozen en werd geselecteerd voor het nationale elftal, dat ik dan toch wel van waarde kon zijn en niet louter als handelswaar hoefde te worden beschouwd. Al eerder had ik met trainer Antti Muurinen gepraat. Hij zag wel een rol voor me in zijn elftal.

Gezien de wedijver tussen de twee clubs in Lahti zou je denken dat Kuusysi graag een van de belangrijkste spelers van Reipas zou inlijven om zijn elftal te versterken en dat van de plaatselijke rivaal te verzwakken. In zulke gevallen wordt normaal gesproken eerder meer betaald dan minder. Bayern München koopt bijvoorbeeld regelmatig de beste spelers van andere clubs zoals Mario Götze en Robert Lewandowski van Dortmund. In de eerste plaats wil Bayern het elftal versterken, maar het is toch mooi als tegelijkertijd de tegenstander wordt verzwakt. Nou ja, over een transfer naar Kuusysi hoefde ik niet meer na te denken.

HJK bleef dus over. De trainer, Martti Kuusela, wilde me graag hebben en maakte zich daar sterk voor. Voor mij was dat eervol. Hij was een van de beste en succesvolste trainers van het land, en net landskampioen geworden met HJK, iets wat hem in 1981 ook al was gelukt. Daarnaast was hij jarenlang trainer van het nationale elftal geweest. HJK was dus een interessante optie als hij in mij een aanvulling zag voor zijn kampioensploeg. Martti vertelde me welke rol hij voor me in gedachten had.

Ik zette alles op een rijtje: bij HJK zou ik om het landskampioenschap strijden en Europa in gaan. Dat is natuurlijk heel belangrijk voor een voetballer. Verder dacht ik dat moeilijke wedstrijden op een hoger niveau in een sterke ploeg goed zouden zijn voor mijn eigen ontwikkeling. En ik zou gaan samenspelen met Pasi Rautiainen en Petri Tiainen, die ik als kind al had gevolgd. HJK wilde zich bovendien behalve met mij ook versterken met de aanvaller Ismo Lius. Dat vond ik natuurlijk prima!

Ik verwachtte dat het lekker voetballen zou zijn met zulke spelers.

Daarnaast was de goede middenvelder Tiainen overgekomen van Ajax. Oorspronkelijk kwam hij uit Lahti, net als Lius. Ik had ze in mijn jeugd allebei bewonderd. Rautiainen was een van 's lands beste middenvelders in de jaren '80 en nog steeds een geweldige voetballer. Verder speelden bekenden van me uit de nationale selectie bij HJK, zoals Jari Europaeus en Pasi Tauriainen. Van nationale jeugdteams kende ik een paar andere jongens. Alles bij elkaar een prachtig plaatje; behalve dan dat ik in het leger zat en tussen Lahti en Helsinki heen en weer zou moeten stuiteren.

Als ik toch bij Reipas moest vertrekken, zou Kuusysi in veel opzichten een optimaal alternatief zijn geweest. Ik was echter altijd lid geweest van Reipas en had er nooit over gepiekerd om over te stappen naar Kuusysi. Maar in de tijd dat de situatie bij Reipas uitzichtloos was en ik over vertrekken nadacht, leek dat toch het overwegen waard. Normaal gesproken zou ik niet eens naar een aanbod van Kuusysi hebben gekeken. De club maakte mijn beslissing toen heel makkelijk, en ik hoefde niet meer na te denken over een overstap naar het hol van de 'aartsvijand'.

Antti Muuri was op dat moment trainer bij Kuusysi. Met hem heb ik het gehad over een eventuele overstap. Hij was heel positief over mij als voetballer. Bovendien hadden Ilkka Remes en Jari Rinne uit het nationale elftal geprobeerd me te 'hersenspoelen'. Van hen hoorde ik dat het de moeite waard zou zijn om te wennen aan een wit shirt. Ze nodigden me uit om te komen eten 'aan de tafel van Kuusysi'. Het waren goede voetballers en prachtige kerels. Ik kon me heel goed voorstellen dat ik ook bij een club goed met hen samen zou kunnen voetballen. Zover is het nooit gekomen.

Rond diezelfde tijd onderhandelde een lange jongen uit Kuusankoski ook met Kuusysi. Hij kreeg te horen dat hij talent had maar dat er op dit moment geen geld was en dat ze hem ook niet echt nodig hadden. Maar je mag best meedoen hoor! Zo bleef Sami Hyypiä in de eerste divisie spelen bij KuMuun.

Een jaar later, in 1992, speelden we allebei voor MyPa en wonnen we de Finse beker. Daarna vertrok ik naar Nederland en een paar jaar daarna kwam Sami me achterna. In Nederland begon voor ons een heel nieuw verhaal.

Rommelige transfer naar HJK

Het grote nadeel van de transfer naar HJK was absoluut de reistijd. Ik was gewend aan korte afstanden naar trainingen en wedstrijden. Me concentreren en voldoende rust waren heel belangrijk voor me. Wat ik doe, wil ik goed doen. Een transfer naar RoPS had ik afgewezen om praktische redenen, Mikkeli was te ver weg en Kuusysi had me niet nodig. HJK als mijn toekomstige club was een redelijk goed vooruitzicht.

Met voorzitter Lyytikäinen zou ik 's middags op een persconferentie verschijnen in Helsinki. Daar zouden de papieren worden getekend en klaar. 's Morgens in Lahti deed ik ochtenddienst in het leger. We werden gedrild in uniform met het geweer aan de schouder. Ik was al vol verwachting. Over een paar uur zou ik naar Helsinki rijden en ingelijfd worden door de landskampioen.

Op een gegeven moment verscheen de officier van dienst die even met de andere officieren praatte. Daarna deelde een van hen mede: 'Rekruut Litmanen, telefoon!' Ik schrok. Ik ben in het leger en we zijn met een exercitie bezig. Het belooft weinig goeds als ik daaruit word weggeroepen voor een telefoontje. Terwijl ik naar de kazerne liep, werd ik overspoeld door negatieve gedachten. Is iemand uit mijn familie iets overkomen?

Toen ik de telefoon opnam hoorde ik de stem van Lyytikäinen. Mijn eerste reactie was opluchting. Het is Lyytikäinen maar, er is niets aan de hand. De persconferentie zal wel verplaatst zijn of zo. Maar Lyytikäinen vertelde dat er helaas die ochtend dingen waren gebeurd die tot gevolg hadden dat HJK geen overeenkomst met me kon aangaan. Het had te maken met een probleem tussen HJK en de bank. Garanties of iets dergelijks. Het geld voor mijn transfer en mijn salaris kon niet worden overgemaakt.

Ik luisterde zwijgend. Hij verontschuldigde zich en zei dat hij me heel graag in het shirt van HJK had gezien maar dat het nu niet mogelijk was. Het lukte me op een of andere manier om hem te bedanken voor zijn mededeling en te mompelen dat ik terug moest naar de exercitie.

Zo snel als ik naar de telefoon was gelopen, zo langzaam, vol sombere gedachten, sleepte ik me weer terug. Het gesprek galmde na in mijn hoofd. Die hele transfer naar HJK ging nu dus niet door! Het had geen zin om opnieuw na te gaan denken over Kuusysi of Reipas want daar zou de situatie toch niet veranderen. Zou ik dan toch naar Mikkeli heen en weer moeten gaan rijden of naar Rovaniemi vliegen? Welke alternatieven had ik eigenlijk? Het buitenland proberen? Al mijn voetbalplannen waren afgeschoten. Ik werd heel stil en had geen idee hoe ik verder moest. Mijn diensttijd was nog maar net begonnen.

Met Harri Kampman ben ik gaan overleggen wat me nu te doen stond. Bij Reipas was de situatie zodanig dat ook hij zijn eigen conclusies had getrokken. Hij werd trainer bij Myllykosken Pallo in de eerste divisie. Ik zag mezelf niet in de eerste divisie spelen dus die weg was afgesloten (een vergelijkbare situatie zou zich in 2005 voordoen bij Hansa Rostock en in 2010 bij FC Lahti).

Op een gegeven moment werd de situatie duidelijker. Ik wist wat ik moest doen. Ik was nooit echt betaald voor het voetballen; ik had alleen vergoedingen, wedstrijdbonussen en een tegemoetkoming in de autokosten gekregen. Bij HJK zou ik voor het eerst een behoorlijk salaris hebben verdiend. Tot op dat moment had ik nooit voor het geld gespeeld. Mijn voetbalcarrière was begonnen toen de 'onderhandelingen' met mijn vader waren bezegeld met een handdruk en was afgesproken dat Jari niet hoefde te worden betaald. Ik had gedacht dat ik ooit betaald zou worden als ik naar het buitenland ging om prof te worden. Het voelde daarom nogal idioot dat het hele pakket met HJK zou afketsen om financiële redenen. Alles leek opeens duidelijk!

Ik belde Lyytikäinen. Als ik nou eens kwam spelen voor de helft van het salaris? Lyytikäinen was even stil en zei dat hij er spoedig op terug zou komen. Het werd op dat moment duidelijk dat hij me echt graag naar HJK wilde halen en werkelijk in zijn maag zat met de gang van zaken.

Lyytikäinen belde terug. 'Dat valt te regelen,' zei hij. HJK moest voor mij, als speler van het nationale elftal, een transfervergoeding betalen van omgerekend 25.000-30.000 euro. Doordat ik aanbood om mijn salaris te laten halveren, was het totaalbedrag net haalbaar voor de club. Er werd gesproken over een 'groep investeerders' die de transfer voor zijn rekening nam. Later heb ik geruchten gehoord dat die groep uitsluitend bestond uit Olli-Pekka Lyytikäinen. We kwamen snel overeen dat ik volgens de eerder afgesproken voorwaarden naar de club zou komen; op het halveren van mijn salaris na dan.

Ik was verkozen tot Voetballer van het Jaar, was basisspeler in het nationale elftal en ging samen met Ismo Luis bij de landskampioen voetballen. In zo'n situatie ligt het salaris op een bepaald niveau. Toen daar de helft af ging, betekende dat voor HJK, of voor Lyytikäinen, een aanmerkelijke lastenverlichting.

Voor mij betekende het eigenlijk niet zoveel. Ik had voordien nooit een salaris gehad of voor het geld gespeeld. Financieel ging ik er sowieso op vooruit. Bij HJK waren de premies hoger dan bij Reipas en daarnaast ontving ik een salaris. Ook al toucheerde ik maar de helft van het oorspronkelijk afgesproken bedrag, het was een bonus ten opzichte van wat ik bij Reipas had gekregen. Mijn uitgangspositie was dus uiteindelijk uitstekend.

Een jaar later was er weer gedoe rondom mijn persoon. Eerst stapte ik over van HJK naar MyPa en acht maanden later naar Ajax. Volgens de transferregels uit die tijd zou HJK (althans volgens HJK) recht hebben op een deel van de transfersom die Ajax betaalde aan MyPa. De zaak werd behandeld door een juridische commissie die speciaal was opgericht voor dit soort meningsverschillen. De commissie gaf te kennen dat MyPa alle rechten had en de klacht van HJK werd ongegrond verklaard. Persoonlijk had ik niets te maken met de hele zaak. Het ging om een verschil van mening tussen de clubs.

Helsinki: een nieuwe omgeving

Mijn vertrek bij Reipas en uit mijn woonplaats was een leerzame ervaring die me voorbereidde op toekomstige transfers. Helsinki was, vergeleken met Lahti, een grote stad. In Lahti waren de afstanden klein en ik kende er veel mensen. In Helsinki moest ik wennen aan een ander soort leven.

Bij HJK was meer concurrentie voor een basisplaats. Bij Reipas was mijn basisplaats al jaren onomstreden geweest. Ik was daar 'iemand van ons'. Nu was ik opeens een grote aankoop van buiten van wie resultaten werden verwacht. Het was een jaar waarin ik veel leerde maar tegelijkertijd was het ook een jaar vol problemen. Daarom bleef ik daarna nog een jaar in Finland, bij Myllykoski.

Ik heb uit 1991 ook een vervelend gevoel overgehouden over wat er met Reipas gebeurde, de club waar ik opgroeide. In de herfst van 1990 ging niet alleen ik weg, maar ook veel andere spelers en trainer Harri Kampman verlieten de club. Een aantal stapte zelfs over naar Kuusysi. 1991 was een rampjaar voor Reipas – de club viel helemaal uit elkaar. Het was heel naar om van een afstand te zien hoe het steeds verder bergafwaarts ging. En dat nog wel tijdens het 100-jarig bestaan. 1990 was juist sinds lange tijd weer een uitstekend jaar geweest. We waren zowel in 1988 als in 1990 vierde geworden. We hadden een goede kans gehad op de derde plek en dus Europees voetbal.

Reipas had voor het laatst op dat niveau gepresteerd halverwege de jaren '70. Aan het begin van de jaren '80 was de club een aantal jaren helemaal weggeweest uit de hoogste divisie, en voor het eerst sinds die jaren lieten de sportieve prestaties een stijgende lijn zien. Maar vanaf die wedstrijd om de derde plaats raakte de club in een vrije val. Financieel ging het niet goed en Reipas gleed helemaal af naar de tweede divisie. Wat een ellende!

Mijn eigen doel lag in het buitenland en ik moest daar bij mijn beslissingen rekening mee houden. Ik moest mijn eigen weg volgen. Daarom moest ik vertrekken bij Reipas. Mijn HJK-tijd met alle goede en slechte gevolgen was op die weg een leerzame ervaring. Ik had in die tijd al het gevoel dat ik in de toekomst nog wel eens bij HJK terug zou komen. De club was destijds al goed en heeft zich in de tussentijd veel verder ontwikkeld.

Aan het eind van 1990 keek ik al uit naar het begin van het nieuwe jaar, het jaar waarin ik voor HJK zou gaan spelen. Het werd een jaar vol problemen. In de groep vond een verrassende verandering plaats.

Op de eerste training verwelkomde assistent-trainer Jari-Pekka Keurulainen de spelers. Hij zou met de training beginnen, trainer Martti Kuusela kwam later. Onder zijn leiding gingen we enthousiast aan de slag. Een kwartier voor het einde van de training zag ik Olli-Pekka Lyytikäinen en Martti Kuusela door de deur bij de cornervlag de trainingshal binnen lopen. Het verwonderde me dat Martti zo laat was en samen met Olli arriveerde. Ik snapte wel dat de voorzitter de eerste training wilde meemaken, maar waarom zo laat? Ik kreeg een slecht voorgevoel dat ik niet helemaal kon thuisbrengen.

Na de training gaven Martti en Olli de spelers een hand. Vervolgens vertelde Olli dat HJK altijd spelers had gesteund die naar het buitenland wilden. HJK steunde in dat opzicht ook de trainer. Boem!

Martti nam het woord en zei dat net zoals voor veel spelers gold, het ook voor hem een droom was om in het buitenland te werken. Hij had het aanbod gekregen om de rest van het seizoen de trainer te worden van Beerschot in België. Hij had er goed over nagedacht en besloten om dat aanbod te aanvaarden. Zo'n kans zou hij misschien nooit meer krijgen. Alle spelers feliciteerden Martti en ook ik was blij voor hem. Hij was trainer van het nationale elftal geweest, en ik waardeerde hem enorm. Natuurlijk gunde ik hem dit succes. Tegelijkertijd was ik teleurgesteld.

De eerste en belangrijkste reden om bij HJK te gaan voetballen was het feit dat ik daar onder Martti zou kunnen trainen. Hij kwam nog speciaal naar me toe om te zeggen dat het hem speet: 'Sorry Jari, ik wilde je bij de groep hebben en ik had graag met je samengewerkt.' Ik antwoordde dat ik zijn besluit wel begreep en ik wenste hem succes en veel geluk.

Zo gaat het soms gewoon, alleen de timing was hier nogal slecht. In mijn loopbaan zou ik situaties van 'op het verkeerde moment op de verkeerde plek' nog vaker tegenkomen. Er zaten natuurlijk goede kanten aan mijn transfer naar HJK, maar dit was een teleurstelling. Soms vallen de stukjes op hun plaats en soms niet.

De vraag was natuurlijk wie de opvolger van Martti zou worden. Ik had al geleerd dat een trainer zijn spelers zowel beter als slechter kan maken.

Jyrki Nieminen werd onze nieuwe trainer. Ik had geen beeld van hem als trainer, maar ik had besloten om bij HJK te gaan spelen dus legde ik me neer bij de nieuwe situatie. Alles bij elkaar werd het echter een rommelig jaar.

Jyrki is een prachtkerel maar als trainer had hij nogal persoonlijke opvattingen; zo was hij als voetballer ook geweest. Ik was gewend dat trainers duidelijk en precies waren over de organisatie en over wat ze van ons eisten. Jyrki was meer een bohemien.

Meestal sprak hij voor de training een paar woorden. Meestal sprak hij tijdens de training een paar woorden en voetbalde hij mee. Hij kon makkelijk meekomen. Tijdens de training rookte hij af en toe een sigaretje aan de rand van het veld, maar hij praatte niet te veel!

We hadden eens een wedstrijdbespreking. Ik nam koffie en een broodje mee aan tafel. Toen ik dat pas half op had, zei Jyrki dat hij klaar was. We moesten deze wedstrijd zien te winnen. Hij had alleen de opstelling doorgenomen.

Jyrki was een slimme speler geweest. Diezelfde slimheid kwam naar boven als je samen met hem over voetbal praatte. Dan praatte hij wel! Als trainer leek hij te veel dingen als vanzelfsprekend aan te nemen. Hij vertrouwde erop dat de spelers datgene wat hij inzag, allemaal ook wel begrepen, maar de groep wist niet altijd duidelijk wat de bedoeling was.

Op een training, ergens in het voorjaar, kondigde hij aan dat het nu afgelopen was met de conditietraining; nu zouden we ons op de competitie concentreren. Een paar spelers keken elkaar vragend aan. Wanneer waren we dan begonnen met die conditietraining?

De groep was gewend aan het strakkere en meer georganiseerde regime van Martti Kuusela. Jyrki gaf de spelers veel verantwoordelijkheid. Dat was een grote verandering voor hen. Jyrki was in alle opzichten zichzelf, als mens, als trainer en als voetballer. Hij deed eigenlijk niets volgens het boekje. De opstelling noteerde hij soms op een sigarettenpakje.

In het voetbal is er nooit één enkele waarheid over trainingen of wedstrijden. Elke speler, trainer of ploeg moet een aanpak vinden die bij ze past. Wat dat betreft was de tijd met Jyrki als trainer heel leerzaam.

Het werd een moeilijk en teleurstellend seizoen. Er waren veel geblesseerden en eigenlijk speelden we bijna nooit in de ideale opstelling. Het seizoen begon goed maar daarna stapelden de moeilijkheden zich op. De vijfde plek was voor dat elftal echt een enorme teleurstelling.

Transfer naar MyPa

Volgens mijn oorspronkelijke plannen zou ik na mijn jaar in het leger naar het buitenland vertrekken, maar na de zomer was ik daar nog niet klaar voor. Wat mij persoonlijk betreft gebeurde er in 1991 te veel wat me in de weg zat: onder andere te veel reizen, slechter trainen en de dood van mijn neef. Ik kreeg meer en meer het gevoel dat ik van dit seizoen eerst zowel geestelijk als lichamelijk moest herstellen. Nog een jaar in Finland blijven, leek de enige verstandige optie.

Toen kwamen Harri Kampman en MyPa in beeld. MyPa promoveerde in 1992 naar de hoogste afdeling. Ik wist van tevoren dat er onder Kampman regelmatig en kwalitatief goed werd getraind. Bij MyPa zou ik weer in vorm kunnen komen. Bovendien reed Harri altijd vanaf Lahti naar de trainingen en de wedstrijden in Myllykoski zodat ik met hem kon meerijden. Het was een geweldige opluchting voor me. Er kwamen bovendien veel spelers naar MyPa die ik al kende. Uiteindelijk zaten er drie Lahtenaren, een kamergenoot uit het leger, en een medespeler uit de nationale ploeg in het elftal. Daarnaast zou ook nog de goede spits Jukka Turunen van KuPS overkomen.

Ik had het gevoel dat het bij MyPa net zo zou kunnen lopen als bij Reipas het geval was geweest. Dezelfde manier van trainen maar een elftal met meer kwaliteit dat om de prijzen zou kunnen meedoen. De transfer begon steeds aanlokkelijker te worden. Met Harri had ik er al uitgebreid over gesproken, en hij had verteld dat hij meer goede spelers naar MyPa wilde lokken als ik op het aanbod inging.

Zo begonnen we langzamerhand het elftal van MyPa vorm te geven. Het begon erop te lijken dat er altijd wel een paar auto's uit Lahti naar de training in Myllykoski zouden gaan zodat het ook mogelijk was om beurtelings te rijden.

De transfer kreeg een extra duwtje toen Kampman me vertelde

'Ook de portier van het hotel kwam vertellen over de goals van Litmanen'

Trainer Martti Kuusela, die een lange carrière in het buitenland had, heeft een paar keer bijna Jari Litmanen getraind. Litmanen kwam van Reipas Lahti naar HJK aan het eind van seizoen 1990 en Kuusela was daar op dat moment trainer. Hij ging echter plotseling naar het Belgische Beerschot.
'Via Harri Kampman vroeg ik Jari mee naar Beerschot. Elke club zou hem op dat moment graag hebben ingelijfd. Jari, zijn vader Olavi en Heikki Marttinen hebben die zaak [de transfer van Litmanen naar Ajax] prachtig geregeld en namen de juiste beslissing,' aldus Kuusela.
'Jari was ongeveer een week bij ons maar het weer was op dat moment niet best. Er lag zoveel sneeuw dat we helaas alleen maar hebben kunnen hardlopen,' herinnert hij zich.
De wegen van de twee ambassadeurs van het Finse nationale elftal hebben nooit geleid naar een concrete samenwerking als trainer en speler.
'Een paar keer heb ik Jari gevraagd om naar een van mijn clubs in het buitenland te komen, maar Jari had grotere clubs in zijn hoofd,' glimlacht Kuusela.
Toen Kuusela halverwege de jaren '90 naar het Griekse Proodeftiki FC ging, stond Litmanen vol in de schijnwerpers van het Europese voetbal.
'Litmanen was toen een zeer bekende naam. Ik weet nog goed hoe intens het voetbal in Griekenland werd beleefd. Toen Jari had gescoord in de Champions League kwam de portier van het hotel naar me toe om me dat te vertellen. Men kon zich niet voorstellen dat een Finse trainer kwaliteit kon leveren, maar direct toen Jari had gescoord, kwamen ze gezellig kletsen over hoe goed die Fin was.' In het

jaar waarin Ajax met Litmanen de Champions League won, moesten ze in de poulefase tegen AEK Athene. Dat gaf Kuusela en Proodeftiki de kans om Ajax en Litmanen van dichtbij te zien.
'Ze trainden op het oefenveld van Panathinaikos. We gingen met het hele elftal kijken naar de laatste training voor de wedstrijd. Die was heel wat intensiever dan onze vrienden ooit in een normale training hadden meegemaakt,' lacht Kuusela.

dat Heikki Marttinen lid was van de raad van bestuur van de papierfabriek in Myllykoski. Marttinen had nog samen met mijn vader bij de junioren gevoetbald en geijshockeyd. Hij fungeerde als voorzitter van MyPa. Harri had het met Martti over mijn situatie gehad en die nodigde me uit voor een gesprek. Ik had hem nog nooit ontmoet en besloot op de uitnodiging in te gaan.

Toen ik samen met Harri Kampman bij het zomerhuis van de directeur van een fabriek en voorzitter van een voetbalclub aankwam, stond deze in een overall van de fabriek in de tuin bladeren te harken. Hij ging zich omkleden en bood ons koffie aan. Daarna praatte hij een halfuur en ik was verkocht. Ik begreep niet eens hoe het in iemand op kon komen om zo goed na te denken over mijn kant van het verhaal.

Marttinen vertelde dat MyPa een keer eerder in de hoogste klasse had gevoetbald, halverwege de jaren '70, en toen na een jaar meteen weer was gedegradeerd. Op basis van die ervaring wist men in Myllykoski dat er versterkingen moesten worden gehaald. Ze wilden niet alleen in de hoogste divisie blijven maar ook meedoen om de prijzen. Daarom wilden ze een elftal bouwen dat succesvol kon zijn. Dat elftal wilden ze rondom mij opbouwen.

Marttinen vond mij een van de talentvolste voetballers van Finland. Ik was al Voetballer van het Jaar geweest en ik zat in het nationale elftal. Ik bezat alle eigenschappen om een elftal te versterken. Om mij heen zou een succesvolle ploeg kunnen worden gebouwd.

Wat de financiële kant van de zaak betrof, vond Marttinen het volkomen vanzelfsprekend dat hij me een salaris zou bieden dat in overeenstemming was met dergelijke uitgangspunten. Het salaris zou passend moeten zijn voor een international die ook nog Voetballer van het Jaar was. Voordat ik daar iets over kon zeggen, stelde hij al een bedrag voor waarvan hij dacht dat het wel concurrerend was.

Daar bleef het echter niet bij, Marttinen ging verder. Hij zei dat hij snapte dat ik wel gezien had wat het Finse voetbal te bieden had. Hij wilde me helpen bij een stap naar het buitenland en daar de juiste kanalen voor zoeken. Het werd hoog tijd voor mij om weg te gaan, maar dan moesten eerst alle stukjes van de puzzel op hun plek liggen. Het was zaak om de juiste club te vinden en hij beloofde me daarbij te helpen.

Marttinen vertelde dat hij uit hoofde van zijn beroep al enige ervaring had met internationale onderhandelingen in de zakenwereld, zodat hij die voor mij zou kunnen voeren. Ik knikte zwijgend dat ik het begreep, maar dat was nog niet alles. 'Een vertrek naar het buitenland is de eerste stap,' zei hij. 'Daarna heb je hopelijk nog een lange carrière als voetballer.' Hij wilde me ook opleiden voor de tijd na mijn profbestaan. Myllykoski Oy was een internationaal bedrijf. Als ik naar het buitenland vertrok, werd ik een internationale vertegenwoordiger van het bedrijf. Daarom had ik scholing nodig en dus werd me ook een leercontract aangeboden. Ze zouden dus een trainingsschema voor me maken, een loopbaanplanning als voetballer en een leertraject in verband met de periode na het voetbal! Hoewel Marttinen een druk bezet man was als voorzitter van een internationaal bedrijf en een voetbalclub, had hij naar eigen zeggen toch zin en tijd om mij te helpen.

Het verhaal van Marttinen maakte veel indruk en was overtuigend. Ik had de neiging om meteen te vragen waar ik kon tekenen. Ik overwoog dat als iemand dat allemaal voor mij had uitgedacht, er weinig betere alternatieven zouden kunnen zijn. Hoewel het ook financieel om een indrukwekkend aanbod ging, was geld ook deze keer niet de doorslaggevende factor, maar wel het feit dat het totaalplaatje zo goed klopte. Harri kon ik de sportieve kant toevertrouwen en nu kwam er zomaar ergens iemand vandaan die bereid was om de rest te regelen!

Marttinen was duidelijk in zijn waardering voor mij als voetballer, en dat wilde hij ook in mijn salaris tot uitdrukking brengen. Hoewel de hoogte daarvan op zichzelf niet zo belangrijk was, voelde het wel als een belangrijk gebaar van erkenning. Het voelde ook heel goed dat hij twintig jaar vooruit keek naar mijn leven. Ik was net klaar met school en dienstplicht en ik wilde prof worden in het buitenland. Heikki Marttinen wilde daarnaast dat ik mijn zaakjes ook rond mijn veertigste op orde zou hebben, na mijn loopbaan als voetballer.

Marttinen vertelde me dat hij een dergelijk scenario al eerder voor ogen had gehad met Arto Tolsa van de club Kotka. Nu wilde hij het plan met mij realiseren. Wauw! dacht ik. Als hij al zo lang met dat plan bezig is, dan is het gegarandeerd een goed plan. Na Marttinens uiteenzetting was ik ervan overtuigd dat ik bij Myllykoski in goede handen zou zijn.

Mijn tijd bij Myllykoski

In de winter van 1991-1992 vertrok ik doordeweeks meestal met Harri Kampman rond halfacht vanuit Lahti naar de ochtendtraining, die om negen uur begon. Daarna gingen we eten en vervolgens ging ik min of meer naar school. Heikki Marttinen vertelde over de achtergrond van en de gang van zaken in zijn bedrijf Myllykoski Oy. We gingen ook naar de fabriek om te zien hoe papier werd gemaakt en hoe alles werkt in de papierindustrie. De middagtraining begon om drie uur.

De spelers die 's morgens kwamen, waren de zogenaamde 'fullprofs', studenten en diegenen die vrij kregen van hun werk. 's Middags was de hele groep bij elkaar. Dan waren ook de spelers erbij die 's morgens moesten werken of in dienst zaten.

Het was destijds de gewoonte dat een selectie in twee groepen werd verdeeld. Tot de ochtendploeg behoorden altijd Yrjö Happonen, Janne Lindberg, Janne Mäkelä en ik, na werktijd kwamen Jukka Turunen, die bij de plaatselijke krant werkte, en Simo Marttila en Mauri Keskitalo, die op de loonlijst van de papierfabriek stonden. Vaste klanten waren ook Pekka Riikonen, Marko Harju, Sipi Savolainen en Tomi Kinnunen. De neven Sami Hyypiä en Toni Huttunen, die naast het voetbal met een studie bezig waren, maakten de lijst compleet. 's Middags kwamen de jongens die moesten werken of in dienst zaten erbij.

Al vlug merkte ik dat het een goede beslissing was geweest. Ik kon goed trainen en daarnaast nog iets leren ook. Nog altijd sta ik achter mijn beslissing van toen. Het was een van de beste uit mijn carrière. In voetbalkringen, en zeker in Helsinki, veroorzaakte mijn transfer nogal een schok. Hoe kan iemand nou van Helsinki naar Myllykoski vertrekken! Dat leek niemand werkelijk te begrijpen. 'Kenners' trokken hun conclusies. Ik herinner me bijvoorbeeld Kai Pahlman, die in een interview beweerde dat het alleen om geld ging: 'Litmanen loopt achter het geld aan.' Ik kon natuurlijk alleen maar lachen om dat eeuwige geldverhaal. Bij alles wat bij mijn transfers kwam kijken, was geld altijd het laatste waar ik me druk om maakte.

Er wordt natuurlijk altijd over geld gepraat als een speler een transfer maakt, maar men moet niet vergeten waar ik vandaan kwam. Mijn eerste contract bestond uit een handdruk van mijn vader – het kwam neer op voetballen voor niets. Bij HJK had ik mijn salaris gehalveerd. Bij MyPa kreeg ik inderdaad een flinke vergoeding maar het ging me om het geweldige totaalpakket.

Vooral de oprechte bedoeling om me te helpen mijn loopbaan vorm te geven, was uitzonderlijk. Ik had bijvoorbeeld geen ervaring in het onderhandelen met buitenlandse clubs. Als zich zulke situaties zouden voordoen, riep ik dan de hulp in van Heikki Marttinen of van mijn vader? De keuze was niet zo moeilijk... Mijn vader sprak trouwens ook geen Engels.

Toen duidelijk werd dat Harri Kampman de trainer werd, en ik er zeker van was dat ik weer in vorm zou raken, en Harri steeds in de buurt was met zijn denkbeelden over voetbal, vormden we een mooi drietal dat elkaar aanvulde. Het zag er heel interessant uit: ik had nog geen seconde in het buitenland gevoetbald, maar Marttinen dacht al na over de tijd dat ik zou terugkeren naar Finland! Al in ons eerste gesprek waren alle hoofdzaken aan bod gekomen. Mijn salaris kwam terloops aan de orde. Marttinen was van mening dat mijn salaris in overeenstemming moest zijn met mijn waarde als voetballer. Hij wist waarschijnlijk niet eens wat andere clubs destijds hun spelers betaalden. Ook ik kon op dat moment niet zeggen hoe goed het aanbod was in vergelijking met wat anderen kregen. Het was in elk geval meer dan wat ik voorheen had verdiend.

Het hoogtepunt van 1992, en van mijn loopbaan tot dan toe, was de bekerwinst van MyPa in juli, waar scout Ton Pronk van Ajax aanwezig was. Ik kreeg een uitnodiging om direct een week bij Ajax naar een trainingskamp te komen.

De blik op Amsterdam gericht

Voordat ik naar Amsterdam vertrok, raadde Heikki Marttinen me aan om ervan uit te gaan dat ik nu werkelijk in het buitenland zou gaan spelen. Als er iets voortkwam uit het trainingskamp zou hij me steunen. Hij had al voor de bekerfinale lachend geroepen dat ik bij winst waarschijnlijk rechtstreeks naar het buitenland zou gaan.

Van tevoren wisten we al dat er iemand van Ajax zou komen kijken en Heikki wilde me waarschijnlijk een beetje onder druk zetten: eerst de beker winnen. Hij heeft me absoluut nooit te kennen gegeven dat ik naar het buitenland moest zodat de club een transfersom zou krijgen. Dat was belangrijk. Voor mij kwam het geld ook nooit op de eerste plaats. Martti keek naar het hele plaatje. Een mogelijke transfer zou kunnen op grond van een goede loopbaanplanning, niet voor het geld.

Toen ik terugkeerde van het trainingskamp bij Ajax, vertelde ik Heikki en Harri dat er spoedig contact zou worden opgenomen vanuit Amsterdam. Ajax had belangstelling en ik had ze het telefoonnummer van Marttinen gegeven. Het telefoontje kwam, en Heikki onderhandelde met Ajax over mijn contract en over de overeenkomst met de club. Dat betekende nogal wat voor me. Harri Kampman had mij heel vaak geholpen in mijn voetbalcarrière als de trainer die zorgde voor alles wat met voetbal te maken had. Heikki hielp met de zakelijke kant en had verstand van contractbesprekingen.

Het gaf veel rust dat Heikki de onderhandelingen voerde. Hij was een man die gewend was om te onderhandelen over tientallen, zelfs honderden miljoenen. Daarbij vergeleken was mijn contract een peulenschil. Bij de onderhandelingen zou hij niet zichzelf of de club in het zonnetje zetten. Hij had beloofd om mij te helpen bij mijn carrière en te zorgen voor een fatsoenlijk contract. Dat heeft hij gedaan ook.

Het plan was dat ik bij MyPa het seizoen vol zou maken en dan mogelijk naar het buitenland zou gaan. Ajax kwam echter zo mooi in beeld dat het tijdschema werd gewijzigd. Bij wijze van uitzondering was de bekerfinale in dat jaar al begin juli. Toen Ajax naar de wedstrijd kwam kijken, mij eerst uitnodigde voor een trainingskamp en vervolgens een contract aanbood, was er geen sprake meer van dat ik niet zou vertrekken.

Na drie dagen trainingskamp wist ik dat Ajax de juiste club voor me was. Daar speelden onder anderen Edwin van der Sar, Frank de

'Jari gaf vier assists en scoorde vier keer'

De hoofdscout van Ajax, Ton Pronk, is de man die Jari Litmanen heeft ontdekt voor Ajax. Hij bekeek Litmanen toen deze voor MyPa voetbalde in de Finse bekerfinale van 1992.
'Jari was bij de warming-up al fanatiek bezig. Alles wat hij deed, was gericht op de wedstrijd. Ik kreeg een goed beeld van hem. De wedstrijd zelf was niet goed, hoewel hij een keer scoorde en MyPa met 2-0 won. Toch dacht ik dat ik genoeg wist. Terug in Amsterdam heb ik met hoofdtrainer Van Gaal gesproken en hem verteld dat we Litmanen wilden uitnodigen,' vertelt Pronk.
Litmanen kwam naar een trainingskamp van Ajax. Pronk haalde hem van het vliegveld en bracht hem naar het elftal.
'Een dag later had ik het met Van Gaal over hem, en die was niet tevreden. Ik was bijzonder verbaasd. Ik zei tegen Louis dat hij erover na moest denken en hem nog een week de kans geven. Hij was er nog maar net en kwam uit een andere cultuur. Alles was nieuw voor hem. Van Gaal stemde toe en twee dagen later speelde Ajax tegen FC Den Bosch.
Na de wedstrijd, om een uur of negen 's avonds, belde Van Gaal. Hij zei dat ik gelijk had. De wedstrijd eindigde in 8-1 en Jari gaf vier assists en scoorde vier keer. In het eerste jaar speelde Jari in het tweede, maar vanaf dat moment wist Van Gaal dat hij een begaafde speler in huis had,' zei Pronk in de documentaire *Koning Litmanen.*

Boer, Michel Kreek, Marciano Vink, Edgar Davids en Marc Overmars. De meeste spelers waren van mijn leeftijd. De een ietsje ouder, de andere iets jonger. Dennis Bergkamp was twee jaar ouder. Er waren natuurlijk ook een paar meer ervaren spelers, zoals Danny Blind, Sonny Silooy, Stefan Pettersson en Stanley Menzo.

Ajax had in mei de UEFA-Cup gewonnen en een aantal spelers had het EK gewonnen met het Nederlands elftal. Het was een mooie mix van jeugd en ervaring. Ze hadden een fanatieke trainer, die zijn vak leek te verstaan. De stijl van Van Gaal leek een beetje op wat ik bij Harri Kampman gewend was: hard werken met een goede instelling. Van Gaal was toen nog een beginnende trainer, net als Harri toen hij in 1990 naar Reipas was gekomen. Het volgende seizoen werd Van Gaals eerste seizoen als hoofdtrainer. Het jaar ervoor was hij halverwege het seizoen de opvolger geworden van Beenhakker.

Bij Ajax viel alles op zijn plek. Al tijdens het trainingskamp voelde ik dat er iets bijzonders gebeurde. Na drie dagen riep Van Gaal me bij zich. Hij zei dat Ajax me wilde hebben. Hij zei het met overtuiging.

In elk geval was mijn vertrek naar het buitenland niet meer tegen te houden. Nu kwam er ook nog een grote club met een rijke traditie op mijn weg. Die club had ook nog eens de UEFA-Cup gewonnen en de spelers voetbalden op de eindronde van het EK. Verder had ik het gevoel dat ik al aardig op zijn Hollands speelde. Via Petri Tiainen had ik Ajax al een beetje gevolgd. Daar hadden mensen gespeeld als Johan Cruijff, Marco van Basten en Frank Rijkaard. Het was ook een club waar jonge voetballers van mijn leeftijd een kans kregen, in tegenstelling tot bijvoorbeeld PSV, waar ik eerder op bezoek was geweest. Dus toen Heikki Marttinen na het trainingskamp vroeg wat ik ervan vond, zei ik: 'Ajax neemt contact op en ik wil erheen.'

Toen ik uit Nederland vertrok, had Van Gaal gezegd dat de transferbesprekingen de volgende dag zouden starten, hoewel het trainingskamp nog niet was afgelopen. Diverse spelers hadden me gedag gezegd met de woorden: 'See you – probably very soon.' Ze waren ervan overtuigd dat ik van waarde kon zijn voor het elftal en zelf was ik ook tot die conclusie gekomen.

Sportief gezien was alles in orde en toen ik naar huis ging, was ik ontspannen. Dit was blijkbaar de volgende stap in mijn carrière. Ik was er klaar voor en dat voelde goed. Dit was het moment waarop ik had gewacht.

Ik geloofde niet dat de transfer nog zou afketsen, hoewel er nog niet eens contact was tussen de clubs. Ik wist alleen dat de trainersstaf van Ajax me echt wilde hebben en dat Heikki Marttinen aan de andere kant van de onderhandelingstafel zou zitten. Hij had beloofd me naar het buitenland te helpen. Ik heb het met hem nooit over een transfervergoeding gehad, maar ik vertrouwde er volledig op dat hij het contract zou afsluiten. Op mijn eigen eisen voor de transfer zou het in elk geval niet stuklopen. In het buitenland verdient een voetballer sowieso veel meer dan in Finland.

Hoe de onderhandelingen precies verliepen, weet ik niet. Blijkbaar werden voorstellen gefaxt vanuit Amsterdam en stuurde Heikki tegenvoorstellen terug. Het duurde alles bij elkaar ongeveer een week.

MyPa kreeg een flinke vergoeding voor de periode waarin ze me hadden voorbereid. Ik had gezorgd voor vertrouwen in de kwaliteit van hun opleiding en het niveau van het voetbal. MyPa kreeg de naam van een club van waaruit je naar het buitenland kon vertrekken. Alles wat Heikki en Harri hadden gepland met betrekking tot de toekomst van de club, werd nu werkelijkheid. Eerst won MyPa de beker in 1992, daarna werden ze vier keer achter elkaar tweede. De club promoveerde niet alleen naar de hoogste divisie, maar deed ook echt mee om de prijzen. Een tweede bekeroverwinning volgde in 1995, waarna Sami Hyypiä en Joonas Kolkka naar Willem II in Nederland gingen. Marko Rajamäki en Janne Lindberg kwamen in Schotland terecht. De aantrekkingskracht van de club werd groter en er kwamen goede spelers, die voor een deel ook het buitenland haalden. Ik ben heel blij dat ik toen, helemaal aan het begin, mijn steentje heb kunnen bijdragen aan deze ontwikkeling.

Des te vervelender was het om in de winter van 2005 te horen dat de club failliet was. Het vertrek van de papierfabriek uit Myllykoski was een te grote klap voor de club geweest. Voor een kleine plaats in Finland is het heel moeilijk om een voetbalclub draaiende te houden. Haka, de historische voetbalclub van papierstad Valkeakoski, overkwam hetzelfde. De club, die de tweede plaats inneemt in de annalen van de hoogste divisie, speelt nu een divisie lager.

4

Eindelijk naar het buitenland

Mijn eerdere trainingskampen in het buitenland maakten deel uit van mijn opleiding: ik wilde weten hoe in België of Engeland werd gevoetbald of wat het verschil was tussen het Zweedse en het Finse voetbal. Ook toen al had ik concrete aanbiedingen gehad uit Zwitserland, Nederland en België, maar ik besloot om te wachten. Nu vielen bij Ajax voor het eerst alle stukjes op hun plaats en had ik geen verplichtingen meer in Finland.

Bij MyPa had ik naar Finse begrippen een goed contract gehad. Bij Ajax zat ik aanvankelijk in de lagere regionen. Qua inkomen bleef ik ongeveer op hetzelfde niveau. Bij Ajax waren drie categorieën spelers waarbij de verschillen in salaris aanzienlijk waren. Er waren sterspelers die hun kwaliteiten al hadden bewezen bij de club en het Nederlands elftal. Dan kwamen de andere basisspelers. In de derde categorie vielen jonge spelers zoals Edwin van der Sar, Edgar Davids en ik.

Mijn contract was van het model 1 + 2 jaar. In het eerste jaar zou ik erachter komen of Ajax de juiste plek voor me was en of ik sportief en sociaal gezien in Amsterdam zou aarden. Ook zou de club dan weten wat mijn mogelijkheden uiteindelijk zouden zijn. We waren ook twee extra jaren overeengekomen, maar beide partijen konden zich makkelijk terugtrekken na het eerste jaar. Het was aan alle kanten duidelijk en fatsoenlijk.

We kwamen snel tot overeenstemming. Ajax begon al een beetje haast te krijgen. Half juli was ik in het trainingskamp geweest en de competitie in Nederland begon half augustus. Ik moest voor een bepaalde datum zijn ingeschreven. Het elftal moest samengesteld worden en ik wilde natuurlijk zo snel mogelijk naar Amsterdam.

Ook MyPa had haast. Toen ik na die drie dagen trainingskamp terugkwam in Finland, vloog ik vanaf Helsinki meteen door naar Pietarsaari, waar MyPa tegen Jaro speelde. Maar op de terugreis had ik griep gekregen – waarschijnlijk door de hotelkamer met airconditioning en ook het vliegtuig zal een aandeel hebben gehad. In Pietarsaari wilde de ploeg natuurlijk horen hoe het bij Ajax was gegaan. Harri Kampman wist het al want hij was er nauw bij betrokken. Harri feliciteerde me maar voegde eraan toe dat we wel eerst deze wedstrijd moesten spelen. Ik moest toen vertellen dat ik vanwege die griep niet mee kon doen. Ik wilde dolgraag spelen, maar ik was er niet toe in staat. Ik volgde de wedstrijd vanaf de reservebank, hopend dat ik me beter zou gaan voelen en zou kunnen invallen. Ik ging me niet beter voelen en moest uiteindelijk naar de kleedkamer om te gaan liggen zodat ik de wedstrijd niet eens helemaal heb kunnen zien.

Dat was de sfeer waarin ik me voorbereidde op de transfer. Ik moest nadenken over wat ik allemaal moest doen voor mijn vertrek. Pakken, verhuisberichten, genoeg te doen.

Alles was zo snel gegaan. Binnen een week was de overeenkomst getekend. Het was de bedoeling dat ik nog een à twee weken in Finland bleef en nog twee competitiewedstrijden met MyPa speelde. Helaas raakte ik vlak voor het tekenen van het contract met Ajax geblesseerd aan mijn 'glazen enkel' en kon ik niet meedoen. De resterende tijd in Finland werd gebruikt om te herstellen zodat ik bij Ajax direct zou kunnen gaan trainen. Mijn persoonlijke zaken kon ik wel regelen.

Geestelijk was ik natuurlijk al een paar jaar voorbereid op het vertrek. Dat kostte me dus weinig hoofdbrekens. Ik wilde gewoon het land uit.

Op een zaterdag halverwege augustus kwam ik aan in Amsterdam en de volgende dag zou de eerste competitiewedstrijd plaatsvinden en een wedstrijd van het tweede elftal van Ajax tegen Jong Madrid. Deze laatste op een toernooi in Hilversum. Ik ontmoette de spelers van het eerste na de training. Door mijn enkelblessure kon ik niet voluit trainen en trainer Van Gaal wist dat. Hij had me gevraagd om te trainen met de assistent-trainer voor zover dat mogelijk was. Als het niet goed voelde, zou ik maandag fysiotherapie krijgen. Als ik dacht dat ik kon spelen, kon ik zondag meedoen met het tweede elftal.

Volgens de trainer speelden een paar talentvolle achttien- en negentienjarige voetballers in het tweede. Voor mij zou het goed zijn om die te leren kennen want ze zouden in de herfst hun opwachting maken in de hoofdmacht. De training voelde goed dus ik zou meedoen tegen Madrid. De wedstrijd verliep goed en zelf merkte ik ook dat er een paar begaafde spelers in onze ploeg rondliepen.

Na de wedstrijd vroeg de assistent-trainer wat ik vond van de jonge jongen die achter mij had gespeeld. Ik vond hem sterk spelen. Fysiek was hij al volgroeid en geestelijk behoorlijk ontwikkeld. Hij maakte meteen een praatje met me en coachte me goed in het veld. Ik kreeg het gevoel dat hij in het veld voortdurend de juiste beslissingen nam. De assistent-trainer vroeg me om de leeftijd van de jongen in te schatten. Ik dacht achttien of negentien jaar, net als de andere voetballers in het tweede. Ik kreeg te horen dat hij net zestien was geworden. Dat was mijn eerste ontmoeting met Clarence Seedorf. Eind november maakte hij zijn debuut in het eerste als jongste Ajacied ooit.

Ook voor het eerste elftal begon het seizoen die zondag. Ajax speelde uit tegen FC Dordrecht, maar daar deed ik nog niet mee. De week daarop trainde ik hard mee met de groep en de zondag daarna was de eerste thuiswedstrijd. Daarin zou ik in het veld komen. De tegenstander was Go Ahead Eagles en ik viel kort voor het einde in voor Dennis Bergkamp. We stonden met 3-1 voor en Bergkamp had twee keer gescoord. Het was dus heel leuk om het veld in te mogen. De wedstrijd was al beslist en Bergkamp had zijn werk gedaan.

Alleen al vanwege de naam van de tegenstander was het leuk om te debuteren. Daarnaast was Marc Overmars bij die club opgegroeid. Hij was naar Ajax gekomen via een jaartje Willem II. Overmars was feitelijk Van Gaals eerste aankoop bij Ajax en ik de tweede. Op onze eerste reis was Marc mijn kamergenoot. We bleven jarenlang goede maatjes in onze Ajaxtijd.

De eerste drie maanden in Amsterdam verbleef ik in een hotel. In die periode ging ik samen met Gerald Holsheimer van de club op zoek naar woonruimte. Al snel vonden we iets en toen kon ik meubels gaan kopen. Vijf minuten van mijn woning vandaan was een Ikea. Daar vonden we een eettafel, stoelen, een bed, kasten enzovoort. In Nederland is het normaal dat de betonnen vloer nog kaal is en dat je zelf vloerbedekking koopt. Voor een fornuis, een koelkast en alle andere apparaten moet je ook zelf zorgen. De levertijd van een bank was drie maanden! Als je in Lahti bij Isku of Asko een bank koopt, krijg je hem direct mee uit het magazijn... Hier was het een enorm project!

Verder viel er in die herfst van alles te leren over de lokale taal en cultuur. De club zorgde voor een leraar Nederlands, die een keer of een paar keer per week kwam. In drukke wedstrijdweken werden de lessen wel eens overgeslagen. Tijdens de twee uur durende taalsessies zaten we meestal een uur in het Engels over voetbal te praten en daarna hielden we ons een beetje met het Nederlands bezig. Eerlijk gezegd heb ik die taalcursus nog steeds niet afgerond. Een paar dagen voor de kerst van 1992 was de voorlopig laatste les. De leraar vroeg me om na de vakantie te bellen voor een nieuwe afspraak. Daar is het nog altijd niet van gekomen...

Je moet iets nooit te snel opgeven, maar ik heb me in elk geval in het Nederlands aardig weten te redden.

Die eerste herfst was zwaar. De woning in orde maken, de taal, cultuur en manier van voetballen kostten veel energie. Hetzelfde gold natuurlijk voor het trainen en wedstrijden spelen. In november was ik al doodop. Sinds de vorige herfst had ik getraind en gespeeld, en ik had geen lange zomervakantie gehad, zoals de andere Ajaxspelers. Het viel niet mee. Dat was blijkbaar zichtbaar ook, want Van Gaal stuurde me in de tweede helft van november twee weken op vakantie. Hij merkte dat mijn ontwikkeling begon te stagneren.

Toen Van Gaal vroeg hoe ik me voelde, vertelde ik dat ik moe was. Hij vroeg toen niet of ik vakantie wilde maar stuurde me gewoon op vakantie. We spraken een datum af waarop ik terug zou zijn. Na mijn terugkeer hadden we nog drie weken met trainingen en wedstrijden voor de winterstop.

Na de twee weken durende winterstop kon ik in januari op volle kracht weer aan de slag. Ook andere remmende factoren waren minder van invloed: mijn woning was op orde en ik sprak al enigszins Nederlands. Tegen een paar spelers had ik al gezegd dat ik na de winterstop zou proberen om me in het Nederlands te redden. Mijn Nederlands was nog wel een beetje simpel maar ze waardeerden het dat ik het probeerde. Ze hielpen me graag als ik niet op een woord kon komen of iets niet wist uit te drukken. Ik begon een gesprek niet meer in het Engels, hoewel ik nog wel af en toe Engelse woorden moest gebruiken. Ook begon ik vertrouwd te raken met de speelstijl van het elftal. Ik wist wat de trainer wilde en hoe de anderen speelden. Mijn leertijd was al ten dele voorbij.

In januari had ik een paar goede wedstrijden waarin ik het gevoel had dat het begon te lopen. De thuiswedstrijd voor de beker tegen MVV bijvoorbeeld. Die club was een lastige, fysiek sterke tegenstander voor Ajax. De competitiewedstrijd in het najaar was in een gelijkspel geëindigd. Nu verving ik Bergkamp, die aan de kant zat vanwe-

'Zichzelf – en toch een ster'

Toen Jari Litmanen in 1992 bij Ajax kwam, was David Endt er persvoorlichter. Hoofdtrainer Louis van Gaal stelde Litmanen voor op de eerste persconferentie van het seizoen. David Endt haalt herinneringen op over hun lange werk- en vriendschapsrelatie in de documentaire *Koning Litmanen*: 'Van Gaal sprak over het elftal en over de doelstellingen voor het lopende seizoen. Aan het eind zei hij: "O ja, nog één ding. Er komt een Fin bij ons voetballen. Zijn naam is Jari Litmanen." Dat was alles. Niemand vroeg iets en van Gaal verliet het spreekgestoelte en begon aan de persoonlijke interviews. Alle aandacht was gericht op Van Gaal en tegelijkertijd stapte Litmanen de perskamer binnen door een achterdeur. We schudden elkaar de hand, ik keek hem aan en merkte – in een fractie van een seconde – dat dit een winnaar was. Hij ging de wereld veroveren. Het duurde maar even, maar ik zal onze eerste ontmoeting nooit vergeten. Dat gevoel als iemand binnenkomt en met zijn aanwezigheid de hele ruimte vult. Het was een bijzonder moment,' vertelt Endt.
Endt heeft bij elkaar dertig jaar voor Ajax gewerkt. Hij heeft honderden voetballers zien komen en gaan: 'Ik heb vanaf 1979 bij Ajax gewerkt en ik heb nauw contact gehad met heel veel spelers. Jari is een van de uitzonderingen die ik een vriend kan noemen. We hebben samen heel wat meegemaakt, waren altijd open tegen elkaar en hebben elkaar geholpen op moeilijke momenten. Toen voetballers sterren werden, wilden ze dat laten zien en zich met glamour omringen. Jari was niet zo. Hij was helemaal zichzelf en toch een ster,' volgens Endt.
Litmanen vertegenwoordigde Ajax in totaal negen seizoenen, verdeeld over twee periodes. Hij heeft zijn sporen blijvend nagelaten bij de club.

'Jari zal altijd worden herinnerd als een van de grootste voetballers van de club want hij is het schoolvoorbeeld van de op verstand en techniek gebaseerde stijl van Ajax. De belangrijkste reden dat Jari zoveel indruk maakte op de mensen, is zijn totale overgave aan het voetbal en daardoor ook aan Ajax,' zegt Endt.

ge – naar ik meen – een enkelblessure. We wonnen met 3-0 en ik was betrokken bij twee doelpunten. Ik kreeg er zelfvertrouwen door en ook het vertrouwen van andere spelers.

Het was de bedoeling dat ik vooral als vervanger van Bergkamp zou fungeren. Af en toe speelde ik op zijn positie; als hij geblesseerd was of als de wedstrijd al was beslist. Mijn andere mogelijke positie was rechts op het middenveld. Daar had Aron Winter gespeeld. Hij was net naar Italië vertrokken. Op die plek speelde ik een aantal wedstrijden samen met Bergkamp.

Mijn sterkste kanten kwamen naar voren op de positie van schaduwspits, dus in de rol van Bergkamp, een meer aanvallende rol. Op het middenveld werd meer controlerend gespeeld. Op die positie speelde ik onder andere in het Santiago Bernabéu tegen Real Madrid op de openingswedstrijd van het officiële seizoen, een week voordat in Spanje de competitie startte. Van die wedstrijd herinner ik me een paar dingen: we wonnen, Bergkamp maakte twee schitterende goals, en een toekomstige medespeler van me, Luis Enrique, stond tegenover mij in het veld.

Toen ik in augustus naar Ajax kwam, wist ik wel dat Bergkamp goed was. Tijdens die eerste weken werd duidelijk dat het hier niet ging om een goede voetballer maar om een uitzonderlijke voetballer. Ik speelde niet alleen in het buitenland, maar ik werkte samen met talenten die ik voordien nooit van dichtbij had gezien.

Ik lette ook heel goed op Bergkamp omdat Van Gaal meteen aan het begin had gezegd dat ik de goede eigenschappen had om in de toekomst als schaduwspits te kunnen fungeren. Bij Ajax speelde op dat moment nu eenmaal een van de beste voetballers ter wereld. Daarom kreeg ik vooralsnog weinig speeltijd. Aan de andere kant was Bergkamp zo goed dat iedereen belangstelling voor hem had. Het was dan ook een kwestie van tijd dat hij zou besluiten om weg te gaan. Hij had beloofd om dit seizoen nog wel bij Ajax te blijven. Van Gaal gaf mij daarom een jaar de tijd om alles te leren wat nodig was om Bergkamp op te kunnen volgen.

Wat dat betreft was het heel mooi dat door het vertrek van Aron Winter voor mij een andere rol beschikbaar kwam. Daardoor kon ik af en toe spelen. Op die plek voetbalden ook Rob Alflen en Marciano Vink. Vooral die laatste bezette die plek totdat hij een jaar later naar Italië vertrok.

Voor elke plek was bij Ajax veel concurrentie, maar er heerste een goede sfeer in de ploeg vol jonge voetballers die zich wilden ontwikkelen. Diverse spelers vertrokken in die jaren naar Italië, een land dat toen erg in trek was bij de Nederlanders. Er waren goede vliegverbindingen van Amsterdam naar Milaan en Rome, en die jongens konden ook aardig voetballen...

Van het elftal dat in 1992 de UEFA Cup had gewonnen vertrokken in de zomer Aron Winter naar Lazio en John van 't Schip naar Genoa. Op de plek van Van 't Schip ging Marc Overmars spelen. Halverwege het seizoen vertrok Bryan Roy naar Foggia. Na mijn eerste Ajaxseizoen, in de zomer van 1993, gingen Bergkamp en Jonk naar Inter en Vink naar Genoa. Binnen een jaar gingen dus zes Ajacieden naar de Serie A. Maar wel keerde in die zomer Frank Rijkaard terug naar de club.

Het was een interessante tijd. Ik had een jaar of tien systematisch gewerkt en gedroomd over hoe geweldig het zou zijn om in het buitenland te voetballen. Nu leerde ik wat er werkelijk kwam kijken bij een carrière als profvoetballer.

Het leven als prof kende weinig verrassingen voor me. Ik had al heel wat clubs gezien, in hotels gewoond en in verschillende landen getraind. Het was beslist goed dat ik ook in Amsterdam eerst in een hotel woonde en me uitsluitend hoefde te concentreren op voetbalzaken. De afspraak was dat de club de eerste drie maanden mijn huisvesting betaalde, zodat ik kon acclimatiseren en rustig een woning zoeken.

Die situatie zorgde een keer voor een grappige samenloop van omstandigheden. We hadden een thuiswedstrijd in het Olympisch Stadion en er was een hotel geboekt om ons voor te kunnen bereiden. Toevallig het hotel waar ik woonde. Daar hielden we de wedstrijdbespreking en er werd gegeten en gewandeld. Voordat we naar de wedstrijd vertrokken gingen we rusten. Ik wist niet of ik in mijn eigen kamer moest rusten of samen met mijn kamergenoot in een andere.

Uit ervaring wist ik al dat het profbestaan om hard werken vraagt. Je moet je goed concentreren op elke training en elke wedstrijd. Je moet ook zorgen voor voldoende rust. Het kost veel energie. Het was mijn doel om te spelen; niet om er alleen maar bij te hangen. Dat vergde veel van me en het was fysiek zo zwaar dat ik weinig energie had voor andere dingen. Als ik een dag vrij had, ging ik een beetje de stad bekijken, maar dat kwam niet vaak voor. We waren ongeveer een dag per twee weken echt vrij.

In het eerste seizoen was het zo geregeld dat als ik tijdens de competitiewedstrijd van het eerste elftal op de bank had gezeten, ik op maandag speelde in het tweede. Daar kwamen de trainingen bij en in de herfst ook nog taallessen en allerlei praktische zaken. Het was een zwaar semester.

Het niveau van de trainingen en de wedstrijden was hoger dan waar dan ook in Finland. Ik moest voortdurend hogere eisen aan mezelf stellen. In Finland had ik gevoetbald met spelers uit het Finse elftal; nu was ik omringd door voetballers uit het Nederlands elftal en het Zweedse elftal die aan eindronden hadden meegedaan. Het speltempo lag hoger, de spelers waren technisch beter. Hetzelfde gold voor hun schijnbewegingen en passes. Ik moest alles sneller en beter doen dan voorheen.

Beetje bij beetje wende ik aan het tempo en ik merkte dat ik meer speeltijd kreeg. Door op een bepaalde manier te bewegen, kun je meer ruimte voor jezelf en ook voor je medespelers creëren. Je moet je niet alleen op je eigen rol richten maar ook goed op die van anderen letten.

Het Ajax-systeem

Het spelsysteem van Ajax was heel belangrijk; dat moest je je eigen maken. Elke voetballer had zijn eigen rol zowel in de aanval als wanneer de tegenstander de bal had. Je moest je eigen rol invullen en de anderen helpen. Iedereen moest weten wat de anderen deden. Als het iedereen lukte om de taken uit te voeren, liep het meestal goed, maar als iemand er problemen mee had, zag je dat aan het spel van het hele elftal.

In dat eerste najaar moest ik heel veel dingen leren die ik uit Finland niet kende en waar ik soms zelfs nooit van had gehoord. De oefenstof was alleen al anders doordat het niveau hoger lag en er meer van de spelers kon worden geëist. Zelfs de ballen waren verschillend. Aan de kwaliteit van de grasmat werd ook veel meer belang gehecht dan ik ooit ergens in Finland had meegemaakt.

Elke grote Europese club heeft zijn eigen filosofie. Trainer Van Gaal vertrouwde vast op de Ajax-visie, en zijn eigen visie, dat je succes kunt hebben als je bepaalde dingen samen doet, maar de voorwaarde daarvoor was wel dat iedereen de afspraken nakwam.

Toch werd van tevoren niet volledig vastgelegd wat jij op een bepaald moment in de wedstrijd mag doen. Aan elke positie in het veld zitten verplichtingen vast maar elke speler heeft ook zijn eigen alternatieven. De spelers werden niet als robots beschouwd. Je taken moest je uitvoeren, dat eiste Van Gaal absoluut, maar daarnaast konden de spelers keuzes maken die het elftal hielpen. Ik leerde dat de manier van aanvallen en verdedigen ook afhangt van je positie op het veld en van hoe de situatie in de wedstrijd is.

Ook in Finland moest iedereen meeverdedigen, maar Van Gaal doceerde heel gedetailleerd hoe je moest verdedigen op bijvoorbeeld mijn positie. Iedereen had zijn eigen rol op alle plekken van het veld en in verschillende omstandigheden. De ervaren voetballers hielpen de trainer bij dit proces.

Ik herinner me nog goed dat onze aanvoerder Danny Blind me tijdens een wedstrijd toeriep dat ik te ver naar achteren verdedigde. Toen ik tegenwierp dat ik moest verdedigen, zei Blind dat dat inderdaad moest, maar wel meer naar voren. Anderen verdedigen meer achterin. Een aanvaller verdedigt op een andere manier dan een verdediger.

Voor de aanval gold hetzelfde. Van Gaal had duidelijke ideeën over wat een speler moest doen tijdens een aanval. Ook daarbij was het duidelijk wat de taak was van iedere speler op elk moment. Van Gaal was destijds bij Ajax een nieuwe trainer, die nog in opkomst was. Hij had duidelijke opvattingen over hoe alles moest worden uitgevoerd. Er zaten veel jonge, talentvolle spelers in de groep die nog veel ontwikkelingsmogelijkheden hadden. Ook waren er meer ervaren voetballers die als voorbeeld konden fungeren.

Het was een goede mix waarin de trainer de spelers dingen leerde, maar hij leerde ook van hen.

Van Gaal en zijn team wisten lering te trekken uit slechte wedstrijden. Als we verloren, of als een deel van het elftal niet goed functioneerde, werd de situatie geanalyseerd en dan probeerde men de problemen meteen op te lossen. In mijn tweede seizoen, bijvoorbeeld, begonnen we goed. Er werd veel gescoord en in de winterstop stonden we bovenaan. De eerste wedstrijd in januari was tegen PSV. We verloren die uitwedstrijd, met 4-1 geloof ik. We werden weggespeeld.

Na die nederlaag werd de opstelling gewijzigd. Rijkaard zakte een linie vanuit zijn positie op het middenveld om de verdediging meer zekerheid te geven en John van den Brom, die goed had gespeeld in de eerste periode, belandde op de reservebank. Hij was goed in de opbouw en ondersteunde de aanval maar Rijkaard zorgde voor een betere balans in het elftal.

Ook in de zomer van 1994 vond een vergelijkbare omzetting plaats. Ronald de Boer was een prachtige centrale aanvaller maar het probleem was dat hij niet genoeg doelpunten maakte. Hij ging naar het middenveld waar hij met zijn creativiteit heel nuttig was. In dezelfde tijd kwamen de jonge achttienjarige aanvallers Patrick Kluivert en Nwankwo Kanu. Zij scoorden regelmatig. Zo kreeg stap voor stap het elftal vorm dat uiteindelijk de Europese top zou bereiken.

Een andere wedstrijd die me is bijgebleven, is Parma-Ajax in het voorjaar van 1994, in de Europacup 2. Vanwege een spierscheuring zat ik op de tribune. Finidi George, die aan de Afrika Cup meedeed, en Ronald de Boer speelden ook niet. Het was de eerste wedstrijd in ruim twee jaar bij Ajax waarin we geen enkele doelkans kregen. De teleurstelling was natuurlijk groot want we bereikten de halve finale niet. Parma had een goed elftal met mensen als Gianfranco Zola, Thomas Brolin, Faustino Asprilla en diverse Italianen die in 1994 de finale van het WK zouden spelen, zoals Dino Baggio en Antonio Benarrivo. Maar voor Van Gaal was dat onvoldoende reden. Afgezien van de kracht van de tegenstander was het belangrijk om te analyseren waarom we ons eigen spel niet konden spelen en wat we anders moesten gaan doen. Terwijl PSV over onze verdediging was heen gewalst, had Parma onze aanval onschadelijk gemaakt.

Uiteindelijk ontwikkelde Ajax zich razendsnel. We hadden hard getraind, de wedstrijden geanalyseerd en geschoven met puzzelstukjes om het spel te verbeteren. Het zelfvertrouwen groeide doordat we steeds vaker wonnen.

In augustus 1992 was ik bij de club gekomen. In dat jaar kreeg ik af en toe speeltijd. In het seizoen 1993-1994 stond ik regelmatig in de basis. We bereikten toen de laatste acht van de Europa Cup 2. We werden er toen door Parma uit geknikkerd. In mei werden we landskampioen. Onverwachts werd ik topscorer van de Eredivisie en kozen de spelers mij tot Voetballer van het Jaar in Nederland.

In september 1994 speelden we de eerste Champions League-wedstrijd in de geschiedenis van de club. De tegenstander was regerend kampioen AC Milan, dat in de finale van de vorige editie Barcelona had verslagen met 4-0. Bij Barcelona speelden toen Koeman, Laudrup, Stoitškov, Romário, Bakero, Guardiola, Begiristain, Zubizarreta enzovoort. Wat konden we verwachten nadat in het vorige seizoen Parma, weliswaar een van de betere Italiaanse ploegen, veel te sterk voor ons was gebleken?

We versloegen AC Milan met 2-0. Aan het eind van datzelfde seizoen wonnen we de Champions League.

Sinds mijn vertrek bij MyPa in Finland was nog geen drie jaar verstreken, en ik was al Champions League-winnaar in een elftal dat prachtig voetbal speelde, dat bewonderd werd en al hier en daar gekopieerd. In ruim drie jaar tijd gebeurden ongelooflijk veel goede dingen en ook een paar minder goede.

Een topploeg krijgt vorm

Louis van Gaal was een nauwgezette en veeleisende trainer. Ajax was al heel lang een vooraanstaande club in Nederland. De succesjaren begonnen halverwege de jaren '60 onder leiding van trainer Rinus Michels. De eerste grote internationale overwinning was die in de beroemde 'mistwedstrijd' in het Olympisch Stadion van Amsterdam toen Ajax Liverpool versloeg. De eerste Europacup-finale vond plaats in 1969 tegen AC Milan. Daarin werd met 4-1 verloren. De Europacup werd voor de eerste keer gewonnen in 1971 op Wembley met Johan Cruijff als grote ster.

Er zijn veel overeenkomsten tussen Michels en Van Gaal. De laatste heeft ongetwijfeld veel opgestoken van 'generaal' Michels. Maar Van Gaal bracht zelf ook veel mee. Hij was assistent-trainer geweest van Leo Beenhakker en zette andere voetballers in het systeem van zijn voorganger. Hij had heel duidelijke opvattingen over wat voor spelers hij wilde op welke posities. Danny Blind was bijvoorbeeld rechtsback onder Beenhakker. Van Gaal verplaatste hem naar het centrum en maakte hem aanvoerder toen Jan Wouters naar Bayern München vertrok. Van Gaal was ook de ontdekker van de 'tandem' Dennis Bergkamp-Wim Jonk. Zij vertrokken na twee seizoenen Ajax naar Inter Milaan. Het spelsysteem van Ajax bleef hetzelfde maar andere voetballers brachten er kleine wijzigingen in aan.

Met de ervaren Blind sprak Van Gaal vaak over de wedstrijden. Ze hadden een aantal jaren samen gevoetbald bij Sparta in Rotterdam. Blind was de rechterhand en vertrouwenspersoon van Van Gaal op het veld, net als Frank Rijkaard, een van de Europees kampioenen uit 1988 en zowel meervoudig winnaar van de Champions League als landskampioen in Italië met AC Milan.

Rijkaard was voor ons jongere voetballers een ongelooflijk belangrijke figuur. Hij was een geweldige allroundvoetballer – zowel een van de beste verdedigers, opbouwers als aanvallers. Er zijn veel voetballers die geweldig kunnen voetballen op hun eigen positie, maar Rijkaard was heel goed op alle posities. Hij was heel belangrijk door zijn ervaring maar ook door wie hij was.

Van Gaal vroeg ook anderen naar hun opvattingen over bepaalde situaties en vroeg hen om mee te denken over oplossingen. Hij maakte duidelijk dat hij zou luisteren als iemand voorstellen had om het spel te verbeteren.

Hoewel de grote lijnen duidelijk waren, brachten wijzigingen grote verbeteringen teweeg. In het eerste seizoen speelde Bryan Roy bijvoorbeeld op links en Marc Overmars op rechts. In het volgende seizoen ging Overmars naar de linkerkant en Finidi George speelde op rechts. Dat bracht veel vernieuwing in het spel op de flanken.

Op het grasveld bij het zomerhuisje van mijn grootouders in Hartola. (Foto: privécollectie)

Schooltekening uit de onderbouw. (Foto: privécollectie)

Op het sportpark na een training in 1988. (Foto: privécollectie)

In het Ajax-stadion in de herfst van 1993. (Foto: ANP)

In Amsterdam, najaar 1993. (Foto: ANP)

Met het salaris van mijn eerste Ajax-seizoen kocht ik in 1993 een auto. (Foto: privécollectie)

Rekoefeningen samen met Frank Rijkaard voor de wedstrijd Ajax-Go Ahead Eagles op 28 november 1993. (Foto: Juha Tamminen)

Bekendmaking van de verlenging van mijn contract in 1994. Van links naar rechts: voorzitter Michael van Praag, Jari Litmanen, penningmeester Arie van Oss en trainer Van Gaal. (Foto: privécollectie)

De basisopstelling van Ajax voor de Champions League-finale in 1995. Achterste rij van links naar rechts: Edwin van der Sar, Clarence Seedorf, Frank Rijkaard, Finidi George, Ronald de Boer en Danny Blind. Voorste rij: Jari Litmanen, Michael Reiziger, Edgar Davids, Marc Overmars en Frank de Boer. (Foto: Witters GmbH)

Champions League-finale Ajax-AC Milan op 24 mei 1995. In duel met Marcel Desailly. (Foto: GEPA)

Een droom komt uit! Ik hou de beker van de Champions League vast. (Foto: Stellan Danielsson)

Dolle feestvreugde met medespelers. Van links naar rechts: Finidi George, Edgar Davids, Jari en Nwankwo Kanu. (Foto: ANP)

De Amsterdamse grachten zijn bomvol tijdens het feest na onze overwinning. Er waren bijna 500.000 mensen op de been om deze historische dag mee te maken. Jari Litmanen met de trofee, doelpuntenmaker Patrick Kluivert met de beroemde schoenpunt en Edwin van der Sar. (Foto: privécollectie)

Roy was een klassieke Nederlandse flankspeler, die heel goed was in een-tegen-eensituaties. In principe passeerde hij zijn tegenstander aan de buitenkant en gaf dan voor met zijn linker. Overmars was een ander type speler. Hij ging traditioneel langs de zijkant naar voren om een voorzet te geven, maar sneed ook vaak naar binnen om op doel te schieten. De tegenstander wist niet wat hij kon verwachten. Daarnaast was Overmars zo snel dat je hem een steekpass kon geven achter de verdediging. Roy wilde de bal liever in de voeten hebben, waarna hij zijn bewegingen kon maken.

Finidi George was in staat om eerst op rechts voorop te lopen in een aanval en daarna snel te verdedigen vlak voor de eigen zestien. Hij was enorm snel en had een geweldig uithoudingsvermogen. Spelers met zijn kwaliteiten kom je zelden tegen. Hij was ongelooflijk lichtvoetig, werkelijk prachtig om te zien.

Van Gaal zag dat elke voetballer zijn eigen specialiteiten had waarmee ons spel kon worden verbeterd. We hadden veel jonge voetballers die nog op zoek waren naar zichzelf als voetballer en hun rol in de groep. Het was daarbij waarschijnlijk ook een gelukkig toeval dat bepaalde types spelers bij elkaar terecht waren gekomen.

Toen Ronald de Boer bijvoorbeeld van de spitspositie naar de rechterkant van het middenveld verhuisde, zat hij meteen met Finidi George op dezelfde golflengte. Zij verzorgden de aanval en de snelle en precieze Michael Reiziger concentreerde zich op de verdediging. Het was iets unieks, net als het samenspel van Edgar Davids en Marc Overmars op links in combinatie met de intelligente en loepzuivere passes van Frank de Boer.

Het positioneren van het ervaren duo Blind-Rijkaard in het centrum van de verdediging kwam tot stand na een kleine test (de nederlaag tegen PSV). Toen vielen alle elementen op hun plek. Voor een deel was het beslist de kwaliteit van de spelers en voor een deel het inzicht van Van Gaal, maar ook geluk speelde een rol. In elk geval ontwikkelde onze speelstijl zich door het samenspel van verschillende types spelers.

Jari blijft mijn Ajax-icoon

Louis van Gaal is de belangrijkste trainer uit de loopbaan van Jari Litmanen. Litmanen speelde van 1992-1997 onder hem bij Ajax en van 1999-2000 bij Barcelona. Van Gaal in een interview in de documentaire *Koning Litmanen*: 'Ik kijk altijd eerst naar hoe iemand is als persoon. Jari was een gentleman en een professional. Tot zijn goede eigenschappen behoorde ook dat zijn mening duidelijk was voor zijn trainer,' zegt Van Gaal.

Van Gaal ontmoette Litmanen voor het eerst op een trainingskamp in het seizoen 1992-1993. Ton Pronk, hoofdscout van Ajax, vertelde hem dat Litmanen met nummer zes speelde. 'Ik liet Jari voor de eerste keer op zes spelen, maar ik was niet onder de indruk. Zijn houding en balbehandeling waren wel uitzonderlijk goed. Daarom probeerde ik hem een dag later in het centrum. Daar speelde hij direct fantastisch. Bergkamp was de andere aanvaller, Jari speelde meer als aanvallende middenvelder. Hij stond voortdurend vrij en wist wanneer hij moest passen en wanneer hij de bal moest vasthouden. Hij had daar een geweldig gevoel voor en, in tegenstelling tot Bergkamp, kon hij ook verdedigen. Hij bezorgde de club de Champions League en de wereldbeker, was een gentleman op het veld en topscorer van het elftal. Daarom blijft Jari mijn Ajax-icoon. Als één voetballer die titel verdient, is het wel Jari Litmanen,' aldus Van Gaal.

Van Gaal haalde Litmanen naar Barcelona in 1999. 'Bij Ajax was ik uiterst tevreden over Jari want hij is een voetballer die zijn hersens gebruikt. Daarom heb ik hem gekocht toen ik bij Barcelona trainer was.'

Zijn tijd in Catalonië was voor Litmanen echter geen succes. 'Het Spaanse voetbal was te snel voor hem. Ook het Barcelona-systeem was problematisch. We speelden met twee nummers tien. Hij moest

in plaats van centraal vijf meter naar links of naar rechts voetballen. Daar kon Jari niet aan wennen,' verklaart Van Gaal.
De enige negatieve herinnering aan Litmanen betreft zijn talloze blessures. 'Als Jari geblesseerd was, had ik wel eens het gevoel dat hij mentale hardheid miste. Maar ik kan hem niet veroordelen want ik heb nooit de pijn gevoeld die hij voelde. Dat is de enige kritiek die ik kan bedenken. Hij werkte wel altijd hard als hij geblesseerd was,' zegt Van Gaal.

Er was een betekenisvolle gebeurtenis die ons vooruithielp, en dat was de terugkeer van Frank Rijkaard van AC Milan in de zomer van 1993. Hij had lang op het hoogste niveau gespeeld en bijna alles gewonnen. Elke Europese club was in hem geïnteresseerd maar Rijkaard wilde de laatste jaren van zijn profcarrière in Amsterdam spelen bij de club waar hij was opgeleid.

Tijdens het seizoen 1992-1993 had Rijkaard in Milaan al te kennen gegeven dat hij naar Nederland zou terugkeren. Dit zou zijn laatste jaar in Milaan zijn. In Milaan konden ze dat niet begrijpen, vooral omdat hij toen pas 30 jaar oud was. Uiteindelijk lukte het Rijkaard om de Milanezen duidelijk te maken dat het hem ernst was. Ze lieten hem voor een 'vriendenprijsje' naar Ajax vertrekken. Voor elke andere club zou de transfersom veel hoger zijn geweest.

Het was natuurlijk een vreemde speling van het lot dat we een jaar na die transfer in de eerste Champions League-wedstrijd precies tegen AC Milan moesten spelen. We wonnen die wedstrijd, evenals de tweede poulewedstrijd en versloegen AC Milan ten slotte ook in de finale. Ongetwijfeld heeft men toen in Milaan tandenknarsend beseft dat de transfer van Rijkaard een van de slechtste beslissingen uit de clubhistorie was geweest. Ze hadden een van hun sleutelspelers voor een koopje van de hand gedaan.

Zoals Markus Törnvall voor mij op mijn zeventiende een belangrijke speler was geweest, was ook Frank Rijkaard een voetballer die ik al via de televisie had bewonderd. Ik herinner me nog goed het geweldige Europese kampioenschap van 1988 en het prachtige elftal van Milan van eind jaren '80 en begin jaren '90. Daarin speelden onder anderen Franco Baresi, Paolo Maldini, Carlo Ancelotti, Marco van Basten, Ruud Gullit, natuurlijk Frank Rijkaard en vele anderen. Dan merk ik plotseling dat ik twee jaar lang in dezelfde kleedkamer zit met diezelfde Rijkaard. Niet alleen in dezelfde kleedkamer, maar ook nog naast hem!

In het veld speelden Rijkaard en ik eerst naast elkaar en later achter elkaar. Hij in de verdediging en ik op het middenveld. Ik heb veel van hem geleerd door goed te kijken wat hij deed. Het was ook belangrijk om goed te luisteren naar wat hij buiten het veld zei.

Frank was van nature fysiek goed ontwikkeld. We hadden eens twee keer getraind op een dag. Na de tweede training zat ik doodop in de kleedkamer en Frank ging naast me op zijn eigen plek zitten. Ik zat voorovergebogen met mijn ellebogen op mijn knieën toen Frank iets tegen me zei. Ik tilde mijn hoofd op en zag toevallig zijn biceps. Ik bekeek mijn eigen lijf en merkte dat mijn dijen ongeveer even dik waren als zijn biceps. Toen ik een blik wierp op zijn kuiten, zakte ik vanzelf nog verder in elkaar.

Ik bedacht wat een volmaakte voetbaleenheid daar naast me zat. Hij was niet alleen een geweldige voetballer maar had ook een ijzeren fysiek. Dat was een van die momenten waarop ik besefte hoe blij ik was dat ik met zo iemand samen mocht spelen.

Natuurlijk hadden we in zijn geheel een geweldige groep en we leerden allemaal veel van elkaar. Voor alle posities waren meerdere topspelers beschikbaar. Toch waren er altijd individuele voetballers van wie ik meer leerde dan van de anderen. Ik speelde met Ronald de Boer, Edwin van der Sar, Finidi George, Marc Overmars, Edgar Davids en zo meer, maar zij waren van mijn leeftijd. De waardering voor hen was anders dan bij een speler die ik vroeger op tv al had bewonderd.

De waardering voor de voetballers van mijn leeftijd ontstond geleidelijk tijdens trainingen en wedstrijden. Frank Rijkaard was al een sterspeler. De bewondering voor hem werd alleen nog maar groter toen ik samen met hem voetbalde.

De nummer 10-positie

Toen ik in de zomer van 1992 naar Ajax kwam, had Van Gaal gezegd dat ik een jaar de tijd kreeg om de speelstijl van het elftal aan te leren en aan de eisen van mijn eigen positie te voldoen. In mijn contract stond dat zowel de club als ik in maart-april 1993 zou aangeven of we met elkaar verder wilden.

In het voorjaar had ik eens twee trainingen in ons thuisstadion De Meer: eerst een training van het eerste elftal en daarna bleef ik nog trainen met het tweede. De zon scheen en ik zat tussen de trainingen in lekker buiten met een bak koffie. Gerard van der Lem, de trainer van het tweede en assistent-trainer van het eerste, kwam bij me zitten. Hij vroeg hoe het eerste jaar was bevallen en of ik erover dacht om door te gaan. Ik vertelde dat ik het naar mijn zin had en me hier thuis voelde. Gerard zei dat ze me graag bij Ajax wilden laten blijven.

Ik schrok op bij de gedachte dat het moment was gekomen om over de toekomst te praten. Dit was de eerste keer dat me werd verteld dat Ajax me wilde laten blijven. De tijd was omgevlogen en ik had niet meer aan de precieze datum in mijn contract gedacht.

'Kijk eens aan,' antwoordde ik, 'dat is fijn om te horen.'

Uit de woorden van de assistent-trainer maakte ik op dat er in de club al over me was gesproken. Met mij hadden ze het er gewoon nog niet over gehad. Er kwamen dus nog twee Ajax-jaren aan, wauw!

Dennis Bergkamp was een fenomenale voetballer en had in het afgelopen seizoen vijfentwintig keer gescoord. Als je hem volgde tijdens trainingen en wedstrijden, zag je soms onbegrijpelijke beslissingen. Je kon er alleen maar bewonderend naar kijken. In wedstrijden maakte hij doelpunten waardoor we op de bank elkaar aankeken en niet begrepen hoe hij dat nu weer had kunnen verzinnen. We vroegen elkaar wat er nu eigenlijk precies was gebeurd. Je had doelpunten en je had Dennis-doelpunten. Als iemand anders zo'n doelpunt zou hebben gemaakt, hadden we beslist gefloten en gejoeld, maar Bergkamp deed het vaak. Nu vertrok hij in elk geval naar Italië. Toch kon ik me niet goed voorstellen dat ik degene zou zijn die hem ging opvolgen. Dat geloofde toch geen mens?

Toen we na de zomer weer bij elkaar kwamen, waren er voor de positie van Bergkamp verschillende mogelijkheden. Ik was er een van. In de oefenperiode van vijf tot zes weken speelden we veel wedstrijden. Soms speelden we de eerste helft in een heel andere samenstelling dan de tweede. Soms speelde het ene team de hele wedstrijd en het andere team een dag later. Voor elke positie waren minstens twee spelers beschikbaar, soms drie. Er heerste een competitieve, maar positieve sfeer. Wanneer iemand geblesseerd raakte of als iemand minder goed speelde, was er altijd een vervanger.

Dan Petersen, een talentvolle Deen die een jaar jonger was dan ik, was mijn directe concurrent voor dezelfde positie, maar ook Stefan Pettersson en Ronald de Boer konden als schaduwspits fungeren. Tot op dat moment had Petersen voornamelijk aan de zijkant gespeeld. Hij was heel snel en goed in een-tegen-eensituaties. Hij was meer een type Bergkamp in de kop van de aanval, terwijl ik meer een aanvallende middenvelder was. Wij vormden dus twee verschillende alternatieven voor de nummer 10-positie.

Voor mij verliep de trainingsperiode heel goed. Ik kon op mijn eigen manier voetballen in dienst van het elftal. Dan Petersen had een andere stijl maar ook voor hem was het een goede trainingsperiode. Op een gegeven moment riep Van Gaal me naar de zijkant om te praten. Hij zei dat hij tevreden was over mij tijdens de trainingen en vond dat ik zo door moest gaan. Aan het begin van het komende seizoen wilde hij echter zien hoe Dan Petersen het op 10 zou doen. Hij zou dus op die positie beginnen.

Het nieuwe seizoen stond op het punt van beginnen. Voor Ajax betekende dat een oefenwedstrijd tegen een tegenstander van naam. Meestal was de opstelling in die wedstrijd hetzelfde als die in de eerste competitiewedstrijden.

In de maand ervoor had iedereen ongeveer evenveel speeltijd gehad. Er waren toernooien geweest, oefenwedstrijden in het buitenland en wedstrijden tegen amateurclubs. In de eerste grote thuiswedstrijd in het Olympisch Stadion konden de spelers, het publiek en de pers dan zien met welk elftal het seizoen zou beginnen. We speelden tegen Barcelona en verloren met 4-2. Dan Petersen startte en speelde goed. Ik kwam op een gegeven moment als wisselspeler in het veld.

De volgende wedstrijd was die om de Supercup in augustus 1993. In het voorjaar hadden we de beker gewonnen en onze tegenstander was landskampioen Feyenoord. De finale werd gespeeld in De Kuip in Rotterdam. Op de laatste voorbereidende training deed ik het niet zo best en Van Gaal ging tegen me tekeer over hoe hij me ooit zou kunnen opstellen als ik zulke slechte beslissingen nam. Ik was verbaasd, maar Van Gaal vroeg briesend of ik dacht dat hij me in de finale van de volgende dag zou opstellen als ik zo speelde. Ik probeerde nog beter mijn best te doen, hoewel ik natuurlijk tot op dat moment ook al mijn best had gedaan. Soms maak je nu eenmaal fouten. Na de training kwam Van Gaal nog zeggen dat hij echt meende wat hij zei. Als Dan Petersen niet kon spelen, was ik er dan klaar voor? Ik antwoordde dat ik absoluut klaar was en Van Gaal zei dat hij daarop vertrouwde als het nodig mocht zijn.

Op dat moment wist ik nog niet dat Petersen niet kon spelen vanwege een blessure. Toen ik de volgende dag de opstelling zag, stond mijn naam erbij. Even was ik verwonderd want ik had begrepen dat Petersen de eerste keus was. Ik besloot om me op de wedstrijd te concentreren. We wonnen met 4-0 en ik scoorde twee keer.

Feyenoord-Ajax is de grootste klassieker in Nederland. We speelden ook nog eens in het Feyenoord-stadion De Kuip. De Supercup was onze eerste prijs in dat seizoen.

Een week later vond de eerste competitiewedstrijd plaats. Ik had er niet eens over nagedacht of ik zou spelen of niet. Ik was al blij dat ik in de Supercup-finale had gestaan. Toen een dag voor de wedstrijd de opstelling bekend werd gemaakt, zat Petersen er weer bij. Daar was ik niet teleurgesteld over. Van Gaal beweerde dat het hele elftal goed had gespeeld, ik dus ook, maar dat hij Petersen een kans wilde geven. Hij benadrukte dat het geen gebrek aan vertrouwen in mij betekende. Ik had mijn kans heel goed benut. Nu was gewoon de beurt aan Petersen.

In de rust stonden we met 1-0 voor maar het liep niet echt. In de kleedkamer zei Van Gaal met een strak gezicht dat we zo niet door konden gaan. In de tweede helft scoorden we nog een paar keer en ik deed zo'n twintig minuten mee. Die periode liep voor mij weer goed.

De volgende dag zag ik Van Gaal met Petersen praten, maar ik wist niet waar het over ging. In elk geval vertelde Van Gaal mij tegen het einde van de week dat ik bij de volgende wedstrijd in de basis zou staan. Hij vond dat ik het had verdiend omdat ik goed had gespeeld en hij had vertrouwen in me.

We moesten voor de volgende wedstrijd naar Utrecht. FC Utrecht was altijd een lastige tegenstander voor Ajax. Utrecht ligt dicht bij Amsterdam en er was veel animositeit tussen de clubs – althans, de Utrechters hadden een hekel aan Ajax. Deze keer wonnen we met 4-1 en ik scoorde twee keer, net als de vorige keer dat ik in de basis stond. Daarna had ik eigenlijk geen tweegesprekken meer met Van Gaal; ik stond gewoon steeds in de basis. Petersen tobde met een beenblessure die hem de hele herfst parten speelde en ik kreeg de kans. Het elftal speelde goed en we wonnen, dus Van Gaal wilde de samenstelling niet meer wijzigen, althans ik werd niet gewisseld.

Blijkbaar had Van Gaal aanvankelijk gedacht dat Petersen zijn eerste keus was en dat ik back-up zou zijn, maar de situatie veranderde snel. Zelf had ik niet het gevoel dat ik iets moest bewijzen. Het was gewoon heerlijk om te voetballen en het liep goed. Mijn uitgangspunt was dat we allebei in het lange seizoen wel aan spelen zouden toekomen. De verandering ten opzichte van het vorige seizoen zou in elk geval groot zijn. Met Bergkamp was geen sprake van concurrentie geweest, want die was gewoon veel beter. Ik was blij om te kunnen leren van zo'n geweldige voetballer. Hij was gewoon een van de allerbeste in heel Europa op de positie waarop ook ik speelde.

Na het vertrek van Bergkamp moest ik echt het gevecht aangaan om speeltijd. Ik was blij met elke wedstrijd of invalbeurt. Dan Petersen was een fijne collega, het was leuk om hem als kamergenoot te hebben bij een uitwedstrijd. Als voetballer verschilden we voldoende van elkaar om de trainer een alternatief te kunnen bieden voor verschillende situaties. Later hadden Patrick Kluivert en Nwankwo Kanu net zo'n soort verhouding. Petersen kreeg later een aantal vervelende blessures waardoor zijn carrière bij Ajax nooit echt van de grond kwam. Een seizoen later vertrok hij naar Monaco.

De juiste man op de juiste plaats

Mijn eerste jaar bij Ajax was een goed leerjaar voor me. Ik werd niet opgeleid tot een kopie van Bergkamp; dat zou trouwens ook niet kunnen. Ik ging gewoon op de positie spelen waar hij had gespeeld en deed dat op mijn eigen manier.

We waren heel verschillende voetballers. Bergkamp was in de eerste plaats aanvaller en individualist. Ik was een aanvallende middenvelder en meer een teamspeler die de combinatie zocht. Het was mijn taak om de opbouw op het middenveld te verzorgen en de aanval te ondersteunen bij het creëren van doelkansen. Uiteindelijk scoorde ik net zo vaak als Bergkamp in het seizoen ervoor en we werden kampioen in 1994. Met mijn eigen spel kon ik het elftal dus steunen en ik werd nog topscorer van Nederland ook! In het seizoen daarna wonnen we de Champions League en in 1996 bereikten we de finale. Het was een voorbeeld van de denkwijze van Van Gaal dat je voor iedere speler de rol moet vinden die bij hem past zodat hij voor het elftal van waarde kan zijn.

Een ander goed voorbeeld was Ronald de Boer. Met Stefan Pettersson vulde hij in het seizoen 1993-1994 de rol van centrale aanvaller in. Toen Pettersson na het seizoen terugging naar Zweden, zei iedereen dat we een nieuwe centrale aanvaller nodig hadden.

Ronald was een schitterende aanvaller maar hij scoorde niet vaak genoeg. Daarom ging Van Gaal op zoek naar een andere aanvaller. Heel lang was de jonge, veelbelovende Braziliaan Ronaldo in beeld, maar blijkbaar kon PSV meer voor hem betalen.

Toen er geen geschikte spits werd gevonden, werd de jonge Patrick Kluivert uit het tweede elftal gehaald. Hij was toen pas achttien jaar oud. Ook zijn leeftijdgenoot Nwankwo Kanu kwam. Hij was net wereldkampioen geworden bij de zeventienjarigen. Kanu had een seizoen eerder al gedebuteerd op mijn positie maar hij bleek geschikter als centrale aanvaller. Tijdens het vorige seizoen was ook Peter van Vossen van Anderlecht gekomen. Hij kon zowel op de flanken als centraal in de aanval spelen.

Ronald de Boer ging naar het middenveld om anderen in stelling te gaan brengen. Dat was deels uit nood geboren; De Boer had immers altijd als centrale spits gevoetbald. Op het WK van 1994 in de VS was hij gestart in de spits, maar na het verlies tegen de Belgen belandde hij op de bank. Op de laatste training voor de volgende wedstrijd speelde hij in de 'sparringploeg' op het middenveld. Daar voelde hij zich zo lekker dat hij met Van Gaal is gaan praten over de mogelijkheid om ook bij Ajax op die positie te voetballen. De rest is geschiedenis. De Boer werd een sensatie rechts op het middenveld.

Dat is weer een bewijs van het goede inzicht van Van Gaal en zijn vertrouwen in spelers, hoewel ook het toeval een rol speelde, maar dat heb je nu eenmaal altijd nodig, zowel in het voetbal als in het gewone leven. Doordat Ronaldo niet beschikbaar was voor Ajax, ontstond uiteindelijk een puzzel waarvan alle stukje op hun plaats vielen en we in recordtijd winnaar werden van de Champions League.

In een paar jaar tijd vonden destijds bij Ajax veel spelerswisselingen plaats. Na de winst in de UEFA Cup-finale van 1992 vertrokken rechtsbuiten John van 't Schip en rechtermiddenvelder Aron Winter naar Italië. Ze waren allebei international. Behalve ik werd ook Marc Overmars gehaald. Een jaar later gingen Bergkamp, Jonk, Roy en Vink weg. Weer moest de groep worden aangevuld. Dat gebeurde met Rijkaard, Van Vossen en John van den Brom, die goed was aan de bal. Hij speelde eerst als controlerende middenvelder, maar toen Rijkaard meer naar achteren ging spelen en Kanu voorin, werd hij als alternatief ingezet voor mijn positie. Behalve de Nigeriaan Kanu kwam ook zijn landgenoot Finidi George naar Ajax. Alles viel op zijn plaats, hoewel niemand van tevoren had kunnen weten hoe goed Kanu, Finidi of ik de posities van de vertrokken spelers zouden invullen.

Er waren ook positiewisselingen. Rijkaard begon op het middenveld en schoof later naar de verdediging. Overmars speelde op links, terwijl hij altijd aan de rechterkant had gestaan. Ronald de Boer zakte naar het middenveld. Het was een proces van een paar jaar waarin alles uiteindelijk klopte.

De jonge spelers ontwikkelden zich snel. Toen ik naar Ajax ging, was Stanley Menzo doelman. Hij was international en had veel ervaring. Edwin van der Sar was reservekeeper. Opeens was Van der Sar eerste keeper en zat Menzo op de bank. In de praktijk speelde alleen Frank de Boer nog op dezelfde plek, links in de verdediging, als in de opstelling uit 1991 van Beenhakker, die naar Real Madrid was vertrokken. In de vier jaar voor de triomf in de Champions League onderging de groep een totale gedaanteverwisseling.

De weg naar meer doelpunten

Ik had mezelf altijd meer gezien als voorbereider dan als echte doelpuntenmaker, hoewel ik natuurlijk wel heel wat goals op mijn naam had staan. Nooit zou ik van tevoren hebben geloofd dat ik in mijn eerste volledige Nederlandse seizoen topscorer zou worden van de Eredivisie.

Er werden wel doelpunten van me verwacht, ik speelde immers op dezelfde positie als Bergkamp, maar bij Ajax werd vanouds het vaakst gescoord door de centrale spits. Bergkamp had die situatie veranderd en ik ging op dezelfde weg voort.

In Finland was ik als opkomende middenvelder vaak bij goals betrokken geweest, maar ik had nog in geen enkel elftal de rol van eerste doelpuntenmaker gehad. Bij Reipas had ik in 1990 wel het vaakst gescoord, maar Mike Belfield, een sterke afmaker, moest in principe onze aanval afronden. Mijn rol was ondersteunen en kansen scheppen. Nu kreeg ik meer de status van doelpuntenmaker.

Mijn nieuwe rol kwam voor een deel voort uit het feit dat Ronald de Boer een creatieve centrale aanvaller was die graag voortdurend meevoetbalde. Door zijn spel, waarin hij veel in beweging was, ontstonden veel mogelijkheden. Ook John van den Brom, achter mij, was creatief, zorgde voor openingen en ondersteunde het middenveld. Toen De Boer op het middenveld terechtkwam, was hij meer bij de opbouw betrokken zodat ik dieper kon gaan spelen.

Natuurlijk was ik in Finland ook al bedreven in het scoren, maar bij Ajax kwam ik vaker in een positie waarin ik op doel kon schieten. Het elftal bevatte veel goede voetballers die je vrij voor het doel konden zetten.

In Finland, ook in het nationale elftal, was ik gewend om van achteruit op te bouwen en dan te zien wat ik zelf kon doen. Bij Ajax kon ik al van tevoren voorspellen hoe ik moest lopen, want na het rondspelen kwam de bal altijd terecht op een plek van waaruit zou kunnen worden gescoord. Ik was dan samen met de centrale aanvaller vaak in scoringspositie.

Soms had ik het gevoel dat we veel spelers hadden die liever een voorzet gaven dan zelf te scoren. Iemand moest dan uit een soort van plichtsbesef een doelpunt maken. De spelers waren totaal niet zelfzuchtig.

Dat wordt heel goed geïllustreerd door de manier waarop ik strafschoppennemer werd. In Finland was ik gewend om ze te nemen, maar bij Ajax hadden we de ervaren penaltykillers Danny Blind en Frank Rijkaard. Ik ben eigenlijk nooit officieel tot strafschoppenspecialist benoemd.

Er was een wedstrijd – ik geloof thuis tegen Roda JC – waarin we een strafschop kregen. Danny Blind vroeg of ik die wilde nemen. 'Natuurlijk!' zei ik. Ook Rijkaard zei dat ik hem gerust kon nemen. Daar stonden dus twee ervaren voetballers die uit eigen beweging mij, een jonge Fin, die penalty gunden. Naderhand gaf Blind als reden op dat hij niet zo nodig doelpunten hoefde te maken. Hij was heel tevreden als verdediger en aanvoerder. Rijkaard vond het belangrijk dat ik, als aanvaller, zo vaak mogelijk zou scoren. Dat was ook in het voordeel van hem en het hele elftal. Zijn naam op het scorebord was voor hem niet zo belangrijk.

Hier speelde vermoedelijk dat deze twee voetballers al zo lang meeliepen dat ze niet meer aan zichzelf dachten maar aan het teambelang, en ook dat ik door te scoren succes zou ervaren en meer zelfvertrouwen zou krijgen.

In Finland was ik al gewend om behalve strafschoppen ook vrije trappen te nemen. Op de trainingen bij Ajax oefende ik daar regelmatig op. Van Gaal had dat opgemerkt en steunde me erin. In de wedstrijden namen Frank de Boer en ik de vrije trappen.

Het voorval was een mooi voorbeeld van de sfeer en het gevoel van eenheid die destijds bij Ajax heersten. Iedere speler was blij met het succes van een medespeler. Ze dachten vooral aan het team en het succes daarvan. Datzelfde is nu prachtig te zien in het elftal van Barcelona. Puyol, Xavi en Iniesta, alle drie uit de eigen opleiding, zijn mooie voorbeelden van gebrek aan zelfzuchtigheid. Hetzelfde gevoel is te zien bij de aanvalsdriehoek Messi-Neymar-Suárez. Soms lijkt het wel alsof ze strijden om wie de mooiste voorzet kan geven!

De sfeer bij Ajax zorgde er ook voor dat ik niet onder grote druk kwam te staan, hoewel er toch doelpunten van me werden verwacht. Voor Van Gaal was het belangrijkste dat de resultaten goed waren. Voor hem deed het er niet toe of ik twee keer scoorde of twee assists gaf die tot een doelpunt leidden. Een doelpoging begint altijd ergens en wordt met zijn allen voorbereid. Alles wat uiteindelijk tot een doelpunt leidde, was voor Van Gaal even belangrijk. Diezelfde manier van denken zorgde ervoor dat Ronald de Boer als een geweldige voetballer werd gezien terwijl hij minder vaak scoorde dan je van een centrumspits zou verwachten. Hij creëerde wel veel kansen en droeg zo bij aan het succes van het elftal.

Hoewel me geen druk werd opgelegd, was die druk er bij een topclub natuurlijk wel. Er was me na mijn aankomst gezegd dat ik een jaar de tijd kreeg om in de voetsporen van Bergkamp te treden – tegelijkertijd werd gemeld dat Bergkamp werd begeerd door alle topploegen. Ik was net eenentwintig jaar oud en kwam uit Finland naar de UEFA Cup-winnaar. 'Daar wordt vast wel aan sport gedaan – maar voetballen ze er ook?' Het zou mooi zijn als ik Bergkamp na een jaar zou kunnen opvolgen. Bergkamp, in 1992 nummer drie in de verkiezing van Europees Voetballer van het Jaar en in 1993 nummer twee!

Hierdoor had ik best flink onder druk kunnen staan maar ik zag het anders. Voor mij was Bergkamp zoveel beter dan ik dat ik onmogelijk de competitie met hem kon aangaan of druk kon voelen als zijn opvolger. Hem vervangen was gewoon onmogelijk. Ik moest dus een heel andere benadering kiezen. Ik bedacht dat ik mijn eigen vaardigheden had en op mijn eigen manier het elftal van dienst moest zijn. Toen ik uiteindelijk net zo vaak had gescoord als Bergkamp, trad ik wat dat betreft in zijn voetsporen. Aan de andere kant deed ik ook van alles wat Bergkamp niet had gedaan. Ik was absoluut geen 'nieuwe Bergkamp', maar vormde op mijn eigen manier een meerwaarde voor het elftal.

Ook op andere plekken werd het evenwicht in de ploeg versterkt en iedereen droeg daaraan zijn steentje bij. Ik bracht mijn eigen inbreng mee en dat gold ook voor Rijkaard, Davids, Finidi en alle anderen. In 1993 was het elftal in ontwikkeling, en er werden nog geen buitensporige resultaten van ons verwacht. Natuurlijk moet Ajax in eigen land altijd wel succesvol zijn maar Europees waren de verwachtingen niet hooggespannen. Er waren diverse geweldige individuele spelers vertrokken. Wij groeiden als groep naar elkaar toe en als groep hadden we succes.

Hoewel er bij een topclub altijd wel verwachtingen zijn ten aanzien van resultaten, wordt er niet overal op dezelfde manier tegen aangekeken. Later, bij Barcelona, hadden we een ongelooflijk goed elftal en de verwachtingen waren dan ook navenant hooggespannen. In mijn eerste seizoen bij Barcelona heerste er een goede sfeer en het was leuk om er te voetballen. Het seizoen was volgens de media en de supporters echter 'catastrofaal'. In de Primera División waren we tweede geworden op korte afstand van de nummer één (Deportivo behaalde het tot nu toe enige kampioenschap in de historie) en in de Champions League haalden we de halve finale (we verloren uit bij Valencia en wonnen thuis, maar Valencia ging door met een beter doelsaldo). Toch was het seizoen dus een catastrofe. De voorzitter stapte op, de trainer vertrok, veel spelers gingen weg. De tweede plek in de competitie en de halve finale van de Champions League waren een enorme teleurstelling.

Naar het kampioenschap van Nederland

Mijn eerste volledige seizoen bij Ajax, 1993-1994, was voor mij een overdonderend succes. We werden landskampioen en haalden de Champions League. Ik werd topscorer van de Eredivisie en de spelers kozen me tot voetballer van het jaar. Achteraf bezien zou je kunnen zeggen dat ik toch in de voetsporen van Bergkamp was getreden. We waren allebei topscorer met hetzelfde aantal doelpunten en werden ook allebei tot Voetballer van het Jaar gekozen.

Landskampioen worden was een nieuwe ervaring voor me. Alleen als A-junior was ik in 1989 kampioen van Finland geweest. Toen had ik alleen de laatste drie wedstrijden gespeeld als een soort tijdelijke kracht. Ik hoorde niet echt bij het elftal. Toen ik nog in Finland voetbalde, was een kampioenschap altijd het hoofddoel geweest, maar bij Reipas was dat niet realistisch, hoewel iedereen het wel graag wilde. Ook in de Formule 1 wil elke stal en elke rijder wereldkampioen worden maar dat is niet voor iedereen weggelegd. Toen ik bij Reipas voetbalde was het zo dat óf HJK óf Kuusysi kampioen werd. Eigenlijk was het alleen in 1991, in mijn HJK-jaar, realistisch geweest om aan het kampioenschap te denken. De vijfde plaats was toen zonder meer een teleurstelling. In 1992 bij MyPa was de situatie anders. De club was nog in de beginfase van zijn ontwikkeling en zelf vertrok ik halverwege het seizoen. We wonnen toen wel de Finse beker.

Bij Ajax was de betekenis van succes van een heel andere orde. Direct in het eerste seizoen wonnen we de beker. De finale tegen Heerenveen vond plaats in een bomvolle Rotterdamse Kuip. Zelf zat ik op de bank maar het was toch een geweldig gevoel. Ik herinnerde me nog heel goed hoe ik met MyPa, een jaar eerder, de Finse beker had gewonnen. Het was waanzinnig om binnen een jaar bekerwinnaar te zijn in twee verschillende landen.

Hoewel ik in de finale niet in actie kwam, voelde ik me wel een winnaar. Juist voor de beker had ik mijn beste spel laten zien tegen MVV toen Dennis Bergkamp geblesseerd was. Mijn inbreng was belangrijk geweest en ik had het elftal kunnen helpen toen het nodig was.

Tijdens mijn eerste seizoen als basisspeler bij Ajax voelde ik waarom ik al die zweetdruppels had vergoten en alle tegenslagen had overwonnen. Hiervoor had ik mijn keuzes gemaakt, was ik om zes uur opgestaan om te trainen, had ik school op het tweede plan gezet en me op het voetbal geconcentreerd.

Het mooiste van dat seizoen was niet dat ik topscorer was geworden of tot Voetballer van het Jaar was gekozen, maar dat ik bij Ajax in de basis speelde en dat we kampioen werden. Natuurlijk was ik blij dat ik met mijn doelpunten had bijgedragen aan het succes, maar aan de andere kant had het goede spel van het elftal mij daartoe in staat gesteld. Vanzelfsprekend voelde ik me zeer vereerd dat ik tot Voetballer van het Jaar werd gekozen door mijn collega's. Het mooiste moment was toch het ogenblik waarop ik de kampioensschaal omhooghield. Persoonlijke successen zijn slechts een extraatje.

Bij de A-junioren had ik een kampioenschap gevierd en ik had zowel de Nederlandse als de Finse beker gewonnen. Nu was ik ook kampioen van Nederland. Dat betekende dat ik steeds progressie boekte. Ik was drieëntwintig jaar oud en had jarenlang hard gewerkt om mijn droom na te jagen. Nu voelde ik dat het allemaal de moeite waard was geweest. Het lange proces had geleid tot datgene waar ik als jongetje van had gedroomd.

Naar nieuwe successen

Toen ik als kampioen op vakantie ging na mijn tweede seizoen bij Ajax, was ik moe, doodmoe. Het was een zwaar seizoen geweest. Na alle trainingen, wedstrijden en reizen was de tank leeg.

In de zomer van 1994 was het WK in Amerika. Voor het eerst zag ik op televisie mijn teamgenoten op een WK spelen. In het Nederlands elftal speelden de Ajacieden Danny Blind, Frank en Ronald de Boer, Edwin van der Sar, Marc Overmars, Peter van Vossen en Frank Rijkaard. Daarnaast speelde Finidi George voor Nigeria. Het was een heerlijk gevoel dat ik met hen samen voetbalde! Daar liep niet één, maar een hele reeks mede-Ajacieden rond!

Een profvoetballer heeft vier weken zomervakantie, net zoals een gewone werknemer. De eerste twee weken verliepen voor mij keurig volgens schema: om twaalf uur de eerste koffievisite, dan lunch om één uur, om twee uur weer mensen enzovoort. Ik ging langs bij mijn ouders en grootouders, familie en vrienden. Toen ik weer een beetje was bijgekomen, besefte ik dat ik nog maar twee weken vrij had. Ik had al weer zin in lichaamsbeweging, een beetje tennissen of basketballen. Aan golf deed ik nog nauwelijks, ik deed af en toe mee, maar het stond op een laag pitje. Aan het eind van die vakantie trapte ik soms een balletje. Ik wilde een beetje zweten en het balgevoel terugkrijgen. Ook ging ik wat hardlopen om mijn lichaam in beweging te krijgen en me voor te bereiden op de training. Echt trainen was niet nodig; ik moest gewoon herstellen van het voorbije seizoen en me voorbereiden op het volgende. Halverwege de vakantie begon ik me weer een beetje mens te voelen. Toen begon de tweede ronde. Opnieuw ontmoette ik dezelfde mensen die ik ook aan het begin van de vakantie had gezien. De eerste keer waren er begroetingen en werden nieuwtjes uitgewisseld, de tweede keer werd afscheid genomen: 'Nou, we gaan maar weer eens. Tot volgend jaar.' Of misschien: 'Tot ziens met Kerstmis.'

Dat was wel heel anders dan toen ik nog in Finland voetbalde. In Finland bestond de vakantie uit drie dagen vrij met Sint Jan, eind juni. Daarbij vergeleken was een vakantie van vier weken iets geweldigs. Aan de andere kant weet ik nog goed hoe bekende ijshockeyers uit de Amerikaanse NHL in Finland aankwamen en zich afvroegen waarom mijn vakantie zo kort was. Zij waren 3 tot 4 maanden vrij.

Dat noem ik geen vakantie, dat is gewoon een tijd in Finland wonen tijdens het allerbeste seizoen.

Na de vakantie ging ik terug naar mijn werk om verder te gaan waar ik gebleven was. Heel gewoon. We gingen weer voor het kampioenschap. En zien wat we in Europa voor elkaar konden krijgen.

Tijdens de eerste week in Nederland werden we wakker geschud: hardlopen met en zonder bal. In een maand vakantie was mijn conditie niet helemaal verdwenen. Er was eerder een kilo afgegaan dan bijgekomen. Als je minder verbruikt, moet je ook minder eten.

Bij Ajax verliep de voorbereiding altijd op dezelfde manier. De eerste week was vooral fysiek. Die werd in Amsterdam doorgebracht. In de tweede week gingen we ergens in Nederland op trainingskamp. Daar hadden we 's morgens een pittige training en 's avonds een wedstrijd tegen een amateurclub. In het weekend speelden we een wedstrijd of een toernooi in het buitenland.

In de eerste drie weken trainden alle spelers volledig mee. Iedereen trainde op dezelfde manier en kreeg ongeveer evenveel speeltijd. Daarna kwamen een paar weken met meer variatie tot aan de seizoensopening. Voor Ajax begon het seizoen steeds met een wedstrijd om de Supercup. We wonnen immers eerst de beker en daarna drie landskampioenschappen op rij.

Hoewel het vorige seizoen voor mij persoonlijk heel goed was verlopen, had ik niet het gevoel dat ik nu onder grote druk stond. Ik had althans niet het gevoel dat ik weer Voetballer van het Jaar moest worden en heel vaak moest scoren of zoiets. We waren kampioen en het was ons doel om dat kampioenschap te verdedigen. Als landskampioen speelden we ook in de Champions League. We wisten heel goed dat het seizoen na het behalen van het landskampioenschap vaak zwaar was. Het was rustig op de transfermarkt. Fred Grim werd tweede doelman in plaats van Stanley Menzo. Michael Reiziger, die bij Ajax was opgeleid, kwam terug van FC Groningen en Winston Bogarde kwam van Sparta.

10 elftallen

Brazilië WK *1970*
Voor mij het beste nationale elftal aller tijden, hoewel ik de wedstrijden alleen op video heb gezien. De hele groep bestond uit ongelooflijke voetballers.

Nederland WK *1974*
Ik bewonder het voetbal van Nederland en Ajax. Het was de internationale doorbraak van Nederland. Er zaten veel Ajacieden in het elftal en het was de afsluiting van de eerste gouden periode van Ajax. Over dit elftal heb ik veel archiefmateriaal doorgenomen.

Liverpool jaren '70 en '80
Ik ben fan van Liverpool. Geweldige voetballers in geweldige elftallen.

Nederland EK *1988*
Prachtig elftal, dat ik al bekeek door de ogen van een voetballer. De voorlopig enige prijs van het Nederlands elftal.

AC *Milan 1989-1995*
Domineerde Europa, een echt team met topspelers.

Barcelona 1992-1994
De dynastie van Cruijff, het eerste 'Dream Team' van Barcelona.

Ajax 1994-1996
De mooiste periode en het beste elftal uit mijn carrière.

Juventus 1996-1998
Schitterend elftal, prachtige spelers. Stopte onze opmars door Europa, eerst in de finale van 1996 en daarna in de halve finale van 1997.

Manchester United in de tijd van Sir Alex Ferguson
Voortdurende vernieuwing en succes over een zeer lange periode, een fantastische prestatie onder leiding van Sir Alex.

Barcelona 2008-2012, de tijd van Pep Guardiola
Het Barcelona van Guardiola domineerde Europa met zijn aanvallende stijl en prachtig doeltreffend spel. Het derde 'Dream Team'.

Dromen van de Champions League

Het hoort bij topsport dat je niet tevreden bent met wat je eerder hebt bereikt. Na succes wil je meer succes. Zelf wilde ik me ontwikkelen tot een betere voetballer. Ik voelde dat er in de groep en in mijzelf nog meer zat. Door het succes hadden we meer zelfvertrouwen gekregen. We hadden veel spelers in de groep die wilden winnen, met als beste voorbeeld Edgar Davids. Hij straalde energie en vastberadenheid uit. Hij gaf nooit op. Een speler van de tegenstander die tegen Davids moest spelen, vroeg zich voor de wedstrijd al af hoe hij het negentig minuten moest volhouden tegen 'de pitbull'. De tweeling Frank en Ronald de Boer was heel goed in man-tegen-mansituaties, want ze waren al hun leven lang elkaars sparringpartners. Ook daarin hield Van Gaal de groep trouwens goed bij de les.

In de zomer van 1994 kon ik natuurlijk nog niet vermoeden dat we de Champions League zouden winnen. Het elftal vond het al geweldig dat we in de Champions League mochten meedoen. Op tv hadden we de finale van 1994 in Athene tussen AC Milan en Barcelona gezien. Zulke clubs leken net zo ver van ons verwijderd te staan als vroeger, toen ik nog in Finland voetbalde.

Clubs zoals Milan en Barcelona konden de beste spelers van de wereld kopen. Voor de Nederlanders was Milan een bekende club omdat behalve Rijkaard ook Marco van Basten en Ruud Gullit er hadden gespeeld; drie van de beroemdste en beste voetballers uit de jaren '80 en '90. Bij Barcelona was de legendarische Johan Cruijff trainer. Cruijff was in de jaren '70 drie keer tot Europees Voetballer van het Jaar gekozen en had zelf ook bij Barcelona gespeeld. In het elftal speelde Ronald Koeman, die in 1988 Europees kampioen was geworden met het Nederlands elftal en de Champions League won met zowel PSV (1988) als Barcelona (1992). Later werd hij assistent-trainer bij Barcelona en trainer bij Ajax.

Milan en Barcelona waren voor de Nederlanders dus zeer bekende clubs. Hun wedstrijden waren op televisie te zien. In de kranten stonden voortdurend reportages over wedstrijden en interviews met de Nederlandse spelers. Met daarnaast foto's van stadions en het trainingscentrum Milanello waar alles perfect was georganiseerd, het gras gemillimeterd en waar de zon altijd scheen...

Voor de Nederlanders vertegenwoordigden Milan en Barcelona een droomwereld en nu zouden we tegen die clubs gaan voetballen in de Champions League. We wilden ook op dat podium absoluut slagen, maar echt grote verwachtingen hadden we niet. Over het winnen van de Champions League durfden we alleen te dromen; dat was in de praktijk alleen weggelegd voor schitterende ploegen zoals Milan of Barcelona.

Maar wij hadden Frank Rijkaard. Hij was een schakel tussen ons dagelijkse werk – trainen en wedstrijden spelen – en die verre droomwereld. Hij had bij Milan gespeeld en daar alles gewonnen wat er te winnen viel. We zagen hem niet op televisie maar hij zat gewoon als collega naast ons. Hij was een voorbeeld voor ons. Door hem kregen we vertrouwen dat ook wij ver zouden kunnen komen.

Voor mij was dat heel belangrijk. Net zoals op mijn zestiende of zeventiende bij Reipas, toen Markus Törnvall heel belangrijk was geweest. Ik heb veel geleerd door goed op hem te letten. Toen Ajax een treetje hoger moest klimmen, kwam Frank Rijkaard bij de ploeg. Zowel Törnvall als Rijkaard was – zonder het te weten – voor mij een gids en leraar.

Voor mij was het een prettig toeval dat er net naast mij een plekje vrij was in de kleedkamer op het moment dat Rijkaard bij de groep kwam. Als je twee jaar lang bijna elke dag naast Rijkaard in de kleedkamer zit, kan er van alles in je opkomen. Ik dacht er wel eens aan naast wie ik had gezeten in de kleedkamer van de sporthal in Lahti, met wie ik daar had gespeeld en tegen wie – ik dacht aan de lange reis van de zanderige velden in Lahti naar Amsterdam. Nu zat een Europees kampioen, Italiaans kampioen, Nederlands kampioen en winnaar van de Champions League naast me. Net als Törnvall arriveerde Rijkaard precies op het juiste moment van mijn ontwikkeling als voetballer en als mens.

Hoewel hij een grote ster was, gedroeg hij zich als een gewone medespeler. Hij had volstrekt geen sterallures. Het enige verschil met ons was dat hij een mobiele telefoon had. Dat was toen iets nieuws. Rijkaard vertelde dat bij Milan iedereen in de loop van het afgelopen seizoen een mobieltje had gekocht waarin voortdurend werd gepraat. In cafés ging altijd wel iemands telefoon. Ik moet bekennen dat ook ik toen een telefoon had, maar die hield ik verborgen in het handschoenenkastje van mijn auto. Ik had hem gekregen maar durfde het ding niet in het openbaar te gebruiken. Het nummer had ik aan niemand gegeven. Misschien dat het daarom geheim is gebleven...

Voor mijn teamgenoten was een mobiele telefoon iets verbazingwekkends. Binnen een paar maanden had zeker de helft van ons elftal zo'n ding aangeschaft. Bellen was in die tijd echter nog zo duur dat eigenlijk niemand ermee belde, of hooguit heel kort. Je keek op je telefoon door welk nummer je werd gebeld en belde dan terug met een vaste telefoon. Maar je moest er wel een hebben want het was in Italië in de mode en Rijkaard had er een!

De bewondering van de jonge Ajacieden voor clubs als Milan en Barcelona kende ik wel. In mei 1992 speelden we de interland Finland-Bulgarije in het Olympisch Stadion van Helsinki. We bereidden ons voor op het landgoed Haikko. Daar keken we op televisie naar de tweede wedstrijd van de UEFA Cup-finale tussen Ajax en Torino. Op het veld stonden onder anderen Danny Blind, Stanley Menzo, Frank de Boer, Michel Kreek, Wim Jonk, Sonny Silooy, Aron Winter, Johnny van 't Schip, Bryan Roy en Stefan Pettersson. Dennis Bergkamp was ziek en speelde niet. Ook Torino had een goed elftal met onder anderen Enzo Scifo en Gianluigi Lentini, die later voor een recordbedrag de transfer naar Milan maakte. Ik keek naar de Ajax-spelers en bewonderde ze. Nog onbewust van mijn eigen toekomst bedacht ik wat een prachtige ploeg het was vol jonge, talentvolle voetballers. Ik dacht aan de geschiedenis van Ajax, aan Johan Cruijff en de successen in de jaren '70. Ook Marco van Basten en Frank Rijkaard hadden er samen gespeeld in het jaar waarin ik met Petri Tiainen bij HJK voetbalde. Het voelde goed dat juist Ajax de UEFA Cup won, hoewel ik op dat moment nog niets met de club te maken had.

Twee maanden later was ik opeens op het trainingskamp van Ajax. Ik moest mezelf bijna knijpen om zeker te zijn dat ik wakker was. Aanvoerder Danny Blind, doelman Stanley Menzo, de tweeling De Boer, Dennis Bergkamp, een van de beste spitsen van het EK in 1992... Daar was ik dan te midden van hen op een trainingskamp en een maand later had ik een contract. Ongelooflijk!

Toen ik in de weken en maanden daarna samen met hen trainde en wedstrijden speelde, verdween de verering beetje bij beetje en begon ik me geleidelijk een van hen te voelen. De waardering bleef wel. Die werd zelfs groter.

Net zoals ik in Finland op televisie naar topvoetballers had gekeken, hadden ook de jonge Ajacieden – Edgar Davids, Marc Overmars, Edwin van der Sar en anderen – Johan Cruijff, Ronald Koeman, Marco van Basten, Ruud Gullit en Frank Rijkaard gezien terwijl die actief waren op WK's en EK's, en in Europa Cup-finales. Het enige verschil was dat ze landgenoten waren van die grote voetbalsterren. Zij hadden vergelijkbare achtergronden en dezelfde mogelijkheden gehad. Voor hen lag de weg dus open. Zij ervoeren het topvoetbal van nabij en ik zag het alleen op televisie. Dat is een enorm verschil.

Precies daarom was de figuur van Rijkaard voor ons, in elk geval voor mij, heel belangrijk. We begonnen te denken dat er misschien ook voor ons wel eens een vliegtuig uit Amsterdam naar Milaan zou kunnen vertrekken. Er was immers ook iemand daarvandaan hierheen gekomen! Volgens mij zorgde dat voor veel extra zelfvertrouwen bij de ploeg.

De geur van succes

Aan het begin van het seizoen 1994-1995 dachten we alleen aan het gegeven dat Ajax voor het eerst zou aantreden in de Champions League. De nieuwe opzet bestond nog maar een paar jaar. Daarvoor werd gestreden om de Europacup voor Landskampioenen. Daarin had Ajax natuurlijk wel geacteerd, en successen gevierd ook, maar dat was al lang geleden. Die periode uit de jaren '70 herinnert de voetbalwereld zich nog altijd. Door die successen wordt Ajax beschouwd als een van de grootste clubs aller tijden. Nu hadden we een nieuwe groep, een nieuw elftal.

In Nederland oogstten Milan en Barcelona bewondering omdat de grootste Nederlandse sterren daar voetbalden. Barcelona had de laatste Europacup gewonnen in 1992 en Milan de Champions League in 1994. Nu gingen wij meedoen in de poule waar ook het grote Milan in zat.

De openingswedstrijd van het seizoen tegen Barcelona hadden we verloren met 2-4. Laudrup, Koeman, Stoitškov en consorten waren duidelijk verder dan wij.

Van tevoren hadden we hetzelfde soort gevoel over Milan maar nu, een jaar later, waren we wel gegroeid. De link tussen Milan en Nederland werd in 1994 vertegenwoordigd door Ruud Gullit. Marco van Basten was geblesseerd en kon niet spelen. Gullit was in 1987 tot Europees Voetballer van het Jaar gekozen en was aanvoerder van het Nederlands elftal in 1988. Natuurlijk waren Franco Baresi en Paolo Maldini, die in de WK-finale hadden gestaan, zeer belangrijke spelers maar de Nederlandse ster zorgde voor extra vuur. Gullit was afkomstig uit Amsterdam maar vreemd genoeg had hij nooit bij Ajax gevoetbald. Zijn clubs waren Haarlem, Feyenoord, PSV en Milan. Nu keerde hij dus terug 'naar huis', waar in het Olympisch Stadion voortdurend een hels fluitconcert klonk als deze grote Amsterdammer de bal beroerde. We troffen Milan in de eerste poulewedstrijd, in het Olympisch Stadion in de regen, en we wonnen met 2-0. De return in november kende dezelfde uitslag.

Hoewel er altijd druk is in het topvoetbal, traden we Milan vrij ontspannen tegemoet. We hadden niets te verliezen, het was al mooi dat we tegen het grote Milan mochten voetballen. Toen we de wedstrijd hadden gewonnen, gingen we langzaamaan beseffen dat we zelf best goed waren.

Het hoogtepunt van het seizoen was natuurlijk de finale van de Champions League in Wenen in mei 1995, hoewel die voor mij persoonlijk niet volgens plan verliep. Het hele seizoen had ik een belangrijke rol gehad maar een week voor de finale had ik last van hooikoorts. Dat kostte veel energie. Met angst en beven dacht ik terug aan mijn jaar in het leger, 1991, toen ik vanwege mijn allergie zelfs een paar weken in het legerhospitaal had gelegen. De finale was over een week en ik wilde meedoen! Toen we ons op die finale voorbereidden, had ik een lichte koorts, een loopneus en keelpijn. Ik sliep slecht. Er kwam niets van trainen. Het was al een flinke overwinning dat ik überhaupt kon spelen.

Een paar dagen voor de wedstrijd vroeg Van Gaal of ik wel kon spelen, en ik antwoordde meteen: 'Natuurlijk!' Hij stelde me op in de basis. De Franse topspeler Marcel Desailly, een snelle en fysiek sterke voetballer, stond tegenover me. Hij had de Champions League al twee keer gewonnen, met Marseille en met Milan. Na de vorige finale, toen Milan met 4-0 van Barcelona had gewonnen, was hij tot beste speler van de wedstrijd gekozen. Fabio Capello, de trainer van Milan, had opdracht gegeven om mij extra in de gaten te houden want ik had in beide vorige ontmoetingen gescoord. Om met Desailly tegenover me iets moois voor elkaar te krijgen, had ik mentaal en fysiek in topvorm moeten zijn. Helaas was dat nu niet het geval.

Geestelijk was ik er wel klaar voor en ik wilde absoluut spelen in deze belangrijkste wedstrijd uit mijn carrière. Daarom had ik flink de pest in toen ik in de tweede helft gewisseld werd. Toch wist ik zelf wel dat ik niet echt in vorm was, en ook Van Gaal zag vanaf de zijkant dat ik die avond niet het verschil zou maken. Ik vertrouwde op het inzicht van Van Gaal, en voetbal is een teamsport.

Patrick Kluivert verving me. Hoewel hij op dezelfde positie speelde als ik, voetbalde hij als centrumspits iets aanvallender. Door de wissel bracht Van Gaal iets meer aanvalskracht in de voorste linie, en daardoor konden we de wedstrijd beslissen zonder dat een verlenging nodig was. De wissel zorgde ook voor een probleem bij de tegenstander. Milan en Desailly hadden zich voorbereid om tegen mij te spelen. Nu bracht de frisse Kluivert, die een andere stijl had, een verandering aan in ons spel. Hij besliste de wedstrijd met een ongelooflijk puntertje. Later zou Kluivert zeggen dat het zijn lelijkste maar verreweg belangrijkste doelpunt was.

Mijn eigen gevoel is een beetje dubbel. Ik had meer willen geven maar op die dag was ik er niet toe in staat. Ik was te moe. Hoewel ik tijdens de beslissing toekeek van buiten het veld, voelde ik me na de

Het gouden jaar 1995

1995 was het succesvolste jaar uit Jari's loopbaan. Met Ajax won hij zowel het landskampioenschap als de Champions League en in de herfst nog de Wereldcup. In het kalenderjaar 1995 speelde Jari 45 officiële wedstrijden, waarvan er slechts twee verloren gingen. Er waren 36 overwinningen en 7 gelijke spelen. Het enige verlies in het Ajax-shirt was de bekerwedstrijd tegen Feyenoord, na verlenging. De enige andere keer was de uitwedstrijd van het Finse elftal in en tegen Schotland (1-0). Jari deed niet mee in de twee EK-kwalificatiewedstrijden tegen Rusland, waarin werd verloren met 0-6 en 1-3.

Eerbewijzen

Het winnen van de Champions League zorgde ervoor dat Litmanen als eerste teamsporter en balsporter werd gekozen tot Sportman van het Jaar in Finland. Hij kreeg meer stemmen dan onder anderen een wereldkampioen snelwandelen, een drievoudig Europees zwemkampioen en de Finse ijshockeyers die voor het eerst wereldkampioen waren geworden.

De tien beste sporters in 1995:

	stemmen
1) Jari Litmanen, voetbal	3791
2) Valentin Kononen, snelwandelen	3697
3) Jani Sievinen, zwemmen	3588
4) Nationaal ijshockeyteam	3252
5) Mika Halvari, kogelstoten	2554
6) Susanna Rahkamo & Petri Kokko, kunstrijden	1482

7) Saku Koivu, ijshockey	1368
8) Nationaal team skispringen	1053
9) Jarmo Virtanen, powerliften	728
10) Mika Laitinen, skispringen	511

Gouden Bal

Jari's prachtige voetbaljaar 1995 zorgde er ook voor dat hij serieus meedeed om de Gouden Bal bij de verkiezing door sportjournalisten van de Europees Voetballer van het Jaar. Net in dat jaar waren de regels zodanig veranderd dat ook voetballers die uit landen buiten Europa kwamen, mee konden dingen naar de prijs. De winnaar werd de Liberiaan George Weah, de eerste Afrikaanse voetballer die bij AC Milan speelde. Jari werd derde.

Gouden Bal 1995:

	punten
1) George Weah, AC Milan (Liberia)	144
2) Jürgen Klinsman, Bayern München (Duitsland)	108
3) Jari Litmanen, Ajax (Finland)	67
4) Alessandro del Piero, Juventus (Italië)	57
5) Patrick Kluivert, Ajax (Nederland)	47
6) Gianfranco Zola, Parma (Italië)	41
7) Paolo Maldini, AC Milan (Italië)	36
8) Marc Overmars, Ajax (Nederland)	33
9) Matthias Sammer, Borussia Dortmund (Duitsland)	18
10) Michael Laudrup, Real Madrid (Denemarken)	17

wedstrijd heerlijk. We hadden gewonnen en het maakte niet uit wie de beslissende goal had gescoord. Als groep hadden we een geweldige klus geklaard door de finale te halen, en iedere speler wilde de beker vasthouden. Het deed er niet toe wie op het veld stond en wie gewisseld was. Het was een overwinning van de groep.

Na het eindsignaal vierden we de overwinning op het veld. Louis van Gaal kwam me omhelzen, keek me aan en verontschuldigde zich dat hij me had gewisseld. Dat was een prachtig gebaar van hem dat ik enorm waardeerde, maar een verontschuldiging was niet nodig. Hij besloot tot een wissel die de wedstrijd besliste. Ik was net zo blij met de overwinning als de anderen.

Naderhand is me gevraagd of de finale van 1995 voor mij persoonlijk een teleurstelling was geweest. Altijd heb ik geantwoord dat ik na de finale van 1996 veel ernstiger teleurgesteld was. Toen scoorde ik in de eigenlijke wedstrijd (1-1) en in de strafschoppenserie, maar we verloren van Juventus. Mijn doelpunten zou ik onmiddellijk inruilen voor een overwinning.

Achteraf is het jaar 1996 blijven schrijnen. Het hele seizoen waren we feitelijk beter dan in het jaar ervoor, maar de finale was gewoon te veel voor ons geweest.

Overmars was onze gevaarlijkste aanvaller maar hij raakte in december al geblesseerd. Hij speelde het hele seizoen niet meer. Reiziger was geschorst, De gebroeders De Boer hadden enkelblessures, de een aan de rechter-, de ander aan de linkerenkel. Een maand voor de finale raakte Kluivert geblesseerd aan zijn knie. De laatste drie deden pas weer mee met de groep op de laatste training voor de wedstrijd, nadat ze een week aan de kant hadden gestaan. Ze stonden in de wedstrijd wel op het veld, maar net zoals bij mij het jaar ervoor, waren ze niet in hun beste vorm. Aan het begin van de wedstrijd ontbraken dus twee basisspelers en drie waren er niet fit. En Juventus stond tegenover ons.

Dat moest wel gevolgen hebben. Geen enkele club had vervangers op het niveau van die spelers. Geen enkele club had twee keer achter elkaar de Champions League gewonnen en wij waren er zo dichtbij. We verloren na strafschoppen! Maar dat hoort nu eenmaal bij voetbal. Er wint er altijd maar één. En de marges in het topvoetbal kunnen heel klein zijn.

5

Een frisse wind in Amsterdam

Van het voorjaar in 1993 tot dat van 1996 beleefden we een ongelooflijk mooie periode. We wonnen de beker in Nederland, werden drie keer achter elkaar landskampioen, wonnen de Champions League, de Wereldcup voor Bekerwinnaars en stonden in de finale van de Champions League in 1996.

Tot op dat moment speelden we in Amsterdam in stadion De Meer uit 1934. Daarna werd het stadion afgebroken maar in de vervolgens op die plek gebouwde woonwijk wordt de Ajaxgeschiedenis in ere gehouden. De plek van de oude middencirkel is opengelaten en de straatnamen hebben met voetbal te maken. In De Meer pasten ruim 20.000 toeschouwers. Daarom speelden we de belangrijkste wedstrijden in het Olympisch Stadion. Dat had een capaciteit van ongeveer 40.000. Daar speelden we tegen de grotere clubs uit de Eredivisie en de internationale wedstrijden.

In het seizoen 1996-1997 verhuisden we naar de nieuwe Amsterdam ArenA. Die was klaar in het voorjaar van 1996; er konden 50.000 toeschouwers in. Het nieuwe stadion bracht ons niet meteen geluk; het werd voor ons op alle fronten een zwak seizoen. Er waren vooral ongelooflijk veel geblesseerden. Af en toe was het zo erg dat er jongens in de basis stonden die normaal gesproken niet eens de reservebank zouden hebben gehaald. In de loop van het seizoen is gebruikgemaakt van wel dertig verschillende spelers. Ik was met mijn zes doelpunten Ajax' topscorer in de Eredivisie; de slechtste score uit de honderdjarige geschiedenis van de club. Het was volkomen onbegrijpelijk.

Het was ook Van Gaals laatste seizoen. Daarna vertrok hij naar Barcelona. Toch haalden we de halve finale van de Champions League, waarin we van Juventus verloren. We stonden tegenover onder anderen Zidane, Deschamps, Del Piero en Di Livio. In de Eredivisie eindigden we als vierde. We wonnen geen enkele prijs.

Toen we naar de ArenA verhuisden, was er sprake van een soort overgangsjaar. We kregen nieuwe kleedruimten, de trainingsambiance veranderde en natuurlijk het veld. Alles was na de zomervakantie compleet anders en het kostte tijd om te wennen aan de nieuwe omstandigheden.

Toen brak het eerste seizoen zonder Van Gaal aan. Onze nieuwe trainer werd de Deense voetballegende Morten Olsen, die voor die tijd trainer was geweest in Denemarken en Duitsland. In Olsens eerste seizoen wonnen we de dubbel – de beker en het landskampioenschap. Vijf speelronden voor het einde waren we al kampioen. Zelf hadden we op zaterdag thuis van Heerenveen gewonnen met 7-2. Op zondagmiddag was ik thuis net koffie aan het zetten toen aanvoerder Danny Blind belde: 'Hoi Jari, gefeliciteerd, we zijn kampioen.'

'Nou, dankjewel! Hoe weet je dat?' vroeg ik.

'Ik heb net de wedstrijd tussen Sparta en PSV gezien. Sparta heeft gewonnen en PSV kan ons niet meer inhalen,' legde Blind uit.

'O, mooi zo. Jij en alle anderen ook gefeliciteerd dan. Heel mooi. Ik drink er een kopje koffie op om het te vieren.'

Dat kon je dus ook meemaken: kampioen worden via de telefoon.

PSV werd tweede. Ze hadden toen een heel goed elftal. De basis was dezelfde als die van het kampioenselftal een jaar eerder, met onder anderen Luc Nilis, Wim Jonk, Jaap Stam, Boudewijn Zenden, Phillip Cocu en Arthur Numan. Zenden ging later naar Barcelona en Engeland. Nilis was een van de beste aanvallers van de Eredivisie, ba-

'Jari had een geweldige loopbaan'

De legendarische trainer Morten Olsen – trainer van het Deense nationale elftal sinds 2000 – loodste Ajax in het seizoen 1997-1998 naar de dubbel. De oude rot, die ontelbare spelers heeft gecoacht, geeft hoog op van Jari Litmanen.
'Jari is een van de intelligentste voetballers met wie ik als trainer te maken heb gehad. Daarnaast werkte hij keihard. Je kunt hem vergelijken met een tennisser die dag in dag uit slijpt aan zijn techniek: forehand, backhand, opslag, volley en return. Of met een golfer die steeds werkt aan het verbeteren van zijn afslag of het putten. Voor een trainer was hij de ideale voetballer, die elke dag sleep aan de details,' herinnert Olsen zich.
Olsen volgde de loopbaan van Litmanen ook voor en na hun gemeenschappelijke jaar. 'Jari was een sleutelspeler in het Ajax dat in 1995 de Champions League won en in het elftal van het succesvolle seizoen 1997-1998. Hij was een creatieve voetballer die vaak scoorde en als tussenstation fungeerde tussen het middenveld en de aanval. Het was een bewijs van zijn kwaliteiten dat zowel Barcelona als Liverpool hem een contract aanbood. Jammer genoeg was hij vaak geblesseerd, maar niemand kan ontkennen dat Jari een schitterende loopbaan heeft gehad, die duurde tot zijn veertigste,' aldus Olsen.

sisspeler van het Belgische nationale elftal. Jaap Stam vertrok naar Manchester en won daar de Champions League. Later haalde hij met Milan nog een keer de finale. Wim Jonk had bij Ajax en Inter gevoetbald en zat ook in het Nederlands elftal, evenals Cocu, die later ook bij Barcelona terechtkwam. Dick Advocaat – voormalig en toekomstig trainer van het Nederlands elftal – was de trainer van PSV. Hij zou later ook trainer worden van de nationale elftallen van Zuid-Korea, Rusland en Servië.

Aan het eind van het seizoen stonden we ook nog in de bekerfinale. Het was de eerste keer dat ik de dubbel zou kunnen winnen. Daar krijg je niet vaak de kans voor. We maakten goed gebruik van deze mogelijkheid en versloegen PSV met 5-0! Ik scoorde een hattrick – waarbij ik moet toegeven dat ik bij twee doelpunten wel geluk had.

Het was fantastisch om het seizoen af te sluiten met de dubbel; en dan nog met zoveel overmacht. Kampioen op vijf ronden voor het einde. Daarnaast wonnen we niet alleen de bekerfinale maar we vermorzelden onze tegenstander; geen klein clubje, maar de nummer twee van de Eredivisie.

Michael Laudrup als teamgenoot

In het seizoen 1993-1994 was Frank Rijkaard teruggekeerd naar Ajax. Hij was een voetballer die ons extra motiveerde. Nu, in het seizoen 1997-1998, kwam Michael Laudrup: Juventus, Barcelona, Real Madrid, het Deense elftal...

Voor mij betekende het nogal wat dat Laudrup ook uit het noorden afkomstig was. Hij was heel lang de beste voetballer uit de noordelijke landen geweest. Michael is zeven jaar ouder dan ik, en als jongen had ik hem al gevolgd tijdens het EK van 1984 en het WK van 1986. Hij was in veel opzichten een ander soort voetballer dan de meeste spelers uit het noorden. Zijn spel was gebaseerd op techniek en inzicht, niet op fysiek spel, hoewel hij zeer snel was aan de bal.

Laudrup had zowel in Italië als in Spanje gespeeld, en hij was twee keer door zijn collega's gekozen tot beste voetballer in de Primera División – onder andere in 1994, toen Romário met Brazilië wereldkampioen was geworden. In datzelfde jaar werd Hristo Stoitškov Europees voetballer van het jaar. Hij had met het Bulgaarse elftal op het WK de halve finale gehaald en was er gedeeld topscorer geworden. Zowel Romário als Stoitškov voetbalde toen bij Barcelona, maar toch kozen de spelers zelf Laudrup als beste voetballer van de Spaanse competitie!

De jonge Litmanen overtuigt de Ajaxleiding op het nippertje

Danny Blind, die jarenlang met Jari Litmanen samen heeft gevoetbald, herinnert zich nog levendig hoe de jonge Fin een contract kreeg bij Ajax in 1992.
Blind had een prachtige carrière in de Eredivisie en speelde bij Ajax van 1986 tot 1999. Hij beëindigde zijn voetballoopbaan bij Ajax op het moment dat Litmanen naar Barcelona ging. De mannen speelden een geladen afscheidswedstrijd voor hun fans in 1999.
Ajax was in de zomer van 1992 op een traditioneel trainingskamp in het noordoosten van het land. De 21-jarige Litmanen was mee op proef, maar het was niet de bedoeling dat hij de hele week zou blijven. Van Gaals protegés speelden diverse wedstrijden tegen een aantal amateurclubs. 'Jari deed het goed, maar niet goed genoeg om direct een contract aangeboden te krijgen,' vertelt Danny Blind in de film *Koning Litmanen.* Er waren een paar geblesseerden en zieken, daarom verzocht de trainer hem om nog een aantal dagen te blijven. 'Tijdens die dagen maakte Litmanen een onuitwisbare indruk en scoorde vaak. Ik geloof dat het assistent-trainer Gerard van der Lem was die hem aanbeval: "Neem hem. Hij zal zich ontwikkelen tot een goede voetballer." Dat is voetbal; alles kan van iets kleins afhangen,' zegt Blind.
Het duurde nog een jaar voordat Litmanen een vaste waarde werd bij Ajax. Uiteindelijk werd hij de opvolger van Dennis Bergkamp, die de club had verlaten. Maar al tijdens dat trainingskamp was te zien wat eraan zat te komen.

Het was fantastisch om samen te mogen werken met zo'n speler die ik op televisie had bewonderd. Ik had hem wel al eerder op het veld ontmoet. Met Ajax troffen we Barcelona in een oefenwedstrijd aan het begin van het seizoen in 1993. In die wedstrijd waren we nog enigszins 'jonkies'. En toen ik negentien was, heb ik een keer bij Barcelona getraind en kon ik van een afstandje zien hoe goed Laudrup was. Nu zaten we in dezelfde kleedkamer en speelden in hetzelfde elftal. Hij zorgde voor nieuwe inspiratie, net zoals Rijkaard eerder had gedaan.

Voetballen met Laudrup voelde ongeveer net zoals destijds met Markus Törnvall. We vonden elkaar heel makkelijk op het veld. Mijn eerste doelpunt in de bekerfinale van 1998 was daar een mooi voorbeeld van. Laudrup kreeg de bal en ik voelde hoe de situatie zich verder zou ontwikkelen: 'Als je nu dit doet en me dan hierheen aanspeelt, kan ik de bal praktisch in een leeg doel schuiven.' Ik bewoog de lege ruimte in maar wilde niet naar Michael gaan roepen; dan zou de tegenstander merken dat ik vrij stond. Laudrup keek niet eens mijn kant op, maar hij deed precies datgene wat ik in mijn hoofd had en passte toen naar mij. De bal kwam exact waar ik hem hebben wilde. Er zijn maar heel weinig voetballers met wie ik gewerkt heb of die ik op tv heb gezien, die deze oplossing zouden hebben gekozen. Met Ronald de Boer had ik overigens ook een natuurlijke band bij Ajax.

Ik durf te beweren dat iedereen die heeft samengespeeld met Michael Laudrup hem als een unieke voetballer beschouwt in zowel zijn spelopvatting als zijn technische souplesse. Zulke spelers zijn zeldzaam in de voetbalhistorie.

Het is op een bepaalde manier zowel ironisch als typerend dat Michael Laudrup er niet bij was toen Denemarken in 1992 Europees kampioen werd. Hij had onenigheid met trainer Richard Møller Nielsen. Hij was het oneens met de uitgangspunten van de trainer. Dat gold ook voor zijn jongere broer Brian, ook een geweldige voetballer. Ze wilden aanvallender spelen, maar Møller Nielsen baseerde zijn speltype op de verdediging. Aanvankelijk was Michael aanvoerder maar samen met Brian trok hij zich terug. Brian besloot later om toch mee te doen en was wel bij de eindronden aanwezig.

Het geweldige jaar met Laudrup

De legendarische voetballer Michael Laudrup, die meer dan honderd interlands speelde en onder meer bij Juventus, Barcelona en Real Madrid voetbalde, speelde in het laatste jaar van zijn loopbaan samen met Jari Litmanen bij Ajax. 'Ik had een fantastisch jaar met Jari, zowel in het veld als erbuiten. We werden kampioen met 17 punten voorsprong op PSV en vermorzelden de Eindhovenaren in de bekerfinale met 5-0. Die wedstrijd was in de Rotterdamse Kuip,' herinnert Laudrup zich.
Volgens Laudrup was het een genot om met Litmanen te voetballen. 'Jari begreep beter dan de meeste andere spelers hoe je moest voetballen als hangende spits of aanvallende middenvelder in het klassieke 4-3-3-systeem. In de praktijk speelden we niet altijd echt 4-3-3, want ik speelde aan de zijkant en kwam veel vaker naar binnen dan gebruikelijk was. Dat zorgde voor meer variatie in ons spel en maakte ons sterker,' vertelt Laudrup.
Ook buiten het veld vonden de twee intelligente voetballers elkaar. 'Het was fijn om met Jari om te gaan. Hij is een aardige vent met gevoel voor humor met wie het nooit saai was. Hoewel we maar een jaar samen hebben gespeeld, heb ik net zo'n band met hem als met mijn oud-collega's van Barcelona en Real Madrid. Als we elkaar na een lange tijd weer zien, zitten we meteen weer op dezelfde golflengte. Precies als tien, vijftien of twintig jaar geleden,' aldus Laudrup.

Natuurlijk had Michael aanvoerder van dat goede elftal moeten zijn, maar op een of andere manier paste het wel bij hem dat hij niet meedeed. Hij hield van voetbal. Voor hem was het geen werk; je moest genieten van een wedstrijd. Natuurlijk was het resultaat belangrijk

– iedere voetballer wil winnen – maar dat moest stijlvol tot stand komen.

Michael Laudrup was de belangrijkste speler van het Deense elftal, maar toch won hij niet het EK. De grootste Deense voetballer op de Europese ranglijsten is Allan Simonsen, die in 1977 tot beste speler van Europa werd gekroond. Simonsen speelde eerst bij Borussia Mönchengladbach, dat toen bij de beste clubs van West-Duitsland hoorde, en waarmee hij diverse keren kampioen werd. Ook won hij twee keer de UEFA Cup-finale, waarin Borussia van Liverpool verloor.

Van Mönchengladbach vertrok Simonsen naar Barcelona. In die tijd mochten er maar twee buitenlanders in een elftal staan. Het was nagenoeg ongelooflijk dat er een Deen, iemand uit een noordelijk land, bij het grote Barcelona speelde. Toen Simonsen in 1984 voor de eerste keer met Denemarken op het EK verscheen, raakte hij in de eerste wedstrijd ernstig geblesseerd. Ook toen deed Denemarken het uitstekend op dat toernooi, maar zonder hun grootste ster. In 1984 en 1986 was Denemarken sowieso een revelatie op het EK en het WK, net als op het EK van 1992.

Bosman zorgt voor opschudding

Als ik achteraf denk aan de jaren 1994-1996, waarin Ajax twee keer de finale van de Champions League haalde en drie keer landskampioen werd, lijkt die tijd te zijn omgevlogen. Of eigenlijk begon die periode al na de bekerwinst in 1993. We gingen elk nieuwe seizoen gewoon verder waar we het vorige seizoen gebleven waren.

Toen kwam in december 1995 het Bosmanarrest met als gevolg een grote vrijheid voor voetballers. Voor Ajax was het niet minder dan een doodsklap. Iedereen vertrok.

Vóór het Bosmanarrest had een club de rechten op een speler ook wanneer die speler geen geldig contract had. Spelers waren handelswaar voor een club. Als er geen geschikte koper werd gevonden, kon een club de verkoop van een voetballer tegenhouden door een hoge transfersom te eisen. Na het Bosmanarrest sloten de clubs contracten af voor een bepaalde tijd, waarna de spelers konden vertrekken zonder transfervergoeding. Als een speler vertrok voordat de termijn in zijn contract was verstreken, kon nog wel een vergoeding worden gevraagd.

Een andere belangrijke uitspraak in het arrest was het schrappen van de buitenlanderregel. Die strookte niet met de Europese regels over vrij verkeer van personen en goederen. Volgens het Bosmanarrest moesten EU-burgers hun beroep vrijelijk kunnen uitoefenen in andere lidstaten, en dat gold ook voor profvoetballers. Het aantal spelers van buiten de Europese Unie mocht nog wel begrensd blijven.

Vóór het Bosmanarrest moest voor iedere speler in de praktijk een transfervergoeding worden betaald. Toen voetballers de mogelijkheid kregen om te vertrekken zonder dat daar een vergoeding tegenover stond, gingen de salarissen van de spelers omhoog. De positie van een voetballer veranderde van passief koopwaar in iemand die met zijn toekomstige werkgever kon onderhandelen. In één klap veranderde de spelerspolitiek in de Europese competities.

Voor mij veranderde het Bosmanarrest feitelijk twee dingen. In de eerste plaats was het de doodsteek voor Ajax als vooraanstaande opleidingsclub en voor de inkomsten uit die opleiding. Ajax kon niet meer profiteren van zijn eigen uitstekende opleiding omdat spelers al heel jong vertrokken zonder vergoeding of tegen een minimale vergoeding. Bij Ajax werd de voetbalelite van de hele omgeving en zelfs van heel Nederland opgeleid. Daarnaast haalde de club ook jonge spelers uit het buitenland.

Aan de andere kant zorgden de nieuwe regels voor belangrijke ontwikkelingen in het Finse voetbal. Tot dan toe vielen Finse voetballers binnen het buitenlanderquotum dat eerst maximaal twee, en later maximaal drie buitenlanders per elftal betekende. Voor die plekken

Hattricks

In officiële wedstrijden heeft Jari 8 hattricks gemaakt. De enige keer dat hij 4 keer scoorde, was toen hij voor Reipas speelde in Valkeakoski op 3 juni 1990. Die wedstrijd won Reipas met 6-0 van thuisclub Haka. Van de wedstrijden waarin hij 3 keer scoorde, is vooral de wedstrijd op 2 november 1993 tegen Besiktas om de Europacup voor Bekerwinnaars van belang. Daarin vestigde Jari zijn naam op de Europese velden. Ook zijn hattrick tegen PSV in de bekerfinale van 1998 is vermeldenswaard.

4 doelpunten
3.6.1990 Futisliiga Haka-Reipas 0-6
Doelman Olli Huttunen

3 doelpunten
21.7.1991 Futisliiga HJK-Reipas 8-2
Doelman Vesa Vuorinen
3.5.1992 Veikkausliiga MyPa-FC Oulu 7-0
Doelman Tarmo Kouva
2.11.1993 Europacup voor Bekerwinnaars Besiktas-Ajax 0-4
Doelman Zafer Öger
19.3.1995 Eredivisie Ajax-NEC Nijmegen 5-1
Doelman Wilfried Brookhuis
27.9.1995 Champions League Ferencváros-Ajax 1-5
Doelman Attila Hajdu
9.11.1997 Eredivisie Sparta-Ajax 0-5
Doelman Roland Jansen
17.5.1998 Bekerfinale Ajax-PSV 5-0
Doelman Ronald Waterreus

was concurrentie uit de hele wereld. In het topseizoen 1994/95 speelden bij Ajax bijvoorbeeld drie buitenlanders: Finidi George, Nwankwo Kanu en ik. Bij AC Milan had je Van Basten, Gullit en Rijkaard. Bij Barcelona Romário, Stoitškov, Laudrup en Koeman, waarbij altijd een van de vier op de bank zat en alleen kon worden gewisseld voor een andere buitenlander.

Toen de markt in 1996 veranderde, hingen de mogelijkheden niet meer af van het aantal beschikbare plekken, maar alleen van je eigen kwaliteiten. Dat bood veel voetballers perspectief in het buitenland. Voor die tijd hadden we goede spelers, maar de buitenlanderregel begrensde hun mogelijkheden om verder te komen.

Toen Ajax in de zomer van 1996 naar de ArenA verhuisde, wilde de club de basisspelers een vijfjarig contract aanbieden. Het Bosmanarrest veranderde de zaak. Ajax was zeer succesvol geweest en de spelers genoten veel belangstelling van andere clubs. De contracten van Edgar Davids en Michael Reiziger liepen af in 1996. Ze vertrokken allebei naar AC Milan. Ook Finidi George en Nwankwo Kanu gingen weg na de tweede Champions League-finale. Hun contract was nog een jaar geldig, maar ze wilden toch weg. De club kreeg daarom voor hen nog wel een transfervergoeding. Kanu ging naar Inter en Finidi naar Real Betis. Ook Winston Bogarde en Patrick Kluivert hadden nog een contract voor een jaar. Allebei gaven ze aan dat ze na dat jaar zouden vertrekken. Ze gingen een jaar later tijdens de eerste transferperiode naar AC Milan. In de zomer van 1997 ging Marc Overmars ook weg. Zijn club werd Arsenal. Ajax kreeg voor hem een transfervergoeding want hij had een vijfjarig contract. Toen ten slotte ook Rijkaard stopte, na de finale van 1995, en Seedorf naar Italië was vertrokken, waren we binnen twee jaar acht belangrijke spelers kwijtgeraakt.

Van het elftal dat de Champions League had gewonnen, waren aan het begin van het seizoen in 1997 behalve ik alleen Danny Blind, Edwin van der Sar, tweede doelman Fred Grim en Frank en Ronald de Boer nog over. Hoewel er goede spelers voor in de plaats kwamen, kostte het tijd om die goed in te passen. Bovendien waren de vertrekkende spelers uitzonderlijk goede voetballers.

Richard Witschge, een linksbenige middenvelder met een geweldige voorzet, kwam over van Bordeaux. Šhota Arveladze was een buitengewoon begaafde aanvallende middenvelder uit Georgië. De Zuid-Afrikaan Benny McCarthy zou later met het Porto van José Mourinho de Champions League winnen. We hadden Peter Hoekstra, de Portugees Dani, Laudrup, de Nigeriaan Sunday Oliseh enzovoort. In feite bouwden we aan een heel nieuw team, maar ook dat bleef niet lang bijeen.

Tegelijk met de verhuizing naar de ArenA tekenden de broers De Boer en Edwin van der Sar voor vijf jaar bij. Zelf vond ik het onmogelijk om vijf jaar vooruit te denken. Ik gaf aan dat ik wel een contract voor drie jaar wilde tekenen en graag bij Ajax zou willen blijven.

Er was wel belangstelling voor me van andere clubs. In 1996 was onder andere AS Roma zeer geïnteresseerd, na de Champions League-finale in Rome. Op dat moment stond ik nog een jaar onder contract bij Ajax. In 1997 was er belangstelling van AC Milan, trainer Arrigo Sacchi wilde mij naar Milaan halen. Er waren een paar gesprekken, maar Sacchi bleef zelf niet in Milaan. Hij ging naar Atlético Madrid en nam Christian Vieri met zich mee. Vieri was een zuivere spits en Sacchi wilde mij als schaduwspits naar Madrid halen. Daar heb ik wel even over nagedacht.

Eigenlijk had ik steeds de gedachte dat als een club me echt graag wilde hebben, en als ik er een goed gevoel bij had, dat ik dan zou kunnen vertrekken, maar ik wilde Ajax niet onder druk zetten om me te laten gaan. Bij Ajax was ik gelukkig en tevreden. Ik was ook dankbaar; Ajax was mijn club.

Het was dan ook behoorlijk lastig toen Liverpool me benaderde in 1997. Dat was immers altijd mijn favoriete club geweest! We voerden verkennende besprekingen met Peter Robinson en Roy Evans. Ze vertelden me dat er een jonge, talentvolle voetballer met de naam Michael Owen bij Liverpool speelde. Die zouden ze graag in de spits gaan opstellen met mij in zijn buurt. Ze dachten dat we een goed paar zouden kunnen vormen. Owen zou dan de snelle spits zijn die doelpunten maakte en ik zou voor de aanvoer zorgen. Daarnaast speelde ook de geweldige doelpuntenmaker Robbie Fowler in het elftal.

Stan Collymore ging de club verlaten, en ze zouden voor hem zo'n 6 tot 7 miljoen pond krijgen. Voor dat bedrag wilden ze mij halen. Ik gaf te kennen dat ik wel voor het idee te porren was, maar dat Liverpool met Ajax zou moeten gaan praten. Als Ajax zou toestemmen in mijn vertrek, zou ik met Liverpool over een contract gaan onderhandelen. Voordat er met Ajax een transfersom overeen was gekomen, wilde ik daar niet verder over praten.

Nieuwe uitdagingen

Ik had mezelf heel goed kunnen voorstellen dat ik bij AC Milan (onder trainer Sacchi), Atlético (Sacchi) of Liverpool (Roy Evans) zou voetballen. Zonder meer. Het waren allemaal prachtige clubs met geweldige spelers, toptrainers en nieuwe uitdagingen. Ajax gaf echter aan dat ik niet te koop was.

Zou ik de club, mijn club, die ik dankbaar was en waar ik tevreden was, onder druk moeten zetten? Of zou ik nog een poosje afwachten hoe de situatie zich ontwikkelde?

Dat is ook de reden dat ik toen niet met Ajax een vijfjarig contract heb afgesloten. Er was belangstelling van verschillende kanten en ik wilde me niet zo lang vastleggen omdat ik geen idee had wat ik over vijf jaar zou denken. Toch tekende ik in 1996 een driejarige overeenkomst, hoewel mijn contract nog een jaar doorliep. Natuurlijk had ik dus nog een jaar kunnen wachten maar ik had besloten dat ik in 1997 toch nog niet ging vertrekken. Ik wilde de club, het elftal en de supporters duidelijk maken dat ik me verbond aan de nieuwe start in het nieuwe stadion.

Bij Ajax had ik het naar mijn zin en ik wilde de club geen schade toebrengen of in een conflict terechtkomen. Ook was ik nog maar net verhuisd van een huurwoning naar een eigen huis. Een huis is natuurlijk niet het allerbelangrijkste, maar het gaf wel aan dat ik het in Amsterdam langer naar mijn zin zou kunnen hebben. Ik voelde me er echt thuis.

Er waren veel interessante dingen om over na te denken, maar ik besloot om beslissingen voorlopig voor me uit te schuiven. Op mijn vijfentwintigste wilde ik me niet te lang vastleggen. In 1999 zou ik pas achtentwintig zijn en kon ik nog altijd een goeie transfer maken of een nieuw contract met Ajax afsluiten.

In elk geval ben ik altijd eerlijk geweest tegenover Ajax toen ik aangaf dat ik tot 1999 wilde blijven. Een contract voor vijf jaar tekende ik dan wel niet, maar ik beloofde wel om nog drie jaar te blijven. Mijn uitgangspunt is altijd geweest dat je je aan je afspraken houdt. Toch beleefde ik nog wel interessante momenten. Het was bijzonder eervol voor me om in de belangstelling te staan van de grote Arrigo Sacchi. Hij was de architect achter het succes van AC Milan en was bondscoach van Italië op het WK van 1994. Aanvankelijk kwam de belangstelling uit Milaan, maar toen Sacchi in 1997 naar Atlético Madrid was vertrokken, belde zijn agent uit Madrid. Sacchi sprak toen nog geen Engels, zodat ik met de agent sprak en die weer met Sacchi.

Sacchi wilde mij als aanvaller naar Madrid halen. Atlético Madrid beleefde een hoogtepunt na het behalen van de Spaanse dubbel in 1995-1996. Ze hadden een prachtig elftal. In 1996-1997 ontmoetten Ajax en Atlético elkaar in de halve finale van de Champions League: onder anderen Esnáider en Caminero in de aanval, op het middenveld toekomstig trainer Diego Simeone, Pantić en Bejbl, de spijkerharde verdediging met Santi, Solozábal, Geli en Aguilera en Molina in het doel. De beslissing viel in de tweede wedstrijd door een afstandsschot van Dani. Vanwege het dubbel tellen van het uitdoelpunt belandde Ajax in de halve finale tegen Juventus. De volgende keer dat Atlético zo ver kwam, was in 2014. Toen haalde de club onder leiding van trainer Diego Simeone de finale tegen Real Madrid.

Sacchi had ik al eerder ontmoet, toen Ajax op een oefentoernooi tegen AC Milan had gevoetbald in de Amsterdam Arena. We wonnen toen de finale van Milan. In de catacomben van het stadion kwam Sacchi een praatje maken met behulp van iemand die Engels sprak. Milan was een grote club op de top van de piramide: de organisatie, het rood-zwarte tenue, de spelers, het San Siro-stadion, trainingscentrum Milanello, eigenaar Berlusconi...

Italië was absoluut een van mijn favoriete alternatieven. AS Roma wierp zich op als uitdager van AC Milan en ook die club wilde me inlijven. In 1996 werd de finale van de Champions League in Rome gespeeld, in een stadion met 80.000 toeschouwers. Ik dacht toen al dat het heel leuk zou zijn om daar te voetballen. Als thuisbasis zou dat een mooi stadion zijn, en Rome is natuurlijk ook een interessante stad.

Dan was er nog Liverpool, mijn favoriete club, die ik al volgde sinds ik een kleine jongen was. Al in het voorjaar van 1997 had ik voorzitter Peter Robinson en manager Roy Evans ontmoet in Amsterdam. Nu, in de zomer van 1997, deed Ajax mee aan een toernooi in Liverpool dat was georganiseerd door Everton. Robinson belde me in ons hotel en vroeg of hij even langs kon komen. We dronken een kop thee en praatten een poosje in de lobby van het hotel. Toen stelde Robinson voor om even naar mijn kamer te gaan. Hij zei dat ook Roy Evans me wilde ontmoeten, maar dat kon natuurlijk niet in de lobby, want in het topvoetbal is 1 + 1 meestal iets anders dan 2. Ze wilden niet geheimzinnig doen, alleen praten. Daarom was het niet verstandig om een verkeerd beeld te laten ontstaan. Vanuit de kamer belde Robinson en algauw kwam Evans achterom door de tuin met een pet op zijn hoofd en opgezette kraag. Hij vertelde me dat Liverpool nog altijd in me was geïnteresseerd.

Hoewel Evans op een wel heel geheimzinnige manier naar me toe was gekomen, had ik niet het gevoel dat ik handelde achter de rug van Ajax om. Om met honderd procent zekerheid beslissingen te nemen, moet je van alle alternatieven op de hoogte zijn, en Evans maakte duidelijk wat Liverpool te bieden had. Op dat moment kwam ik nog niet met mijn eigen voorwaarden maar luisterde ik naar de sportieve kant van het verhaal. Ik wilde weten wat voor elftal Liverpool zou krijgen en wat mijn rol daarin zou zijn. Opnieuw benadrukte ik dat ik openstond voor een transfer als de clubs eruit kwamen. Van Ajax kwam echter weer dezelfde boodschap: niet te koop. Daar bleef het bij. Punt. Toen ik later bij Liverpool voetbalde, ontmoette ik Roy regelmatig en we hebben nog vaak gelachen om zijn bezoek met die pet op zijn hoofd.

Met Ajax heb ik nooit gesproken over eventuele transferonderhandelingen of over mijn prijskaartje. Ik wilde beslist niet de indruk wekken dat ik mijn contract niet zou nakomen. Als ik mijn handtekening ergens onder zet, sta ik achter mijn beslissing. Voor mij betekent een driejarig contract een driejarig contract. Het was niet in me opgekomen dat ik eerder zou kunnen vertrekken. Ik had me volledig ingesteld op drie jaar lang mijn best doen bij Ajax. Het uitgangspunt was dat ik geen pogingen zou doen om ergens anders heen te gaan. Het was een andere zaak als Ajax mij wilde verkopen wanneer een geschikte gelegenheid zich voordeed.

Op een gegeven moment vroeg een andere club of ik hun onderhandelingspositie een beetje wilde steunen, maar daarmee stemde ik niet in. Ik zou alleen vertrekken bij Ajax, mijn club, als de clubs eerst tot overeenstemming waren gekomen over mijn transfer. Veel spelers bij andere clubs hebben zelf actief op hun vertrek aangestuurd omdat ze redenen hadden om weg te gaan. Voor iedereen ligt het anders.

In Nederland is me vaak in interviews gevraagd of ik niet eens in het buitenland wilde voetballen. Daar kon ik alleen maar op antwoorden dat ik al in het buitenland voetbalde. Ik was zo door en

Geen uitslagen bij toptien wedstrijden

Koparit-Reipas, wedstrijd in de Finse competitie 1987
Mijn eerste wedstrijd in de Finse competitie herinner ik me goed. Het was natuurlijk een belangrijk moment in mijn carrière.

Brazilië-Finland, A-interland 1992
Brazilië was altijd mijn favoriete nationale elftal. Het was geweldig om tegen ze te spelen, vooral uit in Brazilië. Voor mij is Brazilië de mooiste en de grootste.

Mypa-Jaro, Finse bekerfinale 1992
Mijn eerste grote overwinning. Mijn vader had de beker al vaker gewonnen. Het was geweldig om dat nu ook mee te maken.

Ajax-PSV 1993
Deze wedstrijd was een doorbraak. Ik maakte een doelpunt dat tot de mooiste doelpunten van het seizoen behoorde.

Ajax-AC Milan, de eerste wedstrijd in de Champions League 1994
Mijn eerste wedstrijd in de Champions League, overwinning op de regerend bekerhouder en een doelpunt.

Ajax-Bayern München, halve finale Champions League 1995
Een ongelooflijke sfeer en een zinderende wedstrijd die we wonnen met 5-2 en die ons naar mijn eerste Champions League-finale bracht.

Ajax-AC Milan, Champions League-finale 1995
Deze overwinning was het absolute hoogtepunt van mijn carrière.

Juventus-Ajax, Champions League-finale 1996
Het resultaat was een teleurstelling, maar het was natuurlijk een geweldige ervaring. Ik speelde voor de tweede keer een finale en scoorde. De finale van de Champions League is de belangrijkste wedstrijd die een Finse voetballer kan bereiken. In de twee finales binnen een jaar tijd ervoer ik de vreugde van de overwinning en het verdriet van de nederlaag.

Finland-Hongarije, WK-kwalificatiewedstrijd 1997
Een waanzinnige emotionele achtbaan met aan het einde een van de grootste teleurstellingen uit mijn loopbaan.

Turkije-Finland, EK-kwalificatiewedstrijd 1998
Een van de mooiste overwinningen van Finland. Daar heb ik nog altijd heerlijke herinneringen aan. Spelers en supporters herinneren zich deze wedstrijd nog altijd levendig.

door Ajacied geworden dat de Nederlanders mij niet eens meer als een buitenlander beschouwden. Ik was een van de eigen jongens.

Als een voetballer een transfer wil maken, kan dat meestal wel worden geregeld. Een club wil in principe geen ontevreden spelers in de gelederen houden. Er zijn ontelbare redenen om van club te wisselen. Misschien krijgt iemand niet genoeg speeltijd, heeft hij een conflict met de trainer of kan hij ergens anders veel meer verdienen, enzovoort.

In 1996 had ik ook kunnen denken dat ik het bij Ajax wel gezien had. Ik had er vier jaar gevoetbald. In die vier jaar hadden we de beker gewonnen en waren we drie keer kampioen geworden. Daarnaast haalden we twee keer de finale van de Champions League, die we een keer wonnen. Nu sloeg de club nieuwe wegen in: het oude werd verlaten (het oorspronkelijke Ajax-stadion en het Olympisch Stadion) en het nieuwe omarmd (trainingscentrum De Toekomst en de ArenA). Ik had tegen de club kunnen zeggen: 'Ik sta nog een jaar onder contract. Als jullie me nu verkopen, breng ik nog wat op. Net zoals Finidi George en Nwankwo Kanu in 1996. Zo niet, dan vertrek ik over een jaar zonder vergoeding, zoals Bogarde en Kluivert in 1997.' Toch heb ik dat niet gedaan. Als er belangstelling was van een andere club, vroeg ik me steeds af: 'Ben ik tevreden bij Ajax, wil ik hier zijn?' Het antwoord was steeds hetzelfde. Ik was tevreden. Maar misschien later...

De Amsterdam ArenA speelde absoluut een grote rol bij mijn besluit om nog drie jaar in Amsterdam te blijven. In seizoen 1996-1997 verhuisden we naar het gloednieuwe stadion; het modernste van heel Europa. Bij elke wedstrijd waren de 52.000 plaatsen uitverkocht. In Europa, of de rest van de wereld, waren weinig clubs met meer dan 50.000 toeschouwers bij elke thuiswedstrijd. In Engeland gold dat alleen voor Manchester United; in Schotland voor Celtic; in Duitsland voor Bayern München en Borussia Dortmund, en misschien HSV en Hertha BSC Berlin; in Spanje voor Barcelona, Real Madrid, Atlético Madrid en Valencia; en in Italië voor AC Milan en AS Roma. Dat was dus een tamelijk unieke situatie.

Afscheid van Amsterdam

We hadden twee keer achter elkaar de finale van de Champions League gehaald (1995 en 1996) en nu werd bij Ajax weer een nieuw elftal opgebouwd. Dat bracht allerlei nieuwe uitdagingen met zich mee. Ik hoefde beslist niet te vertrekken; alles was naar mijn zin. Ik had een belangrijke rol in een goed elftal bij een club waar veel fijne mensen werkten.

Verder had ik het in Nederland ook naar mijn zin. Hoewel ik bekend was, kon ik rustig, zonder problemen leven in Amsterdam. Ze hebben daar wel grotere sterren gehad. Marco van Basten en Johan Cruijff bijvoorbeeld, twee van de beste spelers aller tijden, en vele andere voetballers die bij Ajax groot zijn geworden.

Voor Amsterdammers, en voor Nederlanders in het algemeen, is voetbal heel belangrijk. De club Ajax heeft veel mooie dingen voor elkaar gekregen. Zelf heb ik er lang gespeeld in een uitzonderlijke periode van het Nederlandse voetbal en in de geschiedenis van Ajax.

Uiteindelijk bleef ik bij Ajax van 1992 tot 1999. In de loop der jaren was het elftal flink veranderd. Na het winnen van de Champions League stopte Rijkaard en vertrok Seedorf naar Italië, maar die aderlatingen konden we goed opvangen. De basis bleef intact. We waren eigenlijk zelfs nog beter, een jaar rijper. Na het seizoen 1995-1996 vertrokken weer veel goede spelers en in 1997 nog meer. Toen ging ook trainer Louis van Gaal naar Barcelona en Morten Olsen kwam in zijn plaats. In het seizoen 1996-1997 was van het succesvolle elftal weinig meer over. Van de toenmalige basis waren er nog vijf spelers. In het voorjaar van 1997 haalden we nog de halve finale van de Champions League. Hoewel er goede spelers waren gekomen in plaats van de vertrokken collega's, hebben we niet meer hetzelfde succes kunnen boeken als eerder.

Toch was het elftal nog altijd goed, en het was heerlijk om bij Ajax te voetballen. De verwachtingen waren wel hoger gespannen vanwege de topjaren die achter ons lagen. In het seizoen 1997-1998 wonnen we de dubbel, maar toen was het de beurt aan Frank en Ronald de Boer om de club te verlaten. Ik begon toen ook na te denken over mijn toekomst. Mijn contract liep af in 1999. Zou ik blijven of weggaan? Als ik zou blijven, betekende dat een meerjarige verbintenis. Het zou erop neerkomen dat ik de rest van mijn loopbaan bij Ajax zou spelen.

Danny Blind gaf toen aan dat hij nog een jaar zou voetballen en dan zou doorschuiven naar een technische functie. Hij vertelde me specifiek dat hij in zijn nieuwe rol met mij een drie- tot vijfjarige overeenkomst zou willen aangaan. We kwamen er een paar keer op terug en ik was in tweestrijd. Het deed me denken aan de situatie in 1996, toen ik besloot om een driejarig contract af te sluiten en een definitieve beslissing voor me uit te schuiven. Wilde ik nog iets nieuws meemaken of zou ik tot het einde van mijn carrière bij Ajax blijven?

In 1999 was ik achtentwintig jaar oud en een transfer naar een andere club was nog alleszins mogelijk. Aan de andere kant was het ook aanlokkelijk om een samenwerking met Danny Blind aan te gaan. We hadden al zeven jaar samen gevoetbald en in dezelfde kleedkamer gezeten. Bovendien waren we al jarenlang nagenoeg buren, hadden we veel samen opgetrokken en waren we bevriend geraakt. Voor mij was hij een belangrijke speler die me in het veld ondersteunde met zijn passes maar ook buiten het veld zonder bal.

Bij Ajax blijven was een goede optie. Aan de andere kant had ik het Finse en het Nederlandse voetbal nu gezien. Wat zou ik in Nederland nog kunnen bereiken? Beetje bij beetje kwam ik tot de conclusie dat ik nog wel iets anders wilde meemaken. Ik besloot dat ik niet zou bijtekenen.

In november 1998 twijfelde ik nog tussen vertrekken en blijven. Ik weet nog hoe ik na de winterstop terugging naar de training en schrok van de gedachte dat dit mijn laatste halfjaar bij Ajax kon zijn. Ajax was echt mijn club geworden en ik wilde zowel voor mijzelf als voor de club zo snel mogelijk duidelijk maken dat ik mijn uiterste best zou doen voor het elftal, wat mijn toekomstplannen ook waren.

Januari was een interessante maand, omdat ik toen officieel met andere clubs mocht gaan praten doordat mijn contract afliep. Er was inderdaad belangstelling en er waren contacten. Er zouden beslissingen moeten worden genomen.

Begin januari gingen we voor een week naar Zuid-Afrika op trainingskamp. Morten Olsen was voor kerst ontslagen en de trainer van het tweede, voormalig topspeler Jan Wouters, was in zijn plaats gekomen. Tijdens het trainingskamp wilde Wouters met me praten. Mijn contract liep af en hij wilde weten wat mijn plannen waren. Ik zei dat ik nog in dubio was. Aan de ene kant wilde ik nog wel iets anders meemaken maar ik zou ook wel willen blijven. Wouters zei me heel open en eerlijk dat hij niet goed wist wat hij met me aan moest omdat ik zo vaak geblesseerd was. Kon hij wel een elftal om mij heen bouwen?

Dat was een interessante en terechte vraag. Ik zei hem dat ik daar eerst eens over na moest denken. Tijdens de rest van die week bleef het gesprek met Wouters in mijn hoofd zitten. Als ik nadacht over een contract voor drie tot vijf jaar, maar de trainer twijfelt aan me, had ik eigenlijk geen keus meer. Toen ook nog Ronald en Frank de Boer eerder het trainingskamp verlieten om hun onderhandelingen met Barcelona af te ronden, kreeg ik sterk het gevoel dat het klaar was. De enige die toen nog overbleef uit het eerdere succeselftal was doelman Edwin van der Sar.

Een moeilijke keuze

Ik had gehoord dat er belangstelling was van Barcelona, Bayern, Liverpool en nog veel meer clubs. Ik had geen zaakwaarnemer maar van allerlei kanten werd contact opgenomen. Er was altijd wel iets gaande. Clubs kwamen er wel achter hoe ze me konden bereiken.

Ik herinner me dat ik een keer thuis was, na een training. Aan de deur verscheen een man die ik kende: Sjaak Swart, een legendarische Ajax-speler uit de jaren '50, '60 en '70, die in dienst was van een voetbalmakelaar. Hij vertelde dat diverse clubs naar me hadden geïnformeerd en vroeg of hij me van dienst zou kunnen zijn. Er waren ook clubs die contact opnamen met Harri Kampman of Heikki Marttinen, die heel belangrijk voor me waren. Ze hielpen me met besprekingen. Heikki nam ook de definitieve onderhandelingen voor zijn rekening. Deze dingen deden ze als 'liefhebberij' naast hun eigenlijke werkzaamheden. Harri als trainer en Heikki als topmanager in een grote onderneming.

Na het trainingskamp in Zuid-Afrika begonnen mijn gedachten vorm te krijgen. In plaats van na te denken over óf ik weg zou gaan, begon ik te denken over wáár ik naartoe zou gaan. Het was niet zo dat ik zou vertrekken vanwege wat Jan Wouters me had gezegd. Hij had gewoon rechtstreeks, op zijn Hollands, mij zijn mening gegeven. Die mening hielp me om mijn uiteindelijke beslissing te nemen. Onze samenwerking vanaf dat moment in januari tot aan het eind van het seizoen liep feitelijk heel goed.

Een paar maanden na dat trainingskamp in januari wilde Wouters weer praten. Hij vertelde me dat hij me graag bij Ajax wilde houden. De maanden ervoor was ik niet geblesseerd geweest en voortdurend wedstrijdfit. In de groep hadden we op dat moment een lastige periode met veel blessures, maar – wonder boven wonder – de enigen wie niets mankeerde waren Edwin van der Sar en ik. Wouters had zich goed verdiept in het functioneren van het elftal en de sterke en zwakke kanten ervan bekeken. Hij zag dat hij mij kon gebruiken en een elftal om me heen kon bouwen.

Mijn besluit om te vertrekken was toen al genomen. Wouters en sommige anderen dachten dat ik al iets met een andere club had geregeld, maar dat was beslist niet het geval. Vanaf het begin van het jaar had ik met verschillende clubs gesproken en beetje bij beetje werd duidelijk dat Barcelona, Liverpool en Bayern München de drie clubs waren waartussen ik zou gaan kiezen.

Barcelona betekende voor mij Zuid-Europa en een van de grootste clubs ter wereld. Langs die weg kon ik een nieuwe taal en cultuur leren kennen. Ook Bayern was een grote, succesvolle club. Jan Wouters zei op een gegeven moment dat hij had gehoord over de belangstelling van Bayern München voor mij. Hij had er zelf een paar jaar gespeeld en beval de club warm aan; een schitterende club met een schitterende organisatie. Als ik serieus die kant op wilde, kon hij me dat absoluut aanraden. Achteraf bezien heb ik er wel spijt van dat ik toen nee heb gezegd tegen Bayern. Nou ja, je kunt maar bij één club tegelijk spelen. Ook Liverpool kwam weer in beeld. Deze keer niet in de persoon van Roy Evans maar in die van de nieuwe Franse manager Gérard Houllier. Het was moeilijk om een besluit te nemen.

Achteraf bekeken, moet ik zeggen dat het een waanzinnige situatie was. Er was belangstelling uit Italië, Frankrijk, Spanje, Engeland en Duitsland.

Ik moest denken aan een interessante gebeurtenis een paar jaar eerder, toen het Spaanse Real Betis interesse in me had, maar ik nog een contract bij Ajax had. Het was in de tijd dat Finidi George de overstap naar Betis maakte in 1996. Ze hadden ook belangstelling voor Marc Overmars in 1996-1997. Destijds had ik bedankt. De toenmalige trainer van Betis werd later trainer bij Barcelona. Toen gaf hij een paar dagen na zijn benoeming te kennen dat er voor mij geen plek was bij die club. Later dacht ik bij mezelf dat die trainer misschien helemaal niet in me geïnteresseerd was geweest. Misschien had alleen president-eigenaar Manuel Ruiz de Lopera mij willen inlijven.

Over dat soort dingen moest ik dus goed van tevoren nadenken. Welke club en welke trainer dachten na over de speelwijze en de rol van de spelers? En dan nog de financiële aspecten.

Uiteindelijk was ik in de situatie dat ik nee zou zeggen tegen Bayern München en voor de tweede keer een aanbod van Liverpool zou afwijzen. Toch was dat een luxeprobleem, want hoe langer ik erover nadacht, hoe duidelijker het werd dat ik in die situatie geen nee zou gaan zeggen tegen Barcelona.

Al eerder, in het seizoen 1996-1997, was mijn naam ter sprake gekomen in Barcelona (in 1991, tijdens mijn diensttijd, was ik bij PSV op bezoek geweest toen Barcelona-trainer Bobby Robson daar werkte). In dat seizoen maakte de Braziliaan Ronaldo daar dertig doelpunten. Door een journalist werd hem gevraagd welke speler uit de

Nederlandse competitie hij mee naar Barcelona zou willen nemen. Men zegt dat Ronaldo toen mijn naam heeft genoemd.

Dat interview heb ik zelf niet gehoord, maar ik kreeg wel de vraag wat ik vond van Ronaldo's opmerking. Ik kon alleen maar antwoorden dat Barcelona een geweldige club was en Ronaldo een schitterende voetballer. Als hij heeft gezegd dat hij met mij samen zou willen voetballen bij Barcelona, dan is dat leuk om te horen. Destijds zijn er echter geen officiële onderhandelingen gevoerd.

Op mijn negentiende – in mijn diensttijd – was ik al op bezoek geweest bij Barcelona. In die tijd speelden daar onder anderen de nieuweling Pep Guardiola (later mijn medespeler bij Barcelona), Michael Laudrup (later mijn medespeler bij Ajax), Ronald Koeman (later trainer bij Barcelona en Ajax) en vele anderen zoals Stoitškov, Bakero, Amor, Begiristain, Salinas, Carles Busquets, Zubizarreta, Milla, Goikoetxea enzovoort.

Het kwam door een reisje dat ik had gewonnen. In de jaren 1989-1990 was ik de winnaar van een aanmoedigingsprijs voor voetballers waarvan de eerste prijs telkens een bezoek aan Barcelona was. Het bleef niet bij een bezoek alleen. Hoofdtrainer Jukka Vakkila regelde via assistent-trainer Bruins Slot dat ik met het eerste elftal mocht meetrainen. Vol bewondering keek ik naar het stadion, de kleedkamers, de tenues, het oefenveld enzovoort. Op dat moment dacht ik al: wat een geweldige plek is dit! Toen ik in het voorjaar van 1999 werkelijk de mogelijkheid had om bij Barcelona te gaan voetballen, was het de eerste keuze uit een aantal mogelijkheden. Op dat moment was mijn voorkeur duidelijk – helaas liep het uiteindelijk niet zoals ik me het had voorgesteld.

6

Op avontuur in Barcelona

Met mijn transfer naar Barcelona was ik bijzonder blij. Alles was top daar – de trainers, de spelers, de club. Het thuisstadion Nou Camp kon wel 100.000 toeschouwers bevatten; ongeveer evenveel als het aantal inwoners van Lahti, de stad waar ik vandaan kwam. Ik had de idiote gedachte dat alle mensen uit Lahti tegelijkertijd naar dat stadion konden komen om naar een voetbalwedstrijd te kijken.

Barcelona is een van de meest gevolgde en grootste voetbalclubs, maar tegelijkertijd voor een buitenlander ook een club met enorme uitdagingen. Het is zowel heel moeilijk als heerlijk om er te voetballen. Het is voor een buitenlander zwaar omdat de verwachtingen zo hoog zijn en vanwege de geschiedenis van de club. Er is geen enkele club waar zoveel voetballers hebben gespeeld die tot de beste speler van de wereld zijn gekroond. De lijst behoeft geen commentaar: Luis 'Luisito' Suárez, Cruijff, Simonsen, Maradona, Romário, Stoitškov, Ronaldo, Rivaldo, Figo, Ronaldinho, Messi... En dan zijn er nog degenen die tot beste speler van een EK of WK zijn gekozen, zoals Iniesta en Xavi. Verder is er bijvoorbeeld Ladislao Kubala (256 wedstrijden, 194 doelpunten) die door de supporters (*socios*) in 1999 is gekozen tot beste voetballer van Barcelona in de eerste honderd jaar van het bestaan van de club. En er kunnen nog veel meer beroemde namen aan de lijst worden toegevoegd!

Catalonië is een provincie met meer dan 7,5 miljoen inwoners die trots zijn op hun identiteit. En wat is een betere manier om die uit te dragen dan successen behalen met voetbal? Dat wordt immers overal op de wereld gevolgd! Vooral in de richting van Madrid wil men graag iets laten zien. Dat houdt verband met het bewind van generaal Franco (*El Caudillo*, die Spanje leidde van 1939 tot 1975), die de Catalanen allerlei beperkingen, verboden en repressies oplegde. Die verboden hielden onder andere verband met het gebruik van de eigen taal en diverse culturele aspecten.

Vanwege onze eigen Finse geschiedenis kan ik deze dingen heel goed begrijpen. We zijn altijd onderdrukt geweest en afhankelijk van onze grotere buurlanden Zweden en Rusland. Andere dingen begrijp ik dan weer niet, die snappen alleen de Catalanen zelf, en ik ben tenslotte geen Catalaan. De wens van de Catalanen om zich te laten gelden, zag je in het voetbal vooral in het gegeven dat de successen en wederwaardigheden van Barça altijd werden vergeleken met die van Real Madrid uit de Spaanse hoofdstad. Real was de winnaar van de meeste Spaanse landskampioenschappen en had de Europacup/Champions League het vaakst gewonnen.

Hoewel ik bekend ben met de voetbalhistorie en op de hoogte was van deze rivaliteit, werd ik toch verrast door de hevigheid ervan – theorie en praktijk zijn twee verschillende dingen. In Finland of Nederland was ik iets dergelijks nog niet tegengekomen. In Barcelona was ik ook verbaasd over dat als alles goed ging, iedereen in de zevende hemel was, maar als het tegenzat, niemand meer ergens toe in staat bleek. Alles ging gevoelsmatig, terwijl ik gewend was om rationeel over het voetbal na te denken. Voor mij lag de waarheid meestal ergens in het midden: bij succes waren we misschien niet zo supergoed en bij verlies niet alleen maar zo slecht als op dat moment leek. Hier ontmoetten misschien de 'Finse grijsheid' en het 'Zuid-Europese zwart-witdenken' elkaar.

In het zogenaamde catastrofale seizoen 1999-2000 werden we tweede in de Primera División, en Deportivo La Coruña won zijn

Aantallen punten in 1999-2000 in de Spaanse competitie

Deportivo de La Coruña 69
Barcelona 64
Valencia 64
Zaragoza 63
Real Madrid 62
–
–
–

Degradanten
Betis Sevilla 42
Atlético Madrid 38
Sevilla 28

voorlopig enige landskampioenschap. We haalden de halve finale van de Champions League, waarin we verloren van Valencia (uit verloren we met 4-1 en thuis wonnen we met 2-1). In de Spaanse beker verloren we de halve finale van Atlético Madrid. We kregen het elftal niet op de rails voor de return, die een dag voor allerlei oefeninterlands plaatsvond. Spanje was blijkbaar het enige grote land dat niet hoefde te spelen, maar we hadden bij Barcelona zoveel internationals uit andere landen dat er te weinig waren voor een halve finale voor de beker (Rivaldo, Brazilië; Figo en Simão, Portugal; Déhu, Frankrijk; de Nederlanders; ikzelf in het Finse shirt). Van de spelers uit het B-elftal mochten er volgens de regels maar drie meedoen, en die zaten al in het team (Xavi, Puyol, Gabri).

Op twee speelronden voor het einde deden we nog volop mee voor de landstitel, maar Deportivo won de laatste wedstrijden en wij speelden twee keer gelijk. Tekenend voor het niveau in de Primera División is het feit dat we bij slechts één van de drie degradanten de uitwedstrijd wisten te winnen: Atlético Madrid. Zowel uiteindelijke winnaar Real Madrid (5de in de Primera Divison) als Barcelona (2de) en Valencia (3de) haalden in dat jaar de halve finale van de Champions League. Bekerwinnaar Espanyol werd 14de in de competitie.

Na dit 'catastrofale' seizoen stopte de voorzitter, werd de trainer ontslagen en kregen een stuk of tien spelers te horen dat ze konden vertrekken. Onder hen waren doelman Vítor Baía en assistent-trainer José Mourinho. Ze kwamen allebei terecht bij Porto en wonnen met die club in 2003 de UEFA Cup en een jaar later de Champions League. Zelf maakte ik ook deel uit van deze 'zuivering'. We hadden allemaal gemeen dat we buitenlanders waren. Zelf denk ik nog steeds dat het seizoen helemaal zo slecht niet was – in elk geval niet volgens Finse logica. Misschien was het grootste probleem wel dat de lokale rivaal Espanyol de beker won en aartsvijand Real Madrid de Champions League.

Het contrast had amper groter kunnen zijn toen ik halverwege het volgende seizoen naar Liverpool ging en we daar derde werden in de Britse Premier League. Daar waar de Barcelonezen niet vrolijk konden worden van een tweede plaats in de Primera División en een halvefinaleplaats in de Champions League, waren de Liverpoolfans trots op ons resultaat. De mensen uitten hun vreugde over het feit dat Liverpool de kwalificatie voor de Champions League had gehaald.

Men dacht in Barcelona dus nogal zwart-wit, maar dat was wel spannend voor een Noord-Europeaan zoals ik, die gewend was om ook in grijstinten te denken en plussen en minnen tegen elkaar weg te strepen. In Spanje betekende succes alleen maar álles; en anders was het niets.

Het was in elk geval een prachtige ervaring om die manier van leven mee te maken. Van tevoren had ik al de wens gehad om de Zuid-

Europese voetbalcultuur te leren kennen. Dat betekende dus Spanje of Italië. De weegschaal helde uiteindelijk over in de richting van Spanje en Barcelona, waar zowel mijn eigen voorbeeld Diego Maradona had gevoetbald als het idool van alle Ajacieden, Johan Cruijff.

Toen ik bij Ajax wegging, dacht ik bij mezelf dat als de volgende club mijn laatste zou worden, Barcelona wel een prima plek zou zijn. Barcelona moest ik proberen, en ik ben nog altijd blij dat ik die beslissing heb genomen, hoewel het niet zo is gelopen als ik had gehoopt. Maar juist vanwege de onvoorspelbaarheid zijn voetbal en het leven zo interessant. Overal kun je iets van leren, vooral van tegenslag en teleurstellingen.

Nieuwe lessen

De stap naar Barcelona was makkelijker doordat Louis van Gaal, die ik kende, daar trainer was. Ik wist wat ik van hem kon verwachten. Toch was de training anders dan ik gewend was. Dat kwam voor een deel door het warme klimaat. De ochtendtraining vond in de zomer bijvoorbeeld vroeger plaats, rond negen uur. In de avond trainden we wel tot een uur of acht. In Nederland was de training altijd om half elf 's morgens en om half drie 's middags geweest.

Die tijden waren van grote betekenis want het was in de eerste uren na de avondtraining absoluut onmogelijk om in slaap te vallen. Als de training afgelopen was om half tien in de avond, gingen we pas eten om half elf. Het duurde tot één uur of twee uur voordat ik sliep. 's Ochtends moest ik om half acht opstaan voor de ochtendtraining. Zo sliep ik vaak veel korter dan ik altijd gewend was geweest.

Ook de temperatuur van 25 tot 35 graden was een probleem. Dat voelde je echt bij een training. In Finland of Nederland had je hoogstens een paar dagen of weken in de zomer last van de hitte. In Finland was ik gewend om tussen vier en vijf uur te eten en in Nederland rond zes uur. In Spanje ging je niet voor negenen naar een restaurant.

Die verschillen brachten hun eigen problemen met zich mee, maar je moet je zo snel mogelijk zien aan te passen aan een andere cultuur.

In Amsterdam kostte het ook een half tot een heel jaar om echt te wennen. Er waren nieuwe medespelers en een nieuwe taal, alles was anders. In Barcelona moest ik ook weer van alles leren. Deze keer had ik geen taalleraar maar leerde ik zelf Spaans. Het grootste verschil met destijds in Amsterdam was dat er veel bekende voetballers en trainers uit Amsterdam waren die me goed hielpen. Daarnaast had ik een Nederlands-Spaans woordenboek. De Finse taal heb ik niet gebruikt. Van Frans Hoek, een keeperstrainer die ik van Ajax kende, leerde ik veel voetbaltermen. Hij was al jaren een vertrouweling van Van Gaal die hij volgde naar Barcelona, Bayern, het Nederlands elftal en Manchester United. Behalve de Nederlanders waren Pep Guardiola en Luís Figo de enige andere spelers die Engels spraken. Ook van de mensen eromheen sprak bijna geen mens Engels. Om goed te kunnen communiceren, wilde ik zo snel mogelijk Spaans leren. Als het nodig was, kreeg ik hulp, maar ik werkte er zelf ook aan. Hoewel Barcelona een Catalaanse club is, was de voertaal Spaans. De Catalanen spraken met elkaar natuurlijk wel hun eigen taal. Ik leerde wel een paar Catalaanse woorden en uitdrukkingen, maar er is veel verschil tussen beide talen.

Er speelden veel Nederlanders bij Barcelona: Frank en Ronald de Boer, Michael Reiziger, Winston Bogarde, Patrick Kluivert, Phillip Cocu, Boudewijn Zenden en doelman Ruud Hesp, verder de trainers Van Gaal, Hoek en Ronald Koeman. In het tweede jaar kwam ook Marc Overmars, maar tegelijkertijd vertrokken er een paar, onder wie uiteindelijk ook ikzelf. Bij de club had ik het naar mijn zin en ook de stad Barcelona is prachtig.

Het eerste seizoen was in zoverre een teleurstelling dat we in geen van de vier competities waaraan we deelnamen de hoofdprijs wonnen, ondanks het feit dat we een geweldig elftal hadden. Rivaldo werd in 1999 gekozen tot beste voetballer van Europa en tot Wereldvoetballer van het Jaar, en het jaar daarop werd Figo Europees Voetballer van het Jaar. De Spaanse internationals Luis Enrique, Pep Guardiola, Abelardo en Sergi speelden bij ons. Verder waren er Xavi, Carles Puyol en Gabri uit de eigen opleiding. In de aanval stond dan nog de jonge Portugees Simão.

Het elftal bestond uit topspelers en jonge talenten die volgens trainer Van Gaal en voorzitter Josep Lluís Núñez de volgende spelersgeneratie van Barcelona moesten gaan vormen. De derde en vierde doelman waren bijvoorbeeld de zeventienjarige Pepe Reina, die later bij Liverpool, Napoli en Bayern zou spelen, en Víctor Valdés, die later heel lang bij Barcelona in het doel zou staan.

Achteraf is het makkelijk om te zeggen dat het idee om op zo'n basis een elftal op te bouwen goed was, en ook de verwezenlijking ervan was goed begonnen, maar halverwege was de tijd op.

In Barcelona maakte ik geweldige momenten mee maar ook teleurstellingen. Mijn eerste doelpunt in Camp Nou, bijvoorbeeld, was een schitterende ervaring. Aan de andere kant waren er de zware processen van geblesseerd raken en weer herstellen, zeker ook omdat er veel – eerlijke – onderlinge rivaliteit was tussen de spelers. Er waren verschillende spelers voor dezelfde positie. Ik moest voor mijn plek de strijd aangaan met onder anderen Luis Enrique. Hij was basisspeler in het Spaanse elftal en werd later hoofdtrainer van Barcelona. Op dezelfde plek konden ook Ronald de Boer en Gabri spelen. Gabri kwam uit de eigen opleiding en speelde in Jong Spanje.

In die situatie was het een probleem dat ik regelmatig geblesseerd was. Altijd als ik speeltijd kreeg, kwam ik al snel weer aan de kant terecht en moest ik mijn conditie weer opbouwen. Steeds was ik net weer in vorm als ik alweer een blessure opliep. Tegelijkertijd stonden topspelers op mijn plaats in het veld.

Ondanks de stevige concurrentie kon ik goed opschieten met zowel Ronald de Boer als Luis Enrique en Gabri. Het was heel vervelend om van buitenaf te horen dat de selectie uit verschillende kampen zou bestaan. Er klonken wel eens geluiden dat er bijvoorbeeld te veel Nederlanders in het elftal zaten die te veel tijd samen doorbrachten. In mijn beleving was dat heel anders. Misschien scheelde het dat ik niet tot een 'clubje' behoorde. Ik kon het met iedereen goed vinden. Maar omdat we geen prijzen wonnen, kon van een mug makkelijk een olifant worden gemaakt.

De grootste ster van het elftal was Rivaldo. Hij bracht de begintijd bij Ajax terug in mijn herinnering, de tijd waarin ik Dennis Bergkamp van nabij meemaakte. Allebei waren ze in staat om op trainingen en in wedstrijden dingen te doen waar je alleen maar bewonderend naar kon kijken. Ik stond regelmatig te kijken hoe dat nou weer mogelijk was. Als je Rivaldo volgde, kon je wel voorspellen wat hij ging doen, maar je kon hem niet tegenhouden doordat hij het zo verschrikkelijk goed deed. Hij verraste verdedigers keer op keer. Het kunnen laten zien van zulke kwaliteiten in bekende situaties tekent de echte topspeler.

Toch herinner ik me ook een minpuntje van Rivaldo. Toen ik in de zomer van 1999 naar Barcelona ging, speelde hij de hele herfst geweldig. Hij werd, in mijn ogen volkomen terecht, gekozen tot Europees Voetballer van het Jaar. Een dag na de prijsuitreiking bedankte hij de andere spelers. Tegelijkertijd kondigde hij aan niet meer aan de linkerkant te willen voetballen. Hij wilde als schaduwspits in het centrum worden opgesteld.

We waren allemaal nogal verbaasd, ook Van Gaal, die even van zijn à propos leek te zijn. Daarna zei hij dat hij niet goed begreep wat Rivaldo wilde omdat we bijna nooit met een centrale schaduwspits

Het elftal van FC Barcelona in 1999/2000

Rivaldo
Zenden

Kluivert
Dani

Figo
Simão

Cocu
Zenden

Luis Enrique
Litmanen
Gabri
R. de Boer

Guardiola
Xavi

Sergi
Bogarde
Zenden

Reiziger
Puyol
R. de Boer

F. de Boer
Reiziger

Abelardo
Déhu

Hesp
Arnau
Reina
Valdés

Louis van Gaal
Ronald Koeman
José Mourinho
Frans Hoek

speelden (dit was ook de positie waarop ik het beste tot mijn recht kwam, die rol had ik zowel bij Ajax als in het Finse elftal gehad, en ik heb mijn beste wedstrijden bij Barcelona ook op die positie gespeeld). Als Rivaldo niet meer op links wilde spelen, waar dan wel? Daar moest goed over worden nagedacht. Rechts speelde Figo en Kluivert stond in de spits, ze werden ondersteund door Simão en Dani. De club had spelers aangetrokken voor bepaalde posities binnen het elftal. Als Rivaldo niet meer op links wilde spelen, was er voor hem eigenlijk geen rol in het gekozen spelsysteem.

Het gekke was dat Rivaldo vanaf zijn plek aan de linkerkant in een seizoen zo'n vijfentwintig doelpunten had gemaakt en ook vijfentwintig assists had gegeven. Hij was een van de succesvolste doelpuntenmakers in Spanje en in de Champions League. Op die linkerflank was hij twee keer Spaans kampioen geworden en tot Europees Voetballer van het Jaar gekozen.

De volgende dag vertelde Van Gaal dat hij erover had nagedacht en voor Rivaldo geen positie had gevonden. Tijdens de volgende wedstrijd zat Rivaldo niet bij de selectie. Hij zat op de tribune terwijl wij een goede wedstrijd speelden. Het was in de wedstrijd tegen Real Sociedad waarin ik mijn eerste doelpunt in Camp Nou maakte.

Op de bespreking een dag later wilde Rivaldo wat zeggen. Hij had opnieuw over de situatie nagedacht en was toch bereid om aan de linkerkant te voetballen. Van Gaal zei weer dat hij erover moest nadenken. We vertrokken voor een uitwedstrijd bij Celta de Vigo. Zelf stond ik voor de tweede achtereenvolgende keer in de basis. Weer speelden we goed. Rivaldo begon op de bank, maar kwam uiteindelijk in het veld als centrale aanvaller en maakte de 2-0. Hij vierde dat doelpunt echter niet, en wekte een matte indruk. Vanaf dat moment had ik het gevoel dat hij niet meer dezelfde persoon was als voor die tijd. Er mankeerde ook iets aan zijn spel. Hij was natuurlijk nog altijd heel goed, maar er ontbrak iets. Hoewel Van Gaal zei dat Rivaldo een vaste waarde in het elftal zou blijven als hij zich wilde schikken in de rol die de trainers hem toewezen, was er iets misgegaan tussen Rivaldo en Van Gaal.

Na die gebeurtenissen bleef er iets van teleurstelling hangen ten opzichte van Rivaldo, hoewel ik hem echt waardeerde als mens en als voetballer. Je kon gewoon geen hekel aan hem hebben. Ik was dan wel zijn collega, toch was ik een Rivaldofan. Ik dacht bij mezelf hoeveel mensen graag wilden betalen om Rivaldo te zien voetballen. Ik kon hem elke dag bewonderen op trainingen en in wedstrijden, en dan kreeg ik nog een salaris ook!

De aanvaller aan de rechterkant naast Rivaldo, Luís Figo, steeg naar steeds grotere hoogten. In elke wedstrijd speelde hij goed of heel goed. Hij wilde absoluut elke wedstrijd spelen van het begin tot het eind. Hij werd niet gewisseld bij Barcelona, Real Madrid of het Portugese nationale elftal. Hij speelde bijna altijd op een niveau waarop hij zijn ploeg werkelijk hielp en was heel gevaarlijk op de helft van de tegenstander. En we hebben het over iemand die zo'n zestig wedstrijden per jaar speelde.

Als Rivaldo zijn uitverkiezing tot Voetballer van het Jaar in 1999 al verdiend had, dan gold dat zeker voor Luís Figo in 2000. Voor mij was het geweldig om het topvoetbal van zo nabij mee te maken.

Wat mezelf betreft, kregen die verkiezingen tot beste voetballer van het jaar een interessant vervolg toen ik in januari 2001 de transfer naar Liverpool maakte. Aan het eind van dat jaar werd Michael Owen Europees Voetballer van het Jaar. Misschien ben ik wel de enige voetballer in de geschiedenis die drie jaar achtereen een teamgenoot die prijs zag winnen. En dan gaat het dus om drie verschillende voetballers! Alle drie speelden ze in de aanval en hadden dus direct invloed op mijn spel. Op die manier verstreken drie jaren waarin ik op mijn best had moeten zijn en waarin mijn rijpheid en ontwikkeling op een hoogtepunt waren. Maar qua speeltijd werden die jaren toch wel een kleine teleurstelling.

Aanvankelijk liep het bij Barcelona heel goed, maar toen raakte ik met terugkerende regelmaat geblesseerd. Steeds weer vergelijkbare spierblessures. Achteraf bezien lijkt de oorzaak duidelijk. De fysiotherapeut van het Finse nationale elftal, Jari-Pekka Keurulainen, zei me dat ik moest worden geopereerd aan mijn rechterenkel. De operatie werd echter voortdurend uitgesteld om uiteenlopende redenen en de enkel werd steeds weer gerevalideerd. Uiteindelijk vond de operatie plaats in 2006. De chirurg maakte de enkel open en zei dat er van steun eigenlijk geen sprake meer was. De enkelbanden waren gescheurd of versleten. Alle stevigheid, die een mens gewoon nodig heeft, ontbrak eraan. In de loop der jaren was de enkel ingetapet en waren schoenen op allerlei manieren aangepast om de enkel meer steun te geven.

Het blijft een feit dat negen van de tien blessures aan de rechterkant optraden en direct of indirect te maken hadden met die zwakke rechterenkel. Nu eens was het een kuitspier die pijn deed, dan weer een bovenbeenspier. Adductoren en extensoren in heup en rug raakten ook vaak geblesseerd. Mijn enkel zal nooit meer helemaal in orde zijn en waarschijnlijk moet ik in de toekomst nog eens worden geopereerd. Ik heb het steeds maar voor me uit geschoven. Ondanks alles kan ik nog steeds twee keer per dag trainen zonder problemen, maar die enkel moet wel voortdurend worden behandeld.

Ik heb het geluk gehad dat fysiotherapeut Jari-Pekka Keurulainen zoveel tijd voor me heeft opgeofferd en altijd zijn best heeft gedaan om te zorgen dat ik door kon gaan met mijn hobby. Hij heeft altijd snel tijd voor me vrijgemaakt, op elke dag, in elke maand en ook tijdens vakanties. Hetzelfde kan ik zeggen over masseur Paavo Leiramo uit Lahti. Hij smeerde de eerste olie op mijn botten – van spieren was toen eigenlijk nog geen sprake – ergens halverwege de jaren '80 toen hij voor Reipas Lahti werkte en bij het nationale jeugdelftal. Daarna werkte hij ook voor het eerste nationale elftal.

Jari-Pekka heb ik voor het eerst ontmoet bij het Finse elftal ergens eind jaren '80, begin jaren '90. Hij begon mijn enkel in te tapen voor wedstrijden bij HJK. Destijds alleen nog voor wedstrijden. De linkerenkel hoefde nooit ingetapet te worden. Hij was er ook bij toen mijn enkel werd geopereerd in 2006 en kon toen de enkel die hij zo vaak aan de buitenkant had gezien ook vanbinnen bekijken.

Halverwege de jaren '90, bij Ajax, werden voor het eerst aanpassingen aan mijn schoenen gemaakt. Eerst werd de schoen verhoogd, omdat mijn achillespees voortdurend geïrriteerd was. Daarna verzwikte ik mijn rechterenkel zeven keer in een seizoen en moest ik een paar keer een poosje aan de kant blijven, soms een paar dagen, soms enkele weken. Daarna werd de schoen wijder gemaakt om de enkel beter te kunnen steunen. Vooral dat wijder maken leek gunstig uit te pakken. Ook de zolen werden aangepakt en de enkel werd op allerlei manieren ingetapet. Al deze maatregelen hielpen, maar ze konden het eigenlijke probleem, mijn 'glazen enkel', niet verhelpen. Bij de behandeling van die enkel is Keurulainen een van de belangrijkste personen geweest. Ik heb veel aan hem te danken.

Soms keek ik bij Barcelona jaloers naar Rivaldo als hij in de kleedkamer een paar nieuwe schoenen uit een la pakte, er veters in reeg en ze aantrok. Zonder rek- en strekoefeningen te doen ging hij vervolgens op doel schieten. Zelf ging ik eerst binnen stretchen, daarna nog een keer op het veld, dan begon ik met rustige schoten en pas daarna kon ik echt gaan schieten. Dat laatste meestal pas na de groepstraining, op eigen gelegenheid.

Als ik nieuwe voetbalschoenen in gebruik nam, droeg ik ze eerst een paar keer in de sauna zodat ze goed naar de vorm van mijn voeten gingen staan. Voor de training maakte ik ze zachter met heet water, deed de zolen erin en knipte de veters op maat. Eerst gebruikte ik de nieuwe schoenen tijdens een gedeelte van de training, een volgende training iets langer en uiteindelijk hield ik ze een hele training aan. Daarna ging ik er pas een wedstrijd op spelen.

Vergeleken met de meeste andere voetballers moest ik altijd heel veel werk verrichten voordat ik in staat was om te spelen en om zo lang te kunnen genieten van wat ik altijd nog als mijn hobby beschouw. Het is wel een hobby die vaak veel tijd kostte en veel teleurstellingen met zich meebracht. Toch heb ik het voetbal tijdens mijn hele loopbaan altijd in de eerste plaats als een hobby beschouwd, en als een manier van leven.

Speciaal op zijn eigen manier

Veel mensen zullen zich Jari Litmanen herinneren als een voetballer wiens loopbaan vaak werd geplaagd door blessures en tegenslagen. Jari-Pekka Keurulainen, de fysiotherapeut van het Finse elftal, vertelt zijn kant van het verhaal hierover.

Keurulainen, die in het jaar 2000 bij het nationale elftal ging werken, kijkt anders aan tegen de blessures die Litmanen opliep dan de meeste mensen. Keurulainen en Litmanen brachten samen waarschijnlijk honderden, zo niet duizenden uren door op het voetbalveld en erbuiten. Keurulainen heeft talrijke lichte en zware blessures gediagnostiseerd. Hij heeft van dichtbij kunnen zien wat een bijzondere voetballer Litmanen is. 'Op de prestatie van een gemiddeld werkpaard zou zo'n blessure niet veel invloed hoeven hebben, maar zo'n voetballer, voor wie een wedstrijd een kunstwerk is, moet perfect in vorm zijn. Gevoelige en balvaardige voetballers voelen of alles in orde is,' aldus Keurulainen. 'Ieder mens zit weer anders in elkaar, voelt anders en heeft andere zenuwen en spieren. Alles is individueel bepaald. Jari kan gewoon niet voetballen als niet alles nagenoeg in orde is,' vervolgt Keurulainen.

Keurulainen weet dat Litmanen een treurige historie vol blessures heeft en vaak aan de kant moest blijven. Volgens de ervaren fysiotherapeut is er echter nooit sprake van geweest dat Litmanen onvoldoende gemotiveerd was. 'Het is geen vraag of hij alles wilde geven in een wedstrijd. Maar als hij niet helemaal in orde was, hebben we nooit risico's genomen. Het is vaak genoeg gebeurd dat hij toch wilde spelen. Hij heeft er enorm de balen van gehad, en nog steeds, dat hij zo vaak verstek moest laten gaan.'

Keurulainen vertelt dat hij Litmanen heeft aangeraden om lichter te trainen. Dat wilde de Fin echter nooit. 'Vaak heb ik het volgende sce-

nario voorgesteld: wedstrijd, hersteltraining, voorbereidende training en weer een wedstrijd. Maar hij wilde altijd allerlei dingen doen. Hij moest het gevoel in zijn lichaam krijgen dat alles liep. In positieve zin was hij verslaafd aan trainen.'
Het moeilijkst voor Jari Litmanen was waarschijnlijk zijn afwezigheid in 2004 bij een interland tegen Nederland in Amsterdam. Hij moest aan de kant blijven vanwege een dijbeenblessure. De wedstrijd in de Amsterdam ArenA zou heel veel voor Litmanen hebben betekend. Bij Ajax bereikte hij tussen 1992 en 1999 de wereldtop. Ook tussen 2002 en 2004 speelde hij bij die club. Het was zonder meer duidelijk dat Ajax voor hem het grootste voetbalheiligdom was. In de ArenA zou hij beslist zijn toegejuicht door het Nederlandse publiek.
'Hij wilde die wedstrijd tegen elke prijs spelen. Een week voor de wedstrijd raakte hij geblesseerd en we kregen hem niet op tijd fit. Hij wilde voor duizend procent zeker spelen,' herinnert Keurulainen zich. Nederland doorbrak de reeks winstwedstrijden van het Finse elftal door te winnen met 3-1. Een dag voor de wedstrijd vond een onvergetelijke gebeurtenis plaats. Na de laatste training voor de wedstrijd lukte het de Finse spelersbus niet om naar het hotel te rijden. Het voertuig was pas vijftig meter verwijderd van de ArenA toen het werd tegengehouden door een grote schare supporters. Het doel van deze mensen was om eer te bewijzen aan Litmanen, de legendarische speler van hun club. 'Dat kwam als een totale verrassing. De zeker honderdkoppige groep hield de bus tegen en begon de naam van Litmanen te scanderen. Ze ontstaken fakkels en toen Litmanen naar buiten stapte, boden ze hem een cadeau aan. Het was een schilderij of iets dergelijks. Iedere speler in de bus was doodstil. Het waren allemaal profvoetballers maar ze vroegen zich af of zoiets werkelijk kon gebeuren.'
Volgens Keurulainen duurde het oponthoud ongeveer een halfuur.

'Verschillende supporters grepen de hand van Litmanen en bedankten hem voor zijn prachtige tijd bij Ajax. Het was echt een roerend moment. Er was niemand die geen vochtige ogen had. Het ging absoluut niet om handtekeningen maar om iets veel groters. Het was ontzettend jammer dat hij in die wedstrijd niet mee kon doen. Toen Litmanen weer de bus in stapte, sprak niemand een woord. Iedereen was met stomheid geslagen. Op dat moment besefte menigeen wat een grote ambassadeur hij is voor het Finse voetbal en wat een grote figuur hij is bij Ajax.'

Onverwachte machtswisselingen

Voor mij was mijn eerste Barcelonajaar een teleurstelling doordat we geen prijs wonnen, maar vooral ook door mijn ontelbare blessures. Daarom keek ik halsreikend uit naar het nieuwe seizoen. Voordat hij op vakantie ging, had Van Gaal tegen me gezegd dat mijn volgende seizoen bij Barcelona beter zou worden. Hij zag dezelfde tekenen als destijds bij Ajax. Ik had hetzelfde gevoel. Ook bij Ajax was mijn eerste seizoen een leerjaar geweest, hetzelfde had gegolden in de Finse competitie en in het nationale elftal. Als het plaatje eenmaal duidelijk was, kon ik me op de kern concentreren, oftewel op het voetballen.

De werkelijkheid liep heel anders dan Van Gaal en ik hadden gedacht. Tijdens de zomervakantie werd eerst voorzitter Núñez terzijde geschoven en daarop trok Van Gaal zijn eigen conclusies en nam ontslag als trainer. De twee mensen die mij naar de club hadden gehaald vertrokken dus.

Toch ging het goed met me tijdens de eerste drie weken van de voorbereiding op het nieuwe seizoen. Een nieuwe voorzitter liet nog op zich wachten en dus ook de keuze voor een nieuwe trainer. Er deden allerlei bekende namen de ronde, zoals Fabio Capello en Arsène Wenger, maar die zaten vast bij hun clubs. Bij Barcelona was Lorenzo Serra Ferrer de enige met de vereiste papieren. Hij was eerder trainer geweest bij Mallorca en Betis Sevilla en trainde nu de junioren. Hij had ons begeleid tijdens de drie weken voorbereiding en de nieuwe voorzitter Joan Gaspart besloot uiteindelijk om Ferrer tot hoofdtrainer te benoemen.

Het verrassende vertrek van Luís Figo naar Real Madrid hield voor een deel ook verband met het feit dat Barcelona tijdelijk geen voorzitter had. Hem was blijkbaar een nieuw, verbeterd contract beloofd, maar de besprekingen daarover werden uitgesteld in afwachting van een nieuwe voorzitter.

De situatie was boeiend omdat ook in Madrid verkiezingen werden gehouden voor een nieuwe president; weliswaar iets eerder dan in Barcelona. Lorenzo Sanz was daar een aantal jaren voorzitter geweest en de club had veel succes gehad. Real had zowel het landskampioenschap gewonnen als de Champions League. Men verwachtte dat hij voorzitter zou blijven, maar zijn tegenkandidaat was Florentino Pérez, wiens kansen aanvankelijk laag werden ingeschat. Pérez kwam echter met de belofte dat als hij voorzitter werd, Luís Figo naar Real zou komen. Dat bezorgde Pérez flink wat aandacht. Blijkbaar had hij ook seizoenkaarthouders beloofd dat ze hun geld terugkregen als Figo niet zou komen.

Zo werd Pérez gekozen en het lukte hem inderdaad om met Fígo een contract af te sluiten. In Madrid waren ze natuurlijk tevreden, maar in Barcelona trok men zich de haren uit het hoofd omdat waarnemend voorzitter Gaspart het niet had aangedurfd om een beslissing te nemen ten aanzien van Fígo's nieuwe contract. Dat zette de clubleiding van Barcelona natuurlijk flink onder druk. Hoe was het mogelijk dat ze een van hun grootste sterren, die net op het EK had geschitterd, naar hun grootste concurrent hadden laten vertrekken?

Hoewel Fígo weg was, had ik nog het volste vertrouwen in het nieuwe seizoen. Ik geloofde in de slagkracht van ons elftal. Spoedig na de benoeming van de nieuwe trainer werd echter een lijst namen opgehangen van mensen die met de trainer moesten praten.

Mijn naam stond ook op de lijst. Ik vermoedde direct dat het niet om een gezellig onderonsje zou gaan. Ik herinner me nog goed dat een zekere assistent-trainer met de naam José Mourinho na zijn eigen gesprekje kokend van woede uit de kamer van trainer Ferrer kwam onder het uitstoten van een aantal welgekozen Spaanse kwaliteitswoorden, gevolgd door een aantal in het Engels en Portugees. Ik wed dat daar de oorzaak ligt van Mourinho's huidige houding tegenover de club Barcelona. Uiteindelijk heeft hij het natuurlijk ver geschopt. Mourinho keerde terug naar Portugal en won met Porto de UEFA Cup en de Champions League. Over succes had hij dus later niet te klagen.

Diverse goede voetballers vertrokken toen bij Barcelona. Van de negen of tien die gingen, was ik een van de laatsten. Tegen mij zei Ferrer: 'Je bent een goede voetballer maar ik heb voor Rivaldo gekozen als schaduwspits. Voor jou is geen plaats meer in de groep.' Dit gebeurde begin augustus, voordat er ook maar één echte wedstrijd of oefenwedstrijd was gespeeld.

Ik bevond me nu dus in dezelfde situatie als in 1992 toen ik naar Ajax ging. Toen was de tot nummer drie van Europa gekozen Dennis Bergkamp de topspeler die me in de weg stond, zonder de mogelijkheid om de concurrentie aan te gaan. Nu ging het om de voetballer die was gekozen tot de allerbeste van Europa. Het verschil met 1992 was dat Bergkamp na een jaar zou vertrekken en ik dan de kans zou krijgen. Nu, acht jaar later in het jaar 2000, ging Rivaldo helemaal nergens heen en kreeg ik geen kans.

Ik begreep de situatie goed. Rivaldo was tot nummer één gekroond, en hoewel ik de nummer twee was op die positie, kwam ik toch na hem. Waar ik ongelooflijk van baalde, was dat ik heel goed had nagedacht voordat ik een driejarig contract ondertekende en

‘Elke dag in de sauna met alleen voetbalschoenen aan!’

Xavi, een van de grootste namen uit Barcelona, herinnert zich Jari Litmanen letterlijk met warmte. Het eerste wat bij hem opkomt is de neurotische houding van Litmanen ten aanzien van zijn voetbalschoenen en zijn vereenzelviging met de Finse saunacultuur.
‘Als ik aan Jari Litmanen denk, denk ik aan de sauna. Hij ging daar elke dag in, zonder onderbroek maar wel met zijn voetbalschoenen aan. Ik verwonderde me erover, maar hij zei dat ze zo naar zijn voeten gingen staan. Patrik Andersson deed het ook,’ zegt Xavi lachend in de documentaire *Koning Litmanen.*
Litmanen is wat ouder dan Xavi en kon hem een beetje helpen aan het begin van zijn carrière. ‘Ik was een beginner van een jaar of 18, 19. Het was een moeilijke tijd. Trainer Van Gaal was nogal veeleisend en Jari hielp me flink. Hij was al een veteraan, maar niet verbitterd, en hij wilde werkelijk helpen. Hij wist altijd iets bemoedigends te zeggen. In de kleedkamer was hij echt een goede vriend,’ zegt Xavi dankbaar.
Litmanen was in zijn eigen tijd net zo’n soort maestro op het middenveld geweest als Xavi zou worden. ‘Het verbaasde me nogal dat hij na een zware training in zijn eentje ging oefenen op strafschoppen. Hij pakte zeven of acht ballen en schoot ze vanaf de stip in het net. Hij zag het spel goed en was de situatie altijd meester. Altijd stuurde hij de bal de goede kant op. Zijn technisch en tactisch vermogen was een voorbeeld voor de jongere spelers. Ik beweeg veel en zorg dat er ruimte om de bal ontstaat. Ik speel veel tussen de linies, net als hij. Ik heb bijna dezelfde stijl als Jari.’

flink plannen had gemaakt. In het spelsysteem van Barcelona zat een schaduwspits; de positie waarop ik het beste tot mijn recht kwam. Maar de trainer koos voor Rivaldo en gaf mij niet eens de mogelijkheid om te laten zien wat ik kon, bijvoorbeeld voor als Rivaldo geblesseerd raakte of als het niet goed liep.

Ik besloot om een time-out te nemen, terwijl de anderen die in een vergelijkbare situatie terecht waren gekomen, zo snel mogelijk Barcelona verlieten. Het was eind augustus, de transferperiode was bijna voorbij en ik had geen nieuwe club. Er was wel contact gezocht en ook had de club me wel in een paar richtingen geleid, maar ik wilde rustig nadenken over een oplossing. Het grootste deel van de clubs in Europa was al klaar met inkopen doen, dus het was in die fase lastig om nog een transfer te maken.

Gaspart, de nieuwe voorzitter, zei toen tegen me dat de club geen moeite met me had. Ik was een volwaardig lid van de selectie, met dezelfde rechten en plichten als de anderen. De trainer bepaalde echter de opstelling naar zijn eigen inzichten, en de leiding van de club vertrouwde op die inzichten. Technisch directeur Carles Rexach, voormalig topspeler van Barça en ooit assistent-trainer van Johan Cruijff, dacht er net zo over. Volgens hem hoorde ik op basis van mijn kwaliteiten in het elftal thuis maar de nieuwe trainer kon mij niet inpassen.

Een paar maanden later zei Rexach nogmaals impliciet tegen me dat alles wat ik deed, op trainingen en in interlands – inmiddels had ik weer een aantal interlands gespeeld –, er goed uitzag. Hij begreep niet hoe ik in deze situatie terecht was gekomen en waarom ik geen speeltijd kreeg bij Barcelona. Maar hij was niet de trainer. In de club bestond wel waardering voor me, dat wilde hij me vertellen. Carles Rexach werd hoofdtrainer bij Barcelona in april 2001; ongeveer vier maanden nadat ik was vertrokken.

Vast in Barcelona

Het feit dat ik volwaardig lid was van de selectie, zoals de voorzitter me zei, betekende in de praktijk dat ik meetrainde, maar bij de thuiswedstrijden steeds op de tribune zat. Tijdens een uitwedstrijd was ik vrij.

In de herfst van 2000 speelde ik waarschijnlijk de beste interlands uit mijn carrière. Ik voelde me uitstekend in vorm. Ik was op mijn negenentwintigste in Barcelona en kon trainen in een heerlijke omgeving samen met geweldige voetballers. Ik voelde me als voetballer echt top. Het enige wat eraan mankeerde, was dat ik slechts één wedstrijd per maand speelde, in het Finse elftal.

Er waren twee manieren om met de situatie om te gaan. Ik zou lichter kunnen gaan trainen, omdat ik toch niet werd opgesteld; of ik kon hard werken en mezelf in topconditie houden. Ik koos de tweede optie. Ik wilde fit zijn voor de interlandwedstrijden en de hoop warm houden dat ik nog een kans zou krijgen bij de club... ooit. Elke training benaderde ik als een wedstrijd. Behalve mijn collega's kreeg ook de pers dat in de gaten. Daar werden op een gegeven moment vragen gesteld over de situatie.

Ik herinner me nog een wedstrijd op een moment dat er veel afwezigen waren, onder anderen Rivaldo, op een positie waar ik zou kunnen spelen. Een dag voor de wedstrijd riepen de anderen al: 'Hé Jari, morgen moet je wel in de basis staan!' Ik twijfelde daar ernstig aan en antwoordde dat ik eerst rustig ging douchen voordat ik zou kijken welke opstelling er aan de muur van de kleedkamer was gehangen. Toen ik uit de douche kwam, zag ik dat mijn naam de enige was met het woordje 'libre' erachter. De enige die de volgende dag vrij was. In de selectie zaten zelfs een paar jonge spelers uit het tweede elftal die nog nooit met het eerste hadden meegetraind.

Zoals ik al eerder aangaf, had onze trainer Serra Ferrer een aantal jaren bij Betis Sevilla gewerkt. Die club had mij destijds willen aantrekken. Bij Barcelona was de situatie natuurlijk anders: Rivaldo was gekozen tot beste voetballer van Europa en de wereld. Daarnaast waren er allerlei Spaanse spelers voor mijn positie, bijvoorbeeld Luis Enrique, en een aantal Catalanen, zoals Ivan de la Peña, Gerard en

Gabri. Politiek gezien had ik dus een slechte uitgangspositie. Een buitenlander moet altijd duidelijk beter zijn dan een eigen speler. Dat heb ik diverse keren meegemaakt tijdens mijn carrière, ook bij Liverpool en Ajax.

Na het aantreden van zowel een nieuwe voorzitter als een nieuwe trainer was de situatie een beetje verwarrend. Er waren diverse spelers vertrokken en er kwamen dure aankopen voor in de plaats. De schulden van de club stapelden zich op en het duurde jaren voordat die situatie verbeterde. Sommigen speelden jarenlang bij Barcelona zonder in Spanje een prijs te winnen, hetgeen nogal ongebruikelijk was. De situatie veranderde pas toen Rijkaard er trainer werd en vooral met de komst van Pep Guardiola, mijn toenmalige aanvoerder, die de bank echt liet springen. Alles bij elkaar was het voor mij een nieuwe ervaring. Voor die tijd had ik de clubs voor het uitkiezen; nu liet de trainer me weten dat ik kon vertrekken. Ik moest me bezinnen op mijn volgende stap. Dat duurde tot in december.

In de herfst vonden allerlei onderhandelingen plaats over de voorwaarden ten aanzien van mijn vertrek bij Barcelona. Uiteindelijk werd het duidelijk dat ik transfervrij weg kon gaan; als ik tenminste niet voor Real Madrid, Deportivo, Valencia of Atlético ging voetballen. Naar het buitenland, of naar andere Spaanse clubs, kon ik zonder transfervergoeding.

De situatie wordt kritiek

Mijn situatie bij Barcelona was nogal dubbel. Er waren mensen bij de club die zeer tevreden over me waren, maar Ferrer ergerde zich er duidelijk aan dat ik er nog steeds was. Ten eerste baalde hij ervan dat ik niet in augustus naar een andere club was vertrokken, zoals hij had gewild. Ten tweede was ik beslist niet minder dan de andere voetballers in de groep. Dat kwam ten dele door het feit dat voor veel andere jongens de training een voorbereiding was op de volgende wedstrijd of een hersteltraining van de vorige. Ik benaderde elke training als een belangrijke wedstrijd en dat moet te zien zijn geweest. Ik trainde vaak met veel toekomstige basisspelers zoals Puyol, Xavi, Gabri en Víctor Valdéz. Ook zij pasten vaak niet in de basis.

De trainer probeerde me ook een beetje 'op te leiden' voor andere posities. Voorafgaand aan een wedstrijd was het de gewoonte om tijdens de voorbereidende training de basiself te laten spelen tegen een elftal dat speelde in de opstelling van de komende tegenstander. Eén man werd benoemd tot spits, een ander tot middenvelder en de volgende moest verdedigen. Diverse keren gebeurde het dat Ferrer de 'tegenstander' samenstelde en aan het eind vroeg of er nog iemand niet genoemd was. Meestal stak ik dan mijn hand op. De trainer zei dan: 'Oké, probeer het maar eens als opkomende linksback.' Ik heb die rol ook wel eens aan de rechterkant vervuld.

Ik ben dus naar Barcelona gekomen als schaduwspits of aanvallende middenvelder en werd nu geacht om overal inzetbaar te zijn, terwijl ik mezelf moest voorbereiden op de rol van schaduwspits in het Finse elftal voor belangrijke wedstrijden tegen Griekenland, Albanië en Engeland.

In de eerste 'interne' wedstrijd bereidden we ons voor op de seizoensopening, een thuiswedstrijd in Camp Nou. De echte wedstrijd zou op zondag plaatsvinden en de trainingswedstrijd was op donderdag of vrijdag ervoor. Ik stond links voor de verdediging bij de uitdagers. Ik keek om me heen: de andere spelers stonden min of meer op hun eigen positie. Nou ja, dacht ik, ik zorg gewoon dat er niemand langs komt en dat mijn tegenstander niet scoort. Dat liep zoals ik wilde. Ik verdedigde goed en zorgde voor openingen. Ik haalde zelfs een keer de bal voor het doel weg met een omhaal. Dat deed ik wel vaker, maar dan om te scoren in het strafschopgebied van de tegenstander...

De positie voor de verdediging was niet helemaal onbekend voor me. Bij Ajax had ik ooit wel eens een paar wedstrijden op die plek gespeeld, bijvoorbeeld in de Champions League-wedstrijd tegen Real Madrid en voor de competitie tegen Feyenoord en PSV. Ik besloot om mijn taak nu serieus op te vatten. Het hielp natuurlijk dat ik teamgenoten tegenover me had staan van wie ik de bewegingen goed kon voorspellen.

Het gevolg van deze wedstrijd was dat aan de opstelling van de wedstrijd die een paar dagen later plaatsvond, twee spelers ontbraken tegenover wie ik in die trainingswedstrijd had gestaan: flankspeler Ronald de Boer en aanvallende middenvelder Dani. Ze hadden gespeeld in de zone die ik moest verdedigen. Ik weet natuurlijk niet waarom ze waren gewisseld, want daar heb ik niet gezellig met de trainer over gekletst. Misschien dacht hij dat als die Litmanen tegen hen zo goed overeind blijft, ze maar beter niet in de basisopstelling kunnen staan. Ronald de Boer baalde daar ongelooflijk van en verdween binnen een week naar Glasgow Rangers! Ook Dani was nooit zeker van een plek in de basis; terwijl hij in de voorbereiding de meeste goals scoorde.

Zoals altijd bereidde ik me goed voor op een training en was mijn houding professioneel. Ik hoefde me niet te sparen voor een wedstrijd in het weekend maar kon altijd voluit trainen en ook extra dingen doen. Op wedstrijddagen kon ik uitrusten en de accu weer opladen.

Het Finse elftal was in die tijd een soort uitlaatklep voor me. Als ik zag dat het nog een maand duurde tot de volgende interland, dan richtte ik me daarop. Vervolgens duurde het weer een maand tot de volgende wedstrijd. Ik moest rekening houden met het feit dat er veel scouts van andere clubs naar interlandwedstrijden komen. Ik bereidde me er heel goed op voor.

Ik moest ook rekening houden met het feit dat ik voor het nationale elftal werd uitgenodigd terwijl ik niet speelde bij mijn eigen club. Als ik in interlandwedstrijden niet goed speelde en het elftal niet van dienst was, zou mijn opstelling moeilijk te verdedigen zijn. In plaats

'Bij voetbal gaat het om intelligentie'

Ronald de Boer speelde met Jari Litmanen samen bij Ajax (1993-1999) en daarna bij Barcelona (1999-2000). Hij haalt herinneringen op in de documentaire *Koning Litmanen*: 'Jari was bijzonder. Hij was uitzonderlijk vastbesloten om succes te hebben en werkte ook naast de normale trainingen heel hard. Dat viel echt op want er was niemand anders die dat deed. Jari werkte aan zijn balbehandeling met beide voeten – binnenkant, buitenkant, op de borst. Ook oefende hij op vrije trappen, waarbij hij alles volmaakt probeerde te doen.'

Er was twijfel of Litmanen het wel zou redden bij een grote club als Ajax omdat men zei dat hij te langzaam zou zijn, een slechte kopper en op het veld niet goed zijn mannetje stond. 'Bij voetbal gaat het om intelligentie. Hij was niet langzaam en scoorde bovendien veel. Jari was een van de beste voetballers van Europa, dus hij heeft die kritiek wel weten te pareren,' aldus De Boer.

Litmanens blessures vielen wel op in Nederland, en hij kreeg de bijnaam 'De man van glas'. De Boer herinnert zich vooral het volgende voorval: 'Ik weet nog dat we een van onze beste spelers, een geblesseerde, echt nodig hadden. Jari dus. Het lukte hem om een volledige wedstrijd te spelen, en nog goed ook. Na de wedstrijd zei Jari dat hij nergens last van had. Een dag later, na de training, zat hij in zijn auto en voelde plotseling aan zijn rug. We waren allemaal blij geweest dat hij weer in orde was en in de wedstrijd had hij alle tackles doorstaan, maar hij bezeerde zichzelf terwijl hij in de auto stapte en zat weer een poosje aan de kant. Dit verhaal is zowel komisch als tragisch en op een of andere manier typerend voor Jari.'

van op de club richtte ik me in mijn voorbereidingen dus volledig op het Finse nationale elftal.

Toch hadden we in Barcelona ook plezier. Tijdens de warming-up hadden we bijvoorbeeld de gewoonte dat de assistent-trainer iemands naam riep, diegene moest dan een strekoefening voordoen die de anderen vervolgens nadeden. De nieuwe trainers werkten al een paar maanden bij de club toen we ons gingen voorbereiden op een treffen met AC Milan voor de Champions League. De assistent-trainer had al een paar mensen een oefening laten voordoen, toen hij mij aanwees en met zijn vingers begon te knippen alsof hij zich mijn naam niet herinnerde. 'Lidi, Lidi, Lidi,' herhaalde hij, totdat een medespeler riep dat ik Litmanen heette. Een mooi staaltje teamgeest. Het is niet moeilijk te raden wat mijn bijnaam vanaf dat moment was bij Barça...

Het gebeurde ook wel dat de trainer me tegenkwam in de gang bij de kleedkamers, maar mij 'per ongeluk' niet zag en met interesse naar de muur keek terwijl hij langs me liep. Ik accepteer volledig dat er in de groep iemand de voorkeur krijgt boven mij – Rivaldo bijvoorbeeld. Dat was geen probleem. En als de trainer mij op de training wilde opstellen als linksback, was dat ook best, hoewel dat de eerste keer wel een beetje vreemd overkwam. De trainer heeft het volste recht om te beslissen over alles wat met het voetbal te maken heeft.

Mijn uitgangspunt is wel dat we allemaal bij dezelfde club spelen, die al onze salarissen betaalt, en dat we in de eerste plaats mensen zijn. De trainer had zijn eigen redenen om mij niet op te stellen. Punt. Andere dingen zou hij echter stijlvoller hebben kunnen oplossen. Toch zaten aan zijn gedrag af en toe wel grappige kanten.

Ik was een keer thuisgebleven met koorts. De arts van de club kwam bij me langs en deed me meteen de speciale groeten van de trainer. Die hoopte dat ik snel beter zou worden en weer op de training kon verschijnen. Ik bedankte en zei dat ik er blij mee was. Daarna informeerde de dokter naar mijn fysieke toestand. Ik snapte eigenlijk helemaal niet waarom de trainer zo graag wilde dat ik terugkwam naar de trainingen terwijl hij me niet wilde opstellen.

Eén keer in mijn loopbaan ben ik weggestuurd van een training – of eigenlijk na de training, want die was al voorbij. De training was net afgelopen toen trainer Ferrer een aantal spelers vroeg om nog even te blijven trainen op penalty's en vrije trappen. De anderen mochten weg. Een klein groepje volgde de trainer en de meeste voetballers gingen naar de kleedkamer. Ik ging alleen naar het andere uiteinde van het veld om mijn eigen dingen te doen. Ik had een kwartiertje op doel geschoten, een paar ballen wellicht ernaast, en wilde nog een schot lossen voordat ik de ballen ging verzamelen en naar de kleedkamer zou gaan. Iemand riep mijn naam. Ik draaide me om. Serra Ferrer vroeg vanaf de andere kant van het veld of ik een paar voorzetten wilde geven. Ik antwoordde: '*No!*, nee, ik ga net naar de kleedkamer. Dit is de laatste bal, *última ballón.*' Ik schoot en liep naar het lege doel.

Ferrer kwam mijn kant op terwijl hij schreeuwde dat ik weg moest gaan. Ik vroeg me af wat er met hem aan de hand was. Hij bleef tekeergaan. Ik wandelde rustig naar de spelerstunnel, waar keeperstrainer Frans Hoek stond, letterlijk met zijn mond open. Hij keek naar mij, keek toen naar Ferrer en vroeg in het Nederlands: 'Wat is er gebeurd?' Ik antwoordde: 'Dat heb je toch zelf gezien.' 'Ja, ja, ik heb het wel gezien,' antwoordde Hoek, 'maar toch begrijp ik niet wat er gebeurde.' De training was al een kwartier voorbij, en ik werd weggestuurd nadat ik nog een kwartier extra had getraind.

Weg uit Barcelona

In de herfst van 2000 was het wel duidelijk dat ik weg moest bij Barcelona. Dat was voor alle partijen beter: zowel voor de club, die me altijd goed heeft behandeld, als voor mezelf – alleen trainen was niet de bedoeling, het zou een voorbereiding op wedstrijden moeten zijn

10 medespelers

Deze lijst zou veel langer kunnen zijn maar tien – plus een extra – is de grens. Hieronder een groepje unieke medespelers uit mijn carrière.

Dennis Bergkamp – Ajax
Stijlvolle en effectieve doelpuntenmaker.

Frank Rijkaard – Ajax
Een van de veelzijdigste voetballers die ik ken. Hij kon verdedigen, opbouwen en scoren.

Michael Laudrup – Ajax
Een van de beste spelers met wie ik heb samengespeeld.

Rivaldo – Barcelona
Een van de besten met wie ik heb gevoetbald en generatiegenoot. Waanzinnig linkerbeen.

Luís Figo – Barcelona
Een van de besten met wie ik heb gespeeld. Krachtige dribbelaar die avond aan avond op het hoogste niveau presteerde.

Xavi – Barcelona
Ik heb met de jonge Xavi gevoetbald. Toen al was hij uitzonderlijk goed. Hij was een van de beste middenvelders van het begin van deze eeuw.

Michael Owen – Liverpool
Doelpuntenmaker. Stond altijd op de goede plek en was trefzeker.

Steven Gerrard – Liverpool
Met Gerrard speelde ik samen toen hij jong was. Toen al een uitzonderlijke voetballer: felle rushes, krachtige schoten. Een van de grootsten uit de historie van Liverpool.

Zlatan Ibrahimovic – Ajax
Hij stond nog aan het begin van zijn carrière en groeide later uit tot een van de gevaarlijkste centrale aanvallers ter wereld. Voor een speler van zijn grootte snel, balvaardig en beweeglijk.

+
Als toevoeging een dubbele vermelding voor Marcus Törnvall en Sami Hyypiä. Met Sami mocht ik voetballen bij MyPa, Liverpool en in het Finse nationale elftal.

– en natuurlijk voor de gemoedsrust van de trainer. Ik begrijp hem heel goed. De druk is hoog in het topvoetbal en bij Barça. Lastpakken moet je kwijt zien te raken. De resultaten waren niet geweldig en oorzaken kon je overal vinden, ook bij voetballers die niet werden opgesteld.

Ik herinner me nog goed de enige keer onder Ferrer dat ik bij de groep zat. Op zondag was er een wedstrijd gespeeld en op de maandagse bespreking voor de training zei de trainer dat er een wijziging zou zijn voor de volgende wedstrijd. Litmanen gaat mee. Het betrof een uitwedstrijd in de Champions League tegen AC Milan in het San Siro. De spelers schrokken op en vroegen zich af wat er aan de hand was.

Ferrer legde zijn beslissing uit: 'Litmanen gaat mee omdat hij voorbeeldig en goed heeft getraind.' Zeker de helft van de spelers begon mijn naam te scanderen en een paar van hen besprongen mij. Daar lag ik dan onder een stapel zingende en schreeuwende voetballers. De oud-Ajacieden rekenden uit dat ik op dat moment degene in de groep was met de meeste Champions League-doelpunten op zijn naam. Nu mocht ik dus mee omdat ik goed had getraind. Normaal gesproken worden junioren op die manier behandeld. Ze krijgen zo een extraatje voor hun harde werken en worden gestimuleerd om er nog een schepje bovenop te doen. De vorige keer dat mij zoiets was overkomen, was in 1987, op mijn zestiende met de selectie van Reipas Lahti!

De hele wedstrijd heb ik gezien vanaf de bank. De wedstrijd eindigde in 3-3. Degene die op 'mijn' plek speelde, Rivaldo dus, scoorde een hattrick, zodat er weinig reden was om hem te wisselen.

Toch was het spelsysteem zodanig, dat we prima allebei in het veld hadden kunnen staan; als de wil er maar was geweest. 'We hebben Rivaldo, dus Litmanen is niet nodig', bleef het devies. Ik moet er wel aan toevoegen dat aanvallende middenvelders zoals De la Peña, Gerard en Alfonso ook weinig speeltijd kregen. Hetzelfde gold voor EK- en WK-winnaar Emmanuel Petit. Tegen die tijd wachtte ik alleen nog maar op 1 januari en het aanbreken van de transferperiode. Er was contact opgenomen door diverse clubs en daar zaten goede mogelijkheden bij.

In het verleden had ik twee keer nee gezegd tegen Liverpool, en nu werden de onderhandelingen opnieuw gestart. Ik vond dat ik niet voor de derde keer kon weigeren. Dat leek duidelijk. Liverpool leek me een club waar ik een bij mij passende rol zou kunnen vinden, waarin ik iets te bieden had. Die indruk werd bevestigd door de gesprekken met manager Gérard Houllier. Houllier beschouwde me als een ander type voetballer dan de aanvallers en aanvallende middenvelders die al bij Liverpool speelden. Ik zou een meerwaarde kunnen zijn.

Houlliers woorden maakten me enthousiast: we hebben veel spelers en we rouleren veel. Jouw goede kant is dat je op verschillende posities inzetbaar bent en diverse rollen kunt vervullen, zoals schaduwspits of achter de twee spitsen. Je speelt 50 tot 60 procent van de wedstrijden, misschien meer. Jouw ervaring kan van nut zijn voor onze jonge spelers.

Liverpool is altijd mijn favoriete club geweest en het feit dat Sami Hyypiä, die ik goed kende van MyPa en uit het Finse elftal, er een jaar eerder al heen was gegaan, zorgde voor een extra duwtje. Ik had nog nooit met een andere Fin samen bij een buitenlandse club gevoetbald.

In Barcelona hadden we in de herfst over allerlei transfermogelijkheden gepraat. Het uitgangspunt was dat ik in januari zou vertrekken als ik zelf transfervrij een club kon kiezen. Uiteindelijk stemde de club hierin toe, als ik maar niet naar een van de vier Spaanse rivalen zou gaan.

Hoewel er alternatieven waren, was mijn situatie anders dan toen ik een aantal jaren eerder bij Ajax vertrok. Toen waren diverse topclubs in me geïnteresseerd. Nu was die belangstelling enigszins verminderd; de clubs die me wilden hebben, zaten net iets onder de absolute top. Mijn situatie was zeker niet slecht, want ook deze keer kon ik kiezen uit goede clubs. Van het luxeprobleem dat ik ervoer bij mijn vorige transfer, was nu echter geen sprake. Toen moest ik nee zeggen tegen absoluut geweldige alternatieven omdat ik nu eenmaal maar voor één club tegelijk kan voetballen.

7

De favoriete club van mijn jeugd

Op oudejaarsdag 2000 vertrok mijn vlucht uit Barcelona via Amsterdam naar Manchester, waar ik op verzoek van Liverpool FC overnachtte in een hotel. Om de transfer naar Liverpool rond te maken, moest ik eerst nog fysiek worden onderzocht. Dat zou de volgende ochtend gebeuren, op 1 januari 2001, in Liverpool. Als alles in orde was, kon het contract worden getekend.

Toen ik in Liverpool was aangekomen, stond er een bericht op mijn voicemail van Brian Robson, de manager van Middlesbrough. Met die club had ik niet eerder contact gehad, maar nu had Robson gebeld om te melden dat hij interesse had. Ik was zo goed als ingelijfd door Liverpool, zodat ik geen enkele reden had om hierop in te gaan, maar ik vond het wel fijn dat een Engelse voetballegende, en voormalig captain van het Engelse elftal, belangstelling voor me had.

Het jaar 2001 begon absoluut geweldig. Binnenkort zou ik in de Engelse Premier League spelen voor een club waar ik al vanaf de jaren '70 fan van was. Destijds waren mijn voorbeelden eerst Kevin Keegan en later Kenny Dalglish geweest. Hun verrichtingen volgde ik op televisie. Nu zou ik zelf spoedig het rode shirt van Liverpool dragen. Mijn periode bij Liverpool begon prima. Ik kreeg aardig wat speeltijd doordat Houllier veel rouleerde. In februari volgde een kleine terugslag doordat ik beide wedstrijden in de halve finale voor de beker tegen Crystal Palace moest missen door een kuitblessure.

Eind maart speelde het Finse elftal tegen Engeland in de voorronden van het WK. De wedstrijd vond plaats op Anfield Road, het thuisstadion van Liverpool. Voor Sami Hyypiä en mij was het een unieke gebeurtenis. We waren gewend om daar in de kleedkamer van de thuisploeg te zitten en nu zaten we als tegenstander in de gastenkleedkamer. Het voelde heel vreemd om links af te slaan in plaats van rechts af, zoals gebruikelijk. Elke kleedkamer ziet er natuurlijk anders uit, maar het ging vooral om dat gevoel.

Voor mij was de wedstrijd een geweldige ervaring, maar ook voor mij persoonlijk op een vervelende manier veelbetekenend. In een strijd om de bal met Rio Ferdinand kwam ik ongelukkig op de grond terecht en ik voelde meteen aan de felle pijn dat er iets niet goed zat. Op dat moment stonden we met 2-1 achter en mijn enige gedachte was dat ik tot het eind van de wedstrijd in het veld wilde blijven. Ik kon mijn hand niet goed bewegen, ik moest hem tegen mijn borst gedrukt houden. Dat was natuurlijk lastig voetballen.

Tegen het eind van de wedstrijd kreeg ik een goede scoringskans uit een prachtige voorzet van links van Shefki Kuqi. Normaal zou ik daar wel raad mee hebben geweten, maar nu, doordat ik mijn armen niet kon bewegen, wist ik de kopbal onvoldoende kracht mee te geven. Dat was een goede mogelijkheid op 2-2, maar helaas verloren we de wedstrijd.

Een 'nette breuk'

Na de wedstrijd, in de kleedkamer, werd ik duizelig. Ik ging languit liggen maar ik bleef me slecht voelen en de pijn bleef. Met de teamarts ging ik naar het ziekenhuis, waar een foto van mijn hand werd gemaakt.

De dokter in het ziekenhuis kwam even later glimlachend het blijde nieuws vertellen. De breuk in mijn hand was heel ongecompliceerd. Het bot was heel netjes op twee plekken gebroken en zou snel weer helen. Ik luisterde naar de arts en vroeg me af wat er zo fijn was aan dit nieuws. Ik kon niets leuks ontdekken aan deze situatie, wat de dokter ook zei.

Ik was even stil en vroeg toen: 'Hoelang?' 'Zo'n zes tot acht weken,' was het antwoord. Er schoten allerlei gedachten door mijn hoofd. Het was nu eind maart. Over twee maanden zou het juni zijn, het begin van de zomervakantie. Het wedstrijdseizoen eindigde eind mei, en half juni hadden we nog een interland tegen Duitsland in het Olympisch Stadion van Helsinki.

Vervolgens vroeg ik wat ik tijdens mijn revalidatie zou kunnen doen. De dokter zei dat mijn hand drie weken volledige rust moest hebben, daarna kon ik trainen, maar elk contact met de hand moest worden vermeden. De hand ging drie weken in het gips en daarna zou een op maat gemaakte spalk worden aangebracht, waarmee ik mocht trainen en spelen.

Mooi is dat, dacht ik bij mezelf. Bij het trainen en tijdens een wedstrijd is er altijd stevig contact. Dit ging helemaal niet volgens plan. Ik was net aangekomen in een groep waarin ik een rol kon spelen en waarbij ik de steun had van de trainer. Ik had diverse blessures gehad aan mijn enkel, kuit en dijbeen, en nu was mijn rechterpols gebroken. De eerdere blessures konden nog gelden als voetbalblessures, maar dit had eigenlijk met voetbal niets te maken, hoewel de pols tijdens een wedstrijd was gebroken.

Voor mij was dit dus helemaal geen 'nette' breuk. Hij kwam op het verkeerde moment op de verkeerde plek. Het betekende om te beginnen dat ik niet kon meedoen in de halve-finalewedstrijd om de UEFA Cup tegen mijn vorige club Barcelona. Achteraf kan ik mezelf troosten met het feit dat ik mijn club kon helpen door te vertellen over de tactiek en de spelers van Barcelona. De eerste wedstrijd speelden we in Barcelona gelijk met 0-0. Na de wedstrijd waren de voetballers van Barça, de media en de supporters boos op mij vanwege het feit dat Liverpool met zo'n negatieve, verdedigende spelopvatting naar

Barcelona was gekomen. De mensen uit Liverpool waren juist heel tevreden met het gelijkspel, dat een mooi uitgangspunt was voor de return op Anfield Road.

Door een benutte strafschop van Gary McAllister wonnen we thuis met 1-0 en bereikten we de finale. Daarin versloegen we het Spaanse Alavés. In die wedstrijd kon ik natuurlijk ook niet meedoen. Ook in de halve finale en de finale van de FA Cup speelde ik niet. Ook die beker wonnen we.

Natuurlijk was ik ongelooflijk teleurgesteld dat ik twee geweldige halve finales en twee prachtige finales miste. Vooral tegen Barcelona had ik dolgraag willen voetballen. Ik had vooral de pest in over de manier waarop ik in deze situatie terecht was gekomen. Trainen kon ik wel maar ik mocht niet spelen. Misschien had ik de situatie beter kunnen accepteren als ik ergens pijn had gehad. Het was heel lastig om te verdragen dat ik alles kon doen wat met voetballen te maken had, behalve een wedstrijd spelen. En dat alles alleen omdat ik twee 'nette' breuken in mijn pols had.

Klinkt mooi, zo'n dubbele, nette breuk, maar ik zou hem liever vergeten. Soms word ik er nog aan herinnerd. Nog steeds voel ik op sommige momenten dat mijn pols geblesseerd is geweest. Bij het tennissen is mijn greep niet stevig genoeg en als ik bijvoorbeeld sneeuw heb geruimd, doet die pols zeer.

Die polsbreuk was een van de grootste teleurstellingen uit mijn carrière. Die verknoeide niet alleen het eind van het seizoen, maar had ook invloed op mijn toekomst bij de club. De club had de League Cup, de UEFA Cup en de FA Cup gewonnen en ik had in geen enkele finale gestaan. Vooral in die wedstrijden had ik de club van dienst willen zijn, als meest ervaren speler van het elftal. Twee keer heb ik een Champions League-finale gespeeld en diverse keren een halve finale. Nu haalde de club dit succes met een opstelling en een tactiek waarin ik geen inbreng had.

Op een haar na had ik mee kunnen doen aan de laatste wedstrijden van het seizoen. Slechts een paar weken na de UEFA Cup-finale speelde ik in het Finse elftal met 2-2 gelijk in een interland tegen Duitsland. Maar bijna telt niet in het topvoetbal.

Wel en niet spelen

In mijn tweede Liverpoolseizoen was ik volledig in orde – ik had geen blessures en nergens last van. Ik deed mee aan alle trainingen en was voor elke wedstrijd beschikbaar. Toch speelde ik zelden.

We hadden drie aanvallers uit het Engelse nationale elftal. Emile Heskey was de duurste aankoop van de club tot dan toe. Michael Owen werd in 2001 tot Europees Voetballer van het Jaar gekozen en was een van de makkelijkst scorende spitsen van de Premier League. Robbie Fowler kwam uit de eigen opleiding. De supporters hadden de bijnaam 'God' voor hem bedacht. Dat zegt wel iets over hun waardering voor hem. Hij was een van de populairste spelers aller tijden en scoorde vaak. Er was waarschijnlijk ook wel sprake van – op zichzelf begrijpelijke – bevoordeling van spelers uit Engeland en Liverpool. Ik stond in die omstandigheden eigenlijk een beetje buitenspel.

Dezelfde politieke benadering had ik al bij Barcelona meegemaakt. Daar werd ik zelfs, vanwege mijn Ajax-verleden, beschouwd als een Nederlander. En daarvan waren er volgens sommigen sowieso al te veel bij Barça. Het was eigenlijk wel ironisch om als Nederlander te worden bestempeld terwijl ik eindelijk eens nut had kunnen hebben van het feit dat ik uit Finland kom; iets wat in het topvoetbal doorgaans niet als een voordeel geldt. Maar hoe dan ook; ik was en bleef een buitenlander.

Het is prima om in de schaduw te staan van Heskey, Owen of Fowler, of later in die van Anelka. Ze zijn allemaal geweldige aanvallers. Toch hoopte ik speeltijd te krijgen op basis van wat ik liet zien.

Manager Gérard Houllier had me naar Liverpool gehaald, maar hij ging in oktober 2001 vanwege hartproblemen met ziekteverlof. Hij bleef vijf maanden aan de kant. In die tijd werd zijn taak overgenomen door assistent-trainer Phil Thompson, wiens ideeën over voetbal enigszins afweken van die van Houllier. Thompson was meer iemand van het traditionele Britse speltype. Houllier zocht naar een mengvorm van Brits en Frans voetbal.

In de herfst van 2001 verwachtte ik dat ik regelmatig zou spelen. We moesten veel wedstrijden spelen en de aanvallers zouden vast en zeker rouleren. Daar was van tevoren al sprake van geweest. Het liep anders. Een blik op de wedstrijdagenda maakt de zaken achteraf duidelijk.

Het seizoen begon op 8 augustus met een wedstrijd in Helsinki tegen Haka Valkeakoski in de voorronden van de Champions League. Ik stond in de basis en we wonnen met 5-0. In drie van de eerste vier wedstrijden stond ik in het veld. Daarna volgden zes wedstrijden waarin ik helemaal niet speelde. Tijdens drie ervan zat ik op de bank en drie op de tribune. Op 22 september was er een competitiewedstrijd tegen Tottenham. Ik stond toen in de basis, speelde zeventig minuten en maakte de winnende goal. We wonnen met 1-0. Vier dagen later, op 26 september, vond de Champions League-wedstrijd Liverpool-Dynamo Kiev plaats. Weer stond ik in de basis, weer speelde ik zeventig minuten en weer maakte ik de winnende goal. We wonnen weer met 1-0.

Dat voelde ontegenzeggelijk geweldig. Het vorige seizoen was geëindigd in een grote teleurstelling vanwege mijn polsbreuk. Nu kwam ik weer goed in mijn ritme, en wat belangrijker was, ik kon mijn elftal van dienst zijn door goed te spelen. In de zomer had Houllier nog benadrukt dat dit mijn jaar zou worden.

Maar toen... stond ik de hele maand, als beloning voor mijn waardevolle bijdrage, geen enkele keer meer in de basis. Af en toe speelde ik even kort mee. Alles bij elkaar nog geen volle negentig minuten. De tribune bezocht ik ook regelmatig. Halverwege die maand ging

Houllier vanwege zijn hart met ziekteverlof en Phil Thompson werd hoofdverantwoordelijk.

Toen besefte ik dat mijn eigen inspanningen niet hielpen om een plek in de basis te krijgen. Mijn speeltijd was volledig afhankelijk van factoren waarop ik helaas geen enkele invloed had.

Er begon in die tijd in Liverpool een mening post te vatten die me nogal ergerde. Als ik ergens in een winkel tussen de schappen stond, kwam er vaak wel iemand een praatje maken en vragen waarom ik niet speelde. Men was van oordeel dat ik speeltijd moest krijgen. Als ik mijn aankopen afrekende bij de kassa, kreeg ik te horen dat ik vaker moest spelen. Waar ik ook was, het onderwerp bleef hetzelfde. Heb je iets verkeerds gezegd tegen de manager of zo? Heb je zijn hond vermoord misschien?

Op een gegeven moment, halverwege het seizoen, kreeg ik een brief van een supporter die een statistiek had gemaakt van de wedstrijden van Liverpool. Uit deze gegevens bleek dat Liverpool de meeste doelpunten maakte en de meeste punten haalde als Michael Owen en ik in de basis stonden. Er kwamen vier wedstrijden aan, kort na elkaar, en ik hoopte daarin ook speeltijd te krijgen. De schrijver van de brief schreef dat voetbal weliswaar geen wiskunde is, maar dat het wel verstandig is om rekening te houden met statistieken. Aan het eind werd vermeld dat de brief ook zou worden verstuurd aan Phil Thompson. Ik heb het met Thompson nooit over die brief gehad.

Die vier wedstrijden dus. Slechts in één ervan stond ik in het veld.

Zo'n bemoeienis van buitenaf was waarschijnlijk goed bedoeld, maar ik ben bang dat het tegen me heeft gewerkt. Dat had ik al in Barcelona meegemaakt: steun uit de krant of van een medespeler kon de trainer niet vermurwen. Integendeel, we weten wat er gebeurt als je benzine op de vlammen giet. Het lag niet voor de hand dat Thompson iemand zou opstellen vanwege de mening van een onbekende of een 'breed gedeelde opvatting'.

‘Kenny Dalglish en Jari hebben veel gemeen’

Een van de ongetwijfeld grootste Liverpool-spelers ooit, Steven Gerrard, vertelt dat hij onder de indruk was van Litmanens trainingsdiscipline.
Litmanen kwam in januari 2001 van Barcelona naar Liverpool. Voor Gerrard was dat zijn tweede seizoen. Hij was toen eenentwintig jaar oud.
‘Ik was nog heel jong toen Jari bij de groep kwam, en hij was een geweldig voorbeeld. Het was nogal een schok voor ons tijdens de eerste training toen we zagen hoe goed hij was. Zijn bewegingen en balvaardigheid waren van uitzonderlijke klasse,’ herinnert Gerrard zich. ‘Na zijn blessures kregen we de magie van Litmanen te zien. Op tv hadden we die al wel gezien maar het was prachtig om dat bevestigd te zien tijdens trainingen en wedstrijden. Hij was altijd de eerste en ook de laatste op het trainingsveld. Jari is absoluut het hardste trainingsbeest dat ik ken.’
Litmanen is zelfs vergeleken met de legendarische Kenny Dalglish, die van 1977 tot 1990 voor Liverpool speelde. Met dat compliment zal Litmanen zeker blij zijn, want hij heeft vaak gezegd dat ‘King Lenny’ voor hem een van zijn grootste voorbeelden is.
‘Altijd als Jari de bal kreeg, was er sprake van magie. Kenny Dalglish en Jari hebben veel gemeen. Ze konden wonderen verrichten met de bal,’ vertelt Gerrard in de documentaire *Koning Litmanen.*

Het begon me inmiddels danig te ergeren dat ik leek te worden gezien als een laatste redmiddel. Als het niet liep of als er moest worden gescoord, werd ik op het allerlaatste moment in het veld gebracht om op een of andere manier een verandering in gang te zetten. In een wedstrijd op Anfield Road, tegen Chelsea, leek de wedstrijd op een gelijkspel uit te draaien, toen ik vijf minuten voor tijd het veld in werd gestuurd. Natuurlijk wilde ik spelen en het elftal helpen. Toen ik het veld in stapte zei Thompson tegen me: 'Try to change the game.' Mijn eerste gedachte was: dat zal niet meevallen. Als ik tien tot vijftien minuten had gekregen, zou ik iets meer hebben kunnen betekenen.

Op zo'n moment moet je daar natuurlijk niet aan denken, maar het was wel illustratief voor mijn kijk op de situatie. In die laatste vijf minuten wonnen we de wedstrijd – het doelpunt werd, dacht ik, gemaakt door Šmicer, op aangeven van Heskey, en ik was betrokken bij de voorbereiding. De wissel had dus wel het vereiste resultaat gehad maar ik was niet zo blij met de manier waarop met me werd omgegaan. Voor de trainer was ik goed genoeg als hij niets beters meer wist te verzinnen. Ik streefde er niet naar om de volgende supersub te worden, in navolging van David Fairclough.

Een ander goed voorbeeld is de Champions League-wedstrijd tegen Galatasaray in februari 2002. Van de negen voorgaande wedstrijden had ik in acht ervan geen minuut gespeeld en in de negende (een uitwedstrijd voor de FA Cup tegen Arsenal) was ik in de tweede helft ingevallen. Het uitgangspunt was dat we de wedstrijd moesten winnen. Daarna kregen we nog Barcelona uit en AS Roma thuis. We stonden laatste in de poule.

Er was ongeveer zeventig minuten gespeeld toen Galatasaray 1-0 maakte. Voordat de aftrap plaatsvond kreeg ik al te horen: 'Get ready, quick', je moet invallen. Ik kon prima meekomen in de laatste twintig minuten. Heskey en Owen speelden goed en Heskey kon de 1-1 scoren uit een van mijn voorzetten. Eindelijk weer eens moe, maar blij.

Op de Nederlandse televisie zei Johan Cruijff over de wedstrijd: 'De wedstrijd was niet geweldig. Liverpool speelt met kracht en agressie. Jari gebruikt zijn intelligentie en zijn techniek. Jammer dat Jari er nu amper aan te pas komt. Hij heeft een elftal nodig waarin zijn kwaliteiten tot hun recht komen.' Dat is een opvatting die je tot nadenken stemt.

Ik kreeg toen allerlei gedachten die helemaal passen bij mijn karakter. In principe kreeg ik dus alleen speeltijd als we achterstonden of als het slecht liep. Dat wens je je medespelers toch niet toe? Mijn positie was niet bepaald grappig: als het elftal goed speelde, kreeg ik minder speeltijd. En ik wilde natuurlijk niet dat het elftal slecht speelde, ook al was het voor mij de enige mogelijkheid om in het veld te komen.

Op een gegeven moment kon ik er niet meer van genieten als we bijvoorbeeld met 3-0 wonnen; iets wat overigens niet vaak gebeurde. Het verminderde mijn kansen op speeltijd. Aan de andere kant was het ook zwaar om er bij een achterstand in te komen met de woorden: 'Try to change the game.'

In die tijd nam ik de 'therapeutische' gewoonte aan om mijn gedachten op papier te zetten. Als ik nu naar mijn aantekeningen en mijn krantenknipsels uit die tijd kijk, en ze vergelijk met mijn eigen herinneringen, wordt bevestigd dat het spel van de ploeg zeer wisselvallig was. Hoewel je niet altijd volledig op je eigen herinnering kunt vertrouwen, lijkt het erop dat uit mijn aantekeningen en mijn herinneringen hetzelfde beeld oprijst.

Een interessante wedstrijd was de uitwedstrijd in maart 2002 tegen Fulham. We stonden voor met 1-0, maar de tegenstander speelde goed. We hadden een goede mogelijkheid op 2-0, maar ook Fulham kreeg diverse kansen. Het volgende doelpunt kon aan beide kanten vallen.

Ik kwam ongeveer tien minuten voor het einde van de wedstrijd in het veld. Ik had nog geen bal aangeraakt toen Abel Xavier vanaf de eigen helft een bal in het wilde weg naar voren schoot. Ik was nog vers en was eigenlijk de enige die nog genoeg energie had om achter die bal aan te gaan. Bij het doel van de tegenstander kwam mijn vriend – en topdoelman, met wie ik veel heb samengespeeld – Edwin van der Sar me tegemoet, maar het lukte me om de bal net voor zijn neus weg te koppen en vanaf de zijkant het lege doel in te schieten. Ik was er natuurlijk heel tevreden mee want de 2-0 verzekerde ons van drie punten.

Na de wedstrijd beweerde Thompson tegen de media dat het leuk was dat ik een doelpunt meepikte als beloning voor mijn professionele houding. Ik was stomverbaasd toen ik dat hoorde. Word ik nu bedankt voor mijn goede arbeidsmoraal? Ook bij Barcelona had ik al eens vanwege mijn goede moraal op de bank plaats mogen nemen. Zelf was ik van mening dat we voor Liverpool speelden, een van de grootste en succesvolste clubs uit de Premier League. Dan is het onzin om over arbeid en moraal te praten. Op dit niveau, en helemaal bij deze club, is dat vanzelfsprekend.

We waren er allemaal trots op dat we het shirt van Liverpool mochten dragen. Het kwam heel vreemd over dat mijn harde werken en mijn moraal apart werden genoemd. Op een of andere manier was dat helemaal niet waar het om ging.

Flashbacks uit Barcelona

Met manager Phil Thompson heb ik nooit problemen gehad. De relatie met hem en met alle andere mensen bij de club was altijd goed. Alleen onze ideeën over voetbal strookten niet met elkaar.

Ik wil benadrukken dat ik Phil Thompson waardeer als persoon en als voormalig legendarisch voetballer bij Liverpool. Hij gaf altijd rechtstreeks zijn mening, een gewoonte die ik al in mijn Nederlandse tijd heb leren waarderen. Het feit dat hij me op het allerlaatste moment wilde laten invallen, betekende dat hij vertrouwen in me had. Iedere trainer wil winnen, hoe dan ook, en het feit dat ik zijn laatste troefkaart was, beschouw ik als eervol.

Thompson was zelf ook een echte Liverpoolsupporter. Soms maakte zijn steun aan de club hem zelfs blind voor het spel. Als we wonnen, vond hij meestal dat we veel beter hadden gespeeld dan daadwerkelijk het geval was geweest. Toch kon ik bewondering hebben voor de manier waarop hij zich vereenzelvigde met de club, hoewel hij soms iets te veel door een gekleurde bril keek.

Op 8 december 2001 praatte ik met Dietmar Hamann in de kleedkamer na een gewonnen wedstrijd tegen Middlesbrough. Hij vertelde dat hij nu anderhalf jaar bij Liverpool speelde en dat hij dit de beste wedstrijd vond van die periode. We hadden absoluut verdiend gewonnen. We hadden de wedstrijd volledig gecontroleerd van het begin tot het eind. We wonnen met 2-0 en ik had de volledige negentig minuten gespeeld.

Een paar dagen later bereidden we ons voor op de volgende wedstrijd. Ik was met Sami Hyypiä in onze hotelkamer toen Phil Thompson op de deur klopte. Hij wilde me persoonlijk komen vertellen dat ik de vorige wedstrijd uitstekend had gespeeld, net als het hele elftal, maar in deze wedstrijd kon hij me helaas niet in de basis opstellen. Ik bedankte hem voor zijn compliment en voor zijn openheid. Ik waardeerde zijn gebaar echt. In Engeland is het beslist niet de gewoonte dat een trainer zijn keuzes komt uitleggen aan een speler. Ik beschouwde het als eervol dat hij me zijn beslissing van tevoren mededeelde.

Toch is er het Engelse gezegde 'Never change a winning team'. Nu was ik de enige van het winnende team die werd gewisseld. Natuurlijk vroeg ik me af wat de reden was dat Thompson mij niet wilde opstellen. Dat heeft hij nooit uitgelegd. Elke uitleg zou op dat moment voldoende zijn geweest: ik paste niet in het team vanwege mijn kapsel of mijn foute kuiten of zwarte schoenen... Hoewel ik zijn gebaar kon waarderen, bleven er toch vraagtekens.

Toen manager Houllier in maart 2002 terugkwam van zijn ziekteverlof, was ik al tot de conclusie gekomen dat de situatie niet zo kon blijven. Bij Barcelona had ik eerst gehoord en daarna begrepen dat Rivaldo boven mij werd verkozen. Bij Liverpool kreeg ik geen enkele uitleg waarom ik niet vaker in de basis stond.

Jari Litmanen en Sami Hyypiä

Jari Litmanen en Sami Hyypiä speelden voor het eerst samen in het Finse elftal op 7 november 1992 in een vriendschappelijke wedstrijd tegen Tunesië. Hun laatste gemeenschappelijke wedstrijd was de interland tegen Hongarije in het Olympisch Stadion van Helsinki op 12 oktober 2010. De succesvolste voetballers uit de Finse historie speelden samen in tweeënzeventig wedstrijden van het nationale elftal. Daarvan won Finland er tweeëndertig. Van de achtenveertig kwalificatiewedstrijden voor WK's en EK's won het tweetal er tweeentwintig. Ze speelden tien keer gelijk en verloren zestien keer.
In het clubvoetbal kwamen Jari en Sami elkaar tegen bij MyPa in 1992 en de tweede keer bij Liverpool in de jaren 2001 en 2002. Met MyPa wonnen ze de Finse beker. In 2001 won Liverpool drie bekers: de FA Cup, het Engelse landskampioenschap en de UEFA Cup.
Als tegenstanders troffen Litmanen en Hyypiä elkaar in drie Eredivisiewedstrijden, die Ajax alle keren won. In die wedstrijden scoorde Jari één keer.

Litmanen en Hyypiä samen
nationale elftal: *72 wedstrijden, 32 overwinningen, 13 gelijke spelen, 27 keer verlies.*
kwalificatiewedstrijden voor EK of WK: *48 wedstrijden, 22 overwinningen, 10 gelijke spelen, 16 keer verlies.*
MyPa 1992: *18 competitiewedstrijden, 9 overwinningen, 5 gelijke spelen, 4 keer verlies.*
Liverpool 2001-2002: *25 competitiewedstrijden, 13 overwinningen, 8 gelijke spelen, 4 keer verlies.*

Litmanen tegen Hyypiä:
28-4-1996 Ajax-Willem II 5-1
(18" Litmanen 1-0).
5-10-1997 Willem II-Ajax 0-1.
23-8-1998 Ajax-Willem II 2-0.

De eerste wedstrijd waarbij Houllier weer voor de groep stond was de Champions League-wedstrijd tegen AS Roma op 19 maart. We moesten de wedstrijd winnen met twee doelpunten verschil om door te gaan. De sfeer in het stadion was geweldig. Het supportersvak *The Kop* deed alles om het elftal te steunen en de terugkomst van Houllier te vieren. Gezang en spandoeken... Het was echt ongelooflijk!

In de voorgaande achttien wedstrijden sinds de aankoop van Nicolas Anelka had ik twee keer in de basis gestaan. De laatste keer was tegen Barcelona geweest in de Champions League. Anelka was niet speelgerechtigd in Europese wedstrijden omdat hij eerder in het seizoen in het shirt van Paris SG had gespeeld. Ik stond in de basis en maakte onze openingsgoal. We wonnen met 2-0.

Na de wedstrijd dacht ik erover na hoe mijn situatie zou kunnen veranderen. Houllier had beslist naar de opstellingen van Thompson gekeken en ze hadden er natuurlijk samen over gepraat. Onder Thompson had ik weinig gespeeld, maar nu manager Houllier terugkwam bij een wedstrijd waarin we met twee doelpunten verschil moesten winnen, stelde hij me op in de basis. In een benarde situatie werd er opnieuw op mij vertrouwd, maar ik had geen idee hoe het verder zou gaan.

Het is goed om hier even terug te keren in de tijd. Robbie Fowler, die in de rangorde voor mij stond, kreeg genoeg van het feit dat hij te weinig speelde en vertrok eind november 2001 naar Leeds United.

10 tegenstanders

Deze lijst had natuurlijk veel langer kunnen zijn, maar hier staan tien voetballers die me zijn bijgebleven. Achter de naam van de voetballer staat de naam van de club of het landenteam waar ik tegen speelde.

Ruud Gullit – Nederland, AC Milan
Aan het begin van mijn loopbaan een van de beste spelers van Europa en de wereld. Een grote persoonlijkheid op het veld.

Marco van Basten – Nederland
Aan het begin van mijn loopbaan een van de beste spitsen van de wereld, een voorbeeld voor alle Ajax-spelers.

Gianfranco Zola – Italië, Chelsea, Parma
Tegen hem heb ik vaak gespeeld. Opvolger van Maradona. Geweldige speler.

Francesco Totti – Italië, AS Roma
Prachtige voetballer, een van de laatste echte nummers tien. Lange unieke carrière bij één enkele club.

Zinédine Zidane – Frankrijk, Juventus
Generatiegenoot 'Special One'.

Ronaldo – PSV
Ongelooflijk snel, sterk en doelgericht. 'Bijna' teamgenoot...

Ryan Giggs – Wales, Manchester United
Ongelooflijk lange en mooie carrière bij Manchester United. Een zeldzame speler in vele opzichten.

Cristiano Ronaldo – Portugal
Een modernere versie van de 'eerste' Ronaldo. Waanzinnige aanvaller met een geweldig schot.

Marcel Desailly – Frankrijk, AC Milan, Chelsea
Snel en krachtig. Veelzijdige verdediger. Verschrikkelijke hoeveelheid prijzen met zijn clubs en het nationale elftal.

Jean-Pierre Papin – Frankrijk
Een van de beste volleerders uit de voetbalhistorie.

In november had hij vier wedstrijden voor Liverpool gespeeld, terwijl ik zelf in totaal tien minuten op het veld had gestaan. In december ging het wat speeltijd betreft eventjes iets beter (toen manager Jean Tigana van Fulham in december informeerde naar mijn situatie, kreeg hij te horen dat Liverpool me nodig had): 8 december tegen Middlesbrough stond ik in de basis; 12 december, Fulham, invalbeurt; 16 december, Chelsea, in de basis; 23 december, Arsenal, in de rust erin (doelpunt); 26 december, Aston Villa, in de basis (doelpunt). In tweeënhalve week kreeg ik dus speeltijd in vijf wedstrijden, drie keer in de basis en twee keer ingevallen. In de twee laatste wedstrijden scoorde ik (twee van de drie door ons gemaakte goals). Dat voelde goed. Nu zou ik in mijn ritme kunnen blijven!

Toen kwam Nicolas Anelka over uit Frankrijk. In de achttien wedstrijden daarna stond ik twee keer in de basis, zat ik tussendoor drie keer op de tribune en speelde ik af en toe tien tot vijftien minuten mee aan het eind van een wedstrijd. Volgens mijn aantekeningen zat ik op 19 januari 2001 tegen Southampton op de tribune. Naast me zat de beroemdste Liverpoolspeler aller tijden, Kenny 'King' Dalglish. We praatten onder meer over de wedstrijd, over tactiek en over individuele oplossingen. Toen werd me een aantal dingen duidelijk. Ik hoorde dingen die ik nooit van de leiding had gehoord in die twee seizoenen dat ik bij de club was. Ik moest de dingen vanuit een ander perspectief gaan bekijken.

Op dat moment was ik eenendertig jaar oud. Ik vroeg me af of ik alleen als reddingsboei wilde fungeren bij noodgevallen. Bij Liverpool was ik in die positie terechtgekomen, maar wilde ik niet nog een paar jaar echt met de anderen meedoen?

Een positie waarin ik moest concurreren, vond ik prima, dat hoorde nu eenmaal bij het topvoetbal. Spelers moesten tot het uiterste willen gaan. Voetbal is een teamsport waaraan iedereen zijn steentje bijdraagt. Iedereen is nodig omdat er altijd wel iemand geblesseerd is of omdat er andere problemen zijn. Ook bij Liverpool vond ik het niet erg om twee of drie wedstrijden aan de kant te staan, als ik maar wist dat ik daarna een reële kans zou hebben om te spelen.

Houllier had tijdens onze eerste gesprekken al aangegeven dat ik een speciale voetballer zou zijn in Liverpool omdat ik de enige aanvaller was die ook op het middenveld kon spelen. Daarom had ik mijn eigen rol en zou ik in 50 tot 60 procent van de wedstrijden meedoen; misschien zelfs vaker.

Ik ging naar Liverpool in de wetenschap dat er veel aanvallers zouden zijn, maar ook veel wedstrijden. 50 tot 60 procent daarvan zou voor mij ruim voldoende zijn. Het betekende dat ik om de wedstrijd zou kunnen laten zien wat ik kon en het elftal van dienst zou kunnen zijn. Ik had dus verwacht, en volgens mij op basis van mijn spel ook verdiend, dat ik vaker zou spelen.

Bij Barcelona was de situatie anders geweest. Vanaf het begin had Serra Ferrer aangegeven dat er voor mij geen plaats was in het elftal. Daar verwachtte ik dan ook niet dat ik zou spelen. Ik werkte hard voor mijn eigen toekomst; voor een transfer naar een andere club dus. Mijn benarde situatie was het gevolg geweest van het feit dat ik niet al in augustus was vertrokken maar pas in januari.

In Liverpool lag het niet zo. Ten eerste was ik gehaald door manager Houllier, niet door een voorganger wiens tafel moest worden schoongeveegd. Ten tweede was mijn relatie met de trainersstaf uitstekend, en nog steeds. Toch, als ik vijftien jaar later een Liverpoolfan ontmoet, waar dan ook op de wereld, is altijd de eerste vraag: 'Waarom speelde je niet vaker voor ons?' Hetzelfde onderwerp kwam weer ter sprake bij de wedstrijd bij de herdenking, na vijfentwintig jaar, van de Hillsborough-ramp. Een legendarische Liverpoolspeler uit de jaren '80 en '90 ventileerde zijn mening. Volgens hem was een van de grootste fouten van Liverpool in de laatste twintig jaar dat ze mij hebben binnengehaald maar vervolgens niet gebruikt. Dan hadden ze me beter niet kunnen halen.

Opnieuw wil ik benadrukken dat ik niet verwachtte dat ik elke wedstrijd zou spelen, maar het was niet genoeg dat mijn arbeidsmoraal werd geprezen als ik een winnend doelpunt had gescoord en daarna zes wedstrijden niet werd opgesteld.

Nadat Houllier was teruggekeerd (toen er nog negen wedstrijden op het programma stonden) speelde ik iets vaker. Bij de eerstvolgende drie wedstrijden deed ik mee als invaller, maar bij elkaar speelde ik slechts een halfuur. Tussendoor vond een van de opvallendste interlands aller tijden plaats: Portugal-Finland. We wonnen met 4-1 en ik scoorde twee keer en speelde de volle negentig minuten. Volgens mij was ik dus fit en goed in vorm, maar in Liverpool werd dat helaas niet uitgedrukt in speeltijd. Rond die tijd begonnen andere clubs te informeren of ik misschien speeltijd wilde krijgen en uit Liverpool wilde vertrekken.

Ik denk dat Houllier plannen met me had toen ik in januari 2001 naar Liverpool kwam. Hij had nagedacht over mijn rol. Mogelijk zijn die plannen voor een deel veranderd toen ik mijn pols brak. Toen bleek het elftal heel goed te functioneren; ze wonnen immers de UEFA Cup en de FA Cup zonder mij. Dat beïnvloedde blijkbaar ook het volgende seizoen.

In de zomer van 2002 stond ik nog een jaar onder contract, maar het was niet zinvol om nog een jaar in Liverpool te blijven hangen. Zoiets had ik al een halfjaar in Barcelona meegemaakt. Ik had het gevoel dat er voor mij in Liverpool niets meer te winnen was. Aan het eind van mijn eerste seizoen was ik geblesseerd geweest en daarom kon ik niet zo vaak spelen als ik had gewild. Daarna was ik een seizoen lang fit, maar toch kwam ik amper aan spelen toe. Er was van alles gebeurd, en ik vond het wel genoeg.

Of het feit dat ik niet speelde nu politieke, tactische of nog andere oorzaken had, mijn relatie met de club bleef goed. Ik had gezegd dat ik me voor honderd procent zou inzetten zolang ik aanwezig was, maar voor een topsporter viel het in de ontstane situatie niet mee om gemotiveerd te blijven. Tijdens trainingen en wedstrijden deed ik enorm mijn best voor de ploeg. Ook bij de club begrepen ze wel waarom ik niet tevreden was. Ze gaven aan dat ze een transfer niet in de weg zouden staan.

In het seizoen 2001-2002 was ik absoluut wedstrijdfit. We hadden de op drie na laatste competitiewedstrijd verloren van Tottenham in Londen. Daarmee verdampte onze droom om landskampioen te worden. We stonden toen tweede. Ik had een beetje last van een kuit en Finland zou eind mei een interland spelen tegen Letland in het Olympisch Stadion. Liverpool had nog twee thuiswedstrijden voor de boeg waarin ik waarschijnlijk niet veel zou spelen. Ik wilde de blessure niet erger laten worden en besloot dat het seizoen erop zat. Dan had ik in dit seizoen ten minste één blessure op mijn conto gehad... dus ik zei tegen de dokter dat ik niet honderd procent in orde was en niet kon spelen in de laatste wedstrijden.

Toen besloot ik dat ik naar een club wilde waar ik kon genieten van het voetballen. Ik wilde op een plek zijn waar mijn speeltijd afhing van mijn kwaliteiten. Ik wilde in een situatie zijn waar ik mocht spelen als ik dat verdiende. Als ik het niet verdiende, zou ik op de bank gaan zitten, maar de concurrentie moest eerlijk zijn.

'Ook een paar medespelers waren verbaasd'

Jari Litmanens speeltijd bij Liverpool was minimaal. 'Om een of andere reden kreeg hij amper speeltijd. Ik snap eigenlijk niet waarom,' vraagt zijn teamgenoot Sami Hyypiä zich af. 'Hij moest natuurlijk de concurrentie aangaan met drie sterke voetballers: Michael Owen, Emile Heskey en Nicolas Anelka. Een trainer kon een van die drie er moeilijk buiten laten.' Hyypiä vertelt dat veel supporters hem hebben gevraagd waarom die andere goede Fin het speelveld zo zelden betrad: 'En ook een paar medespelers waren verbaasd dat die Litmanen niet speelde. Op de training, met vijf tegen vijf, was Jari echt ongelooflijk.'

Omdat de oer-Brit Phil Thompson als trainer zwoer bij simpel voetbal, was het spelsysteem voor Litmanen ongunstig.

'Er werd heel vaak 4-4-2 gespeeld. Jari's beste positie is altijd schaduwspits geweest, dus direct achter de spits. In onze opstelling bestond die positie gewoon niet. Als hij dan wel eens in het veld kwam, gebeurde er altijd iets goeds. Ik herinner me bijvoorbeeld de Champions League-wedstrijd tegen AS Roma die we met twee doelpunten verschil moesten winnen. Jari stond in de basis en scoorde meteen aan het begin van de wedstrijd. We wonnen en bekerden door.'

Volgens Hyypiä had Litmanen ook pech bij Liverpool. 'Jari deed prima mee na zijn transfer, maar toen brak hij zijn pols in de interland Engeland-Finland op Anfield Road en belandde in de ziekenboeg. In die tijd wonnen we veel wedstrijden en hij kwam er in dat seizoen eigenlijk niet meer aan te pas.

Maar in Liverpool herinnert men zich hem wel als speler van de club. In de wedstrijden waarin hij wel speelde, deed hij dingen die de supporters wisten te waarderen. Als technisch begaafde voetballer was Jari een echte Liverpoolspeler, het soort waar *The Kop* van houdt. Velen van hen waren teleurgesteld dat Jari zo weinig speelde en uiteindelijk vertrok,' aldus Hyypiä.

Ik had het bij Liverpool echt naar mijn zin; het was immers 'mijn' club. Ook de stad is een echte voetbalstad. Hoewel het spel niet was zoals ik bij Ajax en Barcelona had meegemaakt, kon ik me zonder problemen aanpassen aan de speelstijl en de groep.

We hadden een goede groep met goede voetballers. In de twee seizoenen stond eerst Sander Westerveld in het doel – tijdens de drie bekerwinsten – en later Jerzy Dudek, die een mooie carrière heeft gehad bij Feyenoord en Liverpool. Op de twee centrale verdedigers Sami Hyypiä en Stéphane Henchoz kon je vertrouwen en ze speelden geweldig samen. Dietmar 'Didi' Hamann was als controlerende middenvelder een van de belangrijkste spelers van het elftal. Jamie Carragher was een betrouwbare verdediger. Helaas betekende een virusinfectie het einde van de carrière bij Liverpool van de Duitser Markus Babbel. In 2001 was hij een belangrijke pijler in de verdediging. In zijn plaats kwam John Arne Riise, een man die veel belangrijke doelpunten maakte.

De ster van de talentvolle Steven Gerrard steeg snel. De twee Tsjechen op het middenveld, Vladimir Šmicer en Patrik Berger, konden zowel centraal spelen als aan de zijkant. Ten slotte speelden Igor Bišćan en de ervaren en stijlvolle Gary McAllister op het middenveld. McAllister was de aanvoerder geweest van Leeds tijdens mijn bezoek aan die club in 1991. Sindsdien had ik zijn carrière gevolgd.

Jamie Redknapp zat vaak aan de kant vanwege een vervelende knieblessure. De Engelse internationals Nicky Barmby en Danny Murphy maakten het middenveld compleet.

Verder was er het aanvalstrio Owen, Heskey en Fowler. Ik heb met alle drie gespeeld, en met plezier. Bij Liverpool was de aanval net zo goed als wanneer de topinternationals Rio Ferdinand, John Terry en Sol Campbell bij één club zouden hebben gespeeld.

Na het vertrek van Fowler kwam Nicolas Anelka naar Liverpool – een prachtige aanvaller. Verder maakte de Tsjech Milan Baroš steeds meer indruk. Hij stond onder andere tijdens de Champions League-finale van 2005 in de basis. Dan was er de Fransman Bernard Diomède – wereldkampioen in 1998 – die op de training praktisch altijd een van de besten was. En vele anderen...

Ik ben blij dat ik voor Liverpool heb gevoetbald. Die ervaring zou ik niet hebben willen missen, hoewel veel dingen wel anders hadden kunnen lopen.

Ajax komt weer in beeld

Rond die tijd kwam Ajax weer in beeld. Ik werd gebeld door mensen van de club die geen invloed hadden op het transferbeleid. Ze gaven wel allemaal dezelfde signalen af. Bij Ajax werd gepraat over de mogelijkheid om mij terug te halen.

Op een gegeven moment werd ik gebeld door trainer Ronald Koeman, die voor mij sportief gezien een belangrijke figuur was. Hij begon het gesprek met de bewering dat hij mijn plannen niet kende maar dat hij bereid was om mij terug te nemen bij Ajax. Als ik geïnteresseerd was, zou hij er intern over gaan praten. Bij Barcelona was Koeman assistent-trainer geweest van Van Gaal, dus ik kende hem uit die tijd.

Een terugkeer naar Ajax klonk wel interessant. In Amsterdam had ik goede jaren doorgebracht en daarna elders veel teleurstellingen gekend. Ik geloofde dat ik bij Ajax in elk geval een eerlijke kans zou krijgen. Er waren alternatieven. Vertegenwoordigers van het Turkse Galatasaray kwamen naar Liverpool en wilden mij ontmoeten, maar toen wilde ik dergelijke zaken niet zelf regelen. Er deden allerlei geruchten de ronde. Ik wilde beslist niet de indruk wekken dat ik achter de rug van Liverpool om aan het onderhandelen was met Galatasaray, ook al had ik van de club zelf gehoord dat de Turken naar Engeland waren gekomen en ik groen licht kreeg om met ze te praten. Ik belde mijn zaakwaarnemer Heikki Marttinen. Hij raadde me af om met andere clubs te onderhandelen. Hij raadde me aan om er rustig over na te denken. Hij zou dan de onderhandelingen wel voeren. De trainer van Galatasaray, Fatih Terim, was wel een interessante figuur. Hij was een paar keer bondscoach van Turkije geweest. Hij wilde me blijkbaar naar Istanbul halen.

Op zichzelf leek een transfer naar Galatasaray een aanlokkelijke gedachte. Het was een grote club, die al eens de UEFA Cup had gewonnen. We hadden kort daarvoor twee keer gelijkgespeeld tegen hen in de Champions League. Turkije was voor ons nationale elftal ook geen onbekende plek; we hadden al eens getraind op het oefenveld van Galatasaray. De Turken zijn gek op voetbal en het zou leuk zijn om ook die cultuur eens te leren kennen. Toch voelde het niet helemaal goed. De club stond me wel aan, maar Ajax begon me steeds meer te trekken. Galatasaray wilde de transferzaken snel regelen, maar ik dacht na over wat het beste vervolg zou zijn voor mijn carrière.

Er klonken steeds meer signalen dat Ajax me graag wilde hebben. Er waren daar veel talentvolle jonge spelers en ze hadden behoefte aan ervaring. Ik begon me al geestelijk in te stellen op een terugkeer. Ik verwachtte dat we in de zomervakantie, in juni, wel over een contract zouden gaan onderhandelen.

Hobbels op de weg

Er werd geen vooruitgang geboekt met de overstap. Er kwamen vragen uit Amsterdam of ik daar inderdaad heen zou komen. Ik moest steeds zeggen dat ik het niet wist omdat ik nog niet eens een contractvoorstel had gekregen. Zo wachtte ik de hele maand juni op een voorstel.

Het was een vervelende situatie. Ik had nog een contract voor een jaar in Liverpool, maar ook daar verwachtte men dat ik naar Ajax zou gaan. In Liverpool blijven was een benauwende gedachte want daar zou ik een maand lang aan de voorbereiding deelnemen, zonder te weten waarop ik me dan voorbereidde. Oké, er kwamen natuurlijk interlands aan, maar wat zou mijn dagelijkse situatie bij de club zijn? Ik wil wel duidelijk stellen dat niemand bij Liverpool me had gezegd dat ik weg moest. Integendeel. Om Sammy Lee te citeren, die samen met Houllier en Thompson het trainerstrio vormde: 'Geweldig Jari, je hebt goed getraind, echt goed! Dat is belangrijk want je bent een van onze meest ervaren voetballers en je hebt veel invloed op de andere spelers. We hebben een jonge groep, je bent dus heel belangrijk!'

Ik verlangde dus naar een of ander aanbod van Ajax – al was het maar om nee tegen te kunnen zeggen. Als er maar een oplossing kwam. Het idee dat ik bij Liverpool zou blijven, bracht zoveel negatieve gevoelens met zich mee dat ik op een gegeven moment dacht dat ik dan maar liever helemaal zou stoppen. Dat gevoel had niets met de club te maken, of met de spelers en de trainers. Het totaalplaatje benauwde me. Ik wilde voetballen! Het leek erop dat ik me in een doodlopende steeg bevond. Gelukkig hadden de internationals een week langer vakantie gekregen dan de anderen, zodat ik iets meer tijd had om tot rust te komen.

In die periode had ik het moeilijk. Ik voelde me natuurlijk niet fijn door alles wat er speelde. Eind mei was na een lang ziekbed mijn opa overleden – hij was altijd belangrijk voor me geweest – en eind augustus mijn lieve oma. Het was dus in alle opzichten nogal een sombere tijd.

De vakantie was voorbij en ik ging terug naar Liverpool om te trainen. Direct kreeg ik in de gaten dat mijn weg daar volledig doodliep. De club had nieuwe spelers gekocht voor precies die posities waarop ik zou kunnen spelen. Uit Frankrijk waren Bruno Cheyrou, El Hadji Diouf en Salif Diao overgekomen. Liverpool had zich blijkbaar al ingedekt tegen mijn vertrek.

Uiteindelijk trainde ik bij Liverpool van begin juli tot eind augustus. Mijn collega's dachten dat ik dus niet naar Ajax zou gaan. Ik vertelde dat de club zeker belangstelling had, maar dat de belangrijkste persoon bij contractbesprekingen, Leo Beenhakker, nog geen aanbod had gedaan.

Toen begonnen de vreemdste geruchten over mijn transfer de ronde te doen. Een Nederlandse krant beweerde dat Beenhakker had gezegd dat Litmanen zijn gevoel voor realiteit kwijt was geraakt en onmogelijke bedragen had gevraagd. Ajax was Barcelona of Liverpool niet! Ik was natuurlijk stomverbaasd. Ik had helemaal niets gevraagd en niet eens een aanbod gekregen waar ik op had kunnen reageren. Ik was al zover dat ik elk aanbod van Ajax zonder meer zou accepteren. Als ze maar eerst eens over de brug kwamen met een aanbod! Ik wilde niet naar de club om het geld. Mijn terugkeer werd gemotiveerd door heel andere dingen.

Waarom de transfer zo ingewikkeld moest zijn, weet ik niet. Had Ajax misschien geen geld meer of wilde Beenhakker mij niet naar de club halen? Ik ben er nooit achter gekomen. Om een of andere reden probeerde men mij de oorzaak van de vertraging in de schoenen te schuiven.

De transfer leek af te ketsen. Augustus was al bijna voorbij en de transferperiode dus ook. Tegen Heikki Marttinen zei ik dat we algemeen directeur Arie van Eijden moesten bellen. Die was al goed geweest in problemen oplossen tijdens mijn eerste periode daar. We maakten duidelijk dat ik bereid was om over te komen tegen een kleine basisvergoeding en een bonus voor gespeelde wedstrijden. Die basisvergoeding was niet hoger dan een paar maanden salaris bij Liverpool.

Eind augustus was ik tot de conclusie gekomen dat dit gedoe nergens op sloeg. Ten eerste was er bij Liverpool geen plaats meer voor me, en ten tweede had ik van Ajax nog niet eens een contractvoorstel gekregen. Toen deed ik zelf maar een voorstel waar ze geen nee tegen konden zeggen. De zaak was daarna snel geregeld. Dat moest trouwens ook want er was weinig tijd. Het ging niet meer om dagen maar om uren! Op 31 augustus sloot de transferperiode om middernacht.

Al in het voorjaar had ik bij Liverpool over mijn situatie gesproken. Met voorzitter Rick Parry en manager Houllier had ik afzonderlijke gesprekken gevoerd. Ze begrepen wel dat ik niet tevreden was. Ik vertelde ze dat ik blij was dat ik bij Liverpool mocht voetballen maar dat mijn situatie niet ideaal was. Ik wilde spelen. De sfeer bij de gesprekken was goed en ze namen een besluit. De club was bereid om me te laten gaan.

In het voorjaar had ik nog gedacht dat als de transfer naar Ajax niet door zou gaan, dat ik dan in Liverpool zou kunnen blijven. In de zomer veranderde mijn positie echter doordat Liverpool meer spelers kocht en ik van Ajax niets hoorde. Uiteindelijk kwam ik toch in Amsterdam terecht.

8

Terug bij Ajax

Mijn tweede Ajax-periode begon vrij goed. Het eerste seizoen verliep min of meer volgens plan, ook al waren er een paar blessures (kuit, dijbeen).

Ik was een van de meest ervaren spelers en ik voetbalde met jonge talenten zoals Zlatan Ibrahimović, Mido, Maxwell, Andy van der Meyde, Wesley Sneijder, Rafael van der Vaart, Steven Pienaar, John Heitinga en Cristian Chivu. Het doel werd verdedigd door onder anderen de Roemeense international Bogdan Lobont en de toekomstige doelman van het Nederlands elftal Maarten Stekelenburg. Er liepen diverse toekomstige winnaars van de Champions League en andere Europese bekers rond en zelfs toekomstige WK-finalisten (Sneijder, Van der Vaart, Heitinga, De Jong, Stekelenburg). Ook Petri Pasanen speelde bij Ajax. Hem kende ik nog uit Lahti. Hij was na Sami Hyypiä de tweede Fin met wie ik bij een buitenlandse club voetbalde.

Het was leuk om vanuit een ander gezichtspunt dezelfde situatie te zien waarin ik mij de eerste keer had bevonden. Nu was ik zelf een van de ervaren spelers die de jongere voetballers mochten bijstaan, net zoals Frank Rijkaard en Danny Blind destijds hadden gedaan.

Toen ik in augustus 2002 naar Ajax kwam, had de club net de dubbel gewonnen en de Johan Cruijff Schaal. Naast de jonge spelers waren er ook een paar ervaren voetballers zoals de Nederlanders Aron Winter, Richard Witschge, die ik nog kende van mijn eerste Ajaxavontuur, de Tsjechische middenvelder en international Tomáš Galásek, de Griekse aanvaller en international Nikos Machlas en de Noor André Bergdølmo.

Er kwam wel een verandering aan want er zouden ervaren spelers vertrekken en meer jongeren bij komen. Machlas bijvoorbeeld, die belangrijk was geweest in de aanval en vaak scoorde, vertrok naar Griekenland. Ook Mido, die al eerste spits was geworden, vertrok. Hij ging naar het Spaanse Celta de Vigo. De weg lag open voor Zlatan Ibrahimović.

Het eerste seizoen van Zlatan, die voor een recordbedrag was overgekomen van het Zweedse Malmö FF, was in het licht van de hoge verwachtingen enigszins een teleurstelling. Zelf had hij er meer van verwacht, volgens de supporters, de club en de pers. Zlatan was de duurste aankoop aller tijden van de club. Hij was de nummer drie in de pikorde van spitsen, na Mido en Machlas.

Toen ik bij de club kwam in augustus-september merkte ik vrij snel dat een aantal oudgedienden plaatsmaakte voor jonge talenten. Vanaf het begin kon ik een band met hen opbouwen want doordat Van der Vaart geblesseerd was, speelde ik veel. Zlatan speelde als centrale spits en ik als schaduwspits achter hem.

Op het veld klikte het goed tussen ons. We begrepen elkaar en ik zag bij hem hetzelfde vuur als ik had toen ik voor de eerste keer bij Ajax kwam. Hij hield zijn ogen en oren goed open en nam alles in zich op, net zoals ik vroeger had gedaan bij onder anderen Bergkamp en Rijkaard.

Ik kon me goed in Zlatan verplaatsen. Ik was heel jong vanuit Finland naar Ajax gekomen. Hij kwam heel jong vanuit Zweden naar Ajax. Daar was de speelwijze vergelijkbaar met die in Finland. Meestal een 4-4-2-systeem, met twee aanvallers dus. Ajax speelde in een andere opstelling, met een centrale spits en twee vleugelspitsen. Het kostte tijd om daaraan te wennen. Na het eerste seizoen wilde Zlatan dolgraag iets laten zien. Ik herinner me nog dat ik er de nadruk op heb gelegd dat hij zich moest ontspannen. Op het veld moet je de dingen niet forceren. Sommige dingen moesten ook simpeler.

In een mum van tijd was Zlatan de nummer één voor de spitspositie. Hij streefde Machlas en Mido voorbij en later verlieten die allebei de club. Ik moet toegeven dat ik ervan genoot om met hem te voetballen. We vulden elkaar goed aan.

Er zijn spelers met wie het gewoon niet klikt, hoezeer je ook je best doet. Hoeveel je ook praat en traint. Maar er zijn ook van die jongens met wie alles op zijn plaats valt zonder dat je erover hoeft te praten. In mijn eerste Ajax-periode waren dat bijvoorbeeld Ronald de Boer en Michael Laudrup, maar ook Finidi George, Marc Overmars en Frank de Boer. Trouwens, het liep eigenlijk goed met iedereen!

Met Zlatan was het in zoverre anders dat hij zelf enorm teleurgesteld was over zijn eerste seizoen. Hij had zoveel kritiek gekregen dat hij onzeker was geworden. Hij was natuurlijk nog heel jong. Gelukkig begon hij zelfverzekerder te worden en beter te spelen. Meteen aan het begin maakte ik hem duidelijk dat ik niet met hem ging wedijveren maar hem zou ondersteunen. Het was mijn taak om het team en de jongere spelers te helpen.

Ik had zelf meegemaakt hoe het was om als jonge voetballer bij Ajax te spelen. Er waren zoveel talentvolle spelers dat het een genot was om ernaar te kijken. Toen ik terugkwam, speelden Wesley Sneijder, Maarten Stekelenburg en Nigel de Jong nog in het tweede. De Jong kwam in de herfst al naar het eerste en Sneijder na de winterstop. Allebei veroverden ze al snel een plek in het elftal.

Het debuut van De Jong herinner ik me nog goed. Blijkbaar had hij pas op de ochtend van de wedstrijd gehoord dat hij mee moest met het eerste elftal omdat er een verdediger op links nodig was. We wonnen met 6-0 van AZ. Ik scoorde ook een paar keer in die wedstrijd. Met Nigel samenspelen was voor mij een bijzondere ervaring omdat ik ooit tegen zijn vader Jerry had gevoetbald. Die had bij PSV en Groningen gespeeld en daarnaast een paar keer in het Nederlands elftal.

'Een tweede Litmanen komt er niet'

Een van de beste spitsen ter wereld, Zlatan Ibrahimović, herinnert zich met warmte zijn teamgenoot uit zijn Ajaxtijd, Jari Litmanen. Zlatan was nog bezig met zijn eerste stappen op weg naar het sterrendom. Hij kon nog veel hulp gebruiken van iemand als Litmanen, een ervaren voetballer die alles al had meegemaakt. 'Het was echt moeilijk bij Ajax, maar toen kwam Jari bij de club en hielp me zowel binnen het veld als erbuiten. Dat vormde mijn keerpunt in Amsterdam. Ik ben dankbaar voor zijn steun en wens hem alle goeds. Iedereen weet dat hij een geweldige voetballer is en een mooie loopbaan had. Hij speelde ook heel lang,' vertelt Zlatan in de documentaire *Koning Litmanen*.
'Het was lastig voor me om me aan te passen aan de groep en het spelsysteem. Jari speelde achter me en praatte veel. Hij hielp me en gaf adviezen. Het was makkelijk om met hem te voetballen en het liep goed tussen ons. Daar ben ik heel dankbaar voor.'
Zlatan benadrukt dat Litmanens terugkeer bij Ajax aan het begin van deze eeuw voor het hele team belangrijk was. 'Zijn komst was een keerpunt voor de hele groep, niet alleen voor mij. We speelden in de Champions League en hij was onze sleutelspeler.'
Zlatan herinnert zich nog goed dat hij voor de eerste keer zag hoe goed Litmanen was. Ook Litmanens haardracht viel de jonge Zweed op. 'Ik weet nog dat hij in het grote Ajax van de jaren '90 speelde. Hij droeg nummer 10 en had een "ijshockeykapsel". Er liepen veel topspelers in het elftal. Jari Litmanen was toen echt geweldig en vanaf die tijd volgde ik hem. Hij was toen al een voorbeeld in het voetbal en veel mensen volgden wat hij in het veld deed.'
De Zweedse stervoetballer denkt niet dat er nogmaals zo'n talent uit Finland zal komen. 'Ik denk niet dat er een tweede Jari Litmanen komt.'

Waarschijnlijk zal er ook geen tweede Zlatan uit Zweden komen. Ook daarom zal het samenspel van de Zweedse en de Finse topper bij Ajax geschiedenis blijven. Litmanen keerde terug 'naar huis' als ervaren voetballer om de fakkel door te geven en Zlatan zette zijn eerste grote schreden op weg naar zijn latere roem.

Tijdens het seizoen merkte ik dat de spelers om me heen steeds jonger werden. De ervaren spelers vertrokken. Aron Winter stopte, Nikos Machlas, Jan van Halst en Bergdølmo vertrokken. Na de training zaten we altijd op vaste plekken aan tafel te eten en op een gegeven moment merkte ik dat ik daar de enige was die in de jaren '70 was geboren. Nigel de Jong was aanvankelijk nog maar zeventien jaar oud en de anderen, Steven Pienaar en John Heitinga bijvoorbeeld, een jaar of twintig.

We eindigden dat seizoen als tweede in de Eredivisie en in het voorjaar van 2003 bereikten we de kwartfinale van de Champions League. Daarin verloren we van de uiteindelijke kampioen AC Milan. De eerste wedstrijd, in Amsterdam, eindigde in 0-0. In de tweede wedstrijd, in het San Siro, stond het vlak voor tijd nog 2-2, hetgeen een halve-finaleplaats zou hebben betekend.

Deze wedstrijden herinnerden me natuurlijk aan het seizoen 1994-1995, waarin we AC Milan drie keer versloegen en uiteindelijk de Champions League wonnen. Uit die groep was behalve ik niemand meer over bij Ajax.

We hadden een talentvol, jong elftal en tegenover ons stonden een heleboel toppers: Maldini, Redondo, Ševtšenko, Gattuso, Inzaghi, Rui Costa, Nesta, Costacurta, Seedorf, die ik nog van Ajax kende, Pirlo, Šimić, Serginho enzovoort. Als wisselspeler kwam Rivaldo, mijn oude kennis uit Barcelona, nog het veld in. Ik zou er zelfs nog meer kunnen opnoemen. Het was een ongelooflijk elftal vol fantastische voetballers. Inzaghi had Milan in de dertigste minuut aan de leiding gebracht en ik maakte gelijk in de zestigste minuut. Kort daarna scoorde Ševtšenko de 2-1 en Pienaar maakte weer gelijk in de achtenzeventigste minuut. Wij hadden toen geen haast meer. De wedstrijd zou nog 15 minuten duren en dan gingen we bij deze stand op basis van de uit gescoorde doelpunten naar de halve finale. Ik hamerde er steeds op: houd het hoofd koel en laat de bal rondgaan. Totdat...

We verloren de bal op de helft van Milan. Hij bereikte de andere kant van het veld en er belandde een lange, hoge voorzet in ons strafschopgebied. Ik geloof dat Chivu uitgleed en Milan het kopduel won. Het spel ging verder, Inzaghi en, al in de blessuretijd, Tomasson: 3-2. Een droom in duigen!

AC Milan speelde in de halve finale tegen stadgenoot Inter. In de thuiswedstrijd in San Siro werd met 0-0 gelijkgespeeld en in de slechte uitwedstrijd in San Siro werd het 1-1. Juventus had zich ook geplaatst voor de finale op Old Trafford in Manchester. Na de verlenging stond het daar nog 0-0 en de strafschoppenserie werd in Milans voordeel beslist door Ševtšenko.

We waren zo dichtbij maar toch zo ver weg. Dat is topvoetbal.

Wat mijzelf betreft verliep het eerste seizoen na mijn terugkeer bevredigend, maar in het voorjaar kreeg ik last van mijn linkerachillespees. Ik kon het seizoen wel min of meer afmaken, maar in de zomer leek de blessure maar niet weg te gaan; wat ik eigenlijk had verwacht. De problemen hielden het hele seizoen 2003-2004 aan. Uiteindelijk ben ik in 2007 aan die achillespees geopereerd.

De problemen beginnen

Het tweede seizoen was een compleet fiasco. Tijdens de voorbereidende fase in juli en augustus had ik voortdurend pijn aan mijn linkerachillespees en ik kon slechts beperkt trainen en spelen. Tegelijkertijd werden er jonge, nieuwe spelers op mijn positie ingezet:

Sneijder, Van der Vaart en Pienaar. Ze kwamen uit de eigen opleiding en zouden in de toekomst aan grotere clubs worden verkocht. Mijn situatie was dus niet zo best.

In dat seizoen was ik aanvoerder, maar de enige keer dat ik met de aanvoerdersband het veld in stapte, was uit tegen ADO Den Haag. Verder was ik eigenlijk maar half in orde. Tot aan de winterstop speelde ik soms als wisselspeler mee tegen het einde van een wedstrijd. Na de winterstop speelde ik zo goed als helemaal niet meer. Voortdurend werd mijn voet gerevalideerd. Door mijn pijnlijke achillespees kon ik nooit echt voluit trainen.

Als het wel even beter ging, werd mijn speeltijd beïnvloed door de politiek van de club. De Ajax-filosofie schrijft voor dat de club zijn eigen spelers opleidt. Die spelers worden regelmatig verkocht om de financiën op peil te houden. Ajax had voor mijn positie diverse spelers die de club graag in de etalage zette. In Italië was bijvoorbeeld een lijst gemaakt van alle voetballers onder de eenentwintig jaar in Europa. Van die lijst werd Rafael van der Vaart gekozen tot de talentvolste speler. Ook van Wesley Sneijder, die een jaar jonger is en ook uit de eigen opleiding kwam, werd heel veel verwacht.

Mijn tweede periode bij Ajax (2002-2004) kan in tweeën worden verdeeld. In het eerste seizoen voelde ik dat ik het team nog goed kon helpen. In het tweede seizoen had ik zeker ook veel kunnen doen als ik niet voortdurend geblesseerd was geweest. Tegelijkertijd kregen jonge spelers steeds meer verantwoordelijkheid en groeiden ze als voetballer. Zo gaat het bij Ajax – de jonge spelers dragen verantwoordelijkheid en de ouderen gaan aan de kant.

In maart kreeg ik te horen dat de club mijn contract niet wilde verlengen. Ik begon na te denken over mijn volgende transfer. Louis van Gaal was inmiddels bij Ajax teruggekeerd als technisch directeur. Hij vertelde me dat een Spaanse club niet lang daarvoor had gevraagd of ik misschien weer in Spanje zou willen spelen. Als ik fit was geweest, had ik dat eventueel kunnen overwegen, maar op dat

Klassiekers

Jari won met Ajax de Champions League, de Super Cup en de Wereldbeker voor clubteams. Daarnaast werd hij vijf keer kampioen van Nederland, won hij drie keer de KNVB-beker en drie keer de Johan Cruijff Schaal. Voor de supporters was het succes in de klassiekers tegen Feyenoord misschien wel net zo belangrijk. Op dat front was Jari buitengewoon succesvol.

Jari Litmanen in wedstrijden tussen Feyenoord en Ajax:

8-8-1993	Supercup	Feyenoord-Ajax	0-4	2 doelpunten
24-10-1993	Eredivisie	Ajax-Feyenoord	2-2	2 doelpunten
21-8-1994	Supercup	Ajax-Feyenoord	3-0	1 doelpunt
8-3-1995	KNVB-beker	Ajax-Feyenoord	1-2	
22-10-1995	Eredivisie	Feyenoord-Ajax	2-4	1 doelpunt
24-3-1996	Eredivisie	Ajax-Feyenoord	2-0	1 doelpunt
23-2-1997	Eredivisie	Ajax-Feyenoord	3-0	1 doelpunt
26-10-1997	Eredivisie	Ajax-Feyenoord	4-0	1 doelpunt
5-4-1998	Eredivisie	Feyenoord-Ajax	0-1	
14-4-1999	KNVB-beker	Ajax-Feyenoord	2-1	
2-5-1999	Eredivisie	Ajax-Feyenoord	6-0	2 doelpunten
6-10-2002	Eredivisie	Feyenoord-Ajax	1-2	1 doelpunt
16-4-2003	Eredivisie	Feyenoord-Ajax	1-0	

In totaal: 10 overwinningen, 1 gelijkspel, 2 verliespartijen, doelsaldo 32-9. 12 doelpunten van Litmanen.

In de wedstrijden tegen de derde grote club van Nederland, PSV, deed Ajax het in Jari's tijd minder goed. Het saldo van Jari bedraagt daarin vier overwinningen, drie gelijke spelen en acht keer verlies. Hij scoorde in die wedstrijden vier keer. Het hoogtepunt voor Jari was de hattrick die hij scoorde in de bekerfinale van 1998 die Ajax won met 5-0.

moment had het weinig zin. Als je niet voluit kunt voetballen, maakt het weinig uit in welk krachthonk je bezig bent.

Toen ik te horen kreeg dat mijn contract niet werd verlengd, was de situatie wel vreemd: voor me zat dezelfde voorzitter die me in 1992 had verwelkomd. Tegenover me zat ook dezelfde trainer die me toen naar Ajax had gehaald, weliswaar nu als technisch directeur. Ik herinner me nog Van Gaals woorden. Hij vond het een droevig moment. Destijds had hij me naar Ajax gehaald en nu moest hij me terzijde schuiven. Het leek pijnlijk, maar zo gaat dat in het voetbal. De zaak zelf was geen probleem, de beslissing was genomen op goede gronden.

En toch, als het me was gevraagd, had ik best nog een jaar willen blijven. Het zou prachtig zijn geweest om de tien jaar vol te maken. Als het in de herfst niet had gelopen, hadden we het in de winterstop kunnen heroverwegen. Maar dat is dus nooit aan de orde geweest.

Verschil van mening

Aan het eind van dat tweede Ajax-seizoen gebeurde in maart-april nog iets wat me tegenstrijdige gevoelens bezorgde. De winter was een en al narigheid geweest in verband met mijn achillespeesblessure. Het was in alle opzichten een somber jaargetijde. Ik werkte hard om die pees weer in orde te krijgen maar ik leek geen enkele vooruitgang te boeken. Ik kon niet met de groep meetrainen en natuurlijk ook geen wedstrijden spelen. Ik vroeg me regelmatig af wat voor zin het allemaal had. Toen kreeg ik van de club dus te horen dat mijn contract niet werd verlengd en mijn tijd bij Ajax er binnenkort op zat.

De mededeling verraste me niet, gezien de situatie, maar ik werd er niet vrolijk van. Rond diezelfde tijd werd ook de Amerikaan John O'Brien uitgenodigd voor een gesprek. Hij was al net zo lang geblesseerd en had net zoveel tijd doorgebracht in het krachthonk als ik.

Ook hij had een achillespeesblessure. Hij kreeg een nieuw contract aangeboden. O'Brien is een fijne kerel en een uitstekende voetballer, dus ik gunde het hem wel. Toch kon ik de gedachte niet onderdrukken dat ik na bijna negen jaar bij de club ook de kans had kunnen krijgen op een vervolg. Het was heel onprettig, ook al begreep ik de beweegredenen van de club.

Natuurlijk was de situatie van O'Brien niet hetzelfde. Buiten hem was er voor de linksbackpositie alleen de geweldige Maxwell, die later voor Inter, Barcelona en PSG zou voetballen. Voor mijn positie streden Van der Vaart, Sneijder, Pienaar...

Kort na dat gesprek speelde Finland uit tegen Malta. De Finse bond vroeg of ik in staat was om mee te gaan, zodat ik aan de besprekingen kon meedoen en op de officiële elftalfoto zou staan. Ik was tenslotte de aanvoerder. Bij Ajax trainde ik niet met de groep mee maar afzonderlijk, samen met fysiotherapeut Pim van Dord. Van trainer Koeman kreeg ik toestemming om weg te gaan.

Op dat moment dacht ik niet aan spelen tegen Malta. Op Malta kon ik wel individueel trainen en dat voelde goed. Trainer Antti Muurinen vond dat het er goed uitzag. Toen de arts en de fysiotherapeut allebei zeiden dat mijn conditie, gezien de omstandigheden, uitstekend was, vroeg Muurinen of ik reserve wilde zijn bij de wedstrijd. Misschien zou ik aan het eind even kunnen meedoen. Aan Koeman had ik niet gevraagd of ik zou mogen spelen. Het was wel erg aanlokkelijk. Ik had maandenlang lopen aanmodderen en net te horen gekregen dat Ajax niet met me verder wilde. Nu vroeg de bondscoach of ik wilde spelen. Daar zou toch niemand minder van worden?

Toch had ik geen toestemming van de club. Ik raadde aan om contact op te nemen met de medische staf van Ajax. Dat deed de arts van het nationale elftal. Ik begreep dat de arts van Ajax het overliet aan zijn collega op Malta. De verantwoording lag dus bij ons. Ook bij Ajax had ik vaak heel snel weer gespeeld na een lange blessureperio-

10 stadions

Olympisch Stadion, Helsinki
Thuishaven van het Finse elftal. Veel herinneringen.

Olympisch Stadion, Amsterdam
Daar speelde ik waarschijnlijk mijn beste wedstrijden.

ArenA, Amsterdam
Het latere thuisstadion van Ajax dat altijd was uitverkocht. Afscheid in 1999, de dubbel in 1998 en veel andere mooie momenten.

Anfield Road, Liverpool
In dit stadion voelde je de geschiedenis van de club en het voetbal. Tribune *The Kop.*

De Meer, Amsterdam
De thuisbasis van Ajax van 1934 tot 1996. Daar kwam het Ajax tot stand dat veel heeft betekend voor de voetbalwereld. De Meer heeft grote spelers voortgebracht, zoals Johan Cruijff, Marco van Basten, Frank Rijkaard enzovoort.

De Kuip, Rotterdam
Prachtig stadion en prachtige club. Veel geweldige wedstrijden – waarin ik vaak heb gescoord.

Camp Nou, Barcelona
Stadion van Barça. Het indrukwekkendste thuisstadion waar ik heb gevoetbald.

Santiago Bernabéu, Madrid
Een van de schitterendste stadions ter wereld.

San Siro, Milaan
Thuishaven van twee geweldige clubs. Ik heb daar zowel tegen Inter als tegen AC Milan gespeeld. Een van de mooiste stadions ter wereld.

Kisapuisto, Lahti
Helemaal geen stadion, maar daar is het allemaal begonnen.

de. Nu ging het om misschien tien tot vijftien minuten aan het eind van een wedstrijd.

Mijn voet leek zich goed te houden en de trainer wilde dat ik speelde. Juist omdat ik graag wilde spelen had ik het volgehouden om voortdurend te revalideren en in mijn eentje te trainen. Nu kreeg ik mijn beloning voor dat harde werken. Ik was totaal vergeten dat ik met Koeman had afgesproken dat ik alleen maar naar Malta ging voor de elftalfoto.

Een kwartier voor tijd kwam ik in het veld. Ik maakte 2-0 na prachtig voorbereidend werk van Mika Nurmela. Weer had ik de strijd tegen mijn blessures gewonnen! Het was heerlijk om weer te spelen, ook al was het maar vijftien minuten.

Op de dag na de wedstrijd reisde ik terug naar Amsterdam. Het was een donderdag en ik zou natuurlijk niet bij de groep zitten die komend weekeinde een competitiewedstrijd speelde. Ik was immers nog niet helemaal in orde. Ik wilde de rest van de week nog trainen met de fysiotherapeut zodat ik op maandag weer mee zou kunnen doen met de groep. Dan zou ik de hele week mee kunnen trainen. Daarna lag de bal bij trainer Koeman. Als ik in de laatste wedstrijden mee zou kunnen doen, zou het seizoen toch nog prachtig eindigen. We stonden eerste en het kampioenschap leek waarschijnlijk.

In Amsterdam was de sfeer gespannen. In Nederlandse kranten stonden verhalen over Koeman die kwaad was omdat ik mijn belofte had gebroken. Hoe was het mogelijk dat ik al heel lang niet kon spelen bij Ajax, zelfs niet had meegetraind, en toch een interland kon spelen?

De kritiek was volkomen begrijpelijk vanuit het gezichtspunt van de trainer. Voor mij lag het anders. Ik was heel lang geblesseerd geweest en had niet kunnen doen wat ik zo graag wilde: trainen en spelen. Ook werd mijn contract niet verlengd. Ik was het zat – en plotseling kreeg ik de mogelijkheid om te voetballen. Hier had ik de hele winter en het voorjaar naartoe gewerkt en nu was ik eindelijk fit. Het betekende gewoon dat ik weer met de groep mee kon doen. En daar had men kritiek op.

Uiteraard ben ik zelf verantwoordelijk voor het feit dat ik niet met de trainer heb overlegd over het spelen op Malta. Dat was een fout. Ik had ervaren dat Ajax mij niet belangrijk meer vond want mijn contract werd niet verlengd. Ik dacht dat het Ajax niet uitmaakte wat ik deed. Door mee te doen in die interland had ik weer wat wedstrijdritme opgedaan – ook al was het maar vijftien minuten – maar wat belangrijker was, ik had weer enorm veel zin en energie gekregen om te trainen en misschien te spelen aan het eind van het seizoen.

Onze opvattingen stonden lijnrecht tegenover elkaar. Het was zeker mijn eigen fout dat ik met Koeman in conflict was gekomen, maar ook hij had het wel wat beter aan kunnen pakken. Hij zou hebben kunnen wachten met zijn commentaar tot nadat hij me had gesproken. Nu vroegen de media hem om commentaar en vervolgens mij om daar weer op te reageren. Het werd een vervelend gedoe. We hadden rustig in gesprek kunnen gaan: wat is er gebeurd en waarom? Hoe nu verder. Punt.

Mijn bedoelingen waren goed geweest en ik wilde helemaal niets doen wat Koeman of de club zou schaden. Uit puur enthousiasme had ik besloten om te spelen in die interland. Dat had heel fijn moeten zijn, maar het keerde zich tegen me. De sfeer was echt gespannen.

In de dagen erna werd me duidelijk dat de arts van Ajax ontkende dat hij toestemming had gegeven om te spelen. Wat die artsen samen hebben besproken, weet ik niet, en ook niet wat er tegen Koeman is gezegd. Dat zal wel nooit helemaal duidelijk worden. Wel weet ik dat ik tegen de trainer heb gezegd dat ik ging voor besprekingen en een elftalfoto. Die belofte heb ik gebroken.

Ik kwam hoe dan ook in een vervelende situatie terecht. Ik was aanvoerder van het team en men vond dat ik achter de rug van de trainer om had gehandeld. Dat zag er niet goed uit en voelde ook niet goed. Er werd gekletst. Ik heb het een paar dagen aangekeken en nam toen een besluit: ik besloot om direct weg te gaan bij de club.

Uiteindelijk verliet ik Ajax een paar speelronden voor het eind van het seizoen. We hadden een ruime voorsprong in de competitie. Ik ging ervan uit dat we sowieso kampioen zouden worden. Als de situatie minder rooskleurig was geweest, was ik waarschijnlijk niet vertrokken. Ik was wel de aanvoerder en Ajax was mijn club.

Op dat moment had ik geen trek om de kampioensschaal vast te houden aan het eind van het seizoen. Het was duidelijk dat ik niet bij de club zou blijven. Toen vroeg ik me af hoe de situatie in Finland zou zijn. Ik hoorde dat de transferperiode half april zou sluiten. Ik zou dus snel moeten handelen als ik nog iets wilde. Anders moest ik wachten tot 1 juli. De club had er niets op tegen als ik naar Finland wilde terugkeren en mijn contract werd ontbonden. Na mijn vertrek verloor Ajax een aantal wedstrijden en werd het spannender dan de bedoeling was. Maar de club werd kampioen.

Aanvankelijk had ik gedacht dat ik het seizoen bij Ajax zou afmaken en weer in vorm zou komen. Dan zou ik na een paar weken vakantie bij een andere club kunnen beginnen. Maar de gespannen sfeer en de gedachte aan een 'lange lente' (zoals ik in Barcelona en Liverpool had meegemaakt) zorgden dat ik deze keer snel een besluit nam. Ik keerde voor 15 april, het eind van de transferperiode, terug naar Finland.

Mijn tweede periode bij Ajax bezorgde me een dubbel gevoel. De eerste zeven jaar bij de club was in alle opzichten een geweldige tijd geweest. De tweede poging was al verkeerd begonnen met de onduidelijkheid rond mijn contract. Daarna liep het ook moeizaam en de gebeurtenissen aan het eind lieten een nare smaak achter.

De manier waarop Ajax speelde, was veranderd sinds de jaren '90. Een aanvallende stijl was minder belangrijk geworden. In de praktijk was dat zichtbaar op mijn positie van schaduwspits, die vaak werd vervangen door een controlerende middenvelder. Koeman had succes op basis van een sterkere verdediging. In die rol kwam Tomáš Galásek, de ervaren Tsjech, sterk naar voren. Hij had eerder die rol vervuld bij Willem II, in een elftal waarin ook Sami Hyypiä en Joonas Kolkka speelden. Koeman had gelijk dat hij een controlerende speler opstelde achter onze jonge, enthousiaste aanvallers.

Ik had dus toptalenten voor me staan en mijn favoriete positie in het veld bestond eigenlijk niet meer. Toen ik in het eerste bijna niet aan spelen toekwam, wilden de trainers van het tweede, Johnny van 't Schip en Marco van Basten juist graag dat ik bij hen kwam voetballen. Mijn enige volledige wedstrijd in het seizoen 2003-2004 speelde ik in dat elftal.

Ondanks de moeilijkheden beschouwde ik Ajax nog altijd als mijn club. Ik had er veel vrienden en ondanks de onenigheid aan het eind bleef de band met de club en de supporters goed. Het zou leuk zijn geweest om in Amsterdam te blijven want daar voelde ik me thuis. Toen dat niet lukte, kon ik gewoon terug naar Finland.

Voorbereiding op de strafschop na de reguliere speeltijd van de Champions League-finale Ajax-Juventus op 23 mei 1996. (Foto: ANP)

Euforie bij Danny Blind en mijzelf na het winnen van de KNVB-beker. In de finale op 17 mei 1998 vermorzelden we PSV met 5-0. (Foto: Orange Pictures)

In 1998 won Ajax zowel de KNVB-beker als het landskampioenschap. Hier vier ik feest samen met Edwin van der Sar. (Foto: privécollectie)

Jari viert zijn eerste doelpunt in Camp Nou tijdens de wedstrijd Barcelona-Real Sociedad op 5 januari 2000. Barcelona won met 3-1. (Foto: ANP)

Foto uit het seizoen 1999-2000. Achterste rij van links naar rechts: Ruud Hesp, Pep Guardiola, Phillip Cocu, Ronald de Boer, Patrick Kluivert en Frédéric Déhu. Voorste rij: Jari Litmanen, Michael Reiziger, Boudewijn Zenden, Sergi Barjuán en Luís Figo. (Foto: Witters GmbH)

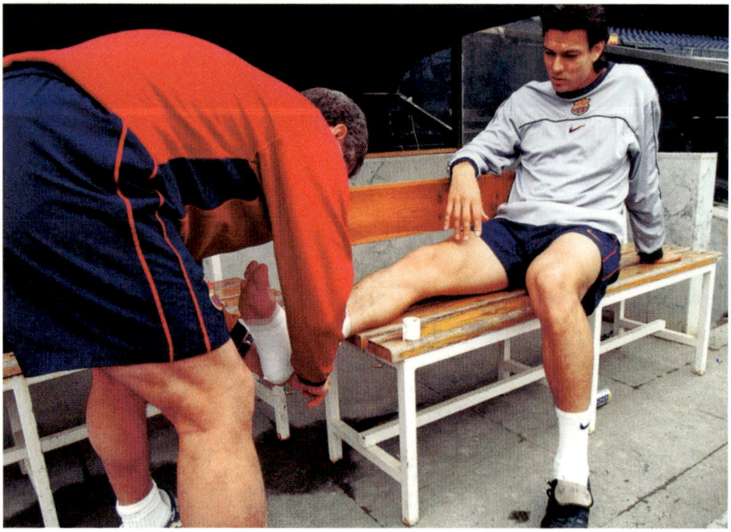

Mijn 'glazen enkel' wordt ingetapet tijdens een training bij Barcelona in 2000. (Foto: ANP)

Jari viert zijn strafschopdoelpunt in de wedstrijd tegen Manchester City voor de FA Cup op 18 februari 2001. Op de achtergrond de Duitser Christian Ziege. (Foto: Juha Tamminen)

Supporters verwelkomen Jari terug bij Ajax. Foto van de terugkeerwedstrijd op 14 september 2002 tegen FC Zwolle. (Foto: ANP)

Jari viert de 1-0 tegen FC Zwolle op 14 september 2002. (Foto: ANP)

De supporterscultuur was sterk – en soms ook verbazingwekkend –, zowel bij Liverpool als bij Ajax en Barcelona. (Foto: ANP)

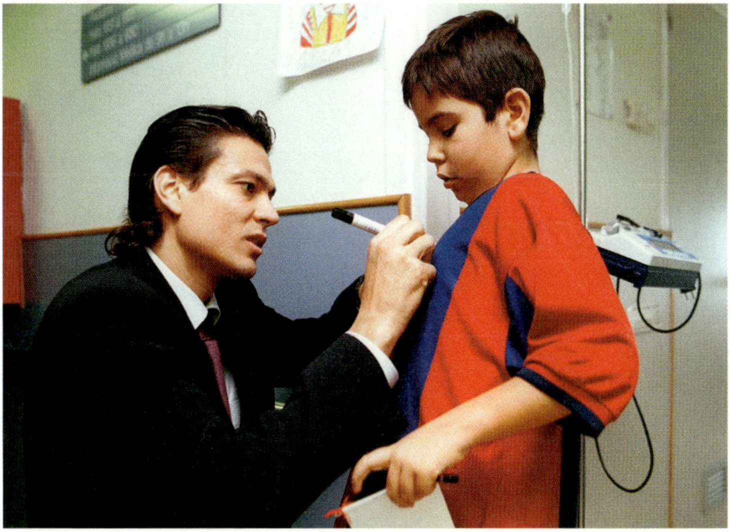

Jari voorziet een jonge fan van zijn handtekening. (Foto: ANP)

Jari komt het veld in tijdens wat zijn laatste interland zou blijken te zijn, de kwalificatiewedstrijd Finland-San Marino op 17 november 2010. (Foto: Jussi Eskola)

Terug naar Lahti

Ik ging terug naar Finland omdat ik in de zomer goed wilde trainen en klaar wilde zijn om te voetballen. Ik wilde een beetje afstand nemen van het topvoetbal en weer in conditie komen. Door mijn vele blessures deden benamingen als 'glazen enkel' en 'man van glas' de ronde en er waren geen topclubs geïnteresseerd in een 33-jarige speler die makkelijk geblesseerd raakte. Toch wilde ik graag blijven voetballen. Ik moest gewoon een andere invalshoek kiezen en een club zoeken die behoefte had aan een ervaren speler die kon helpen bij de ontwikkeling van jonge voetballers.

Ik sloot een contract af met FC Lahti. Het eerste elftal werd getraind door mijn oude kennis Harri Kampman. Ik wist precies hoe hij zijn elftallen liet trainen en spelen en wat voor rol hij voor mij in gedachten had. Ik trof er een paar oud-medespelers van Reipas, MyPa en het Finse elftal: Jukka Koskinen en Tommi Kautonen. Er waren ook jongere spelers, met wie ik goed kon opschieten. Mijn rol beviel me. Eind april speelde ik mijn eerste wedstrijd in het shirt van FC Lahti toen ik als wisselspeler in het veld kwam tijdens een wedstrijd voor de beker tegen Vantaa. Helaas verloren we die wedstrijd na strafschoppen.

Met de achillespees waar ik bij Ajax zo'n last van had gehad, ging het beter, maar toen begon mijn beruchte rechterenkel weer op te spelen. Deze keer begon de ellende na een tackle. Ik verdraaide mijn enkel en omdat die enigszins op slot bleef zitten en niet goed kon bewegen, raakte de rechterachillespees geïrriteerd. In de eerste maand, april dus, kon ik voetballen. Tijdens de twee maanden erna moest ik aan de kant blijven. Mijn plan om in de zomer weer fit te zijn, verliep niet zoals gehoopt. In augustus was ik weer wedstrijdfit.

Sinds 1992 was ik niet meer zo lang achter elkaar in Finland geweest. Het was eigenlijk wel fijn om rustig 'thuis' mijn conditie op peil te brengen. Ik had twaalf jaar lang gevoetbald in diverse competities op hoog niveau, met steeds een paar weken zomervakantie. Die jaren waren gevuld met veel reizen, wedstrijden en trainingen. Het voetbal had mijn leven bepaald. Nu kon ik een beetje op adem komen, hoewel ik tegelijkertijd wel trainde om weer in vorm te geraken. Twee maanden zonder wedstrijden voelde koninklijk, vergeleken met eerdere zomers.

In deze zomer gebeurde ook een van de belangrijkste en mooiste dingen in mijn leven: ik ontmoette mijn toekomstige vrouw en moeder van mijn kinderen. Ly gaf mijn leven nieuwe inhoud en mij een toekomst naast het voetbal.

Toen mijn achillespees en mijn enkel weer in orde waren, speelde ik van augustus tot oktober, tot het einde van het Finse seizoen. Daarna ging ik terug naar Amsterdam, waar ik nog een woning had. Van november tot januari trainde ik met het tweede elftal van Ajax. Daarin speelden onder anderen de Finse tweeling Niklas en Henrik Moisander en Thomas Vermaelen, die later aanvoerder zou worden van het Belgische nationale elftal. Er waren ook een paar jonge spelers die later in het Nederlands elftal terecht zouden komen. Mijn voormalige Ajax-collega's John van den Brom en Fred Grim waren de trainers van het tweede, zodat ik makkelijk aansluiting vond. Ik kon rustig trainen en over de toekomst nadenken.

9

Het dagelijkse profbestaan

Om profvoetballer te worden moet je jarenlang systematisch werken. Sommigen hebben het over de 10.000-urenregel. Dat zou het benodigde aantal trainingsuren zijn om de top te bereiken. Mijn eigen trainingsuren heb ik niet geteld, maar dat getal geeft in elk geval een indruk van waar het over gaat.

Ten eerste heb je technische vaardigheden nodig. Je moet de baas zijn over de bal. Van de televisie of het internet kun je het niet leren, je zult veel moeten oefenen met de bal. Daarnaast moet je beschikken over goede fysieke eigenschappen: kracht, snelheid en doorzettingsvermogen. Als we naar topspelers kijken – Messi, Ronaldo en bijvoorbeeld Arjen Robben – hebben ze allemaal een uitstekende techniek en de kracht om snel te handelen. Daarom is het moeilijk om ze tegen te houden als ze op snelheid zijn.

Zwakke kanten kun je compenseren door andere dingen beter te maken. Ik had bijvoorbeeld een groot uithoudingsvermogen. Ik kon van het begin tot het eind van een wedstrijd blijven gaan. Iemand anders kan natuurlijk de nadruk leggen op andere eigenschappen.

Tactisch inzicht is ook heel belangrijk, en zelf vorm geven aan het spel. Er zijn heel veel spelers die achteraf kunnen zeggen wat er in een wedstrijd had moeten gebeuren, maar de besten kunnen reageren op een situatie tijdens de wedstrijd.

Een speler moet zijn eigen kracht en zijn eigen rol in een elftal leren begrijpen. Iedere speler heeft zijn eigen eigenschappen en op elke positie worden andere kwaliteiten gevraagd. Je moet ook in staat zijn om je aan te passen aan verschillende speltypen en verschillende ploegen. Tijdens mijn loopbaan heb ik trainers gehad die begrepen wat mijn kwaliteiten waren. Onder hen heb ik – niet heel verrassend – mijn beste wedstrijden kunnen spelen. Andere trainers keken vooral naar wat mijn mindere kanten waren. Dat heeft weinig goede resultaten opgeleverd.

Leren voetballen gaat net zo als het aanleren van een taal. Beetje bij beetje groeit je woordenschat en leer je nieuwe, moeilijkere dingen te verwoorden. Op dezelfde manier groeit je begrip van het voetbal met de tijd. Dat is een beetje in strijd met de huidige denkwijze dat alles heel snel moet gaan. Om je te ontwikkelen als voetballer heb je echt tijd nodig; daar verander je niets aan.

Een leven als prof stelt ook eisen op heel andere gebieden. Toen ik in mijn jeugd droomde van een profcarrière, begon ik me al op verschillende manieren in te stellen op een toekomst als voetballer. Op school besefte ik al dat ik vreemde talen nodig zou kunnen hebben tijdens mijn loopbaan, en van mijn moeder leerde ik de was te doen, schoon te maken en eten klaar te maken.

Ik had het grote voordeel dat ik geen vakantiebaantje hoefde te zoeken in de zomer. Mijn moeder liet me van de zomervakantie genieten zolang ik nog jong was. Later zou ik wel genoeg kunnen werken. Zo bereidde ik mezelf al een beetje voor op een leven als prof. Ook in de zomervakantie stond ik vroeg op en ging ik trainen, eten en rusten. Daarna trainde ik opnieuw. Zo ziet het leven van een profvoetballer eruit: rusten en trainen, reizen en wedstrijden spelen. Alles wat ik deed, was gericht op de volgende training of wedstrijd.

Een voetballer heeft niet het normale werkritme van maandag tot zondag. Hij leeft van wedstrijd naar wedstrijd. Het aantal dagen tussen twee wedstrijden bepaalt het trainingsprogramma en de rest van je leven. Toen ik in het buitenland speelde, was mijn dagritme heel simpel. Ik stond op, ontbeet, ging trainen, at en rustte. Het dagelijks leven van een voetballer is eenvoudig en bepaald niet glamoureus.

Andere mensen zien alleen de feestdagen, oftewel wedstrijddagen, uit het leven van een voetballer. Topclubs hebben er meestal twee per week, maar voor een speler zijn het alleen feestdagen als het elftal wint en als hij zelf regelmatig speelt. Eerst moet je in de selectie zien te komen en dan een overwinning behalen. De dagen tussen de wedstrijddagen verstrijken dan weer met trainen en rusten.

Ik heb me nooit kunnen veroorloven om anderen een voorsprong te geven door zelf te gaan feesten of er liefhebberijen op na te houden. Ik liet meestal alle overbodige dingen achterwege. Tijdens de competitie speelde ik nooit golf of tennis. Dat deed ik wel af en toe in de zomervakantie. Ik heb teamgenoten gehad die op de dag na een wedstrijd zo'n vier tot vijf uur gingen golfen. Voor mij was dat niet mogelijk. Daar had ik gewoon de energie niet voor.

Al jong, toen ik veertien of vijftien jaar oud was, ervoer ik de relatie tussen trainen en rusten. Als ik bijvoorbeeld nog laat tv had gekeken, was ik de volgende ochtend moe en liep de training niet lekker. Voor mij was het verschil in elk geval zo groot dat het niet de moeite waard was om tot laat op te blijven. Op vrije dagen was het natuurlijk een ander verhaal.

Eenzaam gezwoeg

Als profvoetballer moet je veel keuzes maken en compromissen sluiten. Toen ik op mijn eenentwintigste naar Amsterdam vertrok, bleven mijn familie, vrienden, kennissen en veilige dingen achter in Finland. In Nederland werd een vreemde taal gesproken, de mensen waren anders, en dat gold ook voor de cultuur en zeker voor het voetbal. In zekere zin moet je je leven opnieuw opbouwen.

Het gezegde ''s Lands wijs, 's lands eer' geldt ook in het voetbal. Je past je aan of je past niet. Zelf heb ik geleerd dat je je zult moeten aanpassen als je succes wilt hebben. Als je keuzes maakt in het leven, moet je je realiseren wat je wilt en wat de gevolgen van je keuzes zijn. Voor mij was het makkelijk. Ik heb van kinds af aan gedroomd van een profcarrière en daar systematisch aan gewerkt. Ik was altijd gericht op een toekomst als voetballer. Ik wist dat ik uit eigen wil in het buitenland zat en dat alles daar een gevolg van was. Daarom voelde het nooit als een opoffering. Door mijn keuzes werden andere dingen buitengesloten. Ik heb van alles niet gedaan wat mijn vrienden wel hebben gedaan, maar dat was een gevolg van mijn eigen keuzes.

Natuurlijk heb ik me in die eerste buitenlandse jaren vaak afgevraagd wat mijn familie of vrienden op bepaalde momenten aan het doen waren. Soms dacht ik in september of oktober aan welke Finse clubs voor de prijzen gingen. Daarna liep het tegen Kerstmis en in Finland sneeuwde het terwijl daar in Nederland geen sprake van was. Soms voelde het vreemd om los te staan van alles waar ik in Finland aan gewend was, maar dan vroeg ik me af wat ik wilde. Wilde ik profvoetballer zijn en de gevolgen accepteren of wilde ik terug naar Finland?

Aan het begin van de jaren '90 waren er nog geen mobiele telefoons of internet. Het was minder makkelijk om contact te houden dan tegenwoordig. Af en toe sprak je iemand via de telefoon. Soms kwam er iemand langs. Vooral in het begin vroeg ik om dezelfde dingen uit Finland: roggebrood, koffie, chocola en kranten. In Amsterdam was een winkel waar je Finse kranten kon kopen. Daar ging ik elke twee weken wel een keer langs. Tussendoor hoorde ik wekenlang niets over Finland. Op de Nederlandse informatiekanalen werden Finse zaken natuurlijk niet behandeld. Ik wende eraan om de wereld te zien vanuit Nederlands perspectief. Ik ging bijvoorbeeld ook het wielrennen en langebaanschaatsen volgen. De Tour de France was drie weken lang rechtstreeks te volgen op tv. Dat was echt geweldig fascinerend.

Als je in het voetbal de top bereikt, kun je geen compromissen sluiten. Je doet de dingen goed of je doet ze niet. Je hebt het naar je zin of niet. Er zijn geen tussenvormen. Voor mij was het makkelijk want ik had mijn keuze al jong gemaakt. Ik wist dat je voor een carrière als voetballer hard moest werken. Toen ik prof werd, wilde ik niet dat al dat werk voor niets was geweest. Ik wist dat me ook eenzaam gezwoeg te wachten stond, maar daar had ik me in de Finse zomers al op voorbereid.

Ik heb negen jaar in Amsterdam gewoond, maar ik heb weinig musea of toeristische attracties bezocht. Waar ze zijn, weet ik heel goed, want ik heb er vaak bekenden naartoe gebracht of opgehaald. Ik zou eens een weekje naar Amsterdam moeten gaan met een camera om alle bezienswaardigheden te bezoeken!

Als je als voetballer je dagelijks leven doorbrengt in een stad, kun je die niet leren kennen zoals een toerist. Op zijn best weet je een supermarkt of goede cafés en restaurants te vinden. Bij een topclub zijn er zo vaak wedstrijden dat je maar weinig vrije tijd doorbrengt met je collega's. Met de selectie ben je zo vaak samen dat je een vrije dag het liefst rustig thuis doorbrengt.

Buitenlandse voetballers zien elkaar wel vaker in hun vrije tijd; meestal doordat ze in een vergelijkbare situatie zitten. Stelletjes, gezinnen met kinderen en singles vormen allemaal hun eigen groepjes.

Bij een nieuwe club kom je meestal vrij snel in de dagelijkse routines terecht. Tijdens de eerste weken of maanden bekijk je de nieuwe omgeving nog wel maar het wordt al snel gewoon. Met twee wedstrijden per week wordt er elke dag één keer getraind. Als er alleen in het weekend een wedstrijd is, zijn er ook wel twee trainingen op een dag.

Het trainingsprogramma is afhankelijk van veel factoren en in verschillende landen zijn de gewoontes ook weer anders. De hoeveelheid trainingen kan ook samenhangen met de positie op de ranglijst. Als het goed gaat, wordt er minder vaak getraind en andersom. Dan

10 doelpunten

Reipas-OTP, Finse competitie 1988
Eerste officiële doelpunt.
Omhaal.

MyPa-Jaro, Finse bekerfinale 1992
Ik maakte de 2-0, waarmee de eerste bekerwinst binnen was.
Stift met de buitenkant.

AC Milan-Ajax, Champions League 1994
Mooi doelpunt van opbouw tot afronding. Ik raakte de bal heel goed...

Real Madrid-Ajax, Champions League 1995
Een van de beste wedstrijden uit dat tijdperk, 2-0-overwinning. De aanhang van Real gaf ons een staande ovatie. Ik maakte 2-0 uit een prachtige voorzet.

Juventus-Ajax, Champions League-finale 1996
Een doelpunt in de finale vergeet je natuurlijk nooit.

Liverpool-Tottenham, Premier League 2001
Een geslaagd afstandsschot richting *The Kop.*

AC Oulu-FC Lahti, Finse competitie 2010
Na 22 jaar weer een omhaal tegen Oulu. De strijd tegen degradatie ging door.

HJK-KuPS, Finse bekerfinale 2011
Ik scoorde in beide bekerfinales die ik in Finland speelde. Geslaagde volley uit mooie aanval. Voorlopig mijn laatste officiële doelpunt...

Ajax-PSV, Eredivisie 1993-1994
Heerlijk doelpunt – voor mij mijn doorbraak in Nederland. Europees kampioen Hans van Breukelen stond in het doel.

Ajax-Willem II, Eredivisie 1995-1996
Laatste wedstrijd in De Meer. De 1-0, omhaal voor de neus van Sami Hyypiä.

zijn er nog allerlei besprekingen en mogelijke verplichtingen voor het elftal, de club of sponsoren.

Over Amsterdam

Ik heb altijd opengestaan voor nieuwe dingen. Reizen doe ik graag en ik ontmoet graag allerlei mensen. De verhuizing naar Amsterdam was belangrijk voor mijn ontwikkeling als mens. De stad kent veel verschillende bevolkingsgroepen en nationaliteiten. Er zijn allerlei culturen en mensen vanuit de hele wereld. Ik ben heel goed ontvangen in Amsterdam.

Voor een buitenlander is het niet moeilijk om er te wennen doordat iedereen wel in zekere mate Engels spreekt. Toen ik Nederlands leerde, kon ik wel beter doordringen in het leven ter plekke. Het was natuurlijk ook makkelijker doordat het goed ging voor wat betreft het voetbal.

Van mijn eenentwintigste tot mijn achtentwintigste woonde ik in Amsterdam. In die tijd groeide ik op van jongen tot man, tenminste dat vind ik zelf. Waar Lahti een goede omgeving was geweest om op te groeien als kind en als tiener, was Amsterdam een prima plek om een wereldburger te worden.

In Amsterdam is voetbal een belangrijke zaak, en ook daar leerde ik van. Amsterdam bevestigde mijn eigen levensfilosofie en gaf me zelfvertrouwen. Daarna kon ik me overal makkelijk aanpassen aan de plek waar ik woonde.

De verhuizing uit het kleine Lahti naar het internationale Amsterdam zorgde uiteraard voor een grote verandering in mijn leven. Finland en Nederland zijn ook heel verschillende landen. Toen ik tijdens mijn eerste Nederlandse jaar op bezoek ging in Finland, kwam mijn vlucht meestal 's middags aan en dan was het nog ruim een uur rijden naar Lahti. Als ik dan uit het autoraampje keek, zag ik voornamelijk bossen en velden. Als we door de stad reden, vroeg ik me af waar de mensen waren. Amsterdam en omgeving zijn heel dicht bebouwd. Overal zie je mensen.

Op vrije dagen vond ik het leuk om gewoon wat door de stad te lopen en rond te kijken: straten, grachten, mensen, huizen. Dat was heel ontspannend. Af en toe ging ik dan ergens wat eten of drinken. In Amsterdam heerste een ontspannen sfeer. Mensen fietsten of jogden; er gebeurde altijd wel iets. Geschiedenis heb ik altijd interessant gevonden. Ik probeerde me voor te stellen hoe eeuwen geleden die grachten werden gegraven en die huizen werden gebouwd. Toeristische bezienswaardigheden of musea bezocht ik juist niet. Die zag ik alleen van dichtbij als ik er familie of vrienden met de auto naartoe bracht.

Amsterdam was een goede plek om te groeien, maar dat gold ook voor de Ajax-selectie. Er heerste altijd een goede sfeer, en daar speelde Van Gaal een belangrijke rol in. Hij had de controle. Iedereen had zijn eigen rol en iedereen respecteerde elkaar.

In het Nederlands elftal waren regelmatig conflicten. Ik vond het nogal verrassend dat Nederlandse spelers ruziemaakten tijdens een eindtoernooi en dat er zelfs spelers vertrokken (bijvoorbeeld Gullit in 1994 en Davids in 1996). Blijkbaar was de chemie bij het Nederlands elftal niet altijd optimaal. Toch gebeurde er bij Ajax ook wel eens iets wat ik vreemd vond. Daar werd dan intern aandacht aan besteed en daarna gingen we gewoon verder.

In de topsport gebeuren negatieve dingen altijd als de verwachtingen hooggespannen zijn en de sporters om een of andere reden gefrustreerd. Zelf heb ik ook vaak genoeg vervelende momenten, teleurstellingen en frustraties meegemaakt, bijvoorbeeld vanwege blessures. Met die druk moet je op een gezonde manier zien om te gaan voordat die een negatieve invloed op jou en het elftal gaat krijgen, of op je directe omgeving.

Op individueel niveau heb ik altijd een goede relatie gehad met iedereen in het elftal of bij de club. Voor mij maakte het niet uit of een voetballer of iemand anders nu uit Suriname, Nigeria, Amsterdam of Epe kwam. Ik was een buitenlander en wilde me aanpassen aan mijn omgeving. Blijkbaar had ik daar ook aanleg voor. Als ik mensen uit andere delen van Nederland ontmoette, vroegen ze zich vaak af hoe ik zo Amsterdams kwam!

Mijn eigen houding past goed bij Amsterdam, dat geldt ook voor mijn gevoel voor humor. Vanaf het begin merkte ik dat ik de geintjes in de kleedkamer begreep. Soms was het net een sitcom met droge humor, die soms ook een hard randje heeft, maar zonder dat het te persoonlijk werd. Het hangt nogal af van de verstaander of hij het snapt of niet.

Er zijn veel leuke mensen bij Ajax. Zowel Bergkamp als Rijkaard kon goed overweg met de droge humor. Sonny Silooy was meer een druktemaker in de positieve betekenis van het woord. Ook Peter van Vossen en Richard Witschge hadden een kleurrijk gevoel voor humor. Hoe beter ik de taal leerde kennen, hoe meer ik om de grappen kon lachen. Aanvankelijk dachten ze dat ik nogal een stille was omdat ik vanwege de taalbarrière nog niet kon meedoen aan de komische sketches, waar ik wel gek op ben. De grappige situaties en de lach waren meestal al voorbij voordat ik alles had begrepen of de juiste woorden had gevonden.

Het hoort ook bij de Amsterdamse humor dat je vaak niet goed weet of iemand het serieus meent of niet. De Amsterdammers hebben het in principe wel in de gaten, maar voor anderen is het vaak moeilijker. Ik houd wel van die humor. Ik moet trouwens zeggen dat er heel wat is gelachen ten koste van mij: mijn manier van praten, mijn stijl van lopen of passen, mijn gepuf, stretchen...

Een mooie herinnering aan die begintijd is de keer dat ik, zoals altijd, heel vroeg de kleedkamer in ging. Meestal was alleen Sonny Silooy daar al voor mij. Hij zei elke ochtend met een glimlach op zijn gezicht in het Engels tegen me, mij met een schorre stem imiterend: 'Good morning asshole.' Na twee weken begroette hij me vriendelijk in het Nederlands: 'Goeiemorgen klootzak.' Ik verstond nu Nederlands dus hij had het vertaald. Dit herhaalde zich elke ochtend, een jaar lang. Het volgende seizoen kwam de Nigeriaan Finidi George bij de groep; eerst twee weken in het Engels: 'Good morning asshole.' Daarna hetzelfde in het Nederlands. Het jaar daarop kwam nog een Nigeriaan, Kanu, en alles begon weer opnieuw. Dat was de manier waarop Sonny Silooy nieuwe buitenlanders verwelkomde. Het was absoluut niet persoonlijk bedoeld – tenminste, daar ga ik van uit...

Een ander leuk voorval was toen een nieuwe speler te horen kreeg dat Richard Witschge in de Engelse Premier League had gevoetbald. Hij wilde er graag meer over horen, en Witschge begon met een serieus gezicht te vertellen hoe hij Blackburn het kampioenschap van Engeland had bezorgd in 1995. Blackburn had een geweldig elftal, volgens Witschge, met onder anderen Alan Shearer, Graeme Le Saux, Colin Hendry, Tim Sherwood en trainer Kenny Dalglish.

De nieuwe en jonge spelers luisterden naar het verhaal over Blackburns kampioenschap. Een aantal anderen, onder wie ik, had moeite om ons gezicht in de plooi te houden. Wij kenden de echte versie:

Jari deed altijd mee aan voetbalquizzen

Er werd altijd gezegd dat Jari Litmanen veel over voetbal weet. Frank de Boer, met wie hij jarenlang samenspeelde, bevestigt dat verhaal: 'Mijn eerste herinnering aan Jari is dat hij altijd in de kleedkamer voor een wedstrijd heel lang rekoefeningen deed. Ik vroeg me af wat hij in hemelsnaam deed. Uit de periode daarna herinner ik me natuurlijk vooral zijn prachtige doelpunten,' vertelt De Boer in de documentaire *Koning Litmanen*. 'Jari is een voetballer waar je op kunt vertrouwen. Zulke spelers zijn belangrijk in een elftal. Hij is ook een warme persoonlijkheid en heeft altijd belangstelling voor persoonlijke dingen van anderen. Ik geloof dat Jari in Nederland de "droge" humor heeft ontdekt. Hij is er heel goed in.' De Boer herinnert zich in het bijzonder Litmanens voetbalkennis. Die ontging de mensen in zijn omgeving niet. 'Danny Blind organiseerde vaak quizzen over voetbal en Jari deed er altijd aan mee. Hij wist altijd heel veel,' zegt de huidige trainer lachend.
De Boer en Litmanen hoorden bij de topspelers van Ajax. Ze speelden altijd en bereikten onder andere twee keer de finale van de Champions League. 'We waren het beste elftal ter wereld en hebben anderhalf jaar lang geen wedstrijd verloren. We voetbalden bijna altijd met dezelfde elf spelers. We waren een soort machine. Ik denk niet dat Jari aanvankelijk Van Gaals eerste keus was als opvolger van Bergkamp. Jari maakte echter een goede indruk en was heel gemotiveerd om dingen voor elkaar te krijgen. Bij Barcelona ging het uiteindelijk niet zo goed met hem. Misschien is zijn stijl te afwijkend. We speelden in een ander systeem, de machine liep niet zoals bij Ajax. Bij Ajax kwamen zijn kwaliteiten naar boven en dat is bij Barcelona volgens mij niet gelukt,' aldus Frank de Boer.

Witschge had een conflict met zijn trainer bij Bordeaux en werd in januari uitgeleend aan Blackburn. Daar speelde hij precies een halve wedstrijd en die wedstrijd werd ook nog eens verloren. Zo bezorgde Witschge naar eigen zeggen Blackburn het enige kampioenschap in de geschiedenis van de club. Zijn verhaal klonk bijzonder overtuigend en het kan best zijn dat sommige toehoorders nog altijd het verhaal van Witschges belangrijke rol geloven.

Toen ik voor Liverpool speelde (2001-2002) en Dennis Bergkamp voor Arsenal, speelde Arsenal volgens velen het mooiste voetbal van Engeland. Ik herinner me nog goed een heel ander Arsenal, dat in de jaren '80 en '90 een aantal keren landskampioen werd onder leiding van George Graham. In die tijd zongen de supporters van de tegenstander: 'Boring, boring Arsenal'. Dat zong ik ook altijd tegen Bergkamp als we tegen elkaar speelden. Diverse Arsenalspelers waren heel verbaasd: wat doet die rare Fin nou? Wij spelen prachtig voetbal en iemand van Liverpool heeft al helemaal geen reden om Arsenal te beschuldigen van saai spel! Bergkamp voelde zich niet beledigd. Hij snapte het wel.

De dynamiek binnen een groep

Af en toe wordt er wel eens gesproken over lastige personen binnen het topvoetbal met wie het moeilijk samenwerken is. Zulke figuren ben ik niet vaak tegengekomen.

Er zitten zo'n vijfentwintig spelers in een selectie. Daar moet je mee door één deur kunnen want een team heeft succes als collectief. De spelers hebben elkaar nodig. Het is in ieders voordeel als de verhoudingen goed zijn. Toch moet iedere speler de concurrentie aangaan om bij de elf tot veertien spelers te horen die het veld op mogen. Die situatie is enigszins tegenstrijdig, en daarbij speelt de trainer een belangrijke rol.

De trainer en de belangrijkste spelers moeten zorgen voor een goede sfeer in de groep. Wat dat betreft ben ik mijn profcarrière begonnen op een geweldige plek. Bij Ajax waren veel eensgezinde jonge voetballers en daarnaast een paar ervaren spelers die vooral dachten aan het team. Er was sprake van een eerlijke rivaliteit waarbij iedereen enorm zijn best deed.

Ik groeide bij Ajax op in een sfeer waarin alle spelers met elkaar wedijverden, maar elkaar toch steunden. De trainer bepaalde wie er uiteindelijk in het veld stond. Tijdens mijn eerste jaar bij Barcelona ging het ook zo. Daar hadden we natuurlijk dezelfde trainer. Ik kon goed opschieten met Luis Enrique, Gabri en Ronald de Boer, terwijl zij toch mijn directe concurrenten waren. Ook later, bij Liverpool, had ik geen problemen met degenen die op dezelfde posities voetbalden als ik, zoals Owen, Fowler, Heskey en later Anelka.

Bij Barcelona ging het in mijn tweede jaar ook zo: toen de nieuwe trainer meldde dat Rivaldo op mijn positie ging spelen en dat er voor mij geen plaats meer was, kon ik nog steeds goed met Rivaldo opschieten. Nu was daar natuurlijk ook geen sprake van echte concurrentie.

Over het algemeen heb ik in mijn vijfentwintigjarige carrière weinig problemen gehad. Toch heb ik wel allerlei verhalen gehoord over spelers die met elkaar overhoop lagen. Bij het Finse elftal was de sfeer altijd eensgezind en goed. Een goed voorbeeld vormen Mikael Forssell en Jonatan Johansson die tien jaar lang om dezelfde positie streden. Gedurende die hele periode waren ze kamergenoten tijdens wedstrijden van het nationale elftal en buiten het veld goede vrienden.

Onder een vergrootglas

Voetballers staan vaak in de belangstelling en veel mensen hebben een mening over wat ze doen en zeggen. Het is heel normaal dat goede trainers en spelers op de tribune zitten of thuis op de bank en via de media hun mening verkondigen.

Soms heb ik dingen gehoord of gelezen over mezelf, of over de club waar ik voor speelde, die niets te maken hadden met wat ik dacht te weten. Mensen kunnen een wedstrijd zien of een krantenartikel lezen en daar vervolgens een mening op baseren waarin ze zelf geloven. Zo zitten wij mensen in elkaar. We vormen opvattingen zonder dat we ergens voldoende van weten. Het betekent in elk geval wel dat we geïnteresseerd zijn.

Er zijn heel veel zaken in een wedstrijd, of in het voetbal in het algemeen, die van invloed zijn op de mening van een toeschouwer. Misschien is hij supporter van een bepaalde club of volgt hij een bepaalde speler. Hij kan de aandacht vragen voor allerlei zaken, van de kleur van een shirtje tot dingen die helemaal buiten het voetbal zelf staan. Het tragische vliegtuigongeluk van Manchester United in 1958, bijvoorbeeld, bezorgde de club veel supporters en de opmars daarna naar de top van Europa is natuurlijk een prachtig verhaal dat niet zomaar vergeten wordt. Hoewel de gebeurtenis vreselijk was, zorgde die voor een band tussen de mensen en de club. Torino wordt op dezelfde manier geassocieerd met een vliegtuigongeluk in 1949. Liverpool had zijn eigen verschrikkelijke Hillsborough-drama in 1989. Dat raakte alle Liverpoolsupporters uit de hele wereld. Zulke gebeurtenissen beïnvloeden mensen en zorgen voor een gevoelsband met een club. Onze meningen zijn voor een deel gebaseerd op gevoelens.

Meningen over voetbal geven wel aan dat er betrokkenheid is. En menselijkheid. Vanuit de sport gezien is het mooi dat mensen een standpunt innemen over voetbal en over voetballers. Maar die betrokkenheid garandeert niet dat meningen ook gebaseerd zijn op kennis.

Zelf volg ik bijvoorbeeld de Formule 1 en ik heb daar wel opvattingen over, maar ik heb zelf nog nooit een rondje op een circuit gereden. Ik heb alleen een keer in een stilstaande raceauto gezeten. Mijn opvattingen zijn dus niet gebaseerd op echte kennis. Echte knowhow over de Formule 1 hebben degenen die dagelijks te maken hebben met de praktijk, zoals de rijders, stalmeesters, ingenieurs, mecaniciens enzovoort. Ook skispringen is een interessante sport, maar er zijn weinig mensen die daar werkelijk iets over weten.

Ik heb altijd geprobeerd om me te concentreren op datgene waar ik zelf mee bezig ben; op mijn elftal, mijn club en mijn eigen sport. Als een toeschouwer een mening heeft over een wedstrijd of een speler: prima. Dat mag en het is zijn mening. Hetzelfde geldt voor een journalist die een verslag over een wedstrijd schrijft; het is zijn opvatting. Mensen hebben opvattingen en ik probeer altijd de mening van een ander te respecteren. Het belangrijkst is altijd de mening van je directe omgeving, van de mensen om je heen. In het voetbal zijn dat je trainer, je medespelers enzovoort.

Op mijn negende stond er voor het eerst een foto van mij in een krant. Daarop juichte ik na het scoren van het winnende doelpunt in de Helsinkicup. Ik vond het geweldig om in de krant te staan.

Die eerste foto, en het bijbehorende artikel, heb ik nog altijd. Mijn moeder had me aangeraden om alle stukken over mezelf te bewaren zodat ik daar later nog naar zou kunnen kijken. Toen ik in het eerste terechtkwam, en de plaatselijke krant van Lahti over onze wedstrijden ging schrijven, begon ik met het bijhouden van een knipselmap.

Mijn vader had ook krantenknipsels verzameld, en als kind was ik daarin hevig geïnteresseerd. Ik herinner me bijvoorbeeld een verhaal met een foto waarop mijn vader te zien is samen met Timo Nummelin. Ik snapte het niet, want dat was toch die ijshockeyer die altijd 'viool speelde' als hij had gescoord? Uit het artikel bleek dat diezelfde Nummelin ook meervoudig landskampioen was als voetballer, in het nationale elftal had gespeeld en tot Voetballer van het Jaar was gekozen. Er waren dus genoeg interessante verhalen.

In de eerste seizoenen plakte ik alles zorgvuldig in en schreef daar iets bij over de wedstrijden. Ik schreef aanvankelijk ook de opstellingen en de wissels erbij, maar later vond ik het minder belangrijk. Ik bleef alles verzamelen, maar het kwam in kartonnen dozen terecht.

Als jonge jongen vond ik het prachtig om in de krant of op televisie te komen. Hoewel ik met de volwassenen meedeed, was ik eigenlijk nog een kind.

Toen ik naar het buitenland ging, bleven verschillende mensen artikelen verzamelen. Mijn moeder, mijn opa en sommige anderen knipten ze uit de krant. Het is een enorme berg geworden, verzameld in kartonnen dozen in de garage. Soms kijk ik wel eens in zo'n doos en blader ik een paar artikelen door, maar daar is het bij gebleven. Nu zou het onbegonnen werk zijn om alles in te plakken.

Toen ik jong was, besteedde ik weinig aandacht aan de inhoud van die stukken. Alles was goed genoeg om te verzamelen. Later waren er andere redenen om verslagen niet zo belangrijk te vinden. Ik ben altijd zelf mijn strengste criticus geweest en mijn conclusie was steeds dat je hard moet werken. In elke wedstrijd kun je verbeterpunten vinden. Een pass had beter kunnen zijn of je stond in een bepaalde situatie op de verkeerde plek. Soms vond ik mezelf zo slecht dat ik het gevoel kreeg dat ik er niets van kon. Hoe hoger het niveau waarop je voetbalt, hoe moeilijker het wordt. De eisen zijn ook veel hoger en er komt kritiek van alle kanten. Kritiek van buiten is voor mij altijd van secundair belang. Het is veel belangrijker wat je trainer en je medespelers ervan vinden.

De overstap van Finland naar Ajax in 1992 betekende in alle opzichten een grote stap. Ajax had net de UEFA Cup gewonnen en het vereiste niveau was veel hoger dan waar dan ook in Finland. Trainer Louis van Gaal was een opkomende, talentvolle trainer die net een halfjaar voor de groep stond. Destijds was het een geweldige plek voor hem om te laten zien wat hij kon, en nu, een jaar of twintig later, is hij een van de beste trainers ter wereld geworden. Mijn elftalgenoten waren topspelers en in de groep leefde het idee dat de dingen altijd beter konden. De spelers vergden veel meer van zichzelf en van elkaar dan in Finland. Van je medespelers kon je stevige kritiek verwachten na een mindere prestatie, maar het was nooit persoonlijk bedoeld. De bedoeling was dat iemand beter ging presteren en het elftal zo beter maakte.

De feedback bij Ajax was heel direct. Van Gaal heeft me diverse keren ten overstaan van de groep gecomplimenteerd met bijvoorbeeld mijn instelling. Aan de andere kant kon hij me ook rustig vertellen, terwijl iedereen het hoorde, dat ik de grootste sufferd op aarde was omdat we de vorige wedstrijd door een fout van mij niet hadden gewonnen. Hij leefde altijd intens mee en gaf zijn feedback op basis van hoe hij het ervoer. We wisten daardoor ook heel goed waar we stonden. Ik herinner me nog heel goed een uitwedstrijd tegen NAC. Ik had gescoord en was betrokken bij de voorbereiding van een tweede doelpunt. Een paar minuten voor tijd stonden we met 2-1 voor. Ik kreeg de bal in de buurt van de middencirkel en zag dat de keeper ver voor zijn doel stond. Ik probeerde de bal over de doelman heen in het doel te schieten maar ik schoot naast. NAC nam de doeltrap en viel aan over links. Onze verdediging ging een beetje in de fout en NAC maakte gelijk. Het was helemaal mijn fout dat we niet wonnen. Ten overstaan van het hele elftal kreeg ik te horen wat een domkop ik was omdat ik de bal niet had vastgehouden maar voor een onnozele oplossing had gekozen. Ik begreep het heel goed. Zo'n fout heb ik daarna niet meer gemaakt.

Zulke dingen gebeuren, maar het belangrijkste is dat je weet waar je als groep mee bezig bent. Voor de toeschouwer buiten de groep of voor een journalist kan een situatie er heel anders uitzien. Zij kennen de achtergrond niet, de rol van de speler bijvoorbeeld. Soms krijgt een speler die volgens het hele elftal geweldig heeft gespeeld, heel weinig aandacht.

Ik heb heel wat medespelers gehad die belangrijk waren voor de groep maar van buiten vrij weinig waardering kregen. Bij Liverpool speelde bijvoorbeeld Dietmar 'Didi' Hamann. In de media bleef hij doorgaans in de schaduw van andere spelers maar in het elftal werd hij enorm gewaardeerd. Liverpool had een heel goede en hechte verdediging, die gebaseerd was op samenspel en natuurlijk op individuele kwaliteit. We hadden eens over een langere periode ongeveer een half doelpunt per wedstrijd tegen gekregen. Toen kon Didi vier wedstrijden na elkaar niet meedoen en we kregen toen acht goals tegen. Hij was voor het elftal niet alleen belangrijk als verdediger maar ook als medespeler. Hij wist heel goed positie te kiezen, had een goede pass en nam volgens ons de juiste beslissingen. Hetzelfde gold voor Emile Heskey, die minder vaak scoorde dan van hem werd verwacht, maar hij deed wel allerlei andere dingen die goed waren voor het elftal.

In het Finse elftal speelde Markus Heikkinen; hij was ook zo'n speler. Hoewel er meestal geen vette hoofdletters aan hem werden gewijd, werd hij beslist gewaardeerd door iedereen die hem naast zich had. Hij deed veel werk voor het elftal dat minder zichtbaar was. Zijn interlandcarrière stopte helaas veel te vroeg. Voor buitenstaanders is het belang van dergelijke voetballers vaak moeilijk in te schatten. Zij weten niet precies hoe belangrijk ze zijn binnen de rolverdeling van een elftal.

De keerzijde van bekendheid

De kritiek die ik heb gekregen op mijn spel is niet aan me blijven knagen. Wedstrijden komen en gaan, en iedereen vindt er iets van. Er zijn wel verhalen geweest die geen enkele relatie hadden met de werkelijkheid. Een voorbeeld daarvan is een artikel dat in een Finse krant verscheen terwijl we ons met het Finse elftal voorbereidden op een wedstrijd tegen Wales. In grote chocoladeletters stond er dat Sami Hyypiä en ik van onze trainer Antti Muurinen af wilden. We zouden geen respect hebben voor Muurinen en hem willen laten vervangen door Harri Kampman. Met Sami had ik het nooit gehad over een trainerswissel. Het was helemaal nieuw voor ons. Iemand anders had het bedacht en ons de woorden in de mond gelegd. Voor

Antti Muurinen was het heel moeilijk. Hij belandde vlak voor een belangrijke wedstrijd in een situatie waarin zijn aanvoerder en reserve-aanvoerder de trainer weg wilden hebben. Je vraagt je af wat de bedenker van dat verhaal bezielde. Vanuit het perspectief van het nationale elftal zijn zulke verzinsels natuurlijk heel schadelijk.

Muurinens contract werd later verlengd. Dat zou dus betekenen dat Sami en ik de zaak heel slecht hadden aangepakt. Uitgangspunt is trouwens dat de voetballers voetballen en de leiding de beslissingen neemt.

Ik vind het overigens prima als iemand schrijft dat Litmanen waardeloos heeft gespeeld. Iedereen heeft recht op zijn eigen mening, maar ik kan niet accepteren dat iemand dingen uit zijn duim zuigt. Regelmatig ben ik in de media 'betrouwbare informatie' tegengekomen. Dan was ik bijvoorbeeld gecontracteerd door een club, terwijl ik nog niet eens iemand van die club had ontmoet; of ik had een tijd in Tallinn getraind bij Nõmme Kalju FC, terwijl ik al twee jaar niet meer bij die club in de buurt was geweest.

Ik heb geen hekel aan journalisten, of aan de media in het algemeen, hoewel veel mensen dat schijnen te denken. Er bestaan goede en minder goede voetballers, en er zijn goede en minder goede journalisten.

Het meest smakeloze voorval maakte ik in Liverpool mee. Ik speelde weinig en veel journalisten namen daar een standpunt over in. Ook supporters maakten hun mening kenbaar. Zelf zei ik alleen dat ik natuurlijk wilde spelen, maar dat de trainer daarover gaat en dat het vooral belangrijk is dat het elftal goed presteert. Op een mooie dag verscheen toen een artikel in een Engelse 'kwaliteitskrant' waarin Litmanen min of meer beweerde dat de trainer nergens iets van begreep. Dat zette de supporters en veel anderen tegen me op. Zelf had ik niets met het verhaal te maken. Met geen enkele journalist had ik gesproken over iets wat ook maar in de buurt kwam. Er kon zelfs geen sprake zijn van verkeerd geïnterpreteerde woorden.

Het verhaal zorgde voor veel onrust en ik moest binnen de club uitleg komen geven. De mensen van de club waren natuurlijk teleurgesteld dat ik met dit verhaal naar de krant was gegaan. Een paar dagen later verscheen een verhaal waarin manager Houllier klaar stond om kankergezwellen uit het elftal te snijden. Als een speler niet tevreden was, kon hij wat de club betreft ophoepelen. Tot dat moment zat ik al in een lastige positie voor wat betreft speeltijd, maar toen werd het nog erger. Vanuit het niets werden mijn werkomstandigheden buitengewoon moeilijk. Bij toeval hoorde ik ook nog supporters op de radio zeggen dat die waardeloze klagende Litmanen maar verkocht moest worden. Ik moest blij zijn dat een voetballer als ik überhaupt het shirt van Liverpool mocht dragen.

Ian Cotton, de mediavoorzitter van de club, geloofde me gelukkig toen ik mijn woordje had gedaan. Ik bezwoer dat het verhaal geen enkele grond had. Ik vertelde dat hij of een van zijn assistenten altijd aanwezig was geweest als ik een interview gaf. Alle aanvragen liepen via hem en alle interviews werden door de club opgenomen. Van de club kreeg ik uiteindelijk te horen dat ze me vertrouwden, maar het kwaad was al geschied.

Bij dat herstel van vertrouwen speelde sportbestuurder Pekka Holopainen, voor wie ik veel waardering heb, een belangrijke rol. Hij werkte toen in Engeland. Hij vroeg me wat er aan de hand was en ik verklaarde dat ik aan niemand een dergelijk interview had gegeven. Holopainen besloot om de zaak uit te zoeken. Hij belde de schrijver van het stuk en vroeg waar deze mij had geïnterviewd. De journalist antwoordde dat hij mij nooit had gesproken. Hij had het verhaal op het internet gevonden. De wortels ervan lagen ergens in Zuid-Afrika. Ook daar had niemand mij geïnterviewd. Iemand had gewoon naar mijn situatie gekeken en daaruit afgeleid wat mijn mening mogelijk zou kunnen zijn. Die verzinsels belandden daarna op een voetbalsite. De Britse journalist had ze daar vervolgens gewoon van afgeplukt. Holopainen ging met het resultaat van zijn onderzoek naar

Cotton, die er op zijn beurt mee naar de voorzitter van Liverpool stapte.

Dit verhaal is een zoveelste bewijs van hoe belangrijk voetbal is geworden. Het wordt met veel passie gevolgd. De eigen opvattingen en de werkelijkheid kunnen dan wel eens flink door elkaar gaan lopen. De media hebben hierbij heel veel macht. Als een verhaal in het nieuws komt, en gedrukt is, wordt het meteen als de waarheid beschouwd. Mogelijk valse informatie heeft dan al de mening en fantasie van de mensen beïnvloed.

Tijdens mijn loopbaan is er veel veranderd in de media. In het begin, in de jaren '80, tot halverwege de jaren '90, schreef een Finse journalist over verschillende sporten. Tegen het eind van de jaren '90 kwamen er steeds meer specialisten. In die tijd waren de Finse media echter nog niet zo in voetbal geïnteresseerd. Aan het eind van de jaren '90 kon het gebeuren dat er tijdens een oefenwedstrijd van het Finse elftal maar één Finse journalist aanwezig was. Ook bij kwalificatiewedstrijden in het buitenland stelde de persconferentie weinig voor.

In Nederland was dat heel anders. Bij Ajax liepen zelfs bij de trainingen verschillende journalisten rond. Bij wedstrijden waren er natuurlijk tientallen; in Finland hooguit een paar. In Nederlandse kranten werden verschillende pagina's aan voetbal gewijd. Er waren sportbladen en voetbaltijdschriften. Sport- en voetbalprogramma's op televisie. In Nederland leerde ik ook dat je nee kon zeggen tegen een interview. Grotere clubs hadden een betaalde persvoorlichter aan wie alle interviewverzoeken werden gericht. Dat veranderde natuurlijk allemaal flink toen we in 1994 in de Champions League terechtkwamen en daar succes hadden. Trainer Van Gaal wilde dat zijn jonge voetballers zich concentreerden op wat belangrijk was. Alles moest worden gecontroleerd. De club was de media ter wille maar alles moest professioneel worden aangepakt.

Het contrast was groot als ik terugging naar Finland voor een interland. Daar werd ik tijdens een training op mijn schouder getikt door een journalist die om een interview vroeg. Ik gaf te kennen dat het prima was, maar wel na de training. De journalist vroeg of het niet meteen kon. Ik antwoordde dat dat niet mogelijk was omdat ik nu aan het werk was. Over een uur zou wel kunnen. De journalist zei dat hij over een uur in de ijshal moest zijn. Dan moest hij dus kiezen. Of hij ging naar zijn werk in de ijshal en interviewde mij niet, of hij kon mij over een uur spreken, na mijn werk. Ik ging in elk geval door met de training. Of hij in de tussentijd in de ijshal was geweest, weet ik niet, maar na de training stond hij op me te wachten aan de rand van het veld.

In de jaren '90 waren mijn ervaringen in Finland steeds heel anders dan wat ik dagelijks in Nederland en later in Barcelona meemaakte. Bij Ajax groeiden we uit tot een van de beste clubs van Europa, en we moesten ons professioneel gedragen. Dat was ook in Nederland voor een deel nieuw. Er kwamen minder interviews, maar die werden grondig doorgenomen zodat er geen misverstanden konden ontstaan. Dat leerde ik bij Ajax, en dat heb ik ook in Finland geprobeerd voor elkaar te krijgen.

In Finland werd de relatie met de pers tegen het eind van de jaren '90 ook professioneler. Het nationale elftal kreeg een eigen perschef. Alles liep nu via hem, terwijl er voorheen geen enkele beperking was geweest. Ik werd een keer gebeld door de radio terwijl ik een middagdutje deed. Men wilde commentaar op de wedstrijd van die avond. Zoiets stoort je in je concentratie. Er is ruimte voor de media, maar alleen als er rekening wordt gehouden met alle partijen. Beperkingen zijn er om iedereen gelijkwaardig te kunnen behandelen. Aanvankelijk stond ik er negatief tegenover, maar toen ik eraan gewend was, liep het voor het elftal beter. En daar ging het om. Ook in het verkeer heb je regels die voor iedereen gelden; ook die zorgen voor een soepeler verloop. Hetzelfde geldt voor scholen en andere gemeenschappen.

Bij topclubs begrijpen ze heel goed dat voetballers zich op hun werk moeten kunnen concentreren. Bij Barcelona bijvoorbeeld wil iedere journalist ter wereld wel het commentaar van Lionel Messi horen, zowel voor als na een wedstrijd. Als Messi op al die verzoeken inging, zou hij niet eens tijd meer hebben om te trainen of zelfs normaal te leven. Daarom verdeelt een club de mediataken gelijkelijk over de spelers.

In Spanje wordt voetbal natuurlijk op een andere schaal gevolgd dan in Finland. Toen ik in Lahti speelde, werd ik meestal een keer per jaar geïnterviewd door de plaatselijke krant. In Barcelona verschijnen van maandag tot zondag elke dag twee sportkranten met vijftien tot twintig pagina's over Barcelona. Ook in Madrid zijn er twee van die kranten met net zoveel informatie over Real en Atlético. In de kranten van beide steden staat ook nieuws over de rivaliserende clubs. Vaak staan in Madrileense kranten negatievere zaken over Barça en wordt in Barcelonese kranten commentaar geleverd op wat in Madrid in de krant staat. Dan zijn er natuurlijk nog veel andere kranten, websites, televisiekanalen en radiostations. Elke dag duiken er talloze voetbalverhalen op in de media. Elke dag moeten voetballers klaarstaan om hun mening te verkondigen. Dat is niet zo'n probleem, maar soms heb je gewoon niet zoveel te vertellen...

Vooral in de jaren '90 was het ontspannend om terug te gaan naar Lahti voor een vakantie. Daar kon ik echt tot rust komen en me even losmaken van het topvoetbal. Finland is geen voetballand; daar speelt die sport in het leven van alledag amper een rol. Een mooi voorbeeld daarvan is Jonatan Johansson: hij had een prachtige carrière in Schotland en de Engelse Premier League en speelde daarnaast meer dan honderd interlands, maar in Finland was er helemaal geen aandacht voor hem toen hij zijn carrière beëindigde.

Ik vond het heerlijk om op te groeien in een land met een brede sportcultuur. Zelf ben ik sportgek en ik interesseer me ook voor andere sporten. We hebben wereldkampioenen bij het speerwerpen, langlaufen, rallyrijden, ijshockey en vast nog veel meer sporten. We zijn trots op onze olympische kampioenen. Finland heeft een breed spectrum aan sporten waarin we succesvol zijn. Onze voetbalcultuur is nog jong en staat aan het begin van haar internationale ontwikkeling, terwijl het voetbal in heel veel landen op de eerste plaats staat.

Gezien vanuit Liipola, de wijk in Lahti waar ik vandaan kom, is het internationale voetbal iets van een andere planeet. Hoewel Lahti op zijn eigen manier een voetbalstad is, speelt het voetbal er uiteindelijk maar een kleine rol. Lahti is ook een skispringstad, basketbalstad, ijshockeystad en nog het een en ander. Als het gaat om het bereiken van de top, had ik een flinke achterstand vergeleken met voetballers uit Engeland, Duitsland, Nederland, Spanje of nog honderdvijftig andere landen. Er zijn uiteindelijk maar weinig landen op de wereld waar voetbal minder belangrijk is dan in Finland.

Supporterscultuur

Door mijn transfer naar Ajax in 1992 deed ik veel nieuwe ervaringen op. Wat vooral veel verwondering wekte, was de relatie van supporters met het voetbal en met de eigen club. Bij Ajax leerde ik om respect te hebben voor de supporters. Ik ben ze echt dankbaar voor hun steun en voor alles wat ik heb meegemaakt. In Finland kwamen er tussen de duizend en tweeduizend toeschouwers naar een wedstrijd. Soms werd er geklapt voor een goede prestatie. Bij Ajax kwamen er vijfentwintigduizend tot dertigduizend mensen, van wie er zo'n vijfduizend tot tienduizend al begonnen te zingen en mee te leven voordat de wedstrijd was begonnen. Sjaals, shirts, fakkels en andere rekwisieten zagen er prachtig uit vanaf het veld. Aan zingende supporters op de tribune was ik niet gewend; ik kreeg er altijd energie van. Ik wilde altijd mijn uiterste best voor ze doen.

Ook het Finse nationale elftal kon in de jaren '80 en '90 zelden de tribunes vol krijgen. Ook in 1989 niet in een wedstrijd tegen het Nederlands elftal met sterren als Gullit, Van Basten en Rijkaard; of Engeland, vol spelers die bekend waren van de tv-uitzendingen over de Premier League. Bij Ajax waren gewone competitiewedstrijden meestal uitverkocht. De supporters herkenden de spelers, hoewel de namen nog niet op hun shirts stonden, en scandeerden hun namen. In Nederland werden de naam en het nummer op het shirt gedrukt vanaf het begin van de Champions League in 1994. In Finland maakte het niet uit of er een naam op het shirt stond of niet. Ze waren toch onzichtbaar tussen alle reclame-uitingen. En de meeste toeschouwers kenden de namen van de spelers trouwens toch niet.

Supporters gingen ook naar uitwedstrijden en maakten daar flink herrie. De trouwste supporters gingen naar hun baas zodra het wedstrijdprogramma bekend was en vroegen dan of ze op bepaalde dagen vrij konden krijgen. Een groot deel van hun loon ging op aan het reizen naar uitwedstrijden. Europacup-wedstrijden kostten hun soms wel twee tot vier dagen. Voor zulke opofferingen kan ik wel waardering opbrengen.

De supporters van Ajax zijn gewend aan succes, en ook in mijn jaren bij de club was er succes. Daarom kregen we voornamelijk positieve aandacht. Toch stonden de Ajax-supporters net zo tegenover het voetbal als later de mensen in Barcelona. Er moest worden gewonnen en er moest goed voetbal te zien zijn. Winnen alleen telde niet. Alleen wedstrijden tegen Feyenoord waren een uitzondering. Daarin telde alleen het resultaat. Bij Barcelona gold hetzelfde ten opzichte van Real Madrid. Voor El Clásico kreeg je geen punten voor de stijl; alleen de winst deed ertoe. Wat dat betreft zaten de supporters bij mijn derde grote club, Liverpool, anders in elkaar. Daar werd de club altijd door dik en dun gesteund en elke overwinning werd gewaardeerd. Mooi voetbal was onbelangrijk. Het mooie van Engeland is dat een voetballer altijd door de supporters wordt gewaardeerd als hij zijn best doet.

Zowel bij Ajax als bij Barcelona waren de supporters teleurgesteld als hun club geen landskampioen werd. Bij Liverpool waren ze ook tevreden als ze op de derde plaats eindigden in de competitie en in de voorronden van de Champions League mochten spelen. In de Engelse voetbalcultuur is het vooral belangrijk dat het elftal alles geeft. Daar wordt elke goede prestatie gewaardeerd, ook een goede redding, tackle of pass. Zelfs goede spelers van de tegenstander kunnen applaus krijgen.

Meestal worden belangrijke spelers van de tegenstander uitgefloten en in elk land worden ze op verschillende manieren van hun stuk gebracht. Zelf heb ik geen last gehad van spreekkoren. Zelfs Feyenoordsupporters zijn niet vervelend tegen me geweest. Misschien was ik minder irritant doordat ik niet uit Amsterdam kom en doordat de Rotterdammers eigenlijk wel van mijn speltype hielden. Rotterdammers houden van harde werkers.

Het enige verbale geweld dat ik in Nederland te verduren kreeg, was verzonnen door supporters van Go Ahead Eagles. We speelden een uitwedstrijd tegen die club in 1994 en stonden een paar doelpunten voor. Ik had ook gescoord. Tegen het eind van de wedstrijd kregen we een hoekschop en ik ging naast de doelman staan. Vanaf de tribune achter het doel begon een supporter te roepen 'Jari is een Eskimo', en dat werd herhaald door iemand naast hem. Ik moest lachen en stak mijn duim naar hen op. Dat zorgde voor hilariteit op de tribune. De wedstrijd was al beslist en de spanning was al lang weg. De supporters van de thuisclub konden zich dus met andere dingen bezighouden. 'Jari is een Eskimo' bleef nog klinken tot aan het eindsignaal.

Ik vond het leuk bedacht. Ik kwam uit een of ander onbekend koud land in het noorden, dus in hun ogen was ik zo goed als een Eskimo. Het was een leuke grap, die later ook werd gebruikt door aanhangers van andere clubs. Tijdens de laatste wedstrijden van het seizoen zongen supporters van de tegenstander altijd wel een paar keer 'Jari is een Eskimo'. Ik beschouwde het als een eerbetoon. De supporters van de tegenstanders vonden mij belangrijk genoeg om mijn naam te scanderen. Vergeleken met wat de spelers van de tegenstander meestal te verduren krijgen, was het een nogal onschuldig liedje. De minder leuke liedjes bevatten vaak grofheden over de moeder van een speler, over zijn huidskleur of regelrechte smerigheden in de trant van: 'Hopelijk krijg je kanker.'

Toch heb ik in de loop der jaren ook in het Feyenoordstadion wel eens een minder frisse behandeling gekregen. Ik had Feyenoord dan ook zo vaak verslagen, en zoveel doelpunten tegen de club gescoord, dat er onverbloemde haat te zien was op de gezichten van diverse supporters als ik ze voor of na een wedstrijd van dichtbij zag.

In de jaren waarin ik actief was in Nederland is de supporterscultuur helaas wel een minder leuke weg ingeslagen. Soms was er sprake van zinloze gewelddadigheden. Supporters van Ajax en Feyenoord, bijvoorbeeld, spraken af om elkaar te treffen voor vechtpartijen. Een keer heeft dat zelfs een dode tot gevolg gehad. Er is ook een keer een vechtpartij geregeld toen beide clubs naar een andere uitwedstrijd reisden. De routes kruisten elkaar op een bepaalde plek en ze gingen elkaar op afspraak te lijf. Vanwege dergelijke gebeurtenissen moest men in Nederland vanaf dat moment de dagen en tijden waarop werd gespeeld anders gaan plannen om dergelijke veldslagen te voorkomen. Op een gegeven moment werden supporters van Ajax en Feyenoord helemaal niet meer toegelaten tot elkaars stadions. De verliezers van zulke maatregelen zijn uiteindelijk het voetbal, de spelers en de supporters zelf.

We kwamen een keer met de bus aan bij het stadion van Feyenoord toen de bus werd omringd door Feyenoordsupporters met haat in hun ogen. Plotseling klonk er een harde klap en een ruit ging aan stukken. Er kwam een baksteen terecht op een van de tafeltjes in de bus. De spelers aan dat tafeltje hadden zich op geen enkele manier kunnen weren. We kwamen er gelukkig zonder kleerscheuren van af. We kwamen daarnaast met nog veel ergere dingen in aanra-

Litmanen tijdens tweede klus bij Ajax in een andere rol: de jongeren helpen

In de herfst van 2002 keerde Jari Litmanen terug bij Ajax als eenendertigjarige veteraan.
De huidige aanvoerder van het Finse elftal, Niklas Moisander, speelde toen in het tweede van Ajax en volgde Litmanens rentree met belangstelling.
'De situatie was anders. Nu kwam Litmanen als ervaren voetballer naar de club. Er waren veel jonge talenten zoals Van der Vaart, Sneijder, en Zlatan. Litmanen deed meer dan voetballen alleen: hij hielp ook enorm bij de ontwikkeling van de jongeren, zoals ook blijkt uit Zlatans eerbewijs in zijn boek,' aldus Moisander.
'Voor mij was het natuurlijk een ander verhaal toen Litmanen terugkwam. Ik was er toen met mijn tweelingbroer Henrik. Zelf had ik een ernstige knieblessure en ook Litmanen was geblesseerd. We werkten samen aan onze terugkeer, en dat was een geweldige ervaring voor een jonge speler. Van dichtbij maakte ik mee hoe hard hij werkte. Ik bewonderde zijn arbeidsethos. Hij steunde me enorm.'
Litmanen heeft in Amsterdam een bijzondere positie. Hij behoorde tot de populairste voetballers uit de succesvolle jaren '90 en nog steeds kent bijna iedere Amsterdammer de naam Litmanen.
'Als je tegen de mensen hier zegt dat je uit Finland komt, wordt meteen de naam Litmanen genoemd. Vergelijkbare successen zijn al twintig jaar niet meer gehaald door Ajax en men herinnert zich de gouden generatie uit de jaren '90 nog heel goed. Litmanen wordt nog altijd gezien als een van de grootste sterren uit dat elftal.'

king. Onze medespeler Finidi George verloor zijn broer toen die werd doodgeschoten na een uitwedstrijd in Nigeria. We waren bezig met de voorbereiding op een Europese uitwedstrijd toen het treurige nieuws ons bereikte. Het kwam hard aan. Hoe kan het dat onze sport zoiets voortbrengt? Misschien is het gewoon zo dat wanneer heel veel mensen zich verzamelen, de dingen makkelijk uit de hand kunnen lopen. Gelukkig zijn dergelijke voorvallen heel zeldzaam en staat meestal de wedstrijd centraal, en zo hoort het ook.

Voetbal in Finland

In veel landen, overal op de wereld, is het niveau van het voetbal hoog. De waardering voor en de betekenis van de sport zijn er groot zodat er allerlei mogelijkheden zijn om een carrière op te bouwen in het voetbal. Daarnaast kan voetbal op plekken waar weinig onderwijs of werk is, een van de weinige mogelijkheden betekenen om vooruit te komen in het leven. Afrika en Zuid-Amerika zijn daar goede voorbeelden van. Daar kan iemand zich door het voetbal een inkomen verwerven en voor zijn gezin of zelfs zijn hele familie zorgen.

In Finland en bijna heel Europa hebben de meeste mensen vrij goede vooruitzichten. We hebben goede scholen en sociale voorzieningen. Sport is een keuze, geen must. Hier kun je op allerlei manieren in je levensonderhoud voorzien en voetbal is beslist niet de meest voor de hand liggende mogelijkheid als je nadenkt over je beroepskeuze.

Ook in Finland zijn veel kinderen en jongeren die graag aan sport doen, maar de belangstelling is meestal al tanende lang voordat de echte topsport ook maar in beeld komt. We hebben in de grootste sport ter wereld een relatief klein aantal beoefenaars zodat we geen talent verloren kunnen laten gaan. In Duitsland, bijvoorbeeld, zijn meer dan zes miljoen geregistreerde voetballers. Het grootste deel valt onderweg ergens af, maar uit degenen die overblijven komen de toppers voort die weer wereldkampioen kunnen worden.

Finland heeft ongeveer 5,5 miljoen inwoners van wie er zo'n honderddertigduizend aan voetbal doen. Dat zijn wel veel mensen maar voor bijna iedereen is het slechts een hobby. Daarnaast zijn de financiële middelen voor de sport beperkt, zeker als het om de amateursector gaat. Waar in het Finse voetbal wordt gepraat over honderdduizenden euro's, gaat het bij de topclubs in het buitenland algauw over honderden miljoenen.

In het internationale voetbal is de concurrentie groot en ook als Finse voetballer of club krijg je niets cadeau. In Finland kun je wel beroepsmatig voetballen, maar het ligt voor de hand om naar het buitenland te gaan of het voetbal met een studie te combineren om na het voetbal ergens op terug te kunnen vallen.

Ervaren voetballers uit de Finse competitie die de dertig gepasseerd zijn, moeten vaak kiezen tussen hun carrière als voetballer en een normale baan. Soms combineren ze die twee. Soms nemen voetballers op de ideale voetballeeftijd afscheid van de sport omdat ze een goede baan aangeboden krijgen. Omdat in Finland veel clubs amper de eindjes aan elkaar kunnen knopen, is het geen wonder dat jonge spelers zo snel mogelijk naar het buitenland willen. Toch is het moeilijk, zelfs onmogelijk, om te zeggen wat de beste leeftijd is om te vertrekken. Iedereen is anders en het hangt ook af van wat er elders voor aanbod wordt gedaan.

Zelf had ik al een paar jaar eerder prof kunnen worden, maar ik wilde niet zomaar naar het buitenland, ik had de lat hoger gelegd. Ik kon in Finland systematisch aan mijn ontwikkeling werken. Uiteindelijk kwam de juiste club op het juiste moment.

Voorbeeldfunctie

Hoewel ik een voorbeeld ben geweest voor de generatie na mij, valt het toch niet mee om mezelf als zodanig te zien. In mijn juniorenjaren hingen er in mijn kamer wel allerlei trofeeën aan de muur. Er was een sjaaltje van Liverpool, foto's van Kenny Dalglish en Kevin Keegan, later natuurlijk ook van Maradona en ik geloof dat ik ook een foto had van Morten Olsen in het shirt van Anderlecht. Later zou hij mijn trainer zijn bij Ajax, maar ik geloof niet dat ik hem ooit over die foto verteld heb. Wel heb ik hem op het kampioensfeest van 1998 gezegd dat als hij op zijn veertigste in het Deense nationale elftal kon spelen, ik dat toch zeker in het Finse elftal zou doen. Die belofte heb ik niet gestand kunnen doen; het scheelde drie maanden...

Dalglish en Keegan stonden in mijn jeugd heel ver van me vandaan. Voor Finse kinderen was het bestaan van de Kerstman waarschijnlijker dan een carrière op Anfield Road of de finale van de Europacup. Dat was eerder te vergelijken met een trip naar de maan. Voor mij zijn mijn loopbaan en mijn leven nu zo gewoon dat het moeilijk is om me voor te stellen dat iemand net zo naar mij zou kunnen kijken als ik destijds naar mijn idolen. Toen we in Amsterdam de documentaire over mij draaiden, waren er allerlei verschillende Nederlandse Jari's opgetrommeld. Dat was heel bijzonder. Ik kon heel moeilijk begrijpen dat Nederlanders, en nog behoorlijk veel ook, hun kind naar mij hadden vernoemd.

Natuurlijk begrijp ik de supporterscultuur wel. Dalglish, Maradona en de zijnen hebben mijn relatie met het voetbal verdiept. Kenny Dalglish heb ik bijvoorbeeld verschillende keren ontmoet. Diverse keren heb ik naast hem op de tribune gezeten. Aanvankelijk was dat vreemd, maar ik was in staat om me normaal te gedragen tegen hem doordat hij zich normaal gedroeg tegen mij. Liverpool was onze gemeenschappelijke noemer en door het voetbal spraken we dezelfde taal.

Met Diego Maradona lag het anders. Die hoefde ik niet zo nodig te ontmoeten. Dalglish was mijn voorbeeld bij mijn favoriete club, maar Maradona was mijn grootste idool; ik houd hem liever 'daar ergens'.

Hoewel ook Dalglish, Cruijff, Platini, Van Basten of Gullit voorbeelden voor me zijn, heb ik hen met plezier leren kennen. Ik bekijk ze natuurlijk wel op een andere manier.

Cruijff heb ik nooit zien voetballen maar bij Ajax en Barcelona was hij overal aanwezig op foto's uit het verleden. Dalglish was de beste speler aller tijden van mijn lievelingsclub Liverpool. Als hij speelde, leek ik iets te begrijpen van het 'echte' voetbal.

Platini herinner ik me goed van de WK's en EK's in 1982, 1984 en 1986. Ik was toen elf, dertien en vijftien jaar oud. In 1986 speelde ik al mijn eerste jeugdinterland. Het ging dus niet meer om louter kinderdromen. Platini heb ik trouwens een keer echt zien voetballen met Juventus tegen Ilves uit het Finse Tampere.

Het WK van 1986 was natuurlijk het WK van Maradona. Op geen enkel WK daarna is iemand zo oppermachtig geweest als hij toen was. Nog altijd een ongelooflijke prestatie. Zelf heb ik nog tegen Gullit en Van Basten gespeeld. Zij markeren het begin van mijn eigen profcarrière.

Ook de voetbalcultuur speelt een rol. Bij Liverpool kunnen junioren bijvoorbeeld van dichtbij de spelers van het eerste elftal volgen. Die lopen daar de hele week rond als levende voorbeelden. In heel Engeland wordt voetbal trouwens beschouwd als een belangrijk iets. Zelf was ik er in Lahti aan gewend dat voetbal niets bijzonders was, maar gewoon een hobby, net als andere liefhebberijen. Verder staan voetballers minder in de belangstelling als een land in andere sporten wereldkampioenen en olympische kampioenen heeft. Het Finse voetbal heeft geen grote successen gekend. In Finland wil men graag succes zien, maar in het voetbal is de internationale concurrentie enorm zodat het moeilijk is om daarin iets te bereiken.

Hopelijk heb ik door mijn voorbeeld jonge voetballers de mogelijkheid gegeven om zich te richten op concrete doelen. Tijdens mijn juniorenjaren betekende naar het buitenland gaan een carrière als semiprof in Zweden, een paar uitzonderingen daargelaten. Nu kunnen jongens serieus nadenken over een loopbaan op de Europese velden.

Zelf denk ik dat ik een ontwikkeling heb voortgezet die al was ingezet door de generaties voor mij. Daarom heb ik ook altijd het belang van ons nationale elftal benadrukt. De ontwikkeling van het nationale voetbalteam is goed voor alle Finse voetballers.

Over doelstellingen moet je niet alleen nadenken, je moet er ook hard voor werken. In de topsport krijg je niets voor niets en in het voetbal hebben andere Europese landen een flinke voorsprong. We hebben een tijdlang geen goede omstandigheden gehad, en ook ontbrak de benodigde kennis op voetbalgebied, maar toch zijn we vooruitgegaan.

10

Nummer tien

Ik sta vooral bekend als een speler die op nummer 10 voetbalde (oftewel 'tweede spits' of 'schaduwspits'), maar vooral als junior speelde ik op veel meer posities. Toen ik in de competitie mee ging doen, waren mijn medespelers altijd veel ouder dan ik. Ik was kleiner dan de rest; misschien werd ik wel op plekken gezet waar ik de anderen niet voor de voeten liep...

In de eerste jaren was ik vooral vleugelaanvaller. Ik zat op een gegeven moment in verschillende elftallen tegelijk, en in elk elftal stond ik op een andere plek. Ik kon in een elftal libero zijn en in een ander centrale spits. In de groep die door mijn vader werd getraind, waarin ik meetrainde en de meeste wedstrijden speelde, kreeg ik steeds vaker een centrale rol op het middenveld. Toen was ik tien jaar oud.

Een shirt met nummer 10 kreeg ik pas veel later. Toen ik jong was, wilde ik met nummer 7 spelen, want dat was het nummer van mijn Liverpoolhelden Kevin Keegan en Kenny Dalglish. In mijn juniorenjaren bij Reipas droeg ik nummer 7 en in het eerste elftal was 17 mijn nummer tussen 1987 en 1989. In het Finse jeugdelftal droeg ik altijd nummer 7.

De eerste keer dat ik een shirt droeg met nummer 10 was bij Reipas, toen Harri Kampman daar trainer werd in 1990. Hij liet ons een shirt dragen met een nummer dat correspondeerde met je positie, daarom kreeg ik nummer 10. Een jaar later, bij HJK, droeg Jouko Vuorelainen dat nummer, daarom kreeg ik weer mijn oude nummer 7. Bij MyPa was Mauri Keskitalo nummer 10, ook daar kreeg ik nummer 7. Ook bij Ajax droegen de spelers aanvankelijk het nummer dat bij hun positie in het veld hoorde, maar vanaf de entree in de Champions League kregen we vaste nummers. Ik speelde toen bij Ajax met nummer 10 en dat nummer hield ik. Daarna veranderde mijn nummer ook in het Finse elftal van 7 naar 10.

Toen ik in het eerste elftal ging voetballen, in 1987, werd er in Finland nog niet met een echte nummer 10 gespeeld. Ik was middenvelder met een aanvallende rol. Het was mijn taak om opbouwend te spelen en de spitsen kansen te geven. Doelkansen voor mijzelf waren een extraatje.

Mijn eerste idolen Keegan en Dalglish speelden destijds om de centrale spits heen als tweede aanvaller. Ze waren allebei ook in staat om te scoren. Keegan heb ik trouwens in 1979 in Lahti zien voetballen met HSV in een wedstrijd om de Europacup voor Bekerwinnaars. Natuurlijk wilde ik zelf ongeveer in dezelfde stijl spelen als hij.

Ergens tussen de WK's van 1978 in Argentinië en 1982 in Spanje verscheen een nieuw voorbeeld. Diego Maradona was de eerste nummer 10 die echt indruk maakte (Pelé was natuurlijk de nummer 10 aller tijden, maar hij kwam uit een ander tijdperk). Rond dezelfde tijd was ook Michel Platini actief. In de jaren '80 volgde ik die beide nummers 10. Het spel van Maradona en Platini was gebaseerd op techniek en slimheid. Hun schotvaardigheid, geweldige voorzetten, bewegingen en spelinzicht maakten enorm veel indruk. Ze speelden op een veel hoger niveau dan ik, maar ik werd flink door hun prestaties beïnvloed.

Toen Argentinië in 1986 wereldkampioen werd, was Maradona natuurlijk mijn grootste held. De speler die op een positie speelde die dichter bij mij in de buurt kwam, was echter Jorge Burruchaga (7), die scoorde in de finale. Hij speelde iets meer naar achteren maar deed ook mee in de aanval. Zelf speelde ik in de opbouw vanaf het middenveld maar ik had het idee dat het spel gebaseerd moest zijn op de ondersteuning van de aanval en op de aanval zelf. In mijn hoofd probeerde ik een mengvorm te maken van alle nummers 10, schaduwspitsen en andere aanvallers die ik goed vond. Waarschijnlijk scoorde ik daarom vaak voor een middenvelder.

Later verschenen nog meer nummers 10, zoals Roberto Baggio en Gheorge Haghi. Ook hen volgde ik nauwgezet. De spits bleef voorin en loerde op kansen, de tweede aanvaller nam meer deel aan het spel, passte, maakte schijnbewegingen en kwam vanuit de achtergrond in scoringspositie.

De nummer-10-school van Ajax

Toen ik naar Ajax ging, was Dennis Bergkamp daar de nummer 10. Trainer Van Gaal liet mij goed op zijn bewegingen letten.

Hoewel ik vanuit het middenveld vooral met aanvallende ogen keek, lukte het me pas bij Ajax om mijn ideeën over de nummer-10-positie in mijn eigen spel te realiseren. In Finland verdedigde ik (dat probeerde ik althans), bouwde op van achteruit en nam ook deel aan het afmaken van de aanval. Bij Ajax eiste men dat ik me vooral bezighield met de aanvalsopbouw en het maken van doelpunten. Daarnaast moest ik in mindere mate meeverdedigen en het spel verdelen. Mijn actieradius werd dus iets kleiner.

In ons nationale elftal van begin 2000 was de rolverdeling zo dat ik me concentreerde op het spel bij balbezit terwijl Aki Riihilahti, die achter mij stond, de verdedigende taken op zich nam. Zo speelden we ook in 2011 samen bij HJK.

Een heel mooi voorbeeld van de rolverdeling tussen twee spelers is die van Andrea Pirlo en Gennaro Gattuso, die samen speelden bij AC Milan en in het Italiaanse elftal. De een was heel sterk aan de bal, de ander een uitstekende verdediger. Iets dergelijks was ook te zien bij het duo Zidane-Deschamps bij Juventus, en ook in het Franse elftal op het WK van 1998 en het EK van 2000. Door een goede rolverdeling worden de sterke kanten van de voetballers ingezet voor het team.

Toen wij in 1994 met Ajax Nederlands kampioen werden en ik topscorer, net zoals Bergkamp een jaar eerder, hadden mijn medespelers het over de verschillen tussen Bergkamp en mij. We scoorden allebei, maar volgens de trainer en mijn medespelers verdedigde ik vaker. Dat was in volledige tegenspraak met hoe in Finland over me werd gedacht. Ik vond het maar vreemd: wie had het hier nu bij het rechte eind? In Finland werd mijn verdedigen als een zwakte beschouwd en in Nederland juist als een sterke kant.

Daaraan kun je zien dat er op verschillende manieren naar het voetbal wordt gekeken. Er is geen sprake van goed of fout. Uiteindelijk telt alleen het resultaat. Het zegt natuurlijk veel over Van Gaal dat hij me verschillende keren centraal in de verdediging heeft opgesteld, naast Frank de Boer. Bijvoorbeeld tegen PSV, toen Nilis en Romário daar in de spits speelden (die in dat seizoen samen zo'n vijfenvijftig doelpunten maakten). Na de wedstrijd was Van Gaal zeer te spreken over mijn verdedigende werk, maar het verzorgen van openingen had beter gekund... zo speelden we ook in de Champions League-wedstrijd Ajax-Real Madrid die we met 1-0 wonnen door een doelpunt van Overmars.

Bij Liverpool daarentegen werd ik – volgens de statistieken – van het veld gehaald zodra we voor stonden. Ik was schaduwspits, en ik had het idee dat ik werd beschouwd als een risico in verdedigend opzicht. Toch stonden er nog acht spelers en een keeper achter me.

Bij Ajax kreeg ik het gevoel dat ik me tot op dat moment in mijn carrière had voorbereid op de nummer-10-rol door andere schaduwspitsen te bestuderen. Ik had op het middenveld gespeeld, maar mijn grootste voorbeelden hadden altijd wat dieper gestaan.

Op de nummer-10-positie heb je nooit veel tijd, je moet dus snel kunnen reageren op veranderende omstandigheden. Je bewegingen en passes moeten heel snel en verrassend zijn want er zijn altijd meer verdedigers dan aanvallers in je buurt.

Het is belangrijk om snel alles te overzien. In de kleine ruimte kun je de bal vaak maar een of twee keer raken. Voor meer is zelden tijd. Maar als de gelegenheid zich voordoet, moet je wel een paar verdedigers het bos in kunnen sturen. Mijn voorbeeld Maradona tilde de schijnbeweging naar een hoger plan. Hij beperkte zich niet altijd tot een of twee tegenstanders, zoals de Belgen en de Engelsen (WK 1986) heel goed weten. Tegenwoordig is er een andere nummer 10 uit Argentinië die ook zulke dingen kan. Ook zijn achternaam begint met een M, en ook hij is linksbenig...

De explosiviteit van Maradona en zijn schijnbewegingen waren nooit eerder vertoond. Hij veranderde het voetbal, zoals Michael Jordan het basketbal veranderde en Wayne Gretzky het ijshockey. Toch kent elk decennium zijn eigen uitzonderlijke spelers die in elke periode de boventoon zouden hebben gevoerd door hun kwaliteiten aan te passen aan de tijdgeest. Gewoon doordat ze zo goed waren. Ik denk dan bijvoorbeeld aan Pelé, Puskás, Di Stefano en George Best of Cruijff en Beckenbauer in de jaren '70, of aan de eerder genoemde Maradona en Platini in de jaren '80.

Vaak hadden voetballers op de nummer-10-positie iets bijzonders, zoals Hagi met zijn geweldige schot, dat zowel heel hard als heel zacht kon zijn. Platini had heel slimme voorzetten en kon op alle mogelijke manieren scoren, zoals op het EK van 1984. Typerend voor spelers op de 10 was dat ze in elke situatie zo niet de beste, dan toch een goede keuze wisten te maken. Ze zagen dingen die anderen niet zagen en konden daar ook nog iets mee.

Destijds, in de jaren '80, verdedigden Maradona en Platini, en later Hagi nauwelijks mee. Zelf was ik gewend om iets meer naar achteren te spelen, voor mij was verdedigen dan ook natuurlijker dan voor de meeste nummers 10. In principe nam de nummer 10 alleen deel aan het spel bij balbezit of als het eigen elftal aanviel. In die zin is het tegenwoordig anders: nu moet iedereen voortdurend meedoen, zowel bij balbezit als zonder bal.

Ten aanzien van het verschil tussen Bergkamp en mij vind ik mezelf meer een middenvelder en hem meer een aanvaller. Ik vertrok vanaf het middenveld voor een aanval, terwijl hij altijd al veel dieper stond.

Volgens sommige criteria die je aan de nummer-10-positie kunt verbinden, was ik in mijn spel meer een opkomende middenvelder dan een pure aanvaller.

Het spel verandert

Achteraf gezien, speelde ik op de nummer 10-positie in een overgangsperiode. De moderne nummer 10 is heel anders dan die in de jaren '80. De positie bestaat nog wel, maar is van vorm veranderd. De puurste nummer 10 is misschien wel de eeuwig jonge Francesco Totti. Toch is ook hij tegenwoordig een mengvorm tussen centrale aanvaller (nummer 9) en schaduwspits.

Vanaf de jaren '70 houd ik me al bezig met het bestuderen van de ontwikkeling van de nummer-10-positie. Pelé was dé nummer 10, en hij maakte er iets uitzonderlijks van, maar eigenlijk was hij een centrale spits en doelpuntenmaker, oftewel een nummer 9. Hetzelfde gold voor Cruijff.

Een modernere 10 uit deze eeuw is de Braziliaan Kaká (Brazilië en AC Milan), die een grote actieradius op het middenveld had en van daaruit ten aanval ging. Steven Gerrard speelde bij Liverpool op een vergelijkbare manier in de finales van de Champions League in 2005 en 2007. Zinédine Zidane was een voetballer die aan de bal alle klassieke kenmerken van de 10 had, maar tegelijkertijd was hij ook middenvelder. Andere moderne nummers 10 zijn bijvoorbeeld Mesut Özil, Wesley Sneijder, Rafael van der Vaart en de Braziliaan Oscar, die bij Chelsea speelt. In het uitstekende Spaanse elftal van de jaren 2008 tot 2011 bestond praktisch de hele ploeg uit nummers 10.

Lionel Messi heeft natuurlijk veel weg van Maradona. Zijn rol verandert wel voortdurend, vooral bij Barcelona. Hij kan centrale spits zijn, flankspeler of schaduwspits. Maradona en Messi beschouw ik eigenlijk niet als pure nummers 10. Ze zijn meer dan dat; een soort mengsel van de nummers 9, 10 en 11. Ze hebben het spel op een onnavolgbaar hoog niveau gebracht. Je kunt ze onmogelijk onder één noemer scharen. Ze zijn 10+.

Na de jaren '80 en '90 is het spel veranderd. Ajax en Barcelona stonden bijvoorbeeld heel lang bekend om hun schaduwspitsen en vleugelspelers, maar ook zij hebben niet meer dezelfde nummer 10 als vroeger. De elftallen en spelsystemen zijn zodanig veranderd dat de nummers 10 niet meer op dezelfde manier worden ingezet. Er zijn natuurlijk nog veel voetballers met de prachtige kwaliteiten van een nummer 10, maar ze hebben vaak een ander soort rol. Neymar en Messi komen bijvoorbeeld vaak op via de zijkanten.

In elk geval zijn de eisen die aan belangrijke aanvallers worden gesteld nog altijd hetzelfde als voorheen. Of we het nu hebben over Platini, Zidane of Michael Laudrup, ze hadden allemaal het vermogen om verrassende dingen te doen op het veld.

De nummers 10 die ik het meest bewonder, hebben het spel altijd uitzonderlijk goed doorgehad en waren technisch en tactisch zo begaafd, dat ze iets extra's konden betekenen voor een elftal. De verschillen tussen topploegen zijn klein en wedstrijden worden vaak beslist door de slimheid van die uitzonderlijke voetballers. Een goede trainer weet beslissingen te nemen waardoor dergelijke voetballers en hun team optimaal van elkaars kwaliteiten kunnen profiteren. Kijk maar eens naar het aanvalstrio Neymar-Suárez-Messi van Barcelona.

Spelsystemen verschillen per periode. In de verdediging werd vroeger bijvoorbeeld een libero opgesteld, twee centrale verdedigers naast elkaar, soms zelfs een derde. Soms moesten de backs op hun positie blijven, soms fungeerden ze als opkomende back.

Trainers denken niet allemaal op dezelfde manier en in verschillende landen zijn verschillende typen voetballers. De Nederlanders en de Portugezen voetballen bijvoorbeeld graag met vleugelaanvallers, maar de Duitsers niet. De kracht van Duitsland op het WK van 2014 was veelzijdigheid. Ze konden overschakelen op een ander spelsysteem op basis van hun brede selectie. Dat is de richting die het hedendaagse voetbal op gaat. Er is niet altijd meer sprake van één enkel speltype waarin spelers met bepaalde eigenschappen moeten passen. Het systeem kan naar believen per wedstrijd worden aangepast op basis van specifieke kwaliteiten van bepaalde spelers.

Het makkelijkste onderdeel van topvoetbal is de fysieke conditie van de spelers. Technisch en tactisch inzicht is al moeilijker. Ook Messi heeft zijn balbehandeling niet cadeau gekregen en Cristiano Ronaldo heeft zijn schoten niet in een warenhuis gekocht. Als je topvoetballers bestudeert, zie je dat ze het vooral redden door hun sterke kanten; als die goed genoeg zijn. Verschillende spelers hebben verschillende kwaliteiten, daarom is het moeilijk, zelfs onmogelijk om twee voetballers met elkaar te vergelijken, ook als ze op dezelfde positie spelen. En dan hebben we het nog niet eens over voetballers die op verschillende posities spelen.

In Argentinië geloofde niemand dat er ooit een tweede Maradona zou kunnen komen; en toen kwam Messi. Het is moeilijk om die twee te vergelijken en te beslissen wie beter is. Ze zijn allebei geweldig op hun eigen manier. Als we het hebben over Messi, praten we allemaal over de Barcelona-Messi. Barcelona heeft altijd een prachtig elftal gehad met geweldige spelers die elkaar aanvulden. Maradona herinneren we ons vooral van het WK van 1986. Het Argentijnse elftal was toen zeker goed, maar vooral opgebouwd rondom Diego en zijn specifieke kwaliteiten. Je kunt hem en Messi onmogelijk met elkaar vergelijken.

Hetzelfde geldt voor Frankrijk: Platini scoorde het ongelooflijke aantal van 9 doelpunten op het EK van 1984 en werd rond die tijd drie keer gekozen tot beste voetballer van Europa. Later haalde Zidane niet dezelfde resultaten als Platini, maar hij was op zijn eigen manier net zo dominant. Ook hij werd drie keer de beste van Europa.

De Nederlanders Johan Cruijff en Marco van Basten waren centrale spitsen, maar hadden totaal verschillende eigenschappen. Zij werden ook drie keer Europees Voetballer van het Jaar.

Nummer 10 in het Finse elftal

Toen ik bij het Finse elftal kwam, speelden we meestal 4-4-2. Het was een soort overgangsperiode. Ik was een van de twee centrale middenvelders.

Aan het eind van de jaren '80 had Finland goede voetballers op het middenveld lopen. Als jongen leerde ik veel door hen in de gaten te houden. Later heb ik het geluk gehad om met verschillenden van hen samen te mogen voetballen in het nationale elftal of bij een club.

Hoewel Finland dus meestal 4-4-2 speelde, probeerden we ook wel eens 3-5-2; het systeem waarmee Duitsland wereldkampioen werd in 1990. In mijn eerste kwalificatiewedstrijd tegen Portugal in de herfst van 1990 speelde ik achter tweede aanvaller Mixu Paatelainen. In die wedstrijd hebben de Nederlanders me waarschijnlijk voor de eerste keer gezien. Assistent-trainer Dick Advocaat van het Nederlands elftal was in het Olympisch Stadion en liet mijn naam vallen bij een paar Nederlandse clubs. Later heeft hij zelf geprobeerd me naar Glasgow Rangers te halen.

Beetje bij beetje schoof mijn rol in het Finse elftal ook op in de richting van de nummer-10-positie. Nummer 10 werd ook mijn vaste rugnummer.

Vaak wordt me gevraagd of er in het nationale elftal ooit nog een echte nummer 10 zal spelen. De tijd zal het leren, maar er zijn wel goede kandidaten geweest en er komen voortdurend nieuwe spelers. Het hangt natuurlijk ook af van de denkwijze van toekomstige bondscoaches en van het spelersmateriaal waarover ze kunnen beschikken.

Zelf speelde ik altijd graag met Roman Eremenko. Hij is zowel fysiek als technisch begaafd. Hij laat het spelletje er makkelijk en vloeiend uitzien en neemt meestal de juiste beslissingen. Net als ikzelf in mijn eerste jaren speelt Roman iets achter de nummer-10-positie als opbouwende middenvelder. Het enige wat hij nog kan verbeteren om een schaduwspits van grote klasse te worden, is het scoren van doelpunten op verschillende manieren.

Romans eigenschappen zijn uiterst geschikt voor een spelbepalende middenvelder. Toen we allebei in het Finse elftal zaten, speelde ik iets dieper dan hij.

Het verst in zijn ontwikkeling tot topschaduwspits is Alexei Eremenko junior, de oudere broer van Roman. Hij heeft alles om een goede schaduwspits te worden. Alexei is technisch goed, heeft een goed schot en een goede pass en is slim. Ook kan hij scoren. Vraagtekens zijn er over zijn fysieke kwaliteiten en zijn geestelijke kracht. Soms speelt hij geweldig, maar het is lastig voor hem om dat niveau een hele wedstrijd of een aantal wedstrijden vast te houden. Dat zijn echter wel voorwaarden om de top te kunnen bereiken en er te blijven. Hij heeft in elk geval wel de mogelijkheden in huis.

11

Naar nieuwe competities

Van november 2004 tot januari 2005 trainde ik met het tweede van Ajax. Ik wist niet hoe het verder zou gaan. Op een dag verscheen voorzitter Manfred Wimmer van Hansa Rostock op de training. Hij was met de auto naar Brussel geweest om zijn dochter te zien en kwam op de terugreis naar Duitsland langs om mij te ontmoeten.

Wimmer wilde mij naar Rostock halen. De situatie daar was penibel. De club had maar twee keer gewonnen in de Bundesliga en die overwinningen dateerden van augustus het jaar ervoor. De club stond op de laatste plaats en had versterkingen nodig. Hij vertelde eerlijk dat de club onder zware druk stond en dat er geen geld was voor dure aankopen.

Waarschijnlijk had Peter Bosz, die daar had gevoetbald, mijn naam genoemd. Bosz had vroeger bij Feyenoord gespeeld en we hadden heel wat duels uitgevochten. Hij wist goed wat voor voetballer ik was.

De woorden van Wimmer maakten indruk op me. Ik kon hem niet onmiddellijk een antwoord geven, maar ik beloofde dat ik erover na zou denken. Ik had nooit gedacht dat ik naar een club in degradatiegevaar zou gaan. Altijd waren de mogelijkheid om mezelf te ontwikkelen en het behalen van successen de belangrijkste drijfveren geweest. Harri Kampman bekeek een wedstrijd van Hansa Rostock, vertelde me wat hij ervan vond en stuurde mij een video-opname van een andere wedstrijd.

Na een poosje begon het idee om naar Rostock te vertrekken me wel aan te staan. Ik had nooit in de Bundesliga gevoetbald. Dit zou een nieuwe, interessante uitdaging zijn. Ik was goed in vorm en had bij Ajax wedstrijdritme opgedaan in een aantal oefenwedstrijden. Bij de reserves had ik een keer gespeeld als schaduwspits en een keer als centrale verdediger. Niklas Moisander had toen als linksback gefungeerd en zijn tweelingbroer Henrik stond in het doel.

We besloten om een overeenkomst aan te gaan voor vier maanden. Eind januari vertrok ik naar Rostock en meldde me bij de club.

Begin februari speelde ik mijn eerste wedstrijd, voor de competitie thuis tegen Schalke 04. In de rust stonden we achter met 0-1, maar we wisten in de tweede helft op een 2-1-voorsprong te komen. We hadden de wedstrijd in handen. Maar het is typerend voor ploegen die tegen degradatie vechten, dat ze met vreemde dingen te maken krijgen. Het lijkt alsof de wet van Murphy echt van toepassing is – als iets verkeerd kan gaan, gaat het ook verkeerd – en pech zich begint op te stapelen. Ik heb ervaring opgedaan met degradatievoetbal bij Reipas in 1987, bij Rostock in 2005, Fulham in 2008 (als toeschouwer) en FC Lahti in 2010.

Tien minuten voor tijd vocht een van onze meest ervaren spelers, de Zweedse aanvaller Marcus Allbäck, een duel met een tegenstander uit bij de achterlijn. Er werd over en weer geduwd en getrokken. Blijkbaar was zijn aandeel het meest zichtbaar. Bovendien werd dat door de tegenstander nog flink aangedikt. Er gebeurde eigenlijk niets bijzonders, maar plotseling gaf de scheidsrechter Allbäck zijn tweede gele kaart. Hij moest dus van het veld.

Doordat we nu met een man minder verder moesten, ontstond er een beetje paniek, maar het lukte de tegenstander niet om kansen te creëren. Helemaal aan het eind van de wedstrijd, misschien al in blessuretijd, probeerde onze andere Zweed, Magnus Arvidsson, die ons tweede doelpunt had gemaakt, op de rechterkant van het middenveld iemand te passeren. Het lukte niet en hij maakte bovendien een overtreding. Schalke bracht al zijn lange mannen naar ons strafschopgebied, onder wie de doelman en hun twee meter lange centrale verdediger. Wij waren in de minderheid en de tegenstander had duidelijk meer lengte.

Ik bleef buiten het strafschopgebied om een eventuele afvallende bal te kunnen oppikken en ik herinner me nog het nare gevoel onder in mijn buik toen ik een boogbal hoog over me heen zag gaan. Zo'n hoge bal zou gegarandeerd voor een van die lange tegenstanders zijn. We konden alleen maar hopen op de tweede bal. Inderdaad won Schalke het kopduel en uit wat volgde wist de Braziliaan Aílton gelijk te maken. We zaten al in blessuretijd. Het was de laatste mogelijkheid van de wedstrijd.

Ik keek om me heen. De spelers van Schalke vierden het doelpunt en ik was waarschijnlijk de enige van ons die nog overeind stond. De anderen lagen in het gras. De spelers hadden er enorm de pest over in dat ze al zo lang niet meer hadden gewonnen, en nu waren we zo dichtbij geweest. Hoelang mijn medespelers bleven liggen, weet ik niet meer, maar lang was het zeker. De teleurstelling zat buitengewoon diep.

In deze wedstrijd zaten allerlei kleine dingen tegen: een rode kaart na wederzijds duw- en trekwerk, een verkeerde keuze van een van onze spelers die tot een beslissende vrije trap leidde. Een overwinning die op het allerlaatste moment toch een gelijkspel werd. Ik vond een punt afsnoepen van een topclub een hele prestatie voor een degradatiekandidaat. We hadden Schalke flink in de tang gehad en het resultaat was goed, zeker gezien onze positie op de ranglijst. Toch zagen de meeste spelers dat niet zo. In hun beleving betekende het gelijkspel dat we alweer niet hadden kunnen winnen. Ze zaten in een spiraal van negatieve gedachten.

Ik kwam van buiten en had de ellende van de herfst niet meegemaakt. De nummer achttien van de Bundesliga was in staat geweest om weerstand te bieden aan de nummer één tot in de laatste minuut. Ik kreeg daardoor geloof in onze mogelijkheden.

Maar al vanaf het begin gebeurden er allerlei ongelooflijke dingen. Daardoor ging je werkelijk denken dat de wet van Murphy hier van toepassing was.

Degradatie uit de Bundesliga

Er gebeurde veel tijdens mijn eerste weken bij Hansa Rostock. Een van onze basisspelers werd slachtoffer van afpersing en was daardoor een paar weken afwezig. Een van onze beste flankspelers zondigde tegen de interne regels en werd uit de club gezet. En we verspeelden de overwinning tegen Schalke door een aantal ongelukkige voorvallen.

Na mijn eerste Rostock-wedstrijd ging ik met het Finse elftal naar Cyprus. In een goede stemming kwam ik weer terug om me voor te bereiden op de uitwedstrijd tegen Kaiserslautern. Ik was stomverbaasd toen ik op de training maar tien spelers aantrof. Er heerste buikgriep in de groep en diverse spelers waren dagenlang niet in staat om te trainen. Daarnaast was iemand geschorst.

Op de dag voor de wedstrijd bleek dat we net in staat waren om een selectie bij elkaar te brengen. Buiten de basisopstelling hadden we nog een paar spelers voor op de bank. Een paar mensen waren in zoverre hersteld van de buikgriep dat ze zich tijdens de wedstrijd op de bank wel overeind zouden kunnen houden. We haalden het bijna, maar we verloren nipt met 2-1. Ik weet nog dat ik dacht: als de eerste weken al zo zijn, wat staat ons dan nog meer te wachten?

Toch kregen we de boel op de rails. De trainers veranderden het systeem een beetje en wisselden een paar spelers. Jörg Berger was een oudgediende in de Bundesliga die net zestig was geworden. Hij was kort voor kerst naar de club gehaald en had ervaring met vergelijkbare situaties. Hij had al een aantal clubs in degradatiegevaar de helpende hand weten te bieden. Toen we de problemen van de eerste maanden hadden opgelost, konden we in het voorjaar beetje bij beetje het tij keren. In maart en april wonnen we vijf keer. Op basis van wat we in het voorjaar presteerden, zouden we ruimschoots voldoende punten hebben verzameld. Maar de punten uit de herfstperiode werden ook meegeteld. Daardoor eindigden we als voorlaatste en degradeerden we uit de Bundesliga.

Achteraf is het natuurlijk makkelijk praten, maar we hadden wel veel pech bij Hansa Rostock. In de thuiswedstrijd tegen Mönchengladbach, bijvoorbeeld, kreeg de Australiër Craig Moore, die voor Mönchengladbach speelde, een bal tegen zijn hand in het strafschopgebied. Geen fluitsignaal! Na de wedstrijd werd Moore door een verslaggever gevraagd of het inderdaad hands was. 'Absoluut,' antwoordde hij, 'de scheidsrechter was waarschijnlijk de enige in het hele stadion die dat niet heeft gezien.' Hij vertelde dat hij er zeker van was geweest dat er een strafschop zou volgen, maar tot zijn stomme verbazing werd er niet gefloten. De wedstrijd eindigde in 0-0.

Dan de uitwedstrijd tegen Nürnberg. Onze rechtsback kwam naar voren langs de zijkant en kreeg een schietkans. Ik zag dat hij met rechts wilde gaan schieten. Ik ging in de richting van het doel voor een eventuele rebound. Hij maakte nog een schijnbeweging en schoot met links. De doelman keerde het schot en ik kon binnentikken – maar de vlag ging omhoog vanwege buitenspel. Op dat moment was ik niet zeker of het wel buitenspel was. Later zag ik op televisie dat mijn borst zich wellicht net in buitenspelpositie bevond. Als onze back met rechts had geschoten, wat ik verwachtte, had ik niet buitenspel gestaan, had ik 1-0 gescoord en was het een andere wedstrijd geworden. Kort hierna wist de tegenstander twee keer te scoren en was de wedstrijd gespeeld.

Het was typerend voor onze groep dat we in uitwedstrijden snel de moed lieten zakken. Thuis was het een heel ander verhaal.

Naar Zuid-Zweden

Ondanks de degradatie was Rostock een goede ervaring voor me. Ik heb er een stuk of tien wedstrijden gespeeld en zat bij één wedstrijd geblesseerd op de bank (rechterkuit). Rostock bood me een vervolgcontract aan, maar ik wilde niet in de tweede Bundesliga voetballen. Daarnaast zou het elftal ook enorm veranderen want de helft van de spelers zou vertrekken.

Begin juni werden nog twee interlands gespeeld, eerst een oefenwedstrijd tegen Denemarken en daarna een kwalificatiewedstrijd tegen Nederland. In de wedstrijd tegen Nederland scheurde ik al na vijf minuten een spier in mijn dijbeen. Opnieuw revalideren. Het duurt vier tot zes weken om zo'n blessure te boven te komen.

Tijdens die periode kwam Malmö FF in beeld. Ik kreeg meteen haast om daar aan het begin van de transferperiode al heen te kunnen gaan. In Zweden was de competitie aan de gang en Malmö zou, als kampioen van het vorige seizoen, ook voorrondes voor de Champions League gaan spelen. Daarin wilde ik natuurlijk meedoen. Ik wilde de groep zo snel mogelijk leren kennen en me inwerken in het systeem.

Voor de eerste thuiswedstrijd in de voorronde tegen Maccabi Haifa was ik nog niet fit. In de uitwedstrijd in Israël kwam ik als wisselspeler in het veld. Het gelijkspel daar was voldoende om een ronde verder te komen.

Onze volgende tegenstander werd het Zwitserse FC Thun, dat we als de best mogelijke loting beschouwden. Maar vlak voor de eerste wedstrijd kregen we te maken met een griep- en koortsepidemie. Zelf was ik ook een aantal dagen ziek, maar onze technisch directeur, Hasse Borg, gaf me te kennen dat ik moest spelen, hoe ziek ik ook was. Ik stond in de basis en ik speelde 85 minuten. Onze doelman Mattis Asper had een beetje koorts en liet het enige doelpunt van de wedstrijd iets te makkelijk door. Tegelijkertijd was het de laatste wedstrijd van Patrik Andersson. Vlak voor tijd liep hij een knieblessure op en zijn loopbaan was meteen voorbij.

Ook al was hij van plan geweest om na het herfstseizoen te stoppen, het was een vervelende blessure en een flinke terugslag voor het elftal. Andersson is van mijn leeftijd en was een jaar eerder teruggekeerd uit Barcelona om zijn prachtige carrière te besluiten met een seizoen in de Zweedse competitie. Nu moest hij voortijdig stoppen. Hij was een geweldige voetballer die zowel op het veld als in de kleedkamer werd gewaardeerd. In het shirt van Zweden had hij brons gewonnen op het WK van 1994 en met Bayern had hij de Champions League gewonnen in 2001.

Malmö FF had stevig ingezet op succes. De club was het afgelopen seizoen voor het eerst sinds lange tijd weer landskampioen geworden en wilde nu meedoen in de Champions League. Er waren diverse ervaren oudgedienden teruggehaald die ooit vanuit Malmö de wereld in waren getrokken. Anders Andersson had in Engeland, Denemarken en Portugal gevoetbald. Yksel Osmanovski had een aantal jaren in Italië gespeeld, net als onze aanvoerder Daniël Andersson, de jongere broer van Patrik. Er zaten ook grote namen van de toekomst in het elftal, in de eerste plaats de Braziliaan Alfonso Alves, die later naar Heerenveen zou vertrekken. Daar scoorde hij in zijn eerste jaar vierendertig keer, werd topscorer van Nederland en kreeg een contract bij Middlesbrough in de Premier League. Op beslissende momenten had de ploeg echter tegenslag en de Champions League bleef een droom nadat we twee keer verloren van FC Thun.

Ik had iets te veel haast gehad bij het herstel van mijn dijbeen en ik kon niet volledig meedoen in de voorronden van de Champions League. Daarnaast kreeg ik weer tussen de twee FC Thunwedstrijden in last van mijn linkerachillespees. In de tweede wedstrijd begon ik op de bank en vanaf dat moment begon een wisselvallige herfst vanwege mijn achillespees. Het elftal liep ook niet zo geweldig, en we werden vijfde in de competitie.

Ik had met FC Malmö een contract voor het seizoen erna, dus ik ging met vakantie om me voor te bereiden op het nieuwe seizoen bij de club. Ik was heel positief over de club en met mijn gezin ging het goed in de stad. In november 2005 werd mijn oudste zoon Caro er geboren. Malmö is een kindvriendelijke stad. De afstanden zijn er klein en vooral in de zomer is het er goed toeven. Ik ging vaak op de fiets naar de training. Malmö FF was naar Zweedse en Scandinavische begrippen een grote en succesvolle club. Het is de enige Scandinavische club die in een finale om de Europacup heeft gespeeld (in 1979 werd met 1-0 verloren van Nottingham Forest). Er zijn tientallen geweldige spelers opgegroeid, met Zlatan als allergrootste. De stad hield ook van voetbal. Het was er prettig zowel in het veld als erbuiten, hoewel het elftal niet naar verwachtingen presteerde. Er waren goede periodes, maar vaak ook mindere. In geen enkele competitie word je kampioen als je wisselvallig presteert. Wij presteerden wisselvallig.

Mijn eigen periode in Malmö was ook wisselvallig. In de winter herstelde ik van mijn achillespeesblessure. In het seizoen 2006 speelde ik voor Malmö en ik probeerde daar ook te blijven in het seizoen 2007. Mijn linkerachillespees dacht daar anders over.

Nieuwe trainingsmethoden

In januari 2006 gingen we voor een trainingskamp naar Zuid-Afrika. Een ondernemer uit Skåne bezat daar een groot stuk land met een hotel en prachtige natuur met wilde dieren. Hij had er een schitterend nieuw grasveld aangelegd dat Malmö FF zou gaan gebruiken.

Het was een geweldige plek. We kregen tussen de trainingen door wilde dieren te zien. De trip was ook heel goed voor de teamspirit. De training was voor mij nogal een verrassing. We trainden twee keer per dag, maar die training bestond uit hardlopen en fitness. Er kwam geen bal aan te pas. Elke dag liepen we langs dat splinternieuwe, prachtige veld en keken ernaar van achter de hekken. We hebben er geen enkele keer op getraind voordat we er een wedstrijd op speelden tegen een elftal uit de buurt.

Bij Ajax en Barcelona was ik gewend geweest dat er in principe op het veld werd getraind. Daarnaast waren er dan extra trainingen, bijvoorbeeld in het krachthonk. De bal speelde altijd een belangrijke rol op de trainingen vanaf de eerste voorbereidingen op het seizoen. Nu mochten we dat prachtige veld alleen maar bewonderen en een week wachten voordat we erop mochten spelen. Het was nogal vreemd dat we een hele dag in een vliegtuig hadden gezeten, dat er een geweldig veld op ons lag te wachten, maar dat we in het krachthonk zaten of gingen hardlopen. Ik begreep er niets van.

Uiteindelijk brak de wedstrijddag aan. We zouden twee keer ongeveer 20 tot 25 minuten spelen. De trainer benadrukte dat we geen risico mochten nemen. Niemand zou te veel worden belast. En als er problemen waren, werd de wedstrijd gestaakt. De trainer gaf ook aan dat als we langer wilden voetballen, daar wel over te praten viel. Ik stak direct mijn hand op. Ik zou direct vanaf het trainingskamp naar Saoedi-Arabië vliegen om twee interlands te spelen. Het zou fijn zijn om voor die tijd een beetje balgevoel op te doen. Ik had een week naar mijn werkeloze voetbalschoenen zitten kijken.

Onze nieuwe trainer, Sören Åkeby, had een bijzondere opvatting over de manier waarop het nieuwe seizoen moest worden benaderd. In de eerste zes weken van de voorbereiding draaide alles om de conditie. We trainden acht keer per week, steeds zonder bal. Ik kreeg een beetje afwisseling omdat ik in januari en februari twee keer een interland speelde, eerst in Saoedi-Arabië en daarna op Cyprus. Ik waarschuwde mijn mede-internationals dat mijn balbehandeling niet optimaal zou zijn en dat mijn passing niet geweldig was. Mijn conditie was uitstekend, maar of ik nog kon voetballen, was een raadsel want ik had alleen zonder bal getraind. Met mijn hardloopschoenen en fitnessapparaten was ik meer vertrouwd dan met mijn voetbalschoenen.

In de oefenwedstrijd aan het eind van die trainingsweek kon ik de bal en het gras een beetje ervaren voordat ik afreisde naar Saoedi-Arabië. Daar wachtte de honderdste interland uit mijn carrière.

Die jubileumwedstrijd verloren we met 1-0 van Zuid-Korea. Na de wedstrijd kregen we ter ere van die honderd caps een verfrissing aangeboden. Het werd geen dure receptie want in ons gastland serveerde men geen alcohol. Geen champagne dus. We proostten met glazen vruchtensap. Het was ook niet helemaal duidelijk hoe je een honderdste wedstrijd moest vieren, want dat hadden we nooit bij de hand gehad. In Finland had alleen Ari Hjelm dat aantal ooit bereikt, en daar was niemand van ons bij geweest. Waarschijnlijk is er destijds wel meer alcohol gedronken dan op mijn feestje.

Na die tijd hebben ook Sami Hyypiä en Jonatan Johansson de honderd gehaald. Ook toen was er geen groot feest. Hyypiä speelde zijn honderdste interland tegen Zweden in Stockholm. Johanssons honderdste was onze prachtwedstrijd tegen Duitsland in de herfst van 2009 in Hamburg. Het was de beslissing in de kwalificatie. Als 'Schot' zal hij wel whisky hebben geschonken.

Naar een nieuw seizoen

Voor mij was de voorbereiding op het nieuwe seizoen fysiek en geestelijk enigszins verwarrend, maar ook voor de andere spelers van Malmö was dit nieuw. Ik wil zeker niet beweren dat de trainingsmethode van Åkeby niet deugde. Hij was kampioen geworden met Djurgården, dus zijn aanpak had succes gehad. Daardoor werd hij natuurlijk gesterkt in zijn opvattingen.

In het voetbal is vaak geen sprake van een enkele waarheid; je kunt het spel op allerlei manieren benaderen. De manier van voetballen is niet de belangrijkste factor. Succes kun je behalen op verschillende manieren.

De winter en het voorjaar van 2006 verliepen voor mij goed, hoe-

'Hij is gek geworden'

Jonatan Johansson heeft jarenlang met Jari Litmanen samen gevoetbald in het Fins nationaal elftal, maar hij heeft ook herinneringen aan hem uit hun gezamenlijke periode bij Malmö FF. 'Jari speelde een grote rol bij mijn transfer naar Malmö. Hij "verkocht" me de club. Dat kroonkurkincident vond een paar weken voor mijn komst plaats. Heel vervelend. We hadden een goed elftal,' herinnert Johansson zich.
Het gedenkwaardigste incident uit de tijd met Litmanen bij Malmö vond plaats in juli 2007, toen de van een blessure terugkerende Litmanen plotseling, midden tijdens de training in het stadion, het gras op kwam fietsen. Bij de herinnering barst Johansson weer in lachen uit: 'Er kwamen belangrijke wedstrijden aan en het ging niet zo goed. De voorbereidende training was aan de gang in het stadion en Litmanen kwam in wedstrijdtenue het veld op gefietst... Iedereen dacht dat hij gek was geworden. We vroegen ons af of hij in de kleedkamer misschien iets had gedronken! Hij was goed bevriend met de fysiotherapeut met wie hij dit plannetje had bedacht. Het zorgde voor een vrolijke stemming in de groep dat onze grote ster zoiets geks deed,' lacht Johansson.
De goede vriendschap tussen Litmanen en Johansson dateert uit hun Malmö-tijd. Als de twee elkaar ontmoeten is er altijd iets om over te praten, en niet alleen voetbal: 'Voetbal is een groot deel van ons leven en we hebben in die wereld heel wat meegemaakt samen. Daar praten we vaak over. We zijn allebei gek op het spelletje. Toch praten we ook vaak over andere dingen. Voor ons allebei is het gezin heel belangrijk. En we houden van lekker eten, wijn en reizen. Toch is voetbal een deel van ons, en we nemen vaak het laatste nieuws door en praten over wat er in Finland en elders zou moeten gebeuren.'

Litmanen werd tijdens zijn beste jaren als speler beschouwd als weinig spraakzaam, maar buiten het voetbal is dat heel anders. Betrouwbaar, loyaal, aardig en serieus zijn de eerste eigenschappen die in Johansson opkomen: 'Hij is relaxed en heeft een buitengewoon droge humor. Hij is een levensgenieter en houdt van de goede dingen des levens, zoals lekker eten. Hij is heel anders dan het beeld dat van hem naar buiten werd gebracht. Wel is hij heel perfectionistisch, en dat zorgt soms voor ergernis. Alles moet perfect zijn. Als iets heel snel moet gebeuren, lukt dat niet altijd. Hij praat heel veel over voetbal en is wat dat betreft een wandelende encyclopedie. Als hij eenmaal over voetbal begint, kan het gesprek wel even duren,' grinnikt Johansson.
Volgens hem is Litmanen met het verstrijken der jaren niet zo erg veranderd: 'Jari's principes en zijn karakter zijn hetzelfde gebleven. Zijn prioriteiten en liefhebberijen zijn wel veranderd sinds hij een gezin heeft, net als bij ons allemaal. Toch is hij dezelfde gebleven. Het sterrendom interesseert hem niet zo en hij maakt geen misbruik van zijn carrière of zijn bekendheid. Vergeleken met wat hij heeft bereikt, is hij heel erg down to earth. Zijn gezin is heel belangrijk voor hem, en dat is mooi. Hij is prettig gezelschap en je kunt altijd jezelf zijn in zijn buurt.'

wel ik aan het begin van het seizoen weer last had van een blessure aan mijn rechterkuit die verband hield met mijn enkel. Altijd als mijn enkel op slot schoot, dus niet goed kon bewegen, had dat invloed op de spieren erboven van mijn kuit tot en met mijn dijbeen. Vanwege die blessure moest ik de eerste vijf competitiewedstrijden verstek laten gaan. Na de voorbereidingsperiode was mijn basisconditie wel goed.

Toen ik weer terugkeerde in het veld, wonnen we drie wedstrijden op rij, waarvan de eerste twee tegen Halmstad en Helsingborg. Dat waren stevige derby's want die clubs kwamen uit Zuid-Zweden, net als Malmö FF. Daarnaast wonnen we in Stockholm van Djurgården. Ik geloof dat ik na die wedstrijd ook in Zweden de bijnaam 'koning' heb gekregen. Daar zijn ze in dat land nogal scheutig mee.

Half mei begon in Zweden de WK-pauze van vijf weken. Het Finse elftal speelde met 0-0 gelijk in een oefenwedstrijd tegen Zweden, dat zich voorbereidde op dat WK. Alles voelde weer goed. Ik was fit en ik had wedstrijdritme opgedaan. Ik vond het vervelend dat de competitie pas verder ging na het WK.

In juli kwam Jonatan Johansson vanuit de Premier League naar Malmö. We hadden weer een goede aanvaller nodig omdat Alves naar Nederland ging. Johanssons moedertaal was Zweeds en hij had veel ervaring met het Britse voetbal, dat lijkt op de Zweedse stijl. Hij kon doelpunten maken en zou zeker goed in ons elftal passen. Hij kreeg ook inderdaad meteen een belangrijke rol en scoorde regelmatig.

In juni, voordat de speelpauze voorbij was, speelden we een oefenwedstrijd waarin ik zowel scoorde uit een penalty als uit een vrije trap. We wonnen dacht ik met 3-0 en ik werd tot aanvoerder benoemd. Na de wedstrijd gebeurde er in de kleedkamer iets vreemds: onze technisch directeur Hasse Borg maakte een limonadeflesje open en de kroonkurk vloog regelrecht in mijn oog. Dat betekende uiteindelijk een wedstrijdpauze van 6 tot 8 weken. Daarin kon ik alleen heel licht trainen want er mocht geen druk ontstaan op het oog. Een volkomen zinloze blessure zogezegd. Hij kwam bovendien op een moment waarop alles in orde was, zowel wat mijzelf als wat de ploeg betrof.

Eind augustus kon ik eindelijk het veld weer in. Ik speelde maar één competitiewedstrijd, die we wonnen van Örgryten. Daarna, begin september, begonnen de kwalificatiewedstrijden voor het EK. Daarin troffen we Polen uit en Portugal thuis in Helsinki. De voorbereidende wedstrijd half augustus tegen Noord-Ierland moest ik laten schieten. Ik was helemaal fit maar ik moest kopballen nog vermijden.

De spannende openingswedstrijd tegen Polen wonnen we met 3-0. Thuis tegen Portugal voetbalden we goed en bereikten een 1-1 gelijkspel. Dat was een uitstekend begin van de kwalificatie maar toch was ik niet helemaal tevreden met de vier punten.

Van tevoren zouden we hebben getekend voor vier punten uit twee wedstrijden tegen Polen en Portugal. Na de wedstrijd tegen Portugal keek ik er toch iets anders tegen aan. Ondanks het op zichzelf mooie resultaat was ik toch een beetje teleurgesteld omdat we hadden kunnen winnen. We hadden van die gelegenheid gebruik moeten maken. Het puntenaantal was boven verwachting goed, maar gezien het verloop van de wedstrijd tegen Portugal hadden we twee punten laten liggen. Ik had niet in de situatie terecht willen komen waarin over de kwalificatie werd beslist in de wedstrijd Portugal-Finland. De openingswedstrijd thuis in Helsinki tegen Portugal is iets heel anders dan een beslissingswedstrijd in Porto. In een thuiswedstrijd is het moeilijk om Portugal te verslaan, maar uit is het nog veel moeilijker. We hadden daarom van de gelegenheid gebruik moeten maken toen die ons werd geboden.

Uiteindelijk moesten we de laatste wedstrijd winnen, terwijl Portugal genoeg had aan een gelijkspel. Dat betekende dat zij de wedstrijd op slot konden gooien, en dat is precies wat ze wilden. Het zou voor ons stukken makkelijker zijn geweest als Portugal meer punten nodig had gehad dan wij. Dan hadden we ons kunnen concentreren op onze sterke kant, oftewel verdedigen en counteren. In deze kwalificatiereeks hadden we aangetoond dat we op ons best zijn in een underdogpositie. Tot op dat moment in de kwalificatie hadden steeds beide teams willen winnen.

Nu was dat voor Portugal niet nodig, en ons lukte het gewoon niet om goede kansen te creëren. Portugal had genoeg aan 0-0 en dat werd het uiteindelijk ook.

Medespelers

Jari speelde in zijn hoogtijdagen van 1992 tot 1999 bij Ajax. Slechts vier medespelers bleven al die jaren in het elftal: doelman Edwin van der Sar, de broers Frank en Ronald de Boer en aanvoerder Danny Blind. De gebroeders De Boer waren ook bij Barcelona Jari's teamgenoten van 1999 tot 2001. De meeste speeltijd had hij gemeenschappelijk met doelman Van der Sar: 149 wedstrijden met Ajax in de Eredivisie. Litmanen en Van der Sar kwamen elkaar later twee keer tegen in de Engelse Premier League en een keer in een interland. Jari passeerde Edwin een keer in een uitwedstrijd van Liverpool bij Fulham op 2 maart 2002.
Bij buitenlandse clubs had Jari drie keer een andere Fin als teamgenoot. Samen met Sami Hyypiä speelde hij 25 wedstrijden voor Liverpool in de Premier League in de jaren 2001-2002. Na zijn terugkeer bij Ajax in 2002 speelde hij daar negen wedstrijden met Petri Pasanen en met zijn mede-international Jonatan Johansson speelde hij in 2006 vier wedstrijden voor Malmö FF. Toen eindigde zijn Zweedse avontuur na weer een blessure.

Zelf mocht ik blij zijn dat ik begin september überhaupt kon meedoen aan de interlands want van juni tot half augustus had ik alleen licht kunnen trainen.

In september speelde ik een paar competitiewedstrijden, maar daarna keerde het geluk zich tegen me. Het had in Malmö lang niet geregend en de velden waren keihard. In grote voetballanden en bij grote clubs worden de velden besproeid, maar in het noorden vindt men dat regen de enige goede manier is om het veld te besproeien... In de wedstrijd Malmö-Kalmar viel ik tijdens een duel om de bal, en kwam met mijn hoofd op het veld terecht. Het gevolg was een hersenschudding en twee weken gedwongen rust. Ik wist niet of ik begin oktober mee zou kunnen doen aan de interlands tegen Armenië en Kazachstan. Gelukkig herstelde ik snel en reisde ik af naar die wedstrijden. In die wedstrijden probeerde ik kopballen nog meer te vermijden. Alleen al bij de gedachte aan een bal tegen mijn hoofd kreeg ik hoofdpijn. Het resultaat van die trip was een gelijkspel en een overwinning. De kwalificatie verliep nog altijd goed.

Blessures en operaties

Nadat ik half oktober was teruggekeerd in Zweden, schoot ik tijdens de eerste training van Malmö zachtjes met de buitenkant van mijn rechtervoet op doel. Er schoot een scheur van zeven centimeter in mijn rechterdij. Dat betekende een lange onderbreking en het einde van mijn seizoen.

Ik liet de blessure onderzoeken in Finland omdat ik meteen ook een foto van mijn rechterenkel wilde laten maken. Daar had ik al jarenlang last van en ik wilde de mening van een paar artsen die ik kende. Misschien konden we erachter komen waarom ik zo vaak aan de rechterkant geblesseerd raakte. Volgens de arts was het sowieso een wonder dat ik nog kon spelen met die enkel. Van de pezen was bijna niets meer over. De enkel werd overeind gehouden door hem in te tapen, de schoen te verbreden en door oefeningen.

Omdat ik vanwege die dijbeenblessure lang niet zou kunnen spelen, besloten we om meteen de enkel te opereren. Het was de eerste operatie in mijn carrière en achteraf bekeken had dat al veel eerder moeten gebeuren. Ik was voortdurend van club aan het wisselen geweest en had nooit tijd gehad voor een herstelperiode van drie tot vier maanden. De rest van het jaar, en de eerste maanden van het volgende jaar, was ik bezig met mijn revalidatie. Het was al maart 2007 en ik had nog bij geen enkele club getraind of gespeeld.

Eind maart speelden we een interland, uit in Azerbeidzjan. Mijn laatste wedstrijd was die in oktober tegen Kazachstan geweest, maar toch liet Roy Hodgson me de hele wedstrijd spelen. We verloren met 1-0. Toen begonnen er in Zweden ook al geluiden te klinken hoe het toch kon dat Litmanen uitsluitend in het Finse elftal speelde. Mijn laatste wedstrijd voor Malmö was in september geweest. Daarna had ik alleen in drie interlands gespeeld, twee in de herfst en die tegen Azerbeidzjan dus, in het voorjaar.

In de herfst had ik gezegd graag weer naar Zweden terug te komen als ik weer fit was. In de winter had ik aan mijn revalidatie gewerkt in Finland. In februari hadden we een trainingskamp met het nationale elftal in Italië en voor de wedstrijd tegen Azerbeidzjan hadden we een week voorbereiding in Wenen. Daar begon ik voor het eerst het gevoel te krijgen dat ik weer wedstrijdfit was.

Na Azerbeidzjan, in april, keerde ik terug naar Zweden. We kwamen een contractverlenging overeen. Ik had helaas last van allerlei kleinere blessures – ik had bijvoorbeeld last van mijn rug nadat ik in ons zomerhuisje van de trap was gevallen – en ik speelde in Malmö geen enkele wedstrijd. De eerstvolgende keer dat ik weer in het veld stond, was in een interland tegen Servië, in juni in het Olympisch Stadion van Helsinki. Ik was net ingevallen, kort voor tijd, toen een Serviër me omvertrok. Mijn volle gewicht kwam op mijn linkervoet terecht en ik voelde een felle pijnscheut in mijn achillespees. Er was nog 10 minuten te gaan en ik speelde de wedstrijd uit.

Ik probeerde een maand lang in Malmö die enkel weer in orde te krijgen, maar het bleef slecht voelen. Half juli kreeg ik er genoeg van. Ik ging terug naar Finland en nam contact op met de artsen.

Een dag later begonnen de onderzoeken. Ik wist dat er iets fout zat. Het was duidelijk. De achillespees zou moeten worden geopereerd. Ik belde naar Zweden dat het geen zin had om nog door te gaan bij de club. Als ik eventueel weer fit zou zijn, was het seizoen voorbij. Het was een idiote situatie. Sinds oktober had ik maar vier wedstrijden gespeeld. Allemaal in het nationale elftal; geen enkele voor Malmö.

Volgens de chirurg was de operatie goed verlopen. Het was inmiddels augustus. Wat de EK-kwalificatie betreft, stonden we er nog steeds goed voor. We konden ons nog altijd plaatsen. Ik vroeg fysiotherapeut Jari-Pekka Keurulainen of ik mogelijkerwijs half november klaar zou kunnen zijn voor de beslissende wedstrijd. Hij was een ervaren fysio en hij had de operatie bijgewoond. Volgens hem was er hoop. De pees was op zichzelf gezond en de operatie was geslaagd. Ik zou alleen keihard moeten werken en een beetje geluk nodig hebben. 'Oké,' zei ik, 'we mikken op die interland en we gaan aan het werk.'

Wedloop tegen de klok

Op de dag na de operatie kwam Keurulainen bij mij thuis langs en ging meteen met mijn voet aan de gang. We stelden een behandelplan op. Zelf deed ik thuis allerlei oefeningen, onder andere met een elastiek en een evenwichtsbalk, en ik ging bij hem langs voor de revalidatie.

Begin september 2007 werd onze tweede zoon Bruno geboren en aan het eind van die maand gingen we drie weken naar Spanje. Daar waren we met ons gezin bij elkaar en ging ik in alle rust verder met de revalidatie. Toen we half oktober terugkwamen, hadden we nog een maand tot de interlandwedstrijd.

Keurulainen onderzocht mijn voet, deed een paar tests en liet me een aantal oefeningen doen. De uitslag was dat ik lichte oefeningen mocht doen die met voetbal te maken hadden. Na twee weken oefenen ging ik bij de chirurg langs die me had geopereerd. Volgens hem zag alles er heel goed uit en kon ik begin december gaan beginnen met de looptraining. Ik ging direct naar Keurulainen en we besloten dat het tijd was om gas te geven. We hadden nog twee weken. De voet leek het te houden. Ik kon hem volledig belasten tijdens de training. Dat gaf vertrouwen dat ik mee zou kunnen doen in de wedstrijden.

Tegen Azerbeidzjan, half november, speelde de ik de laatste vijftien à twintig minuten mee. Ik kon goed meekomen. Het was een enorme persoonlijke overwinning want volgens het oorspronkelijke scenario zou ik pas begin volgend jaar zijn begonnen met de looptraining, oftewel anderhalve maand later. We wonnen met 2-1 (door een prachtige volley van Forsell en een intikkertje van Kuqi). Dat betekende dat we vier dagen later in en tegen Portugal om de tweede plaats in de groep en plaatsing voor het EK zouden strijden.

Maandenlang had ik maar één doel gehad: ik wilde spelen in de twee laatste kwalificatiewedstrijden. Elke dag tijdens mijn revalidatie had ik die twee data in mijn gedachten. Nu was ik in de situatie terechtgekomen waarop ik me had gericht. Er was nog één wedstrijd te gaan, en daarin zou de beslissing vallen over plaatsing. We moesten alles op alles zetten.

In die herfst gebeurden er meer fijne dingen. De geboorte van onze tweede zoon was natuurlijk geweldig. De situatie was sowieso prettig. Ik kon thuis zijn bij mijn gezin en rustig aan mijn herstel werken, zonder druk van een club. Ik kon al het andere aan de kant schuiven en me op deze twee zaken richten. Het was natuurlijk ook een vermoeiende tijd. Revalideren is altijd zwaar en het leven met twee kleine kinderen kan af en toe hectisch zijn. Maar we zaten nu in de situatie waar we naar hadden gestreefd. We gingen strijden om een plaatsje op de eindronde van het EK.

Natuurlijk was ik nog niet in topvorm. In 2007 had ik in slechts drie wedstrijden in het veld gestaan. In twee daarvan had ik alleen aan het eind meegespeeld en in de derde de hele wedstrijd. Die laatste was in maart geweest. In de laatste wedstrijd tegen Azerbeidzjan was ik tegen het einde in het veld gekomen en ik verwachtte dat het tegen Portugal ook zo zou gaan. Ik bereidde me erop voor dat ik een halfuurtje zou spelen. Op de dag voor de wedstrijd gaf Hodgson echter te kennen dat ik, als aanvoerder en meest ervaren speler, in de basis moest beginnen en zo lang mogelijk in het veld moest staan. Hij vroeg niet wat ik ervan vond of hoe het met mijn conditie was.

Als je zo'n stevige boodschap krijgt van je trainer, moet je gewoon je stinkende best doen. Het heeft geen zin om erover te discussiëren – zeker ook Roy kennende. Hij had besloten hoe hij het elftal wilde laten spelen. We hadden een beslissende wedstrijd voor ons, waar de ploeg en de trainer reikhalzend naar uitkeken en waarin ik dolgraag wilde spelen. Alles was duidelijk voor iedereen. Geen discussie.

Ik hield het een uur vol in Porto, toen kwam de man met de hamer. Ik moest worden gewisseld. Het werd 0-0. Het lukte ons niet om te scoren, we gingen niet naar het EK.

Hierna lag het voor de hand om te achterhalen waar we de benodigde punten hadden laten liggen voor een tweede plaats in de poule. Ten eerste hadden we een goede mogelijkheid gehad in de eerste wedstrijd, thuis tegen Portugal. We hadden goed gespeeld en zouden nog één doelpunt nodig hebben gehad. Dan hadden we twee punten meer gehad en Portugal een punt minder.

In Azerbeidzjan hadden we met 0-0 of 1-1 gelijk moeten spelen. Daar speelden we geen goede wedstrijd, maar toch hadden we genoeg kansen op een gelijkspel gehad. België uit was mogelijk geweest. Polen thuis had alle kanten op kunnen gaan. Het werd een gelijkspel.

Al voor de laatste wedstrijd hadden we genoeg punten kunnen verzamelen. Achteraf praten is altijd makkelijk, maar het is wel duidelijk dat er in een kwalificatiereeks geen minder belangrijke wedstrijden zijn. Als ze uiteindelijk worden opgeteld, zijn alle punten evenveel waard.

Een nieuwe poging met Hodgson

In het vliegtuig terug was de stemming natuurlijk nogal bedrukt. Thuis zat ik drie dagen lang naar de muren en het plafond te staren. Om me heen bevond zich het prachtige Helsinki van november, met al zijn schakeringen van zwart en wit. Na die drie sombere dagen be-

Een problematisch tweede verblijf in Engeland

Jari Litmanen heeft twee keer een periode in Engeland gevoetbald. Eerst kwam hij uit voor Liverpool in 2001. Begin 2008 tekende hij voor een half seizoen bij Fulham.
In januari 2008 kreeg Litmanen een uitnodiging om op proef naar de Premier League-club Fulham te komen. Roy Hodgson, die bondscoach van Finland was geweest tijdens de kwalificatiewedstrijden voor het EK van 2008, was er de nieuwe trainer. Lawrie Sanchez was in december ontslagen en aan het eind van diezelfde maand nam Hodgson het stokje over.
Hodgson moest in januari meteen iets doen aan de zwakke positie van Fulham. Het elftal had in december van de mogelijke achttien punten er slechts twee verzameld en bungelde onder aan de ranglijst van de Premier League. De ervaren Engelse coach haalde een aantal nieuwe spelers die hij kende naar de club, onder wie Litmanen: 'Hodgson kende Jari. Ik denk niet dat hij is gehaald met de gedachte dat hij steeds 90 minuten zou kunnen spelen. Waarschijnlijk was het de bedoeling dat iedereen door zijn komst een boost zou krijgen,' aldus Antti Niemi, destijds tweede doelman bij Fulham en oud-medespeler van Litmanen in het Finse elftal.
'Er moest iets gebeuren in de voorhoede. Er was te weinig slimheid en het ontbrak de spelers aan rust. Jari speelde de bal heel vaak diep en hij kon ook heel goed de bal vasthouden en beslissingen forceren. We hadden iemand nodig zoals Jari,' vervolgt Niemi.
Litmanens tweede periode in Engeland liep niet volgens verwachting. Hij kreeg last van vervelende blessures en speelde uiteindelijk maar twee wedstrijden met het tweede elftal.
'Jari is eigenlijk geen moment fit geweest en hij kreeg dan ook geen speeltijd. Wat dat betreft is het plan mislukt, maar ik snap wel waarom Hodgson hem haalde,' zegt Niemi.

Niemi had graag gezien dat zijn maat uit het Finse elftal meer voor Fulham had kunnen betekenen. Uiteindelijk degradeerde de club niet, maar het contract met Litmanen werd niet verlengd. 'Achteraf gezien is het jammer dat het in de soep is gelopen. Aan zijn manier van trainen kon je echt wel zien dat hij nog op het hoogste niveau kon presteren,' zegt Niemi.

sloot ik om weer te gaan trainen. Ik wilde heel graag weer aan de slag. De teleurstelling moest op een of andere manier worden verwerkt.

Aan het eind van het jaar verhuisde Roy Hodgson van Finland naar het Londense Fulham, dat in de Premier League tegen degradatie streed. Half januari 2008 nam hij contact met me op en vroeg of ik in Londen langs wilde komen. Het was de bedoeling dat ik er een week zou gaan trainen. Zij zouden dan kunnen zien hoe het met mijn vorm was, ik kon de club bekijken en erover nadenken of ik de rest van het seizoen daar zou willen voetballen.

Eigenlijk was ik niet zo enthousiast over het idee om in Engeland te gaan voetballen, maar Hodgson kende mij en ik kende hem. Hij had me in het Finse elftal ook opgesteld als ik minder had getraind vanwege operaties en blessures. Ik moest ook denken aan het gevecht tegen degradatie bij Hansa Rostock. Met mijn ervaring zou ik de ploeg van dienst kunnen zijn. Mijn vorm was nu ook beter doordat ik vanaf november onafgebroken had kunnen trainen. Fulham zou een interessante uitdaging kunnen zijn. Ik besloot om erheen te gaan.

Begin februari speelde Finland een interland op Cyprus tegen Griekenland. Met Hodgson sprak ik af dat ik na die wedstrijd naar Londen zou komen. Toen ik terugkwam van die interland, bleek dat ik de verkeerde inlegzolen had meegenomen naar Engeland. Ik moest naar Helsinki om ze te laten vervangen. Ik kon eenvoudigweg niet trainen of spelen zonder die speciale zolen. Eenmaal weer in

Londen ging ik direct meetrainen met het elftal want voor Fulham was elke wedstrijd nu van levensbelang. Ik wilde zo snel mogelijk mijn beste vorm bereiken en ik trainde dus ook extra.

Ergens halverwege februari was ik na de groepstraining nog individueel aan het trainen. Ik pakte een paar ballen om te gaan schieten, maar plotseling voelde ik een schok in mijn lichaam. Ik voelde me niet lekker. Het leek me dat ik wel genoeg had getraind en ik ging de ballen verzamelen. Ik vroeg me af hoe je zo moe kon worden van een klein eindje lopen. Ik ging terug naar de kleedkamer. Onder de douche zakte ik door mijn knieën.

Na een lichte maaltijd in de kantine van het trainingscentrum bracht Antti Niemi me per auto naar het hotel. Antti was doelman bij Fulham. Ik wilde even gaan rusten. Meestal liep ik daarna even de stad in, maar nu was ik nergens toe in staat. Ik liet eten naar mijn kamer komen. Die avond lag ik televisie te kijken en 's nachts sliep ik slecht. Ik was een beetje grieperig geweest en ik had intensief getraind, dus ik dacht dat het daarvan kwam.

De volgende ochtend kwam Antti me weer ophalen voor de training. Terwijl ik in de auto stapte zei ik tegen hem: 'Dit heb je me niet vaak horen zeggen, maar ik heb eigenlijk helemaal geen zin om te trainen.' Maar ik ging wel.

Het begin van de training bestond uit stretchen en een paar sprintjes trekken. Het hardlopen voelde helemaal niet goed. Ik checkte mijn hartslag. Die zat in de buurt van het maximum. Normaal is mijn snelste hartslag rond de 170-175. Ik blies even uit maar dat leek niets uit te maken. Zoiets had ik nog nooit meegemaakt. Ik ging Roy vertellen dat er iets niet in orde was.

Mijn hart laat me schrikken

Ik ging naar de clubarts. Nadat ik was gaan liggen, vertelde ik hem dat ik een drukkend gevoel had op mijn borst. Hij voelde mijn pols en constateerde een hartslag van 170 tot 180. Dat was extreem hoog voor iemand in rust. Er was iets mis. De arts belde het ziekenhuis en de fysiotherapeut bracht me erheen. Ik zat gewoon voor in de auto, maar zelfs praten begon me al moeite te kosten. Ik kon maar een paar woorden achter elkaar uitbrengen.

In het ziekenhuis moest ik weer gaan liggen en weer werd mijn hartslag gemeten. Ik kon zien dat de cijfers alle kanten op gingen. 130, dan weer 171, 145, dan weer 180. Ik kreeg te horen dat ik hartritmestoornissen had. Het begon inmiddels al voor mijn ogen te schemeren. Ik kreeg iets toegediend waardoor ik me wat beter voelde en kreeg te horen dat men het hart weer zijn regelmaat terug zou geven. Het was een eenvoudige procedure en ik hoefde me geen zorgen te maken. Ik werd onder narcose gebracht.

Toen ik wakker werd, was ik niet erg helder. De arts vertelde dat het ritme weer normaal was. Mijn hart sloeg nu normaal. Ik kreeg te horen dat alles goed was gegaan, maar dat het ook slecht had kunnen aflopen. Maar het had geen zin om daarover na te denken. Nu moest ik een week rust houden. Ik mocht helemaal niets belastends doen. Daarna kon ik voorzichtig aan weer een klein beetje gaan trainen.

Het was vrijdag. Ik zou eigenlijk voor het weekend naar Finland vliegen en maandag weer terug naar Londen. De arts zei dat ik helemaal nergens naartoe ging vliegen. Mijn toestand moest in de gaten gehouden worden. Ik mocht alleen terug naar mijn hotelkamer als er onafgebroken iemand bij me was. De fysio bracht me dus naar het hotel en bleef er de hele nacht. Hij hield voortdurend mijn hartslag in de gaten. Ik was doodmoe. Ik bestelde weer een maaltijd op mijn kamer en keek televisie. Een paar dagen later kreeg ik toestemming om voor een week naar Helsinki te vliegen.

Ik was absoluut niet in orde. Thuis was alleen al het loopje naar de brievenbus een zware klus. Ik moest onderweg even gaan zitten. Ik had allerlei voetbalblessures gehad, en er was een kroonkurk in mijn oog gevlogen, maar nu had ik te maken met fysiek ongemak waarvan ik de oorzaak niet kon verklaren. Kwamen de ritmestoornissen door de griep waar ik even last van had gehad, of had ik te hard getraind? Ik had wekenlang heen en weer gereisd tussen Londen en Helsinki en was tussendoor ook nog naar Cyprus geweest...

Mensen om me heen wisten me te vertellen dat hartritmestoornissen heel algemeen waren. Iedereen kende wel iemand die ermee te maken had gehad. Toch zette het me aan het denken. Ik zou in elk geval niet meteen weer hard gaan trainen. Over een week zou ik teruggaan naar Fulham en voorzichtig beginnen met de training.

Op een zijspoor bij Fulham

Begin maart was op een woensdag een internationale speeldag gepland. Finland zou een interland spelen tegen Bulgarije in Sofia. De nieuwe bondscoach, Stuart Baxter, had mij geselecteerd. Bij Hodgson informeerde ik naar het programma bij Fulham in de week van de interland. Hij zei dat we stevig zouden trainen. Ik gaf aan dat het goed zou zijn om dan bij de club te blijven om verloren tijd in te halen en aansluiting te vinden bij het team. Roy vond dat een goed idee. Ik besloot dus om de interland te laten schieten.

Na de hartritmestoornissen had ik tien dagen stilgezeten en niet getraind. Daarna had ik een week lang licht getraind. Ik begon me elke dag beter te voelen en volgens de artsen kon ik weer normaal gaan trainen. De maand februari bij Fulham had er zo uitgezien: in de eerste week een interland, de tweede week vervanging van mijn inlegzolen in Helsinki en daarna die ritmestoornissen, de derde week rust en de vierde week lichte trainingen.

Op de vrijdag voor de interlandweek werd het trainingsprogramma van Fulham bekendgemaakt. Op zaterdag was er een uitwedstrijd. Ik zat niet in de selectie en was dus vrij. Op zondag gaf Roy de hele groep vrij. Op maandag was er een training gepland, op dinsdag ook en woensdag waren we weer vrij. Op donderdag zou er in de middag worden getraind zodat de terugkerende internationals ook mee konden doen. Ik concludeerde dat ik in vijf dagen tijd maar twee trainingen zou hebben.

Ik belde Baxter om te informeren naar het programma van ons nationale elftal. Hij vertelde me dat het elftal zondag overdag naar Bulgarije zou vliegen en dat daar 's avonds zou worden getraind. Op maandag waren er twee trainingen. Dinsdag nog een training en vervolgens woensdag de wedstrijd. Ik telde het aantal trainingen bij elkaar op en bedacht dat ik beter naar Bulgarije kon gaan dan in Londen blijven: bij het Finse elftal zou ik vier keer trainen in de tijd waarin ik bij Fulham maar twee trainingen kreeg. Bovendien was daar de groep flink uitgedund want we hadden ruim tien internationals bij Fulham.

Om weer in vorm te komen moest ik alle middelen gebruiken. Tegen Baxter zei ik dat ik dan toch graag met het Finse elftal mee zou gaan, hoewel ik al tegen Hodgson had gezegd in Londen te zullen blijven. Baxter vond het prima. Ik vertelde Roy dat ik van mening was veranderd en toch naar Bulgarije wilde gaan vanwege het feit dat ik daar vaker zou kunnen trainen. Daarnaast zou ik een beetje wedstrijdsfeer kunnen opsnuiven. Hodgson vond het best. Na de vrijdagtraining bij Fulham vloog ik naar Finland en op zondagochtend vertrok ik met het Finse elftal naar Sofia. Daar volgde ik het voorgenomen trainingsprogramma. Tegen Baxter had ik gezegd dat ik in de interland op woensdag maar een helft wilde spelen omdat ik op donderdag weer volledig met Fulham mee wilde kunnen trainen en vrijdag nog fit genoeg zou zijn voor weer een training om eventueel zondag beschikbaar te kunnen zijn in de competitiewedstrijd. In de wedstrijd tegen Bulgarije voelde ik me goed. Ik scoorde uit een strafschop en in de rust leidden we met 1-0. In de rust vroeg Baxter of ik nog vijftien tot twintig minuten door wilde gaan. Ik weigerde resoluut. Een helft was afgesproken en dat was genoeg. Dat paste

10 nummers 10

Pelé
De eerste nummer 10 op deze lijst en wellicht de beroemde schepper van het nummer. Drie keer wereldkampioen. Hij zal altijd een van de grootsten blijven; zo niet dé grootste.

Diego Maradona
Mijn grootste persoonlijke idool.

Zinédine Zidane
De 'special one' van mijn generatie die ook een nummer 10 was.

Francesco Totti
Een van de laatste echte nummers 10.

Roberto Baggio
Prachtige, stijlvolle voetballer. Een geweldig WK in 1994.

Gheorghe Hagi
Een van de mooiste linksbenige spelers. De 'Maradona van de Balkan' had waarschijnlijk de beste traptechniek die ik ooit heb gezien.

Mario Kempes
WK-held die in 1978 met kop en schouders boven de rest uitstak.

Lionel Messi
Geen nieuwe Pelé, geen tweede Maradona – maar de eerste Messi!

Ronaldinho
Op zijn best een fenomeen, de grote architect van Barça's 'Dream Team II'.

Michel Platini
Dirigent. Een van de mooiste en invloedrijkste nummers 10 die ik me herinner, zowel bij Juventus als in het Franse nationale elftal. Onvergetelijk EK in 1984: 9 goals – en allemaal anders!

goed in mijn herstelprogramma. Ik had nog wel een kwartier kunnen voetballen maar dat deed ik expres niet. Ik wilde de volgende dag goed met Fulham mee kunnen trainen.

Toen ik op donderdag weer in Engeland was, gaf Roy iedereen die van een interland terugkwam een hand. Toen hij voor mij stond zei hij: 'Leuk dat je weer de smaak van een doelpunt hebt geproefd. Die kunnen we hier bij Fulham ook gebruiken.' Ik keek hem aan en iets in zijn uitdrukking en de toon van zijn woorden zetten me aan het denken: 'Ja, maar ik denk niet dat ik zaterdag bij de selectie zit.'

Op donderdag en vrijdag trainde ik gewoon met de groep mee. Vrijdag, na de training, werd de opstelling bekendgemaakt. Ik zat er niet bij. Het was nu begin maart. Het seizoen duurde nog twee maanden, een wedstrijd of tien. Er was nog tijd. Ik had in Finland gehoord dat de Britse media verwachtten dat ik in de basis zou staan. Men verwachtte mijn debuut. Dat was een beetje vreemd want ik had de lijst met de opstelling gezien, en ik stond er niet op.

Een paar weken gingen voorbij en diverse journalisten vroegen Hodgson naar mijn positie. Zelf heb ik de verhalen niet gelezen, maar blijkbaar heeft Roy antwoorden gegeven in de trant van: 'Het ziet er goed uit', of 'Litmanen is bijna zover', of 'Zijn debuut zit eraan te komen'. Na een wedstrijd in het tweede zei de trainer van dat elftal dat hij vond dat ik er klaar voor was en dat hij dat aan Roy zou melden. Maar ik zat zelfs geen enkele keer op de bank.

Er waren ook wel kleine tegenslagen. Op de training met het tweede elftal liep ik een hersenschudding op toen de doelman van een paar meter afstand een bal tegen mijn hoofd schoot. Dat betekende weer een week gedwongen rust. In een wedstrijd met het tweede kreeg ik kramp in een dijbeen – weer een paar dagen aan de kant. 'Murphy' was duidelijk in de buurt met zijn wet...

Nadat ik uit Bulgarije terug was gekomen, had ik het gevoel dat er iets mis was. Met Roy heb ik het er nooit over gehad, maar omdat ik in de volgende wedstrijden niet bij de groep zat, begon ik te denken dat hij boos was over mijn vertrek naar die interland. Ik snapte dat de club onder druk stond en dat er resultaten moesten worden behaald, maar ik had geprobeerd om me zo goed mogelijk voor te bereiden. Voor de wedstrijd tegen Bulgarije had ik datgene gedaan wat volgens mij het beste was voor zowel mezelf als voor de club. Daarom had ik ook tegen Baxter gezegd dat ik die woensdag beslist niet wilde spelen in de tweede helft. Ik wilde op vrijdag beschikbaar kunnen zijn als Roy me nodig had.

Misschien heeft Roy om een of andere reden gedacht dat ik misbruik maakte van de club. Misschien was hij geschrokken van die ritmestoornissen of dacht hij dat ik liever in het nationale elftal speelde dan bij Fulham. Had hij misschien het idee dat ik naar Fulham was gekomen om in vorm te kunnen zijn tijdens interlands? Ik wilde gewoon graag naar Fulham en ik was blij dat Roy me wilde halen.

Naar mijn mening had ik alles gedaan om beschikbaar te zijn voor Fulham. Daarom was ik naar die interland gegaan. Daarom had ik met genoegen in het tweede gevoetbald. Daar keek ik helemaal niet op neer. Ik stelde alles in dienst van Fulham. Voor mij maakte het niet uit of ik mijn vorm verbeterde in een interland, bij de reserves of in het eerste. Maar op een of andere manier ontstond er toch een vertekend beeld.

De laatste weken, vanaf half april tot de laatste wedstrijd begin mei, trainde ik praktisch niet meer met de selectie mee; ik trainde en speelde uitsluitend in het tweede. Roy wilde alleen de spelers erbij die hij als mogelijke vervangers voor de basiself beschouwde. Dat was volkomen begrijpelijk. De druk was hoog en hij deed het op zijn manier. Alle storende factoren moesten vermeden worden.

Zonder uitleg

Fulham is de enige club waar ik een contract had en waarvoor ik nooit heb gevoetbald. Ik trainde er wel met de selectie, maar de wedstrijden zag ik vanaf de tribune of op televisie. Het gevoel zou heel anders zijn geweest als ik een keertje op de bank had gezeten of in de kleedkamer iets had meegekregen van het gevoel erbij te horen.

Persoonlijk heb ik nooit problemen gehad met Roy Hodgson, niet bij Fulham en ook erna niet. Ik waardeer hem nog altijd als mens en als trainer. We hebben twee jaar lang uitstekend samengewerkt bij het Finse elftal. Ook eerdere ervaringen met Roy waren goed. Hij wilde me al vroeg naar de academie van Malmö halen. Ook een uitnodiging van Xamax Neuchâtel vond op zijn initiatief plaats.

Ik ontmoette Roy voor het eerst in Malmö, toen ik 17 was. Sinds die tijd heb ik zijn loopbaan gevolgd. Zowel voor het Finse elftal als voor Fulham was hij de juiste man op de juiste plaats. Ik denk dat Roy de belangrijkste factor was voor het lijfsbehoud van Fulham in de Premier League. Toen hij halverwege het seizoen daar manager werd, zorgde dat voor een duidelijke verandering. In de twee daaropvolgende seizoenen kreeg hij het niveau nog flink omhoog. Het hoogtepunt was de finale van de Europa League, waarin Fulham pas in de verlenging verloor van Atlético Madrid. Het zegt ook iets over Roys kwaliteiten dat hij later manager werd bij Liverpool en bij het Engelse nationale elftal.

Onze twee gezamenlijke jaren bij het Finse elftal, waarin we veel samen optrokken, hebben voor mij veel betekend. Toen hij me later vroeg om naar Fulham te komen, zou ik op de uitnodiging van niemand anders zijn ingegaan. Ik had weinig gespeeld en ik had een lange revalidatieperiode achter me, maar Roy kende me. Hij had me vaak in de basis opgesteld als ik nog maar weinig ritme had opgedaan. Hij had gezegd dat ik in staat was om na een blessure mijn ritme snel te hervinden en weinig tijd nodig had om het goede gevoel weer terug te krijgen. Onze gezamenlijke interlands hadden dat wel uitgewezen.

Bij het Finse elftal had Roy gezien wat ik ervoor overhad om weer in vorm te raken. Ik dacht dat hij mij echt kende. In het verleden had hij op me vertrouwd in vergelijkbare situaties en gezien dat ik voor hem, en de ploeg, iets kon betekenen. Met die gedachte was ik naar Fulham vertrokken.

Ergens in februari-maart is Roy mij waarschijnlijk als een te groot vraagteken gaan beschouwen. Hij ging dus verder met andere spelers. In de interlands tegen Griekenland en Bulgarije had ik een goed niveau gehaald. Daarom denk ik nog altijd dat ik prima bruikbaar zou zijn geweest voor het laatste stuk van een wedstrijd, zoals bijvoorbeeld in zijn voorlaatste interland tegen Azerbeidzjan. Ik had al eerder in Engeland gevoetbald en kende de speelstijl. En omdat Fulham in de situatie verkeerde waarin elk punt van belang was, dacht ik dat ik een soort joker kon zijn, net zoals jaren geleden bij Liverpool.

Bij Fulham had ik mijn vertrouwde nummer 10 gekregen, maar ik weet niet of ik überhaupt nog een Fulhamshirt heb. In elk geval heb ik er nooit een gedragen.

In het begin had ik het naar mijn zin in de groep. Er zaten een paar bekenden in uit het Finse elftal, zoals Antti Niemi en Toni Kallio. Met Danny Murphy had ik nog bij Liverpool gevoetbald en diverse anderen had ik als tegenstander gehad. Ook de aanvoerder van het Amerikaanse voetbalelftal, Clint Dempsey, speelde bij Fulham. Ik hield van zijn speelstijl. Uiteindelijk bekeek ik het elftal met de ogen van een buitenstaander. Ik trainde met het tweede, waarin een aantal internationals meedeed, zoals de Rus Alexei Smertin en de Fransman Philippe Christianval, die bij Barcelona had gevoetbald na mijn tijd daar.

De club had twee naast elkaar gelegen trainingsvelden. Het eerste elftal trainde op het ene en tegelijkertijd trainde het tweede elftal op het andere veld. Mijn vertrek bij Fulham was een beetje vreemd. De beslissende wedstrijd tegen Portsmouth, voor lijfsbehoud in de Premier League, zou op zaterdag plaatsvinden. Op vrijdag was ik aan het trainen met de reserves, toen het eerste elftal het trainingsveld op kwam. Roy liep naar ons toe en vroeg mij om even bij hem te komen. Hij gaf me een hand en bedankte me voor de moeite en zei dat hij het jammer vond dat het zo tegen had gezeten. Hij wenste me een goede reis naar Finland en een fijne zomer.

Ik was van plan geweest om op zondag of maandag terug te gaan naar Helsinki, maar na de training begon ik er anders over te denken. Voor mij was het seizoen bij de reserves al afgelopen op vrijdag. Mijn vakantie begon dus nu al. Ik belde de luchtvaartmaatschappij en bestelde een ticket voor zaterdag.

De wedstrijd Portsmouth-Fulham begon zo ongeveer toen ik in Londen het vliegtuig in stapte. Toen we Helsinki naderden, keek ik naar de uitslagen van de Premier League. Fulham had gewonnen en zou niet degraderen. Daar was ik wel blij mee. Roy, de spelers en de club hadden het verdiend met hun keiharde werken. Persoonlijk raakte het me niet zo erg. Ik had er weinig deel aan gehad. Op zondag ging het leven door alsof ik nooit bij Fulham was geweest.

Voor ons gezinsleven was de Fulhamperiode zwaar geweest. Ly en ik hadden in de herfst onze tweede zoon, Bruno, gekregen. We hadden goed nagedacht en waren tot de slotsom gekomen dat het beter was als ik alleen naar Londen zou gaan, zodat ik me kon concentreren op het voetbal. Ik heb wel naar een geschikte woning voor ons gezocht, in de buurt van de club. Dat lukte niet tijdens de eerste drie maanden van mijn verblijf. De eerste maanden stond ik helemaal achter ons besluit, maar in maart-april heb ik, door de veranderde situatie, verschillende keren overwogen om terug te gaan naar huis. Ik voelde me een slechte echtgenoot en vader. Met Ly heb ik het er een keer over gehad, maar we spraken af dat ik in Engeland zou blijven tot het einde van het seizoen. Als sportman zou ik een eerdere terugkeer hebben ervaren als een nederlaag.

12

Het nationale elftal

Al heel jong had ik iets met het Finse elftal. Toen ik werd geboren, was mijn vader op trainingskamp met het nationale elftal. Hij heeft aan het begin van de jaren '70 een aantal interlands gespeeld. Mijn eerste voetbal was door hem meegebracht na een trip met het Finse elftal naar Denemarken en we gebruikten thuis een paar oude interlandshirts als trainingsshirt.

Van jongs af aan hoorde ik allerlei verhalen over voetbal en over het nationale elftal. Toen Michael Laudrup doorbrak naar de wereldtop bijvoorbeeld, vertelde mijn vader dat Michaels vader Finn nog tegen ons land had gespeeld.

We gingen ook vaak naar interlands in het Olympisch Stadion van Helsinki. Tot mijn eerste herinneringen behoren overwinningen van Finland op Hongarije en Griekenland in 1978. Atik Ismail scoorde en maakte een salto om dat te vieren. Dat was geweldig. Atik was in die tijd een van de beste Finse aanvallers. Hij deed speciale dingen. Dingen die je bijbleven. En hij had ook nog zweetbandjes om zijn polsen.

Ook Jyrki Nieminen herinner ik me goed. Hij zou later mijn trainer worden bij HJK in 1991. Dan was er nog Pertti Jantunen. Hij had nog met mijn vader gevoetbald en speelde met mij samen bij Reipas van 1987 tot 1989. Het was prachtig om samen te spelen met een van de voorbeelden uit mijn jeugd.

Op een gegeven moment kreeg ik belangstelling voor onze bewaarde krantenknipsels en statistieken. Daaruit bleek dat mijn vader vijf interlands had gespeeld en dat hij veel wedstrijden had gemist vanwege blessures. Hij heeft bijvoorbeeld drie keer zijn rechterenkel gebroken. De rechterenkel is blijkbaar een zwak punt in onze familie...

Door de talrijke verhalen en onze bezoeken aan het Olympisch Stadion ging ik me afvragen hoe het zou zijn om ooit in het shirt van Finland te voetballen. Ik stelde me voor hoe fantastisch het zou zijn om als speler door de tunnel tussen de noordtribune en het veld te lopen.

Toen ik een jaar of dertien-veertien was, was het nationale elftal niet meer alleen een droom. Het was een concreet doel geworden. Voor dat doel wilde ik hard werken. Ik zette een duidelijke route uit die me voerde langs diverse jeugdelftallen om daarna stap voor stap het nationale elftal te bereiken.

Toen ik op mijn achttiende mijn eerste interland speelde op Trinidad en Tobago, gaf me dat natuurlijk een ongelooflijk gevoel, ook al speelde ik alleen het laatste kwartier mee. We wonnen ook nog! Ismo Luis maakte het enige doelpunt van de wedstrijd. Ik wist toen dat voetballen in het nationale elftal van Finland het mooiste was wat een Finse voetballer kon bereiken. Het was een buitengewone ervaring.

Op die trip speelden we slechts één interland en een wedstrijd tegen een clubelftal. Toen Trinidad en Tobago van ons had verloren, stelden ze voor om nog een keer tegen ons te voetballen. Hoewel we die tweede wedstrijd verloren, keerde ik heel blij terug naar huis. Ik was op mijn achttiende aan mijn interlandcarrière begonnen en had nog een extra wedstrijd gespeeld ook. Bij Trinidad speelde trouwens een jonge voetballer met de naam Dwight Yorke.

Mijn selectie voor het Finse elftal is een mooie afspiegeling van mijn carrière. Sommige trainers zagen meer in me dan andere.

Een jaar eerder, in 1988, had ik goed gepresteerd in het Finse elftal onder de zeventien. Daarom mocht ik door naar het elftal onder eenentwintig. In 1989 speelde ik echter geen enkele keer in dat elftal. Er mochten destijds twee spelers meedoen die ouder waren. De gewoonte was dat de bondscoach eerst zijn groep samenstelde en dat de trainer van het elftal onder eenentwintig uit de overgebleven geselecteerde voetballers twee spelers koos om zijn elftal te versterken. Onze trainer, Raimo Toivanen, koos heel vaak voor Mika Aaltonen, wiens buitenlandse carrière een beetje in het slop zat waardoor hij bij zijn club weinig speelde. Waarschijnlijk werd hij mede daarom niet ingezet in het A-elftal.

Zowel Aaltonen als Toivanen kwam uit Turku. Ze kenden elkaar goed en de trainer wist dus wat hij in huis haalde. Aaltonen speelde vooral op mijn positie als aanvallende middenvelder. Ik zat dus op de bank. Ik kan de keuze van Toivanen prima begrijpen. Aaltonen was een goede voetballer en ik was met mijn achttien jaar de jongste van de ploeg en ik zou nog kansen genoeg krijgen.

Daarom was het een verrassing dat Jukka Vakkila in de herfst te kennen gaf dat hij me naar de A-selectie wilde halen. Ik stond niet eens in de basis bij het elftal onder eenentwintig! Naast mij koos hij van de jongeren alleen voor Jarmo Saastamoinen. Die was aanvoerder bij de jongeren en had in elke wedstrijd in de basis gestaan. Hij was in 1988 ook tot beste voetballer onder eenentwintig gekozen.

Ik weet nog dat ik heel verbaasd was over de keuze van Vakkila. Op basis waarvan nam hij deze beslissing? De een was de belangrijkste speler uit het jongerenelftal, de ander een wisselspeler! Vakkila zei dat hij in mij de potentie zag om in de toekomst een vaste waarde te worden voor de A-selectie.

Daar waar Toivanen een oudere speler inzette op mijn positie, haalde Jukka Vakkila mij meteen naar de A-selectie. Daaraan kun je zien dat verschillende trainers heel verschillende opvattingen kunnen hebben. Achteraf gezien is dat wel een beetje vreemd.

Al jong in het Finse elftal

Al jong, in 1989, op achttienjarige leeftijd, werd Jari Litmanen geselecteerd voor het nationale elftal van Finland. Jukka Vakkila, die bondscoach was van 1988 tot 1992, besloot de jonge belofte op te nemen in zijn selectie, hoewel Litmanen amper speelde in het Finse elftal onder eenentwintig jaar.
Vakkila zag het grote talent van Litmanen. Hij had immers al op zijn zestiende gedebuteerd bij Reipas in de hoogste divisie en had een jaar later zijn eerste doelpunt laten aantekenen. 'Ik had hem natuurlijk gevolgd. Jari liet zien dat hij het spel heel goed wist te lezen. Je zag ook dat hij een enorme drive had en alles wilde geven,' vertelt Vakkila.
'Voor het nationale elftal selecteer je doorgaans de beste voetballers; niet de nummers twee,' lacht Vakkila. Hij herinnert zich dat de jonge Litmanen bescheiden, maar blakend van zelfvertrouwen op de eerste training verscheen: 'Hij was heel beleefd, maar toen hij zijn voetbalschoenen aanhad, vertrok hij helemaal naar zijn eigen wereld.'
Litmanen debuteerde op 22 oktober 1989 in het nationale elftal in een vriendschappelijke interland tegen Trinidad en Tobago. Het moment staat in het geheugen van Vakkila gegrift: 'Het bracht nogal wat teweeg dat Dwight Yorke, die bij Manchester United had gevoetbald, daar speelde. Dat was echt een topspeler! Jari kwam als wisselspeler in het veld en deed een halfuurtje mee,' weet Vakkila nog.
Vakkila's levendigste herinnering aan Litmanen dateert van april 1992, toen Finland in en tegen Brazilië speelde. Volgens hem begonnen de mensen in elk geval na die wedstrijd te beseffen wat een uitzonderlijke voetballer Litmanen was: 'In Brazilië bewees hij het onge-

lijk van degenen die nog twijfelden of hij goed genoeg was voor een internationale carrière. Na die wedstrijd vroegen alle Braziliaanse journalisten en toeschouwers zich af wie die man was.'
De kwaliteiten van Litmanen werden inderdaad opgemerkt in die interland. In dezelfde zomer maakte hij zijn transfer naar Ajax. Daarmee begon zijn leven als beroepsvoetballer pas echt.

In feite is het in mijn carrière heel vaak zo gelopen. Er waren trainers die het in me zagen zitten, en er waren trainers die voor andere spelers kozen. Bij Ajax koos Louis van Gaal bijvoorbeeld voor mij in plaats van voor Dan Petersen. Bij Liverpool werden juist andere spelers gekozen.

Een jaar na mijn eerste interland werd ik in Finland gekozen tot Voetballer van het Jaar. Dat zal voorlopig wel de laatste keer zijn geweest dat een voetballer uit de Finse competitie die eer te beurt viel. Het vertrouwen van Jukka Vakkila was goed voor mijn zelfvertrouwen en gaf mijn carrière een flinke boost.

In 1990 brak ik echt door in het Finse elftal en dat bracht nieuwe mogelijkheden met zich mee. Er kwamen concrete aanbiedingen uit het buitenland. In de herfst van 1990, bijvoorbeeld, probeerde Roy Hodgson me naar Xamax Neuchâtel te halen. Hoewel ik een positieve indruk kreeg van de club en de trainer, koos ik er toch voor om in Finland te blijven en in militaire dienst te gaan. Achteraf bekeken was die diensttijd heel nuttig. Daardoor vertrok ik niet naar Zwitserland. Later heeft Roy me diverse keren gezegd dat het een goed besluit was. Uiteindelijk was Ajax bijna zeker een betere eerste buitenlandse club voor me dan Xamax.

In de jaren 1990 tot 1992 werd ik steeds meer een vaste waarde in het Finse elftal. Ik trainde en speelde bij Finse clubs uit de hoogst divisie, maar de kers op de taart waren de wedstrijden met het Finse elftal.

Destijds bestond het Finse elftal al voor een deel uit jongens die in het buitenland voetbalden. Zij gaven mij de overtuiging dat ik ook in het buitenland terecht zou moeten kunnen als profvoetballer.

Ik wilde dolgraag bij het nationale elftal horen en in grote stadions spelen. Ik mocht meedoen met de beste voetballers van Finland tegen tegenstanders die al EK's en WK's hadden gespeeld. In interlandwedstrijden kon ik zien hoe het voetbal er buiten de Finse grenzen uitzag, en daarvan wilde ik voortdurend meer proeven.

Toen ik zelf eindelijk naar het buitenland ging, hoorde ik aanvankelijk niet bij de basisspelers van Ajax. Voor het eerst keek ik van buitenaf naar het Finse voetbal. Ik zag de verschillen tussen de Finse en de Nederlandse wedstrijden en manier van trainen. Het nationale elftal fungeerde als een soort schakel tussen die twee. Ajax gaf me ook een andere kijk op het internationale voetbal. Diverse medespelers hadden net een EK achter de rug. Ik wilde met het Finse elftal ook eens een eindronde meemaken.

Een paar jaar later stonden we met Ajax aan de top van Europa en de wereld. We speelden belangrijke wedstrijden en wonnen prijzen. We reisden veel; dat was zwaar maar ook interessant. Steeds vaker werd me gevraagd waarom ik interlands bleef spelen met het Finse elftal. We zouden toch nooit echt succes hebben. Ik snapte hun standpunt wel. In Nederland zijn ze gewend aan successen, zowel met het nationale elftal als op clubniveau. Dat was in Finland wel anders. Maar ik kreeg alleen maar meer zin in die interlands. Ik wilde laten zien dat wij ook een eindronde zouden kunnen bereiken.

Voor mijn carrière als clubvoetballer zou het waarschijnlijk verstandig zijn geweest om af en toe een interland te laten schieten. Er waren vaak wedstrijden en alles bij elkaar kostte het veel energie. Op een bepaalde manier waren interlands ook geestelijk zwaar. Bij Ajax voetbalde ik met geweldige medespelers in een prachtig elftal en we hadden succes. Bij het Finse elftal was het in de jaren '90, ondanks al onze inspanningen, meer een strijd om het bestaan.

Het hoogtepunt vond plaats op een avond in oktober 1997. In een wedstrijd tegen Hongarije, in het Olympisch Stadion van Helsinki, kwam alles bij elkaar wat we tot dan toe hadden gedaan. We hadden alles gegeven. Als we de laatste kwalificatiewedstrijd wonnen, zouden we een play-offwedstrijd voor het WK mogen spelen. We bereidden ons dus heel goed voor. Dit was onze kans. Totdat alles weer instortte.

Als topsporter ben ik altijd bereid om toe te geven dat een tegenstander beter is en de overwinning verdient. De wedstrijd tegen Hongarije was in die zin ongelooflijk, dat de tegenstander niet in staat was om tegen ons te scoren en dat we dat toen zelf maar deden – en hoe... Achteraf gezien hadden we heel veel pech in die wedstrijd, maar we hebben ook veel verkeerde keuzes gemaakt.

Op de maandag voor de wedstrijd begon de voorbereiding. We zaten in het sportcentrum Eerikkilä, waar we over een sauna beschikten. Ik stelde de jongens voor om na de sauna te gaan zwemmen. De anderen wilden dat niet. Bij de steiger was het water immers nagenoeg bevroren!

Ik wierp tegen dat een Fin toch niet bang is voor een beetje kou! We zwemmen tenslotte ook in wakken. De anderen gingen toch niet mee zodat ik heel eigenwijs in het ijskoude water ging zwemmen. Als gevolg daarvan had ik de volgende dag 38 graden koorts. Ook op woensdag en donderdag lag ik met koorts op mijn hotelkamer. De anderen trainden in die tijd twee keer per dag. Ik vroeg me meermaals af hoe ik zo stom had kunnen zijn om in dat ijskoude water te gaan zwemmen.

Nummers zeven ruilen shirtjes – Bebeto en Litmanen

De eenentwintigjarige Jari Litmanen zette begin april 1992 zijn naam op de kaart van Zuid-Amerika toen Finland heel verdienstelijk speelde in een oefeninterland tegen Brazilië.
'Finland leidde met 1-0 door een goal van Jari Vanhala, maar het had eigenlijk al 3-0 moeten staan. Er waren genoeg goede kansen,' herinnert zich de fotograaf Juha Tamminen, die de wedstrijd op beeld vastlegde.
Ruim 10 minuten voor tijd was de stand 1-1, maar toen keurde de scheidsrechter een glaszuiver buitenspeldoelpunt goed en daarna viel nog een doelpunt voor de thuisploeg.
'Litmanen had waarschijnlijk de pest in, want hij miste een paar dotten van kansen. Toch was hij over het geheel genomen de koning van het veld, en dat werd in de plaatselijke kranten ook goed gememoreerd,' vertelt Tamminen. 'Destijds mochten de Finse spelers hun shirt alleen ruilen bij een overwinning, anders moesten ze dat zelf betalen. Bebeto wilde het Finse shirt met nummer 7 – ik weet niet of Jari later heeft moeten dokken...'
Bebeto, die in 1994 wereldkampioen zou worden, speelde met shirt nummer 7, net als Litmanen. Dat nummer wordt geassocieerd met de Braziliaanse legende Garrincha.
Iets anders dan een overwinning tegen het nietige Finland zou een blamage zijn geweest voor de Brazilianen, zeker ook omdat de grote ster, de zevenendertigjarige Júnior, terugkeerde in het elftal.
'Júnior was een ontzettend leuke kerel. Ik zat op de terugreis in hetzelfde vliegtuig als de Braziliaanse ploeg en hij vroeg me heel beleefd om foto's voor in het familiealbum,' herinnert Tamminen zich.
In het shirt van Brazilië debuteerde ook een achttienjarige nieuweling met de naam Roberto Carlos, later vooral bekend van Real Madrid en het WK van 2002.

Juha Tamminen was destijds vaak in Zuid-Amerika en hij fungeerde als een soort reisgids voor de Finse ploeg. Hij stond de ploeg al op te wachten op het vliegveld.
'Op de ochtend van de wedstrijd nam ik een plaatselijke krant mee naar het ontbijt. Er stond een artikeltje over Litmanen in. Jari griste meteen die krant mee; ik heb een andere moeten kopen,' zegt Tamminen glimlachend.
Er waren toen nog geen vaste internationale speeldagen. Daardoor kon Finland als sparringpartner voor de Zuid-Amerikaanse reus fungeren. De vliegreis duurde, inclusief een paar keer overstappen, zo'n dertig uur en de wedstrijd vond plaats in Cuiabá, een van de heetste plaatsen in Brazilië.
'Tijdens de wedstrijd was het meer dan 30 graden en de teamarts had de spelers gemaand om te drinken wanneer ze maar konden. Op een gegeven moment maakte de scheidsrechter daar zelfs een opmerking over.'
Tamminen heeft een stukje van de tv-uitzending op YouTube gezet. Een grappig detail is de fout gespelde naam van de doelpuntenmaker Van Hala. Dat heeft Tamminen zelf waarschijnlijk op zijn geweten: 'De plaatselijke media kregen de opstelling van mij. Ik typte in het hotel de namen van de spelers op een vel papier en maakte een kopietje voor de media. In het stadion was geen kopieerapparaat, en ik wilde niet alle namen met de hand nogmaals moeten opschrijven. De naam Vanhala schreef ik als Van Hala omdat die anders zou worden uitgesproken als Vanjala. Zo belandde de naam ook als Van Hala bij de televisie.'
Na die wedstrijd hebben Brazilië en Finland nooit meer tegen elkaar gevoetbald.

Op vrijdag was de koorts gezakt en ik deed in mijn eentje een lichte looptraining. Ik voelde me nog vrij slecht. Toen de trainer me op zaterdagochtend vroeg hoe het ging, zei ik dat ik fit genoeg was om te spelen. Ik werd in de basis gezet.

In de eerste helft keek ik veel vaker op de stadionklok dan ik ooit eerder had gedaan. Normaal keek ik alleen op kritieke momenten of vlak voor het eind van een wedstrijd. Deze keer keek ik elke vijf minuten. Dat kwam natuurlijk doordat ik me helemaal niet fit voelde. Normaal gesproken dacht ik na over tactiek en over hoe ik moest lopen voor een zo vloeiend mogelijk aanvalsspel. Nu moest ik vooral nadenken over wat ik fysiek gesproken voor elkaar kon krijgen. Diverse keren moest ik het spel laten lopen omdat ik gewoon de energie niet had om in te grijpen.

De eerste helft was alleen maar afzien. In de rust kon ik bijkomen en daarna was ik een ander mens. Na ruim een uur scoorde Antti Sumiala vanuit een hoekschop. Ik was er absoluut zeker van dat we de overwinning binnen zouden slepen. Ook ik had een kans om te scoren.

Tegen het eind van de wedstrijd schoot Mixu Paatelainen via een tegenstander over het doel. Toch gaf de scheidsrechter een doeltrap. Hoewel Mixu over een prima linkerbeen beschikte, had hij nooit op die manier kunnen schieten zonder tussenkomst van die verdediger. De scheidsrechters waren vermoedelijk de enigen in het hele stadion die niet zagen dat het overduidelijk een hoekschop had moeten zijn. Ik protesteerde bij de scheidsrechter en kreeg daarvoor een gele kaart.

De doeltrap belandde in de buurt van de middencirkel. De bal raakte mijn hand doordat ik uitgleed. Dat resulteerde in een vrije trap op ongeveer veertig meter van het doel. Een Hongaarse speler probeerde van die afstand in één keer op doel te schieten. De bal ging via onze muur over de achterlijn; er volgde een hoekschop.

Wat er na die hoekschop gebeurde, kan ik nog steeds niet helemaal helder krijgen. In elk geval werd het 1-1.

Het gevoel dat ik direct na die gelijkmaker kreeg, staat in mijn geheugen gegrift. Ik voelde de zweetdruppels over mijn hoofd stromen en op het veld vallen. Tot op dat moment had ik daar helemaal niets van gemerkt. Binnen een paar seconden keerde de wereld zich ondersteboven.

Na de wedstrijd waren alle spelers verzonken in hun eigen gedachten. Niemand zei iets. Ik moest naar de dopingtest. Ik was net naar de wc geweest, dus ik was niet in staat om iets te produceren. Het zou nog wel een paar uur kunnen duren en ik had geen zin om te praten met de dopingarts of de clubarts.

Toen het eindelijk gelukt was, verlieten we het lege stadion. Behalve mij waren er twee artsen en de conciërge. Die deed de lichten uit en de deuren op slot. Er was nergens iemand te zien. Het leek onwerkelijk. Was hier net een wedstrijd geweest? Ook mijn gedachten voelden onwerkelijk. Hoe was het mogelijk dat we alles in eigen hand hadden en een paar seconden later helemaal niets meer?

Ik ging naar de nazit van de bond en de sponsoren. Daar gingen veel mensen al weg en niemand wist iets te zeggen. Het eten was koud en bijna op.

Aan die wedstrijd en de week ervoor hield ik nog heel lang een vervelend gevoel over. Ik stelde mezelf de vraag waarom ik in godsnaam zo nodig in dat ijskoude water moest gaan zwemmen. Het gelijkspel tegen Hongarije en het feit dat we ons niet kwalificeerden, is een van de grootste teleurstellingen uit mijn carrière geweest, en absoluut de grootste voor wat betreft het nationale elftal. Er is geen wedstrijd waar ik vaker aan terugdenk.

Achtbaan

Als ik terugkijk op mijn interlandloopbaan, kan ik verschillende fasen onderscheiden. In de eerste jaren bracht het Finse elftal me heel veel. De interlands hielpen me vooruit als voetballer. Later, in de jaren '90, toen ik bij Ajax voetbalde, bracht ik ook offers voor het nationale elftal, maar nooit met tegenzin. Integendeel, ik wilde altijd mijn land vertegenwoordigen en het Finse voetbal vooruithelpen.

In de periode bij Barcelona en Liverpool werd het Finse elftal op een andere manier weer belangrijk voor me. Ik was fit maar toch speelde ik weinig bij mijn clubs. Voor mij werden de interlands toen een belangrijk doel. Daardoor kon ik de motivatie opbrengen om dagelijks te blijven trainen.

Hoewel ik bij de clubs weinig speeltijd kreeg, moest ik mijn conditie op peil houden om met het nationale elftal te kunnen voetballen. Ik moest goed spelen in die interlands en laten zien dat ik belangrijk kon zijn voor het elftal. Het was de enige manier om te laten zien dat ik geselecteerd moest blijven worden.

Na de eeuwwisseling begon ik me ook te realiseren dat de jaren verstreken. Hoewel ik niet het gevoel had dat ik ouder werd, begonnen jongens die na mij in het Finse elftal terecht waren gekomen, de dertig te naderen. Op een gegeven moment moest ik toegeven dat voor mij de kans om met het nationale elftal een eindronde te bereiken niet erg groot meer was.

Ik ging er ook met mijn clubkeuze rekening mee houden of ik competitiewedstrijden met het Finse elftal kon combineren. Er was belangstelling geweest uit de VS en Australië. Daar ging ik niet op in want zoiets was niet te combineren met het nationale elftal.

Uiteindelijk zou een eindronde altijd een droom blijven. Hoewel de basis van het elftal goed was, hadden we niet over de hele breedte genoeg kwaliteit om de eerste of tweede plaats in een kwalificatieronde te halen. Er waren ook altijd geblesseerden, waardoor we zelden op volledige sterkte konden aantreden. Zelf was ik er natuurlijk ook een oorzaak van dat er gaten in onze basisopstelling vielen bij belangrijke wedstrijden, maar ook anderen kenden vervelende blessures.

Tegen onze belangrijkste tegenstanders in kwalificatiewedstrijden konden we die afwezigen onvoldoende compenseren. In afzonderlijke wedstrijden konden we het elke ploeg moeilijk maken, maar over een reeks van wedstrijden was onze selectie te smal. We hadden eigenlijk in elke wedstrijd onze beste mensen nodig in hun beste vorm. Naast blessures waren er soms ook schorsingen of spelers die met lastige omstandigheden te maken hadden bij hun club.

Ik kon in de jaren '90 vaak van de partij zijn bij kwalificatiewedstrijden, maar in deze eeuw moest ik vaker verstek laten gaan. Mijn eerste interland speelde ik in 1989 en mijn laatste in 2010. Mijn interlandcarrière duurde dus eenentwintig jaar. Ik speelde 137 wedstrijden in het Finse elftal. Gemiddeld is dat dus 6,5 wedstrijden per jaar. Een normaal gemiddelde is acht tot twaalf. Zonder mijn talrijke blessures zou ik dus wel 170 of meer interlands hebben gespeeld.

In de jaren '90 was het elftal nog niet klaar om de betere landen uit te dagen. We waren gewoon nog niet goed genoeg voor het hoogste niveau. Richard Møller Nielsen liet ons presteren op de toppen van ons kunnen. Daardoor behaalden we tussen 1996 en 1999 goede resultaten. Toch hadden we veel voetballers die in de Finse competitie speelden of bij een kleinere club in het buitenland. Toekomstige basisspelers zoals Sami Hyypiä en Joonas Kolkka speelden destijds bijvoorbeeld voor Willem II. In het eerste jaar van Møller Nielsen speelde Antti Niemi nog in Denemarken voordat hij in 1997 naar Glasgow Rangers ging. Daar ging in datzelfde jaar ook Jonatan Johansson heen. Hij was zijn carrière begonnen bij TPS en Flora Tallinn.

Aan het begin van de eenentwintigste eeuw veranderde de situatie. Hyypiä was een vaste waarde bij Liverpool. Niemi en Johansson speelden eerst in Glasgow en daarna in de Premier League. Kolkka maakte de overstap naar PSV in Eindhoven en vandaar naar Griekenland, Duitsland en de Premier League. Mika Nurmela speelde voor Heerenveen. Rond de eeuwwisseling ging Teemu Tainio naar het Franse Auxerre. Ook diverse andere spelers vonden hun weg naar de grotere Europese competities. Op het beste moment hadden we drie doelmannen in de Premier League: Niemi, Jääskeläinen en Enckelman. Diverse Finse internationals voetbalden in de Champions League. Dat was ook op het veld te zien.

Dat de situatie veranderde, had een aantal duidelijke oorzaken. Ten eerste had het Bosman-arrest in 1996 ervoor gezorgd dat Finse voetballers vrij over de Europese velden konden gaan zwerven. De buitenlanderregel vormde niet langer een belemmering. Ook op andere vlakken kreeg het Finse voetbal een steuntje in de rug. Met Møller Nielsen als trainer kwam het elftal meer in de belangstelling te staan. Ook het feit dat we ons in 1998 bijna plaatsten voor de eindronde van het WK speelde mee. Daarnaast haalde HJK de voorronden van de Champions League in 1998. Ten slotte bezorgden mijn verrichtingen bij Ajax het Finse voetbal ook krediet.

Als je mijn loopbaan in het Finse elftal uit de beginjaren van deze eeuw vergelijkt met die aan het begin van de jaren '90, is er duidelijk verschil. Het niveau was een stuk hoger, maar ook de omgeving was veranderd. Tijdens mijn eerste kwalificatiewedstrijden voor het EK zaten we in een groep met regerend Europees kampioen Nederland, Portugal, Griekenland en Malta. Slechts één land ging door naar de eindronden in 1992. In 2016 gingen de twee sterkste landen door en de nummer drie had nog een kans via een play-offwedstrijd. Dat was een heel ander uitgangspunt.

Aan het begin van mijn carrière, in de jaren '80, probeerden voetballers het voetbal te combineren met een baan of een studie. Werktijden probeerde men aan te passen aan trainingen en wedstrijden. In sommige steden werden passende banen gecreëerd voor topspelers.

Tot in de jaren '80 betekende in het buitenland voetballen een bestaan als semiprof in Zweden. Daar werden halve banen gecreëerd voor naast het voetbal. In de tweede helft van de jaren '80 werden de eerste tekenen van verandering zichtbaar. Petri Tiainen zat bij Ajax op de bank tijdens de finale van de Europacup voor Bekerwinnaars.

In datzelfde jaar won Jallu Rantanen met Göteborg de UEFA Cupfinale. Ook hij kreeg geen speeltijd in de finale maar was wel clubtopscorer in de UEFA Cup-wedstrijden. Dergelijke signalen gaven andere Finse voetballers hoop. De Europese velden bleken ook voor Finnen haalbaar.

Als kind bestond mijn beeld van het voetbal uit het concrete voorbeeld van mijn vader. Hij ging elke ochtend naar de fabriek. Hij trainde 's avonds en speelde op zondag een wedstrijd. De gedachte om met voetbal geld te kunnen verdienen, was nooit in me opgekomen. Mijn vader betaalde de rekeningen met wat hij in de fabriek verdiende.

Zelf keek ik in 1990 en 1991 rond bij verschillende profclubs op diverse niveaus. Op die reisjes gingen mijn ogen natuurlijk open. De mooiste trip was die naar Barcelona.

In die tijd kreeg degene die door de krant *Ilta-sanomat* tot Voetballer van het Jaar was uitgeroepen een reis van een week naar Barcelona. In 1989 had ik gewonnen, maar ik had geen kans gezien om de prijs te verzilveren. Toen ik in 1990 weer winnaar werd, mocht ik daarom twee weken naar Barcelona. De eerste week zou ik vakantie houden en in de tweede week gaan trainen.

Voorheen waren deze trips een soort vakantiereisjes geweest. Deze keer had Jukka Vakkila, de trainer van het Finse elftal, de assistent-trainer van Barcelona gebeld, Tonny Bruins Slot. Of de negentienjarige Finse Voetballer van het Jaar misschien mee mocht komen trainen. Mij werd gezegd dat ik mijn voetbalschoenen mee moest nemen. Ik mocht toen meetrainen met het eerste elftal van Barcelona. Een paar maanden daarvoor trainde ik nog in het sportpark van Lahti, bij Reipas. Dat was wel even iets anders!

Ik ontmoette Johan Cruijff, Michael Laudrup, Hristo Stoitškov, Ronald Koeman en allerlei voetballers uit het Spaanse elftal die ik alleen van de televisie kende, zoals mijn toekomstige teamgenoot Pep Guardiola en de latere technisch directeuren van Barcelona Zubizarreta en Beguiristain. Toen ik net in Barcelona was, belde Cruijff naar

'Af en toe snurkte Litmanen, ik moest met een kussen gooien'

Bij het Finse elftal was Joonas Kolkka heel lang Litmanens kamergenoot. Het tweetal uit Lahti kon het heel goed samen vinden.
'We kenden elkaar al heel lang, dus het was allemaal heel gewoon. Jari was rustig. Iedereen heeft zijn eigen manier om zich voor te bereiden op een wedstrijd. Daar is weinig schokkends aan. Aan het begin waren we nog geen kamergenoten, maar toen er andere spelers kwamen, werden nieuwe koppels gevormd. Dat wordt meestal van tevoren geregeld, maar als je met iemand de kamer wilt delen, kun je wel ruilen,' vertelt Kolkka.
Hoewel Litmanen de grootste voetballer is uit de Finse geschiedenis, merkte je daar volgens Kolkka niets van. De 'koning' had er geen probleem mee om met een jongere teamgenoot op de kamer te slapen. 'Misschien dat iemand dat soms te spannend zou vinden, maar niet op basis van Jari's gedrag. Daaraan kon je zeker niet merken dat hij een ster was, ondanks zijn naar Finse begrippen geweldige status. Een nieuweling kon de eerste dagen wel flink onder de indruk zijn,' aldus Kolkka.
Iedereen bereidt zich voor op zijn eigen manier: 'De een gaat wandelen, een ander koffiedrinken, de derde een beetje hardlopen, misschien 's ochtends wat rekoefeningen en dan een wedstrijdbespreking met zijn allen. Jari ging altijd koffiedrinken, en omdat ik geen koffie drink, ging ik niet mee,' herinnert Kolkka zich.
Ze waren geen van beiden vroege vogels: 'We sliepen allebei altijd totdat de wekker ging. We zijn geen van beiden ochtendmensen, maar 's avonds konden we wel wakker blijven. Soms snurkte Litmanen zo hard dat ik een kussen naar hem moest gooien. Van mij heeft nooit iemand beweerd dat ik snurk,' aldus Kolkka.
Ook Tommi Kautonen en Sami Hyypiä zijn kamergenoten van Litmanen geweest.

mijn hotel: 'Hello, this is Johan Cruijff, trainer of Barcelona, how are you?' Aan zoiets was ik niet gewend, en ik werd een beetje stil. Ik wist iets uit te brengen als: 'Ja, ik weet wie u bent...'

'Heb je een goede reis gehad?' ging Cruijff verder.

'Ja, dat ging prima...'

'Morgen gaan we trainen, ben je er klaar voor?' vroeg Cruijff.

'Ja, ik ben klaar...'

'Assistent-trainer Tonny Bruins Slot kan je wel komen ophalen bij het hotel, oké?' stelde Cruijff voor.

'Ja, graag...'

Ik trainde ongeveer een week bij Barça en kreeg te zien hoe profvoetbal in optima forma eruitziet. Blijkbaar ging het goed, want Cruijff zei dat ik talent had en dat ik door moest gaan met hard werken. Ik zou nog wel een gelegenheid krijgen om verder te komen.

Ik was opgegroeid in een wereld waarin topvoetbal niet voor ons Finnen was weggelegd. Dergelijke reisjes waren natuurlijk heel bijzonder.

Møller Nielsen en Hodgson

Op veel deelgebieden van het voetbal werd in de jaren '90 in Finland vooruitgang geboekt. Trainingsomstandigheden verbeterden, trainers werden beter opgeleid en de motivatie van de spelers groeide. Voor jonge voetballers werd het heel normaal om aan een toekomst als beroepsvoetballer te denken. Vooral in de jaren na het Bosman-arrest was het geen verre droom meer om naar het buitenland te gaan, maar een realistische mogelijkheid.

Rond de eeuwwisseling waren er meer voetballers die op een hoger niveau fungeerden. Ze hadden zich kunnen ontwikkelen in het buitenland en brachten hun kennis mee naar het Finse elftal. Ze speelden wekelijks tegen betere tegenstanders, en dat was voor ons nationale elftal heel gunstig.

Richard Møller Nielsen werd op het juiste moment bondscoach. We hadden veel jonge talentvolle voetballers zoals Hyypiä, Kolkka en Sumiala. Møller Nielsen had de moed om bijvoorbeeld de jonge Jonatan Johansson en Juha Reini naar het eerste elftal te halen. Beiden vertrokken kort daarna naar buitenlandse profclubs. Hij beschikte ook over contacten die een aantal spelers verder konden brengen.

Ook de ervaren en professionele coach Roy Hodgson was belangrijk voor het Finse elftal. Al kreeg ook zowel Hodgson als Møller Nielsen van buitenstaanders de nodige kritiek te verduren over de manier waarop zij het elftal lieten spelen. Hun tactiek zou te verdedigend zijn. Het was niet leuk om naar te kijken.

Beide trainers kwamen uit het buitenland en konden met een frisse blik naar de situatie kijken. Ze analyseerden het niveau van onze voetballers en dat van onze tegenstanders en dachten na over wat er zou moeten gebeuren om resultaat te boeken en een voorronde te bereiken. Ze namen in grote lijnen dezelfde beslissingen.

Ze vonden allebei dat we niet goed genoeg waren om de tactiek te baseren op balbezit en een aanvallende stijl. Verdedigen met veel mensen en counteren paste het beste bij ons. Als we goed naar Finse sporters kijken, in allerlei takken van sport, liggen we op individueel niveau vaak achter bij de top op het gebied van techniek en creativiteit. Dan moet je dus niet de nadruk leggen op de kwaliteit van individuen, maar op het collectief.

Veel Finnen hebben een andere mening, maar het is een feit dat we onder hun leiding het dichtst bij een eindronde zijn gekomen.

Ook met andere bondscoaches zijn goede resultaten geboekt maar ook voor hen was die drempel te hoog. Toch moeten we niet vergeten dat tijdens de eerste kwalificatie onder Antti Muuri zowel Duitsland als Engeland in onze groep zat. Ook al speelden we goede wedstrijden, het was heel moeilijk om met zulke landen de concurrentie aan te gaan. We speelden vier wedstrijden tegen die landen en haalden drie keer een gelijkspel. Een overwinning was nog te veel gevraagd, hoewel we kansen kregen, zeker in de thuiswedstrijden.

Toen Møller Nielsen in 1996 bondscoach werd, was men in Finland aanvankelijk een beetje terughoudend. Maar de spelers waardeerden hem en stonden open voor zijn denkbeelden. Hij had oog voor de jongere spelers. Hij introduceerde een op verdedigen gebaseerde stijl. Het leek verstandig om de ideeën van Møller Nielsen te accepteren. Hij kon immers bogen op goede resultaten. Degene die Denemarken in 1992 naar het Europees kampioenschap had geleid, had vast wel iets zinnigs te melden.

Het Finse elftal bood Møller Nielsen een goede basis om aan een nieuw project te bouwen. Langzamerhand kwamen er resultaten, hoewel het spel niet altijd aantrekkelijk was. Møller Nielsen zei af en toe zelf: 'Jari, ik zou ook wel willen dat het Finse elftal speelt zoals Brazilië, maar er doet geen enkele Braziliaan mee!' Ik moest toegeven dat Richard gelijk had. In het Finse elftal spelen uitsluitend Finnen.

Dat geeft heel aardig zijn opvattingen over voetbal weer. Hij hield van mooi voetbal, maar de ploeg die hij trainde was niet geschikt voor zo'n spelopvatting. Hij wilde zijn werk zo goed mogelijk doen en resultaat boeken. Daarop moest hij zijn beslissingen baseren. Finland kon niet op balbezit spelen en een aanvallende stijl hanteren. Daarom moest het spel vanaf de andere kant worden benaderd; vanuit de verdediging dus.

Toen Hodgson later bondscoach werd, hadden we verschillende ervaren voetballers in het elftal. Die waren er in de tijd van Møller Nielsen aan gewend geraakt om verdedigend te denken. Hodgson had eerder te maken gehad met counterploegen. Hij had bijvoorbeeld twee keer Zwitserland naar een eindronde weten te brengen.

Vóór Hodgsons tijd hadden we ook onder Antti Muuri veel goede wedstrijden gespeeld. Toen aanvallend spel ons niet naar een eindronde bracht, wilden we het wel met verdedigend voetbal proberen.

In Muurinens tijd waren veel basisspelers op hun hoogtepunt. Diverse jongens speelden een belangrijke rol in grote competities. Muurinens sterke kant was dat hij goed kon omgaan met de ploeg. Hij veranderde weinig aan het goed lopende elftal.

Muurinen was een goede trainer voor de ervaren voetballers. Hij gaf hun verantwoordelijkheid. De sfeer was ontspannen en de spelers hielden van zijn manier van trainen. Geen ingewikkelde tactieken maar een strak en duidelijk plan. Zijn opstellingen waren ook duidelijk. Zelf ben ik natuurlijk blij dat ik in de basis stond, ondanks de problemen bij Barcelona en Liverpool.

Hodgson kreeg een heel andere ploeg tot zijn beschikking dan Møller Nielsen. De spelers hadden nu veel meer ervaring. We hadden een team waarvan je resultaten mocht verwachten. We speelden goede kwalificatieronden, maar in beslissende wedstrijden bereikten we niet meer dan een gelijkspel en we haalden net het eindtoernooi niet.

Toen Møller Nielsen trainer werd, kende ik hem nog niet. Ik keek met interesse uit naar de nieuwe hoofdtrainer die EK-goud had gewonnen in 1992. Al heel snel werd duidelijk dat Richard een fijne persoonlijkheid bezat. Iedereen hield van hem, zowel de spelers als de mensen eromheen.

Zijn tactiek was heel anders dan ik in die tijd gewend was bij Ajax. Finland speelde eigenlijk vanuit precies de tegenovergestelde gedachte dan Ajax. Daar was het voetbal gebaseerd op balbezit en op de kwaliteit van de spelers. Bij Ajax schiepen we veel kansen en scoorden we vaak.

Møller Nielsen praatte veel met me en vroeg steeds naar mijn mening. Zijn tactische keuzes legde hij aan me uit. Hij haalde veel voorbeelden aan uit Denemarken en uit ons elftal. We begrepen en waardeerden elkaar. We hadden hetzelfde doel: Finland naar een eindronde brengen. Ik accepteerde zijn realisme. We hadden inderdaad geen Braziliaanse voetballers.

Bij Hodgson waren de uitgangspunten wat mij persoonlijk betreft anders. We hadden elkaar voor het eerst ontmoet op de training bij Malmö in 1988.

Hodgsons eerste uitinterland in Saoedi-Arabië was tevens mijn honderdste interland. We hadden beiden afzonderlijk van elkaar een lange reis gemaakt toen we elkaar eindelijk, na diverse pogingen, weer tegenkwamen. Door ons wederzijds vertrouwen en respect verliep onze samenwerking direct goed.

We hadden allebei elkaars carrière gevolgd, maar we hadden elkaar zeker tien jaar niet meer gezien toen ik hem in 2001 of 2002 weer tegenkwam in Liverpool op Anfield Road. Hij zou me in 2004 nog vragen om naar Viking Stavanger te komen, waar hij toen trainer was. Op dat moment had ik net een contract afgesloten met Malmö FF. Het was grappig dat we elkaar juist daar in 1988 voor het eerst hadden ontmoet.

Kort daarna bleek dat Finland op zoek moest naar een nieuwe bondscoach. Ik sprak erover met de voetbalbond en moest toen aan Hodgson denken. Ik gaf te kennen dat ik hem als een goede kandidaat beschouwde.

Van het een kwam het ander en op een gegeven moment ging ik er met Roy over praten. Hij had geprobeerd om me naar een van zijn clubs te halen, maar dat was niet gelukt. Misschien zouden we eindelijk toch kunnen samenwerken als hij trainer van het Finse elftal werd. Na een paar gesprekken met mensen van de bond kreeg Roy toen een contract aangeboden.

Ik had meegetraind bij clubs van Hodgson, ik kende zijn stijl dus. Ik wist wat voor man hij was. We kregen een ervaren internationale proftrainer bij het nationale elftal.

Ik keek uit naar de samenwerking met Hodgson omdat daar in het verleden al zo vaak sprake van was geweest. We konden meteen goed met elkaar opschieten. Ik was aanvoerder en we praatten veel met elkaar.

Recordhouder van het Finse elftal

Begin 2006 speelde Jari twee jubileuminterlands op rij. Op 25 januari maakte hij de 100 interlands vol in een wedstrijd tegen Zuid-Korea die werd gespeeld in Saoedi-Arabië. In de wedstrijd tegen Wit-Rusland op 1 maart bereikte hij het aantal van 101. Dat betekende een verbetering van het record van Ari Hjelm. Bij deze wedstrijd, die op Cyprus werd gespeeld, waren slechts 120 toeschouwers.
Al op 27 maart 2002 werd Jari topscorer van het Finse elftal. Hij maakte twee treffers in de geweldige, met 4-1 gewonnen wedstrijd tegen Portugal, waardoor hij het aantal van eenentwintig bereikte. Het oude record van twintig doelpunten stond ook op naam van Ari Hjelm.
Tot nu toe hebben slechts vier Finse voetballers de honderd interlands gehaald: Jari Litmanen (137), Sami Hyypiä (105), Jonatan Johansson (105) en Ari Hjelm (100).

Belangrijke momenten met het Finse elftal

Eerste A-interland:
22-10-1989 Port of Spain:
Trinidad en Tobago-Finland 0-1.

Honderdste A-interland:
25-01-2006 Riad:
Finland-Zuid-Korea 0-1.

Laatste A-interland (honderdzevenendertigste):
17-11-2010 Helsinki:
Finland-San Marino 8-0.

Eerste interlanddoelpunt:
16-05-1991 Helsinki:
Finland-Malta 2-0 (achtentachtigste minuut, Litmanen 2-0).

Laatste interlanddoelpunt (tweeëndertigste):
17-11-2010 Helsinki: Finland-San Marino 8-0 (eenenzeventigste minuut, Litmanen 6-0).

Hodgson had een hekel aan verliezen. Zijn filosofie als trainer was er niet op gebaseerd hoe we konden winnen, maar hoe we een nederlaag konden voorkomen. Roy maakte van tevoren een berekening waarin hij uitrekende hoeveel punten we in een aantal wedstrijden zouden moeten binnenslepen. In onze thuiswedstrijd tegen Portugal, bijvoorbeeld, werd een tegenstander uit het veld gestuurd. In plaats van dat we vol op de aanval gingen spelen, ging Hodgson voor consolidatie. Hij had van tevoren berekend dat vier punten uit die twee wedstrijden een uitstekende prestatie was. Daarom was het niet verstandig om risico's te nemen. Het was beter om volgens plan die punten binnen te halen.

Zowel met Hodgson als met Møller Nielsen kon ik uitstekend overweg. Møller Nielsen was een leuke vent. Je kon merken dat hij uit een noordelijk land kwam. Roy was als Brit een tikkeltje gereserveerder. Hij kwam uit een arbeidersmilieu en was gewend om zijn doel te bereiken met hard werken.

De periode-Baxter

Stuart Baxter werd bondscoach van Finland aan het begin van 2008. Ik speelde mee in zijn eerste interland, begin februari op Cyprus. Griekenland was onze tegenstander en we verloren met 2-1. Ik was aanvoerder en scoorde onze enige goal.

Met Baxter praatte ik over mijn inzetbaarheid in het nationale elftal. Aangezien ik bijna zevenendertig was en een historie had met veel blessures, kon ik geen beslissingen nemen voor de langere termijn. Ik had net een contract tot mei afgesloten met Fulham en daarna zou ik verder kijken. Hij vroeg hoe ik dacht over de kwalificatiereeks die in het najaar zou beginnen. Daar kon ik weinig over zeggen. Eerst maar eens zien hoe het bij Fulham zou lopen.

Baxter vertelde me dat hij van plan was om het elftal te verjongen. Toch wilde hij mij selecteren voor de volgende interland tegen Bulgarije, begin maart.

Ik ging terug naar Fulham. Daar had ik eerst dat gedoe met mijn inlegzolen en daarna hartritmestoornissen. Net voor de wedstrijd tegen Bulgarije was ik weer fit. Ik maakte daar ons enige doelpunt, maar we verloren weer met 2-1. In april kwam Baxter op bezoek bij Fulham en informeerde of ik over het nationale elftal had nagedacht. Ik had geen wedstrijd gespeeld en wist helemaal niet hoe de toekomst eruitzag. Ik concentreerde me op de trainingen en ik was bereid om Finland te helpen overeind te blijven als ze me nodig hadden. Op dat moment kon ik niet verder vooruitdenken. Ik zei dat ik het na de zomer opnieuw zou bekijken.

Begin juni was de wedstrijd tegen Wit-Rusland in Turku. Er werd gefluisterd dat dat wel eens mijn laatste interland zou kunnen zijn. Zelf had ik het daar niet over gehad, maar zo werd de situatie uitgelegd. Ik begon aan de wedstrijd en ergens in de tweede helft werd ik gewisseld. Baxter zei me dat hij me er voor de zekerheid uit haalde; hij wilde niet dat ik in een verlenging terecht zou komen. En er moest sowieso vers bloed in het elftal komen.

Het nationale elftal zat duidelijk in een overgangsfase. Baxter moest jongere spelers gaan inpassen en ik kon onmogelijk zeggen welke kant het met mij op ging. Op dat moment had ik geen club. In juli ging ik echter trainen bij FC Lahti en besloot ik om daar het seizoen af te maken.

‘Hij raakte de bal steeds maar één of twee keer’

Olli Huttunen was bondscoach voor één wedstrijd. Het ging om een kwalificatiewedstrijd in 2010 tegen San Marino. Het was de laatste interland van Jari Litmanen. Het maakte de cirkel rond, want Huttunen was doelman geweest tijdens Litmanens eerste interland tegen Trinidad en Tobago in 1989.

‘Niemand wist dat het Jari’s laatste interland zou worden. Hij begon op de bank, maar de eerste helft verliep helemaal niet volgens plan. Er werd te veel met lange halen naar voren gespeeld, er werd te veel gelopen met de bal en de bal kwam veel te vaak bij de drie centrale verdedigers van San Marino terecht. Daarom besloten we al snel dat Jari in de tweede helft van start zou gaan,’ herinnert Huttunen zich.

Finland leidde na de eerste helft met 1-0, maar dat veranderde de plannen van de trainers niet: ‘Jari kwam na de rust in het veld. Hij raakte de bal steeds maar één of twee keer, vond openingen in de defensie en wist de bal achter de verdediging te krijgen. In die tweede helft scoorden we zeven keer. Jari was betrokken bij minstens zes van die doelpunten,’ vertelt Huttunen.

De wedstrijd eindigde in een 8-0-overwinning voor Finland. Na de wedstrijd bleef Litmanen ongebruikelijk lang in de buurt van de tribune met de Finse aanhang: ‘Tot op de dag van vandaag weet ik niet of Jari wist dat dit zijn laatste interland was geweest. In elk geval hing er na de wedstrijd een nostalgische sfeer. Als je de beelden van die wedstrijd bekijkt, zie je dat hij geëmotioneerd is. Uit het applaus van de supporters sprak ook zoveel affectie dat hij in elk geval enig vermoeden moet hebben gehad,’ denkt Huttunen.

Toen Baxter me een paar keer had zien voetballen, vertelde hij dat hij me nog altijd als een van de belangrijkste spelers beschouwde. Hij wilde me bij de groep halen. In oefenwedstrijden zou ik geen hele wedstrijden spelen. Ik kon in de basis staan, maar ik zou ook op de bank kunnen beginnen zodat hij jongere voetballers mee kon laten doen.

Baxter maakte heel duidelijk dat hij oudere spelers erbij wilde houden om het proces van verjonging te ondersteunen. Hij dacht dat jonge voetballers veel van de ervaren krachten konden leren tijdens trainingen en oefenwedstrijden. Zo zouden ze er tegelijkertijd aan kunnen wennen om met mij samen te voetballen. Hij benadrukte dat hij tijdens kwalificatiewedstrijden de beste spelers van dat moment zou opstellen. Leeftijd speelde dan geen rol. Als ik naar Baxters mening een van de betere spelers was, zou ik in het veld staan. Ik vond zijn manier van denken logisch en fair. Eerlijke concurrentie hoort nu eenmaal bij topvoetbal. Als een jongere speler beter was, verdiende hij een plek.

Aan het begin van de kwalificatie bleef ik aan de kant vanwege griep. Ik had al langere tijd lichte koorts en ik had geen kracht. Als ik 's ochtends wakker werd, had ik net de energie om koffie te zetten en dan moest ik alweer uitrusten. Ik had gespeeld en getraind tijdens mijn griep en daardoor bleef ik langer ziek. Zodoende was ik niet beschikbaar voor de eerste kwalificatiewedstrijd. Die vond plaats in september in het Olympisch Stadion. We speelden daar met 3-3 gelijk tegen Duitsland.

Tot aan het eind van de herfst werd ik niet echt fit. Ik moest Ili Mäkelä, de trainer van FC Lahti, vertellen dat ik de rest van het seizoen niet in de basis zou kunnen staan. We moesten op resultaat spelen en ik was hooguit voor het laatste halfuur van een wedstrijd inzetbaar.

In de laatste competitiewedstrijd, tegen HJK, stuurde Ili me al meteen na rust het veld in. Door de winst in die wedstrijd haalden we de eerste bronzen medaille in de geschiedenis van de club. Dat was een prachtig resultaat aan het eind van een rotjaar. In het voorjaar bij

Fulham speelde ik helemaal niet en ook de herfst bij FC Lahti was vol problemen geweest.

Mijn terugkeer in Lahti was zo mooi begonnen. In de eerste wedstrijd, in het skistadion van Lahti, wonnen we met 8-1 van KuPS. Ik scoorde en was betrokken bij diverse doelpunten. De volgende wedstrijd ging om de koppositie, uit tegen FC Inter. We speelden om het kampioenschap voor achtduizend man publiek. Ik speelde de tweede helft, maar helaas verloren we met 1-0. Ik verspeelde een goede kans op een doelpunt. FC Inter had een goede Finse spelersgroep en werd uiteindelijk kampioen onder leiding van de Nederlander Job Dragtsma.

In de nacht na de wedstrijd tegen FC Inter voelde ik me grieperig. Drie dagen na die wedstrijd was er een oefeninterland in Tampere tegen Israël. Ik had griep maar ik had me voorgenomen om te spelen als de eerste competitiewedstrijden goed verliepen en als Baxter me wilde opstellen. Ik zegde dus niet af.

In die interland speelde ik het laatste kwartier mee en gaf de assist voor Johanssons 2-0. Twee dagen later speelden we met FC Lahti thuis tegen Tampere United. Het was een heel belangrijke wedstrijd met betrekking tot onze medaillekansen, vooral omdat we net een wedstrijd hadden verloren. Hoewel ik nog steeds grieperig was, wilde ik ook deze wedstrijd niet missen.

Ik kwam erin als wisselspeler en maakte ons eerste doelpunt uit een strafschop. De wedstrijd eindigde in 2-2. Daarna bleef ik een paar weken aan de kant. Ik kon niet trainen of spelen. Ik moest een aantal wedstrijden laten schieten.

De play-offs begonnen zonder mij, en het elftal speelde goed. Ik was net op tijd hersteld voor de volgende interland in oktober. Baxter selecteerde me voor de wedstrijden tegen Azerbeidzjan en Rusland. In beide wedstrijden deed ik tegen het einde mee. We wonnen in Helsinki van Azerbeidzjan, maar van de Russen verloren we in Moskou. Aan het eind van het seizoen stond een oefeninterland in Zwitserland op het programma. Daarin speelde ik een halfuurtje.

Aanvoerder van het Finse elftal

De eerste keer dat Jari aanvoerder was van het nationale elftal, was op 29 mei 1996 in een wedstrijd tegen Frankrijk in Straatsburg. Hij nam de aanvoerdersband over van Ari Hjelm, die de honderd caps had volgemaakt op 16 maart 1996 in een wedstrijd tegen Koeweit. Jari was aanvoerder in 72 A-interlands. De laatste was de uitwedstrijd tegen Polen op 29 mei 2010. Na Jari werd Sami Hyypiä aanvoerder. Uiteindelijk speelde Jari één wedstrijd meer in het Finse elftal dan Sami. Sami speelde zijn laatste interland tegen Hongarije op 12 oktober 2010, Jari tegen San Marino op 17 november 2010.

Over het geheel was het een moeilijk jaar geweest. Ik had gezondheidsproblemen en bij Fulham verliep het niet naar wens. Bij het nationale elftal was een nieuwe trainer een nieuw elftal aan het opbouwen. Ik moest goed nadenken wat ik nu verder moest.

Tegen Baxter zei ik dat ik in januari zou gaan trainen bij FC Lahti. Als alles goed ging, bleef ik voetballen en zou ik beschikbaar zijn voor het Finse elftal. Dat was alles wat ik kon beloven en voor Baxter was dat genoeg.

In het seizoen 2009 voetbalde ik voor FC Lahti en het nationale elftal. Hetzelfde geldt voor 2010. In 2009 waren er topwedstrijden bij, bijvoorbeeld de wedstrijd Duitsland-Finland, die in 1-1 eindigde. Daarin maakte Duitsland, zoals zo vaak, in de laatste minuten gelijk. In 2010 begonnen we de kwalificatiereeks slecht door te verliezen van Moldavië, Nederland en Hongarije. Baxter kon vertrekken.

In Finland wilden veel mensen toen graag een Finse bondscoach. Ook leefde de wens om het elftal flink te verjongen. Ik had mezelf tijdens de afgelopen seizoenen in goede conditie weten te krijgen, maar ik had nog niet besloten of ik door zou gaan.

Tijdens de laatste kwalificatiewedstrijd van 2010 tegen San Marino fungeerde Olli Huttunen, 'de beste bondscoach aller tijden', als trainer. Ik speelde de tweede helft en we wonnen met 8-0. Op dat moment wist ik dat niet, maar het bleek mijn laatste interland te zijn geweest.

Het einde van een interlandcarrière

Begin 2011 werd Markku Kanerva tijdelijk bondscoach. In januari informeerde hij naar mijn plannen. Ik vertelde hem dat ik bij FC Lahti ging trainen en rustig wilde kijken hoe het ging. Ik kon niets met zekerheid zeggen.

Begin februari was een oefeninterland gepland in en tegen België. Kanerva meldde dat hij mij niet selecteerde omdat hij jongere spelers ervaring wilde laten opdoen. Dat was op zichzelf een duidelijk verhaal. Als tijdelijke bondscoach wilde hij nieuwe spelers testen voor zijn opvolger. Hij had ook een andere keuze kunnen maken, zoals Baxter had gedaan. Die had juist ervaren spelers gebruikt om jonge voetballers te steunen. Kanerva had andere ideeën. Dat is best. Ook in maart was ik er niet bij toen het elftal tegen Portugal speelde.

Ik besloot om door te gaan en maakte in de zomer de overstap naar HJK. Mixu Paatelainen werd benoemd tot nieuwe bondscoach. Ook hij vroeg me hoe het ging. Hij gaf te kennen dat hij wilde dat ik weer naar het nationale elftal kwam. Hij had de wedstrijd tegen San Marino bekeken en vond dat ik geweldig was ingevallen in de tweede helft. Hij was van mening dat ik een heel groot aandeel had gehad in de ruime overwinning. Hij vond dat ik veel invloed had op hoe de groep speelde. Ik zei dat het fijn was om te horen.

Voordat ik een definitieve beslissing nam, dacht ik: de afgelopen jaren heb ik vaker zulke gesprekken gehad. Met Baxter en Kanerva had ik gesproken over mijn positie in het Finse elftal. Ook Hodgson was met me komen praten bij Fulham. Ik dacht ook aan mijn tijd bij Liverpool.

‘Over alles werd nagedacht’

Jari Litmanen speelde heel veel wedstrijden voor het nationale elftal en deed dat over een zeer lange periode. De laatste wedstrijd was in november 2010, thuis tegen San-Marino, de eerste vond al plaats in 1989 en ging tegen Trinidad en Tobago.
Die wedstrijd was voor de tegenstander van belang omdat deze kort daarna een beslissende kwalificatiewedstrijd voor het WK van 1990 zou spelen. Bij winst daarin zou Trinidad en Tobago de eindronden bereiken.
‘Volle bak, de tribunes volledig rood gekleurd. We wonnen met 1-0 en Litmanen maakte zijn debuut. Ze wilden toen, omdat ze hadden verloren, nog een wedstrijd spelen,’ herinnert Lennart Wangel, jarenlang bondsvoorzitter, zich: ‘Hij maakte toen al indruk. Hij was tenger maar wel de baas over de bal. Hij viel op in positief opzicht,’ aldus Wangel.
Litmanen kon moeiteloos meekomen: ‘Jari is altijd heel positief geweest en had geen last van schroom,’ zegt Wangel.
Litmanens laatste interland herinnert Wangel zich nog goed: toen liet hij heel duidelijk zien dat een leider en vaderfiguur de teugels in handen kan nemen en het elftal op sleeptouw nemen. In de rust stond Finland met 1-0 voor, maar de einduitslag was 8-0.
‘Wat een verschil toen hij na de rust mee ging doen! Het deed echt denken aan de uitoverwinning tegen Turkije uit de tijd van Møller Nielsen. Hij is zo belangrijk voor ons geweest... Net als bij Ajax kon hij dat beetje extra brengen waardoor openingen in de verdediging van de tegenstander ontstonden. Door zijn eigen doen en laten leerde hij iedereen om professioneler te worden. Als er vliegtickets voor hem moesten worden besteld, dacht hij er altijd over na of het beter was om vroeg te vertrekken of juist laat. Hij vroeg zich bijvoorbeeld

af of het goed was om na een wedstrijd lang te slapen, een hersteltraining te doen en dan laat terug te vliegen. Van jongs af aan toonde hij een grote mate van doelgerichtheid. Hij dacht goed na over elke stap, training en voeding,' aldus Wangel.

Voor mij was Mixu een vertegenwoordiger van de Engelse school. Hij had daar jarenlang gevoetbald en was een poosje manager geweest in Schotland. Ik vroeg hem wat voor rol hij mij toedacht in het nationale elftal. Ik zei dat Baxter mij erbij had gehaald en me – in overleg – weinig liet spelen in oefenwedstrijden. Bij kwalificatiewedstrijden was ik wel volledig beschikbaar geweest. Dan werden de beste spelers opgesteld.

Mixu wilde eerst langer nadenken over mijn rol. Hij zou er later op terugkomen. Dat vond ik prima. Ik zou zeggen of ik weer mee wilde doen als ik meer wist over mijn eventuele rol.

Na een poosje belde Mixu weer. Hij vertelde me dat hij geen geschikte rol voor me wist te bedenken. Hij had me eigenlijk niets te bieden. Ik antwoordde dat de situatie dus duidelijk was. Als er voor mij geen duidelijke rol was, had het ook geen zin om mee te gaan naar een trainingskamp. Na zo'n twintig jaar in het nationale elftal weet men toch wel wat voor speler ik ben.

Over de situatie had ik op zichzelf niets te klagen. Als er geen rol voor me wordt gevonden, dan is dat gewoon zo. Ik vroeg me wel af waarom hij me bij de groep wilde hebben als er geen rol voor me was. Als een trainer me heeft zien spelen en gezien heeft dat ik een goede invloed heb op het elftal, zou je denken dat hij ook wel een rol voor me zou kunnen verzinnen.

Achteraf heb ik nagedacht over de jaren waarin ik een onverbrekelijke band had met het Finse elftal. Ik zag mezelf als kleine jongen met het oude interlandshirt van mijn vader en ik herinnerde me

Atik Ismail die een salto maakte in het Olympisch Stadion nadat hij had gescoord. Ik dacht aan mijn eerste interland tegen Trinidad en Tobago. Mijn jaren bij Ajax, waarin de andere Ajacieden vroegen wat het nationale elftal mij te bieden had. Enzovoort.

Na al die herinneringen eindigde het allemaal nogal abrupt. Ik had de eer om mijn interlandcarrière te besluiten tegen de nummer 208 van de wereldranglijst op een sombere novemberavond voor een paar duizend toeschouwers. Dit was nogal schraal na die twintig jaar die ik aan het Finse elftal had gegeven. Het voelde vreemd. Ze wilden me erbij hebben, maar ik kreeg geen rol toebedeeld. Moest ik als mascotte fungeren of zo? In die rol had ik aan het begin van de jaren '70 al ervaring opgedaan bij het vrouwenelftal van mijn moeder.

Als speler had ik samen met Mixu Paatelainen een gedeelde geschiedenis van twintig jaar bij het Finse elftal. Hij is een geweldige kerel en ik heb niets tegen hem. We kunnen goed met elkaar overweg. Ook met Rive Kanerva heb ik in verschillende interlands samen gespeeld. Ook wij kunnen goed door één deur.

Op een of andere manier is het eind van mijn interlandcarrière te vergelijken met het begin. Sommige trainers zien het met me zitten en andere niet. Raimo Toivanen vond me niet geschikt voor Finland onder 21, maar Jukka Vakkila stelde me op in het A-elftal. Stuart Baxter vond mij nuttig bij zijn verjongingsproject, maar Kanerva en Paatelainen vonden geen geschikte rol voor me. Daartussenin was ik een belangrijke speler onder diverse trainers. Na Vakkila kwamen Tommy Lindholm, Jupe Ikäläinen, Richard Møller Nielsen, Antti Muurinen, Roy Hodgson en Jyrki Heliskoski. En vergeet Olli Huttunen niet, met de sterkste statistieken aller tijden: louter overwinningen, 8 doelpunten voor en 0 tegen! Voor mij is hij ook speciaal omdat hij er al bij was tijdens mijn eerste A-interland in 1989, toen als doelman.

Tijdens mijn laatste interland waren er meer bekende gezichten uit de begintijd. Tegen Trinidad en Tobago waren ook assistent-trai-

'Wie is dat met die stekeltjes?'

Verzorger Gunnar Yliharju is bijna net zo iconisch voor het nationale elftal als Jari Litmanen. Hij herinnert zich nog dat hij voor het eerst op Litmanen stuitte in de grote hal van Lahti.
'De nationale jeugdteams bivakkeerden in die tijd in Vierumäki of in Pajulahti. Op weekdagen trainden ze om tien uur in Lahti, want daar stond de eerste sporthal met een volledig voetbalveld,' herinnert Yliharju zich. 'Aan de conciërge vroeg ik wie die jongen met die stekeltjes toch was. Hij was er echt altijd! Moet die niet naar school of zo? De conciërge zei dat hij Litmanen heette en dat zijn vader in het Finse elftal had gevoetbald.'
De systematische manier waarop de jongen trainde, maakte meteen indruk op Yliharju. Het leek wel alsof Litmanen zijn eigen trainer was. Alles wat hij deed, leek van tevoren gepland. 'Hij kwam op zijn veertiende in de internationaal spelende teams terecht. Jari was bescheiden en werkte heel hard.'
Yliharju was al verzorger in de tijd van Mane Litmanen. 'Ik heb vijf of zes keer bij het Finse elftal zowel de vader als de zoon meegemaakt. Behalve de Litmanens bijvoorbeeld ook Mixu Paatelainen en zijn vader Matti.'

ner en fysiotherapeut 'Gene' Keurulainen en elftalleider Lennart Wangel er al bij.

Onze verzorger Gunnar Yliharju is een geval apart. Hij was al aan het eind van de jaren '60 betrokken bij het Finse elftal. Toen ik ging spelen bij de Finse jeugdelftallen fungeerde niemand minder dan Gunnar als onze verzorger. Hij deed dat beurtelings met 'Monny' Kyntölä, die er ook heel lang werkte. Voor mij is Gunnar de legendarische verpersoonlijking van de verzorger.

Ik verwijt niemand iets ten aanzien van het einde van mijn interlandcarrière. Trainers nemen beslissingen, en als voetballer heb ik die altijd geaccepteerd. Baxter had ook al dezelfde afweging kunnen maken als Mixu. Hij had ook zonder mij de verjonging in gang kunnen zetten. Ook Mixu moest naar eigen inzicht handelen. Hij kon nu eenmaal geen rol voor me vinden.

Zo eindigde mijn loopbaan bij het Finse elftal min of meer zoals hij begon. In de herfst van 1989 had Vakkila me onverwachts geselecteerd voor het A-elftal, en het einde kwam al even plotseling in het voorjaar van 2011.

Geen eindronde

Ik heb tientallen kwalificaties meegemaakt en ik begon op mijn negentiende. Dat is vast een recordaantal interlands zonder een eindronde te spelen. Ik heb het dus wel geprobeerd.

In dezelfde periode waarin ik tientallen kwalificatiewedstrijden speelde zonder ooit een eindtoernooi te bereiken, speelde ik bij mijn club met voetballers die regelmatig op EK's en WK's speelden. Veel van hen zijn ook kampioen geworden of hoog geëindigd. Bij Ajax was Frank Rijkaard Europees kampioen en Márcio Santos wereldkampioen. Bij Barcelona voetbalde ik met allerlei toekomstige Europese en wereldkampioenen. Bij Liverpool was Marcus Babbel Europees kampioen en Bernard Diomède wereldkampioen.

Tijdens interlands kwam ik ook diverse clubgenoten tegen. Frank de Boer, bijvoorbeeld, maakte in 1991 zijn eerste interlanddoelpunt in het Olympisch Stadion van Helsinki, toen we met 1-1 gelijkspeelden tegen Nederland. Een speciale plek neemt natuurlijk de wedstrijd op Anfield Road tegen Engeland in. We speelden in mijn thuisstadion tegen diverse Liverpoolspelers.

In het Finse elftal heerste een sterke wil en overtuiging dat we een eindronde zouden kunnen bereiken. Maar onze middelen waren be-

'Van Jari heb ik geleerd om lastige vragen te ontwijken'

Sami Hyypiä was jarenlang naast Jari Litmanen een van de vaste waarden in het Finse elftal. Al begin jaren '90, toen ze elkaar leerden kennen bij MyPa, werden de twee kamergenoten bij uitwedstrijden. 'Jari is de prater van ons tweeën, met hem erbij vielen er nooit stiltes. Jari praatte en ik luisterde,' grinnikt Hyypiä. "s Nachts was het natuurlijk wel stil en blijkbaar had Jari geen last van mijn gesnurk. Hij sliep wel heel vaak met een slaapmasker op en oordopjes in.'
De betekenis die het tweetal jarenlang had voor het nationale elftal is genoegzaam bekend. In de publiciteit is Litmanen altijd enigszins terughoudend geweest. In werkelijkheid is hij een kleurrijke figuur in gezelschap. 'Hij is echt een grappenmaker. Er komt altijd wel weer een geintje bij me boven, maar ik kan dat hier niet zomaar vertellen,' zegt Hyypiä glimlachend.
Hyypiä vertelt ook dat hij geleerd heeft van Litmanens stijl bij interviews: 'Hij heeft het vermogen om lang te praten zonder echt een mening te geven. Van Jari heb ik echt geleerd om lastige vragen te ontwijken.'
Als voetballer heeft Hyypiä Litmanen heel hoog zitten. 'Jari Litmanen is jarenlang de centrale figuur geweest in de aanval van het Finse elftal. Op een gegeven moment was hij de speler die zorgde dat we wedstrijden konden winnen. Aan het begin van mijn interlandcarrière was ons spel meestal gebaseerd op verdedigen, maar juist daarom moesten de counters heel effectief zijn. En effectief was Jari,' aldus Hyypiä. 'Altijd als hij de bal kreeg, gebeurde er iets goeds. Jari zorgde dat het samenspel beter werd. Passes kwamen aan.'

Met of zonder Litmanen?

De mogelijkheid om te winnen hing jarenlang samen met de vraag of Jari Litmanen fit was of niet. Statistieken ondersteunen deze stelling. Jari speelde zijn eerste kwalificatiewedstrijd in 1991 tegen Portugal (0-0) en zijn laatste meer dan twintig jaar later tegen San Marino (8-0). Hij speelde in totaal zevenenzeventig kwalificatieduels voor een EK of WK. Het saldo voor wedstrijden waarin hij meespeelde staat op eenendertig keer winst, vijftien keer gelijkspel en eenendertig keer verlies, met een positief doelsaldo van 110-98. Finland haalde in die wedstrijden 46,7 procent van de mogelijke punten. In dezelfde periode speelde Finland drieëntwintig keer een kwalificatiewedstrijd zonder Jari: zes keer winst, zeven keer gelijkspel en tien keer verlies, doelsaldo 25-34. Het puntenpercentage in die wedstrijden was 36,2 procent.
In kwalificatiewedstrijden zonder Jari wist Finland van 1990 tot 2010 alleen te winnen van Azerbeidzjan, Armenië en Kazachstan; en van België in de beroemde adelaarswedstrijd in het Olympisch Stadion op 6 juni 2007.

perkt. Na de eeuwwisseling waren we op ons best, maar het was net niet goed genoeg.

We konden voortdurend wedijveren met sterkere voetballanden, maar mijn eigen carrière stopte voortijdig. Er was wel ontwikkeling. Terwijl Duitsland en Engeland in de jaren '80 nog konden doen wat ze wilden met Finland, speelden we in de kwalificatie voor het EK van 2002 in drie van de vier wedstrijden tegen hen gelijk. Toch was ook de 1-1 in 1985 in ons Olympisch Stadion tegen Engeland een geweldige prestatie.

Hoewel het resultaat er in mijn tijd niet is gekomen, ben ik ervan overtuigd dat het nog komt. Tijdens mijn twintig jaar durende loopbaan hebben veel ontwikkelingen plaatsgevonden, en ik zie niet in waarom die ontwikkelingen nu zouden stoppen. De omgeving van spelers is de laatste jaren enorm veranderd vergeleken bij die van begin jaren '90. De trainingsomstandigheden zijn veel beter, er is meer kennis en jonge spelers hebben meer voorbeelden waaraan ze zich kunnen optrekken. Ik denk dat voetballers het nationale elftal nog altijd belangrijk vinden. Het is een erekwestie, maar interlands helpen een speler ook bij zijn carrière. In het Finse elftal kunnen ze de grote wedstrijden spelen waar ze zo naar verlangen.

Iedereen wil ook beslist doordringen tot de eindronde van een EK of WK. Iedereen heeft die toernooien gevolgd op televisie en ervan gedroomd om er een keer aan mee te doen. Een speler van nu heeft ook meer mogelijkheden om een eindronde te halen.

Hoewel het feit dat ik een Fin ben me niet erg heeft geholpen in mijn loopbaan, heb ik het shirt van ons nationale elftal altijd met trots gedragen. Het Finse elftal heeft al zo lang ik me kan herinneren een plaatsje in mijn hart.

Zoals verzorger Gunnar Yliharju altijd riep voordat we het veld op liepen: Hup Finland!

13

Lahti-Helsinki-Tallinn

Toen ik in 2004 terugkeerde naar Lahti, na mijn tweede Ajaxperiode, wilde ik een korte time-out nemen. Ik had twaalf jaar gevoetbald bij drie verschillende topclubs in drie verschillende topcompetities, in drie verschillende culturen. Ik was drieëndertig en wilde een stapje terug doen om mijn situatie eens rustig te bekijken. Door mijn leeftijd en blessuregeschiedenis waren topclubs niet langer geïnteresseerd in mij. Daarna zou ik overigens nog wel naar Rostock, Malmö en Fulham gaan.

In de zomer van 2008 was de situatie anders. Na mijn ervaring bij Fulham wilde ik tijd hebben voor mijn gezin. Toch wilde ik wel blijven voetballen. FC Lahti leek opnieuw een geschikte omgeving. Ik kende er mensen en wist wat ik er kon verwachten.

We woonden toen nog in Helsinki, maar we kochten een huis in Tallinn, de hoofdstad van Estland. Daar wilden we op een gegeven moment naartoe verhuizen. We hadden daar geen haast mee want we wisten niet precies hoe het met mijn loopbaan zou gaan.

In 2009 en 2010 reisde ik heen en weer tussen Tallinn, Helsinki en Lahti. Volgens mij hebben maar weinig voetballers in de Finse competitie gespeeld terwijl ze feitelijk in het buitenland woonden. Achteraf bekeken was het eigenlijk ook nogal vreemd. Ik reisde twee uur met de snelboot van Tallinn naar Helsinki en daarvandaan anderhalf uur per auto naar de training en wedstrijden in Lahti.

De rest van het gezin woonde toen nog voornamelijk in onze woning in Helsinki. Dat was onze vaste basis geweest toen ik in het buitenland speelde. Soms reisde ik een paar dagen tussen Helsinki en Lahti heen en weer om daarna weer een paar dagen in Estland te zijn. Soms nam ik een van de jongens mee naar Tallinn. We gingen dan naar een park of een speelplaats. Als hij sliep in de buggy, kon ik daar een beetje trainen. Dan gingen we weer terug naar Helsinki en Lahti. In de zomermaanden waren we in Helsinki of in ons zomerhuisje in Lahti. Dat maakte het leven natuurlijk wel makkelijker. Na het seizoen woonden we dan een paar maanden onafgebroken in Tallinn.

Het was allemaal niet zo goed voor ons gezinsleven, maar mijn toekomst lag nog open en we namen de beslissingen per jaar. Daarom verhuisden we ook nog niet voorgoed naar Tallinn. We wisten niet of we een jaar later weer totaal ergens anders heen zouden gaan.

Wonen in drie steden in twee landen was natuurlijk verre van ideaal. Voetballer is een raar beroep en mijn gezin moest zich aanpassen aan een onregelmatig bestaan. De positieve kant van deze regeling was dat mijn gezin hoofdzakelijk halverwege Tallinn en Lahti zat. Dat voortdurende gereis kostte natuurlijk wel heel veel tijd.

Als iemand in die tijd vroeg waar ik woonde, vroeg ik om even geduld, zodat ik het kon uitleggen. Ik eindigde altijd met de mededeling dat ik niemand zoiets zou aanraden.

Strakke planning

Toen ik weer terugkeerde bij Lahti, was ik al op een leeftijd waarop je niet meer traint en speelt zoals de jongere voetballers. Rust en herstel werden steeds belangrijker. Voor Ilkka Mäkelä, de trainer van FC Lahti, was dat heel duidelijk. Hij had zelf als veertigjarige nog in de Finse competitie gevoetbald.

Ik was de oudste speler bij FC Lahti en ik had ongeveer evenveel tijd nodig om in conditie te komen als alle anderen bij elkaar. Daarnaast was ik de enige die vaak vier uur nodig had om naar de training of naar een wedstrijd te komen. Ik was ook de enige international in de groep. Als er een interland was, had de rest vrij, terwijl ik trainde, voetbalde en reisde met het Finse elftal. Dat maakte het er niet lichter op.

Vanaf het begin was duidelijk dat ik er niet elke wedstrijd of elke training bij zou zijn. Het was allemaal nogal ingewikkeld, zeker in aanmerking genomen dat het hier eigenlijk om mijn hobby ging. Behalve voor mij was het ook zwaar voor mijn gezin.

Het eerste seizoen bij FC Lahti – voor mij duurde dat een maand of drie – was heel fijn, en we werden derde. Het was de eerste ereplaats in de geschiedenis van de club. Ik kwam er in augustus bij en speelde in zes competitiewedstrijden. Het volgende seizoen was minder. We speelden goede Europese wedstrijden, maar in de competitie zakten we naar beneden. Ik deed mee in de helft van de competitiewedstrijden, dat was ook de bedoeling geweest. In alle zes de Europese wedstrijden speelde ik de volle negentig minuten. Na zo'n wedstrijd moest ik steeds de volgende competitiewedstrijd overslaan.

Toen brak het seizoen 2010 aan. Dat verliep voor ons heel ongelukkig. Er waren veel blessures en alles leek tegen te zitten. De bal raakte voortdurend paal of lat en goals werden afgekeurd wegens twijfelachtig buitenspel en meer van die dingen. We hadden twee centrale verdedigers, Haara en Moilanen, die het hele seizoen niet hebben gespeeld. Ze raakten allebei geblesseerd in een wedstrijd tegen HJK in augustus 2009. Toen wisten we dat nog niet, maar voor beiden zou het hun laatste competitiewedstrijd zijn. Zowel Haara als Moilanen was een belangrijke speler in het elftal. Toen ook nog hun vervanger Toni Huuhka vlak voor de eerste competitiewedstrijd geblesseerd raakte, moest een totaal nieuwe verdediging worden opgesteld.

Toch hadden we een prima elftal voor de Finse competitie. Vooral aan het eind van het seizoen, toen een paar spelers terugkwamen uit het buitenland, liep het goed. Als we vanaf het begin met dat elftal hadden kunnen spelen, had de ranglijst er anders uitgezien. Ondanks het goede eind degradeerden we. Het was ook voor mij een zwaar seizoen. Naast al het reizen en mijn interlandverplichtingen speelde ik eenentwintig competitiewedstrijden. De degradatie was een enorme teleurstelling.

Het begon toen ook duidelijk te worden dat mijn ingewikkelde reisschema na twee jaar niet langer houdbaar was. Als gezin konden we dat niet meer bolwerken. De degradatie van FC Lahti was de druppel die de emmer deed overlopen. Ik zou niet meer zulke reizen ondernemen voor wedstrijden op een lager niveau. In de herfst van 2010 speelde ik bovendien nog in het Finse elftal, en daarvoor werden geen voetballers uit de tweede divisie geselecteerd. Het was niet de bedoeling om mijn interlandcarrière vaarwel te zeggen. In het voorjaar van 2011 zouden andere mensen daarover gaan beslissen, maar dat wist ik op dat moment nog niet.

Motivatie

Toen de competitie was afgelopen, in oktober 2010, had ik nog drie weken om zelf te trainen voor de laatste EK-kwalificatiewedstrijd met het Finse elftal. Hoewel ik een rotgevoel had overgehouden aan de degradatie van FC Lahti, motiveerde het me ook om te trainen voor het nationale elftal en het seizoen positiever af te sluiten.

De wedstrijd tegen San Marino verliep vrij goed, en dat zorgde voor een pleister op de wonde. Toen ik na een aantal weken vakantie weer begon met trainen, voelde dat heel natuurlijk. Toen ik in december nog steeds lekker aan het trainen was, was dat voor mij een teken dat ik nog langer door kon gaan met voetballen. De vraag was hoe fit ik in de winter en het voorjaar zou zijn.

In de winter kwam ik als vanzelf bij HJK Helsinki terecht. Sportief gezien was het nogal een verschil om in de tweede divisie te voetballen, maar door in Helsinki te voetballen, zou ik veel meer tijd hebben voor mijn gezin. Het was makkelijk om bij de club binnen te komen want ik kende er mensen in het elftal en in de organisatie. Trainer Antti Muurinen kende ik nog van het Finse elftal.

Bij HJK kon ik me beter concentreren op de training en de wedstrijden doordat ik niet meer zoveel hoefde te reizen. In plaats van Tallinn-Helsinki-Lahti werd het alleen nog Tallinn-Helsinki.

In Finland waren FC Lahti en HJK eigenlijk de enige opties. We hadden in beide steden een huis. Mijn gezin woonde voornamelijk in Helsinki en mijn achtergrond lag in Lahti. Andere Finse clubs kwamen daarom niet in aanmerking. Als FC Lahti er niet was geweest, zou ik meteen voor HJK hebben gekozen. Toen Lahti wegviel, was het dus duidelijk.

In januari 2011 trainde ik nog een poosje bij FC Lahti, maar in februari gaf ik aan dat ik zou vertrekken. Natuurlijk had ik al eerder aangegeven dat ik hoogstwaarschijnlijk weg zou gaan. Mijn mededeling kwam dus niet als een verrassing. In het voorjaar kwam ik tot de conclusie dat HJK mijn beste optie was.

In Lahti had ik altijd geweten waar ik aan toe was, maar dat gold ook voor HJK. Hoewel het al twintig jaar geleden was dat ik voor de club had gespeeld, had ik de afgelopen jaren wel vaker tégen ze gevoetbald. Er waren natuurlijk dingen veranderd maar toch kende ik er nog veel mensen. Olli-Pekka Lyytikäinen was nog altijd de leidende figuur en ik herinnerde me de kaarttrucs van voorzitter Peltoniemi ook nog goed. Technisch directeur Tuomo Saarnio kende ik nog van het Finse elftal.

Begin maart vertrok ik met HJK naar een trainingskamp in Spanje. Zowel de club als ik zou eerlijk bekijken hoe het ging. Zij konden zien hoe het met mijn conditie was en ik kon de club van binnenuit bekijken. In Spanje bleek dat ik goed in het elftal paste. De conclusie was dat ik lid van de club werd. We hielden er vanaf het begin rekening mee dat ik zowel in Tallinn als in Helsinki woonde en net 40 was geworden. Mijn trainingen en wedstrijden weken af van die van de andere spelers.

Het seizoen startte begin mei. Ik was erbij, maar ik was niet helemaal fit. Ik had al een tijdje last van mijn linkerknie en kon niet voluit gaan. Uiteindelijk werd ik half juni aan die knie geopereerd.

Vier weken later kon ik weer met de groep meetrainen. Tijdens de tweede training liep ik echter een hersenschudding op, waardoor ik weer een week aan de kant stond. Na mijn herstel speelde ik een paar wedstrijden mee, maar ik kreeg het wedstrijdritme niet echt te pakken. Begin augustus bereidden we ons voor op de tweede voorronde voor de Champions League tegen Zagreb. Op de laatste training kreeg ik een bal tegen mijn hoofd. De diagnose luidde weer een hersenschudding. Dat betekende opnieuw een week rust.

Een echte terugkeer op het veld en een normaal ritme lieten dus steeds langer op zich wachten. Ik bereidde me erop voor dat ik hooguit aan het eind van het seizoen als wisselspeler zou worden ingezet.

Uiteindelijk speelde ik mee in achttien van de drieëndertig competitiewedstrijden en ik won voor de tweede keer in mijn leven de dubbel. De eerste keer was bij Ajax geweest in 1998. Kampioen van Finland werd ik voor de eerste keer.

Na het seizoen hield ik gewoon vakantie en daarna ging ik weer individueel trainen. Alles voelde goed. Op Oudejaarsdag deed ik mijn laatste looptraining van het jaar in Tallinn. Halverwege kreeg ik opeens een stekende pijn in mijn rechterknie. Die was weer op slot geschoten. Ik liet de knie in januari in Helsinki onderzoeken. De diagnose luidde hetzelfde als de zomer ervoor: weer een probleem met de meniscus. Halverwege januari werd ik eraan geopereerd. Daarna moest ik weer drie tot vier weken herstellen.

Deze keer had ik het gevoel dat de knie niet herstelde. In de zomer had ik de andere knie kunnen revalideren op gras en op een gravelveld. Nu moest ik het doen met kunstgras, dat meer frictie gaf, en een bevroren ondergrond. Ook de 'glazen enkel' aan de rechterkant hielp niet erg.

In het voorjaar voelde het iets beter en ik trainde een paar keer bij HJK. Toch leek de knie niet volledig in orde. Integendeel, hij schoot weer enigszins op slot. Ik meldde de club dat ik weer verstek zou laten gaan totdat ik normaal kon trainen. Dat was rond maart-april 2012. Sindsdien heb ik niet meer bij HJK getraind. De pauze zou wat langer gaan duren...

Veteranenwedstrijden

Langzaam ging het beter met de knie, maar ik wilde me niet halverwege het seizoen bij een andere club aanmelden. Een echt goede voorbereiding was niet mogelijk, daarom liet ik het seizoen maar liever voor wat het was.

In 2011 was het hele gezin naar Tallinn verhuisd, maar tot mijn verrassing beviel dat nu niet zo goed meer. Ik was voornamelijk in Helsinki en dan was het fijn geweest om mijn gezin bij me te hebben. In het seizoen 2013 had ik geen moment het gevoel dat ik me voor honderd procent op het voetbal kon concentreren. Het jaar 2014 verliep ongeveer op dezelfde manier, zonder dat ik officieel had aangegeven dat mijn carrière voorbij was. Ik ben immers niet gestopt.

Ik wil nog altijd voetballen, maar de wedstrijden zijn nu anders. Ik train voornamelijk voor mezelf en doe mee aan allerlei demonstratiewedstrijden op de hele wereld. Ik ben ook gevraagd voor veteranentoernooien in Finland, maar daar aarzel ik nog over. Ik speel veteranenwedstrijden bij Ajax, Liverpool en Barcelona. We spelen in verschillende stadions en op andere interessante plekken. Mijn medespelers zijn voormalige topspelers uit diverse landen en sommige wedstrijden worden uitgezonden op televisie.

Een paar jaar geleden vond ik het leuk om naar ex-toppers te kijken in demonstratiewedstrijden. Er valt nog altijd veel te genieten, of ze nu tegenstander zijn of medespeler. Het grootste deel van die jongens houdt zichzelf goed in conditie en wil nog altijd winnen, hoewel er nu veel minder druk op staat. De houding van een topspeler is nog wel duidelijk zichtbaar.

Het geeft nog altijd een speciaal gevoel als je een Liverpoolshirt aantrekt en tegen bijvoorbeeld Manchester United voetbalt. Of als je in het shirt van Barcelona tegen Real Madrid speelt, om over het Ajaxshirt nog maar niet te spreken...

Bij demonstratiewedstrijden kom ik veel oud-ploeggenoten tegen die ik vaak al jaren niet meer heb gezien. Rondom de wedstrijden hebben we tijd om bij te praten. Het zijn heerlijke bijeenkomsten. Ik leer ook spelers kennen met wie ik ooit hard om de punten heb gestreden.

Tussen de Premier League en de Europese topcompetities zijn grote verschillen, en dat geldt ook voor de demonstratiewedstrijden. Heel veel indruk maakte de wedstrijd ter gelegenheid van de vijfentwintigjarige herdenking van het Hillsborough-drama. Op Anfield Road, het thuisstadion van Liverpool, zongen 44.000 mensen 'You'll never walk alone', en daarna werd een minuut geapplaudisseerd ter herdenking van de slachtoffers. In de wedstrijd zelf stonden twee teams met oud-spelers van Liverpool tegenover elkaar. Dat was iets om stil van te worden. Op een andere manier speciaal was de eerste El Clásico die buiten Madrid of Barcelona plaatsvond. We speelden 5-tegen-5-wedstrijdjes in een hal in Qatar op kunstgras.

Veteranenwedstrijden worden in allerlei formaties gespeeld. Soms wordt negentig minuten gevoetbald op een groot veld met volledige elftallen. Soms zijn er toernooien op kleinere velden met wedstrijdjes van twee keer tien of vijftien minuten.

De afgelopen jaren deed ik diverse keren mee aan zulke wedstrijden. Vroeger had ik nooit gedacht dat ik zoiets zou kunnen bereiken. Het is een leuke manier om te kunnen blijven voetballen.

De wedstrijd tussen oud-HJK en oud-Milan, in de zomer van 2014 in Helsinki, moest ik laten schieten vanwege Roland-Garros. Ik had voor het eerst de gelegenheid om prachtig tennis te zien op de grand-

Jari versus de rest van de wereld

Jari heeft in officiële seniorenwedstrijden voor clubteams of in interlands gevoetbald in tweeënvijftig verschillende landen. Van de 52 bij de UEFA aangesloten landen ontbreken alleen Andorra, Georgië, Luxemburg, Letland, Montenegro en Wit-Rusland, en verder verrassend genoeg ook Denemarken en IJsland. Tegen Denemarken speelde Jari wel juniorеninterlands. Als de thuiswedstrijden worden meegeteld, zijn alleen Georgië, Luxemburg, Letland en Montenegro onbekende voetballanden gebleven. Buiten Europa speelde Jari officiële wedstrijden in Bahrein, Japan, Saoedi-Arabië, Tunesië, de VS, Trinidad en Tobago en Brazilië.

slamfinale in Parijs. Een prachtig toernooi in een prachtig tennispark.

Op dat toernooi in Helsinki zou ik veel bekenden zijn tegengekomen. Bij HJK natuurlijk vooral oud-medespelers uit het Finse elftal en bij Milan tegenstanders uit de Champions League-finale van 1995. Hoewel ik er al twee jaar niet meer heb gevoetbald, beschouw ik mezelf nog altijd als een HJK-man – maar ook clubman van FC Lahti, Reipas, MyPa en het Finse elftal. Ik heb me altijd betrokken gevoeld bij de clubs waar ik speelde. Ook Hansa Rostock is mijn club. Ik vind het dan ook pijnlijk om te zien hoe de club is weggezakt, ondanks de fijne mensen en de goede sfeer.

Voetballer uit Lahti

Tijdens mijn hele loopbaan heb ik de steun ervaren van mijn familie, de mensen eromheen en mijn gezin. Ik kreeg alle hulp en steun om door te gaan op de weg die ik had gekozen. Al jong leerde ik wat hard werken inhoudt. In het leven of in het voetbal krijg je niets cadeau. Je moet bereid zijn om zonder morren hard te werken en succes heb je voor een groot deel zelf in de hand.

Natuurlijk had ik het geluk dat mijn familie positief stond tegenover sport. Zowel mijn vader als mijn moeder begreep wat sporten inhoudt, en dat was heel belangrijk voor me.

Ik heb gehoord dat mijn grootvader nooit naar een wedstrijd van mijn vader kwam kijken en zich ook verder niet bemoeide met het sporten van zijn zoon. Toch was mijn vader actief in verschillende sporten. Bij mijn wedstrijden zaten mijn ouders niet alleen op de tribune, ze brachten me er ook naartoe. Mijn vader trainde me en gaf me raad, naast zijn lange dagen in de fabriek. Daarnaast nam hij me mee naar allerlei sportwedstrijden. Toen ik heel klein was, was ik de mascotte van het voetbalelftal waarin mijn moeder speelde.

Mijn vader had veel aan sport gedaan, daarom snapte hij dat je goede spullen nodig hebt. Mijn voetbalschoenen en mijn schaatsen zijn altijd van goede kwaliteit geweest. Op andere dingen werd bezuinigd.

Thuis konden we wel rondkomen, maar er was geen geld voor extra dingen. Toen in mijn ijshockeyteam werd besloten dat iedereen dezelfde kleding zou kopen, gaven mijn ouders te kennen dat dat er voor Jari niet inzat. Iedereen liep in hetzelfde pak behalve ik. Uiteindelijk kregen we van de fabriek toestemming om door een tante van me, die daar werkte, in haar vrije tijd de kleding te laten maken uit precies dezelfde stof. Ik kreeg het toen als kerstcadeau en kon me daarna net zo kleden als de andere jongens. Behalve dan dat ik een pak had zonder fabriekslogo op mijn borst.

Het feit dat we in Lahti woonden, had ook veel invloed op hoe ik opgroeide. In deze stad werd sport flink gestimuleerd. Er waren veel sportverenigingen en plekken om aan sport te doen. Lahti is groot genoeg om veel stimulansen te bieden. Toch is het ook zo klein dat er weinig andere verlokkingen zijn. Ik woonde officieel in Hollola, maar

Een ongelooflijk geliefde figuur

Timo Walden, persvoorlichter van het Finse elftal en Media Officer van de Champions League, overdacht Litmanens rol als ambassadeur van het Finse voetbal: 'Het is echt ongelooflijk mooi dat hij nog altijd overal ter wereld demonstratiewedstrijden speelt. Hij doet nog altijd belangrijk werk voor het Finse voetbal en de Finse sport. Steeds als Litmanen in het buitenland speelt, wordt Finland gepromoot,' aldus Walden. 'Litmanen hoort nog steeds bij de wereldsterren en dat is te zien bij liefdadigheidswedstrijden en demonstratiewedstrijden. Hij wordt in die kringen enorm gewaardeerd en hij vertoont ook na zijn carrière volstrekt geen sterallures. Dat kun je niet van alle gestopte topvoetballers zeggen.' Tijdens het maken van de documentaire *Koning Litmanen* van Arto Koskinen (productie: Pete Eklund en Mika Kaurismäki) werd het beeld bevestigd dat men Litmanen buiten Finland niet is vergeten. 'Toen Eklund, die meewerkte aan de film, interviews organiseerde in Liverpool, Amsterdam en Barcelona, merkte hij dat de naam Litmanen overal positieve reacties opriep. Jari was overal een ongelooflijk geliefde figuur. Het trainingscentrum van Barcelona is bijvoorbeeld echt een vesting – daar komen geen buitenstaanders binnen. Maar voor deze documentaire mochten we naar binnen en konden Puyol en Xavi interviewen. En Pep Guardiola wilde Jari uitnodigen om naar zijn kantoor te komen,' herinnert Walden zich.
Uiteindelijk speelde Litmanen niet zo lang in Camp Nou maar nog steeds waren er veel mensen die graag even een praatje kwamen maken met de Fin.
'Ook in Liverpool ontstond een kleine chaos toen iedereen van de organisatie, terreinknechten en anderen allemaal met hem wilden praten. Veel van hen kwamen nog zeggen dat ze niet begrepen waarom Jari in Liverpool zo weinig aan spelen was toegekomen.'

dat ligt zo dicht bij Lahti dat ik het maar gewoon als één plaats beschouw. In Lahti ging ik naar school, naar voetbal en naar ijshockey.

Lahti is een stad van arbeiders waar na de oorlog veel geëvacueerde Kareliërs naartoe gingen. Het is heel goed mogelijk dat de oorlog, en het feit dat iedereen alles moest achterlaten, nog altijd voelbaar is in de harten van de mensen. Men is er geneigd tot pessimisme. In principe stelt niemand in Lahti iets voor. Als ik bijvoorbeeld de commentaren om me heen had moeten geloven, zou ik nooit het nationale elftal hebben gehaald of beroepsvoetballer zijn geworden. Ik was te traag, ik kon niet verdedigen en hield de bal veel te lang vast. Ik koos de verkeerde sport en durfde niet naar het buitenland te gaan. Toen ik wél vertrok, koos ik voor de verkeerde club want bij Ajax werd ik niet meteen opgesteld. Enzovoort.

Sommige buitenstaanders vinden deze houding lomp, maar ik heb er ook de kracht van ervaren. In de praktijk betekende het voor mij dat ik niet snel tevreden was met wat ik had bereikt, en dat is precies de houding die je nodig hebt als prof. Als je tevreden bent, ontwikkel je je niet verder.

In mijn familie is nooit heel uitbundig gedaan over mijn prestaties. Toen ik in het eerste van Reipas terechtkwam, waren mijn ouders blij voor me, maar ze benadrukten wel dat het harde werken toen pas echt begon. Mijn vader feliciteerde me natuurlijk wel met mijn eerste A-interland, maar voegde eraan toe dat ik goed moest blijven trainen om er meer te mogen spelen.

Mijn prestaties werden echt wel opgemerkt, maar daarna moest ik verder. Tevredenheid mag niet te lang duren. In Lahti wordt niet zweverig gedaan. Als iemand zich iets gaat verbeelden, wordt hij snel weer met beide benen op de grond gezet.

Typerend voor Lahti is ook een zekere mate van gekte en onverschrokkenheid. Welke gek springt er nu van een skischans? Waar heb je zulke gekke popgroepjes als de Sleepy Sleepers uit Lahti? Toen ik eens bij tien graden vorst in mijn eentje aan het trainen was op het kunstgras naast de Mukkulaschool, droeg ik twee paar handschoenen over elkaar, twee mutsen en dikke lagen kleding. Naast het veld waren schoolkinderen aan het schaatsen op de schaatsbaan. De kinderen keken heel verwonderd naar me. Een van de jongens merkte toen op: 'Welke gek voetbalt er nou midden in de winter?' Goede vraag. Het antwoord is dat diezelfde gek dat al heel vaak had gedaan en het daarna nog veel vaker zou doen – of dat nou verstandig was of niet.

Lahti is gewend aan een flinke hoeveelheid sporters en artiesten. Daar spreekt een zekere vastberadenheid uit. Voor mij was Lahti een vrij harde maar vruchtbare voedingsbodem. Zelf heb ik altijd een optimistische levenshouding gehad: succes is haalbaar als je er maar voor knokt. Zonder die houding zou ik het nooit vijfentwintig jaar hebben volgehouden als beroepsvoetballer.

Het voetbal heeft me veel gegeven, hoewel het me ook dingen heeft afgenomen. Alles bij elkaar is het saldo absoluut flink positief. Ik heb in mijn carrière meer bereikt dan ik ooit had kunnen denken. Aan de andere kant heb ik me ook wel eens afgevraagd wat ik had kunnen bereiken zonder mijn talrijke blessures.

Maar zo is het leven. Het is net als bij de toss: soms krijg je kop en soms munt. Daar moet je het mee doen. Maar de wedstrijd duurt tot het eindsignaal.